KB189130

해방 후

한국 기독교 사회운동사
민주화와 인권운동을 중심으로
(1960-1987)

해방후 **한국 기독교 사회운동사**
민주화와 인권운동을 중심으로

2009년 4월 20일 인쇄
2009년 4월 30일 발행
지은이 | 김명배
펴낸이 | 이찬규
펴낸곳 | 북코리아
등록번호 | 제10-1519호
주소 | 121-801 서울시 마포구 공덕동 115-13
전화 | 02-704-7840
팩스 | 02-704-7848
이메일 | sunhaksa@korea.com
홈페이지 | www.sunhaksa.com
값 17,000원
ISBN | 978-89-6324-029-9 (93230)

본서의 무단복제를 금하며, 잘못된 책은 바꾸어 드립니다.
저자와의 협의하에 인지첩부를 생략합니다.

해방 후

한국 기독교 사회운동사

민주화와 인권운동을 중심으로
(1960-1987)

김명배 지음

북코리아

CONTENTS

머리말 ··· 011
추천의 글_이형기 ·· 017
추천의 글_김인수 ·· 021

제1장. 서 론 ·· 024
   Ⅰ. 선행연구 및 연구목적과 의의 ··· 027
      1. 선행연구 ·· 027
      2. 연구목적과 의의 ·· 033
   Ⅱ. 연구 방법과 범위 ·· 036
      1. 연구방법 ·· 036
         a. 한국교회사 연구방법의 현황 ······································· 037
         b. 에큐메니칼적 통합교회사 서술방법 ····························· 046
      2. 연구범위 ·· 049

제2장. 1960년대 한국개신교 사회참여에 대한 역사적 고찰 ············· 052
   Ⅰ. 해방 후에서 4·19 혁명 이전의 한국교회의 사회참여 ··········· 054
      1. 해방 후 북한교회와 공산정권 ··· 054
      2. 이승만 정권하의 남한교회 ··· 058
   Ⅱ. 4·19 혁명과 한국교회 ··· 060
      1. 3·15 부정선거와 4·19혁명 ·· 060
      2. 4·19 혁명과 한국개신교회 ··· 062

Ⅲ. 5 · 16 군사쿠데타와 한국개신교회 ································067
  1. 5 · 16 쿠데타와 군정 ···································067
  2. 5 · 16 군사쿠데타와 군정하의 한국개신교회 ··········070
Ⅳ. 제 3공화국의 등장 ·······································073
  1. 정치적 배경 ···073
  2. 경제적 배경 ···075
Ⅴ. 한 · 일국교정상화와 교회의 비준반대운동 ···············079
  1. 미국의 대한 정책과 한 · 일국교정상화 ···············079
  2. 개신교회의 한 · 일 회담 비준반대운동 ···············081
Ⅵ. 정부의 3선 개헌과 교회의 저지운동 ····················087
  1. 6 · 8부정선거와 3선 개헌 ···························087
  2. 교회의 6 · 8부정선거와 3선 개헌 저지운동 ···········089
Ⅶ. 민족복음화 운동과 국가조찬기도회 ····················096
  1. 민족복음화 운동 ····································096
  2. 국가조찬기도회 ·····································097
Ⅷ. 한국기독학생총연맹(KSCF)의 탄생과 학생사회개발단 ·····100
  1. 한국기독학생총연맹(KSCF)의 탄생 ·················100
  2. 학생사회개발단 ····································102
Ⅸ. 도시산업선교회의 탄생과 도시빈민운동 ················104
  1. 도시산업선교회의 탄생 ····························104
  2. 도시빈민운동 ······································106
Ⅹ. 小結論 ··107

CONTENTS

제3장. 1970년대 한국개신교 사회참여에 대한 역사적 고찰 ·············· **112**

  Ⅰ. 유신체제의 등장 ··114
    1. 유신체제 등장의 배경 ··114
      a. 대외적 상황 ···114
      b. 대내적 상황 ···116
    2. 유신체제의 성립과 그 구조 ··119
      a. 유신체제의 성립 ···119
      b. 유신체제의 통치구조 ··120

  Ⅱ. 교계 지도자들의 반독재 · 민주화 운동 ·······························123
    1. 민주수호국민협의회 결성과 선거참관운동 ·························124
    2. 은명기 목사 사건과 남산 부활절 사건 ······························127
    3. 기독교 민주화 · 인권운동의 태동 ······································131
    4. 긴급조치 제 1호와 교회의 항거 ·······································135
    5. 민주회복 국민회의의 창립과 교회의 참여 ·························136
    6. 긴급조치 9호와 3 · 1 민주구국 선언 ································141
    7. 한국인권운동협의회 결성 ··144
    8. 민주주의와 통일을 위한 국민연합 결성 ····························145
    9. YH 사건과 유신체제의 붕괴 ···147

  Ⅲ. 기독학생의 반독재 · 민주화운동 ··149
    1. 전태일 분신사건과 기독학생운동 ······································149
    2. 선거참관운동과 기독학생의 정치참여 ·······························151
    3. 서울 문리대 10.2 데모와 기독학생운동 ···························154
    4. 민청학련 사건과 기독학생 운동 ·······································157
    5. 한국기독청년협의회(EYC)의 결성과 각 교단 청년운동 ·······163
    6. 기독학생과 YH 사건 ···166

  Ⅳ. 민중생존권 투쟁과 교회 ···169
    1. 김진수 사건과 도시산업선교 ···169
    2. 도시빈민 · 도시산업선교회의 조직화 ································171
    3. 노동자 · 농민운동과 교회 ···173
    4. 정부탄압과 교회의 대응 ···178

Ⅴ. 국가조찬기도회와 민족복음화 운동 ·······························181
   1. 국가조찬기도회 ··181
   2. 민족복음화 운동 ··184
Ⅵ. 小結論 ···190

제4장. 1980년대 한국개신교 역사참여에 대한 역사적 고찰 ··············· **198**
  Ⅰ. 광주민주화 운동과 교회 ··200
    1. 신군부의 등장 ···200
    2. 광주민주화 운동 ···204
    3. 광주민주화 운동에 대한 교회의 반응 ·······················209
      a. 기도회의 개최··209
      b. 수습대책위원회의 참여·····································210
      c. 유인물 배포··213
      d. 자살: 투신과 분신 ··216
      e. 기도회와 추모예배 ··218
  Ⅱ. 국가보위비상대책위원회와 제 5공화국의 탄생 ·····················220
    1. 국가보위비상대책위원회 ·····································220
    2. 국가보위입법회의 ··223
    3. 제 5공화국의 탄생과 폭압적 통치기구 ·······················224
  Ⅲ. 교회의 인권수호운동 ···227
    1. 고문 · 용공 조작사건들과 교회 ·····························228
    2. 재소자 인권보호운동과 교회 ·································232
    3. 강제징집문제와 교회···235
    4. 양심수 석방운동과 교회 ·····································237
  Ⅳ. 교회의 반독재 · 민주화 운동 ····································241
    1. 재야민주화운동세력의 재등장과 교회 ·······················241
    2. 2 · 12 총선과 교회의 선거참여 ·····························245
    3. 학원안정법 파동과 교회의 대응 ·····························247
    4. 개헌서명운동과 교회···250

CONTENTS

　　5. 교회의 CBS기능정상화 캠페인과 KBS-TV 시청료 거부운동 ···255
　　6. 6 · 10 민주화운동과 교회 ··258
　　　　a. 박종철 고문치사 사건 ··258
　　　　b. 413 호헌조치 ···262
　　　　c. 국민운동본부의 발족과 6 · 10항쟁 ·····························265
　　　　d. 민주정부 수립운동 ··270
Ⅴ. 반외세 · 자주화 운동과 교회 ·······································272
　　1. 부산 미문화원 방화사건과 교회 ····························272
　　2. 일본 교과서 왜곡 사건과 대통령 방일반대 운동 ···············278
　　3. 수입개방반대 운동과 외채갚기 운동 ·························282
　　4. 서울 미문화원 점거농성 사건과 5 · 3 인천 개헌집회 ·········285
Ⅵ. 교회 탄압사건과 선교자유 수호운동 ································290
　　1. 송암교회 폭력배 난입사건 ································290
　　2. 기독교사회문제연구원 통일교과서 사건 ·····················294
　　3. 박조준목사 외화밀반출과 박형규목사 폭행사건 ···············296
　　4. 단군전 건립운동과 기독교사상 정간사건 ·····················299
Ⅶ. 국가조찬기도회와 민족복음화 운동 ································302
　　1. 국가조찬기도회 ··302
　　2. 민족복음화운동 ··306
Ⅷ. 복음주의 진영의 사회참여 ··309
　　1. 복음주의 협의회와 복음주의 신학회의 결성 ·················310
　　2. 기독교윤리실천운동본부의 결성 ·····························313
　　3. 복음주의 기독학생과 공정선거감시단 운동 ···················316
Ⅸ. 小結論 ···319

제5장. 한국개신교 사회참여에 나타난 교회와 국가의 관계 ············· **326**
　Ⅰ. 진보진영의 에큐메니칼적 사회참여에 나타난 교회와 국가의 관계 330
　　1. 에큐메니칼 사회참여의 정의 ·······························330
　　2. 에큐메니칼 사회참여 진영의 구성 ·························332

    3. 에큐메니칼 사회참여의 역사 · 신학적 배경 ·················· 335
      a. 하나님의 선교(Missio Dei)신학 ························· 335
      b. 토착화 신학 ···································· 342
      c. 세속화 신학 ···································· 344
      d. 민중 신학 ····································· 345
    4. 에큐메니칼 사회참여에 나타난 교회와 국가의 관계 ·········· 348
      ⅰ. 개혁교회 전통의 그리스도 주권론 ··············· 348
      ⅱ. 토마스 뮌쳐적 저항권 ······················ 358

Ⅱ. **중도진영의 복음주의적 사회참여에 나타난 교회와 국가의 관계** ··· 363
    1. 복음주의 사회참여의 정의 ························· 363
    2. 복음주의 사회참여 진영의 구성 ······················ 365
    3. 복음주의 사회참여의 역사 · 신학적 배경 : 로잔 선언(1974) ······ 367
    4. 복음주의 사회참여에 나타난 교회와 국가의 관계 ·············· 370
      a. 개혁교회 전통의 그리스도 주권론 ················· 370
      b. 칼뱅적 저항권 ································· 376

Ⅲ. **보수진영의 친정부적 사회참여에 나타난 교회와 국가의 관계** 381
    1. 친정부적 사회참여에 대한 정의 ······················ 381
    2. 친정부적 사회참여 진영의 구성 ······················ 383
    3. 친정부적 사회참여의 역사 · 신학적 배경 ················· 385
      a. 근본주의 신학 ································· 385
      b. 반공주의 ·································· 3389
    4. 친정부적 사회참여에 나타난 교회와 국가의 관계 ·············· 392
      a. 정교분리론 ·································· 392
      b. 루터적 두왕국론의 오용의 답습 ················· 396

제6장. 결 론 ······································· **402**
  Ⅰ. 요약 정리 ······························· 404
  Ⅱ. 제 언 ································ 415

참고문헌 ·· **419**
색 인 ·· **427**

머리말

    필자가 목회자가 되어 한국교회사를 전공하게 된 것은 고등학교로 거슬러 올라갑니다. 1980년 3월 수원에 있는 장로교 계통의 미션스쿨인 유신고등학교에 입학하여 꿈 많은 학창시절을 보내게 되었습니다. 수도권에 위치한 도시였지만 당시만 해도 수원은 도시와 농촌의 풍경이 함께 어우러져 계절의 향기를 물씬 풍기는 전형적인 한국의 도시였습니다. 교문을 들어서 곧게 뻗은 도로를 1km쯤 지나면 교정의 낮으막한 동산에 자리잡은 아름다운 산상교회가 우리를 반겨주었습니다. 매주 한번씩 드려지던 학교채플, 독실한 기독교인이셨던 담임선생님과의 만남, 그리고 학교와 교회 친구들과의 신앙적 만남과 대화는 저에게 기독교적 세계관에 눈을 뜨게 하였고, 기독교인으로서의 정체성을 정립해 나가게 하였습니다.

    그러나 학창시절의 경험이 모두 아름다운 것만은 아니었습니다. 고등학교에 입학한 그해 5월의 어느날 교문을 들어서다 깜짝 놀랄만한 경험을 하게 되었습니다. 5·18광주민주화운동으로 정국이 불안하여 대학이 휴교령이 내려지고 대학마다 계엄군이 진주하였는데,

아주대학교와 교문을 함께 사용하던 저희 고등학교에도 계엄군이 진주하여 학생들을 검문하고 학교로 들여보내는 것이었습니다.

당시 우리들은 교문에서 계엄군에 의해 10여명씩 오와 열을 맞추어 교실로 가도록 강제되었고, 도중에 무장하고 있던 계엄군들을 몇 차례 더 지나서야 교실에 들어갈 수가 있었습니다. 지금에 와서 돌이켜 보면 이때의 계엄군의 경험과 신앙의 체험은 지금도 잊지 못할 제 인생의 깊은 추억의 한자리로 자리하고 있으며, 아마도 목회자와 한국교회사 전공자의 길을 가도록 만든 소중한 밑걸음 이었던 것 같습니다.

고등학교를 졸업하면서 필자는 장차 목회자가 될 비젼을 품고 기독교 대학인 숭실대학교 사학과에 입학하였습니다. 대학에 재학하는 동안 교회의 대학부와 주일학교 교사로 열심히 봉사하였고, 역사학을 공부하면서 한국사회와 교회의 문제들과 나 자신의 장래의 문제들을 놓고 고민하였습니다. 그리고 이 고민을 안고 군에 입대하였고, 군복무 중 이 고민을 해결하기 위해 틈을 내어 성경을 읽었습니다. 그리고 이때에 복음전도와 교육목회야말로 한국사회와 역사를 바꿀 수 있는 가장 귀중한 사역이라 생각하고 목회자가 되기로 결심을 하였습니다.

그런데 군복무를 하던 1987년 6월 중순 어느 날 강원도로 한달간 파견 근무를 마치고 평택에 있는 부대로 복귀하던 중 우연히 버스를 타고 서울역을 지나가게 되었습니다. 그때에 아직도 남아있는 매케한 체루가스가 저의 콧등을 시리게 하였고, 이내 콧물이 흘러 내리는 것을 느낄 수 있었습니다. 불과 몇일 전까지도 군사독재에 항거하는 학생들과 시민들의 민주화의 함성이 메아리치던 그 역사의 현장을 저는 무심코 스치듯 지나가고 있었던 것이었습니다.

제대 후 기독교인으로서 또 역사학도로서 하나님과 역사 앞에 부끄러움을 한동안 느꼈던 것은 다수의 시민들과 학생들이 고통 받던 역사의 현장에서 저 자신이 소외되었던 안타까움 때문이었던 것 같습니다. 신학대학에 입학하여 신학수업 내내 교회의 사회정치참여와 교회와 국가의 관계에 학문적 신학적 관심을 천착하면서 이 주제로 박사학위논문을 쓴 이유는 이 안타까움과 부끄러움을 조금이나마 벗어나기 위함이었는지도 모르겠습니다.

필자가 신학을 시작한지도 벌써 19년의 세월이 흘렀다. 이 기간 동안 필자는 고등학교 학창시절의 신앙체험과 역사적 경험, 대학시절의 하나님의 부름에 대한 결단과 우리 현대사의 역사적 질곡을 고뇌하면서 나름대로의 신학적 해답을 모색해왔습니다. 그리고 그 고민의 결실로 『한국 개신교사회참여에 나타난 교회와 국가의 관계』(부제: 민주화와 인권운동을 중심으로, 1960-1987)라는 제목으로 학위논문을 제출하여 2007년 2월 장신대에서 신학박사학위(Th.D)를 받았습니다.

생각해 보면 저의 이 논문은 더 연구되고 보충 되어져야 할 과제들이 많이 있는 것이 사실입니다. 논문의 제목은 기독교 사회참여이지만 사실상 기독교 정치참여라 할 수 있는 해방 후 "민주화와 인권운동을 중심으로" 서술하였습니다. 그러다보니 사회참여의 다른 분야들, 예컨대 학원, 의료, 출판, 언론, 사회복지 차원에 대한 서술을 생략할 수 밖에 없었습니다. 특별히 80년대 기독교통일운동에 대한 연구를 생략한 것은 가장 커다란 아쉬움이었습니다. 후에 시간이 허락되는 대로 연구하여 꼭 보충하고자 합니다.

그러나 이러한 아쉬움을 무릅쓰고 필자는 독자들에게 이 졸고를 내놓으며 책의 제목을 『해방 후 한국기독교사회운동사』로 정하였습니다. 그동안 한국교회사 분야의 저술들을 살펴보니 〈기독교사회운동사)에 대한 서술로는 대한기독교출판사가 한국기독교백년사대계 제4권으로 발행한 민경배 교수님의 『韓國基督教社會運動史』가 있었습니다.

이 책은 해방 이전의 기독교사회운동을 서술한 책으로 시기적으로 또 내용상으로 저의 저술과는 중복되는 부분이 없었습니다. 그래서 필자는 아마도 본서가 해방 후 60년대부터 80년대 후반까지를 아우르는 최초의 사회운동사에 관한 저술이라 여겨 용기를 내어 본서의 제목을 『해방 후 한국기독교사회운동사』라 정하였습니다. 본서를 출판하면서 필자는 여전히 부족함을 느낍니다. 그럼에도 불구하고 한가지 다행한 것은 원래 박사학위 논문은 300페이지인데 약점을 보완하고 수정하여 약 100페이지 정도를 추가하게 되었다는 사실입니다. 처음으로 출판하는 처녀작이라 많은 부분에서 미숙함과 부족함을 느끼며 독자 제위들께서 넓은 마음으로 혜량해 주시기를 바랍니다.

이 책이 나오기까지 훌륭하신 은사님들의 사랑과 도움을 많이 받았습니다. 무엇보다도 목회자와 신학자의 길을 갈수 있도록 인도하신 하나님께 감사를 드립니다.

1991년 장신대 신대원에 입학하여 신학훈련을 받던 중 석사학위 논문을 지도해주신 장신대 명예교수이신 이형기 교수님과 박사학위 논문을 지도해주신 미주장신대 총장이신 김인수 교수님을 만나게 된 것은 저에게는 하나님의 크신 은혜였습니다. 이형기 교수님은 장신대 대학원에 입학하여 역사신학을 전공할 수 있도록 인도해 주셨습니다. 교수님을 통하여 신학의 기초적 소양들과 세계교회사와 사상사의 전반적 흐름을 깊이 있게 배울 수 있었습니다. 특히 교수님으로부터 배운 루터신학과 이를 기초로 쓴 저의 석사학위 논문 『루터의 두왕국론』은 저의 신학적 고향이었습니다. 그리고 지금은 미주장신대 총장이신 김인수 교수님은 제게 대학원 석·박사과정 내내 학문적으로 한국교회사에 대한 역사적 이해와 신학적 깊이를 넓혀 주셨습니다.

뿐만 아니라, 교수님께서는 제게 목회자로서의 인격적 소양과 덕목을 몸으로 가르쳐 주셨습니다. 특히 박사학위논문의 제목부터 서술에 이르기까지 꼼꼼히 읽으시고 적절한 지도와 가르침을 베풀어 주셨습니다. 부족한 논문이 이만큼이라도 나오게 된 것은 전적으로 김인수 교수님의 지도에 힘입은 것이었습니다.

이외에도 장신대에 역사신학 교수님으로 계신 임희국 교수님은 대학원 과정 중 교회사 서술방법론을 지도해 주셨고, 서원모 교수님과 박경수 교수님은 1차 심사를 통하여 논문의 신학적 주제들을 보다 심화시킬 수 있도록 지도해 주셨습니다. 그리고 최종 심사위원으로 수고해 주신 장신대의 임성빈 교수님과 김도훈 교수님, 감신대 이덕주 교수님과 서울신대 박명수 교수님은 논문의 약점을 보완하도록 조언을 아끼지 않으셨습니다.

논문을 지도해주신 교수님들과 추천의 글을 기꺼이 써주신 존경하는 은사 이형기 교수님과 김인수 교수님께 진심으로 다시한번 감사를 드립니다. 그리고 늘 형제처럼 사랑해주시고 격려해주시는 숭실대 기독교학대학원장 박정신 교수님, 선배로서 조언을 아끼지 않으시는 숭실대 기독교학과 이철 교수님, 책을 출판할 수 있도록 도움을 준 신응철 교수와 바쁘신 중에도 기꺼이 출판을 허락해 주신 북코리아의 이찬규 사장님께도 진심으로 감사 드립니다. 끝으로 김포시찰에서 함께 동역하는 선후배 목사님들과 지금까지도 신학수업 내내 자식에 대한 사랑으로 희생을 아끼지 않으시는 사랑하는 부모님

과 장모님, 형제들 그리고 사랑하는 아내 진환주와 아들 종환, 성환
에게도 이 글을 빌려 감사드립니다.

2009년 4월 15일
김포새소망교회에서
김명배 목사

추천의 글

　일찍이 토인비는 "도전과 응전"(challenge and response)이라는 도식으로 역사를 해석한바 있다. 본 저서는 1960년 4·19 학생 민주혁명으로부터 1970년대 박정희 유신체제를 거쳐 1980년대 광주 민주화항거와 민주화 6월 항쟁으로 이어지는 파란 만장한 한국 현대사의 대 격변들을 촘촘하게 묘사하면서 이와 같은 한국의 보편사의 도전들에 대한 한국개신교와 가톨릭교회 혹은 그 지도자들의 응전들을 다루었다. 우리는 이 글을 통해서 '한 손에는 성경' 그리고 '한 손에는 신문'이라고 하는 어느 신학자의 주장을 떠올린다. 저자는 우리나라의 현대사에서 일어난 큼지막한 정치적 사건들을 현장감 있게 추적하고 재현하면서, 이에 대한 개신교 측과 가톨릭 측의 사회·정치 참여 여부 혹은 그 방법의 유형들을 역사적으로 논구함으로써, 오늘날 우리 믿는 자들의 사회·정치참여의 최선의 길이 무엇인가를 제시하고 있다.

　본인은 저자의 글을 읽으면서 1980년대에 겨우 기독교 역사 100주년을 기념한 우리 한국 개신교가 복음전도에 의한 교회성장과 민주화운동을 통한 정치와 사회참여의 아름다운 역사를 뒤로 하고 있음을 발견하였다. 그런데 추천자는 본 저서를 통하여 믿지 않는 사람들과 교회(개신교와 가톨릭) 혹은 보편사와 구속사를 잇는 교회사가 함께 상호작용하는 가운데 한국의 민주화의 꽃을 피운 것으로 본다. 저자는 본문에서 1960년 4·19야 말로 한국 기독교에게 민주화에로의 각성을 불러 일으켰고, 1980년대 광주 민주화 항거와 민주화 6월 항쟁 역시 향후 대부분의 한국 기독교로 하여금 사회와 정치참여로 인도하였다고 하였으며, 1970년대 인권과 민주화 운동에 있어서도 많은 재야인사들이 동참했다고 주장하였기 때문이다. 이렇게 볼 때, 1960년부터 1980년대까지의 한국의 민주화는 '세상왕국'과 '그리스도의 왕국'의 상호보완적 합작으로 판단된다. 유럽과 북미의 민주화 과정에서 계몽주의의 유산을 물려받은 18-19세기의 모더니즘이 개신교와 연합하여 오늘날 그들의 민주화의 꽃을 피운 것처럼 말이다. 하지만 미국혁명의 경우는 개신교가 크게 기여하는 민주화 운동이었다면, 프랑스 혁명의 경우는 '로마가톨릭교회'가 계몽주의의 개혁 대상이었던 바, 우리의 짧은 민주화의 여정에서는 상당 부분의 개신교가 오히려 민주화 세력의 개혁대상으로 여겨진 것처럼 보이는 시기도 있었던 것이 사실이다.

하지만 본 저서는 1960년부터 1980년대까지의 한국 현대사에 나타난 민주화 과정에서 특히 한국 개신교의 순기능과 역기능을 아울러 제시하고 있다. 그래서 저자는 주어진 시기 동안에 일어난 한국 기독교의 사회·정치참여의 유형이 '교회와 국가'의 관계에 연원하는 것으로 보아, 그것을 3가지로 논구하였다. 즉, 그는 사회·정치참여에 적극적인 진보진영과 중도 복음주의 진영은 개혁교회의 '그리스도의 주권' 사상에 근거하고 있으나, 전자는 헌법과 실정법까지고 고칠 것을 외치면서 그 방법에 있어서 "저항권" 개념을 넘어 폭력도 불사하는 독재 타도를 지향하였으며, 후자는 개혁교회의 각 문화 영역들의 상대적인 "주권사상"을 내세우면서 칼빈적인 비폭력 "저항권"에 머무른 것으로 보았다. 그리고 세 번째로 극 보수 진영은 1968년 5월 1일 "제1회 대통령 조찬 기도회" 이래로 교회와 국가의 분리 입장을 고수하면서 사회·정치참여와 무관한 반쪽짜리 복음을 설교하였다고 하는 것이다.

끝으로 본 저서는 우리 한국 교회가 신빙성 있고 권위 있는 교회의 사회·정치참여를 위하여 "교회와 국가"의 관계에 대한 바른 신학적인 입장을 정립해야 할뿐만 아니라 향후 2가지 점에 유의할 것을 촉구하고 있다. 하나는 에큐메니칼 운동을 통하여 우리 한국 교회가 대사회·정치적인 이슈들에 대하여 한 목소리를 내야 한다고 것이고, 둘은 사회윤리와 정치신학에 대한 연구가 활발해져야 한다고 하는 것이다. 본 저서는 역사적인 연구인 동시에 신학적인 연구로서 우리 한국교회가 향후 사회·정치적인 문제들의 도전들에 대하여 어떻게 응전해야 할 것인가에 대한 길잡이 역할을 하고도 남음이 있을 것으로 보인다. 무엇보다도 본 저서가 심도 있는 연구의 과정을 거친 것으로 보이는 이유는 그가 그의 박사학위 논문을 좀 더 넓은 독자층을 겨냥하여 다시 썼기 때문일 것이다.

2009년 4월 30일

이형기(Ph.D)

장로회신학대학 명예교수(역사신학전공),

NCCK 신앙과 직제 위원회 위원장,

공적신학과 교회 연구소 소장.

추천의 글

　2천 년 전 예수그리스도께서 세상에 오셔서 구원 사역을 완수하고, 승천하신 후 제자들이 중심이 되어 기독교회가 시작되었다. 교회는 초기교회 지도자 사도 바울의 선교로 각지에 교회가 세워지고, 그 교회들을 통해서 복음이 널리 확산되면서 오늘 세계적인 종교로 자리 잡음 했다.

　교회는 영원한 세계와 직접 관계되어 있으면서도 현실 세계와도 관계를 갖고 있는 양면성을 지닌다. 세상과 모든 것을 끊고 깊은 산속에 들어가 은거하는 은자나 수도사가 아닌 다음에, 세상에 존재하는 교회의 세상과 관계 정립은 필연적이다. 2천년 교회의 긴 역사에서 교회와 세상, 즉 국가와의 관계는 복잡다단하여 한마디로 정의하기 어렵다. 그것은 적대관계, 우호관계, 결별관계로 요약될 수 있다.

　한국 교회 역사에서도 교회와 국가의 관계는 계속 이런 맥락 속에서 유지되었다고 볼 수 있다. 일제 치하에서는 철저한 적대관계로 항일의 역사가 지속된다. 비록 일제 말엽 일제에 협력, 아부하는 세력이 많았다고 해도 저항의 맥은 그치지 않았다. 해방이 된 후에는 기독교 장로인 이승만 정권에서 자연히 교회가 정부와 밀접한 관계를 갖게 된다. 그러나 4·19혁명으로 이승만 정권이 붕괴되고, 박정희 군부독재가 출현하면서, 일부 교회 지도자들이 독재에 항거하여 투옥되기도 하였다. 그러나 주류 보수 경향의 교회는 여전히 정교분리의 원칙을 내세우면서 사회 참여에 소극적이었다.

이 책의 저자는 한국교회 60-80년대의 사회 참여운동에 대해 서술하고 있다. 저자는 1960년대 이래 사회참여의 전개와 그 발전과정에 대한 연구, 그리고 그 과정에서 한국개신교회의 보수와 진보진영에 나타난 교회와 국가의 관계에 대한 신학적 분석을 시도 하였다. 따라서 80년대 반독재·민주화운동에 대한 연구를 진행하여 상세한 서술을 하고 있다.

또한 저자는 개신교 복음주의 보수진영의 사회참여에 대해 분석하면서 교회 사회참여 유형화(type)를 시도한다. 그동안 교회의 사회참여를 진보진영의 반독재·민주화운동으로만 국한 시켜왔으나 이러한 시각에 교정이 필요하다고 본다. 진보진영뿐 아니라 보수진영, 그리고 복음주의 진영도 세계교회와 한국교회 차원에서 활발한 사회참여를 시도해 왔음도 부인키 어렵다. 특히 보수진영은 국가조찬기도회와 같은 친정부적 행사를 통하여 군사독재정권과 협력하는 모습으로 사회에 참여하였다. 그러므로 본 논문은 진보진영의 사회참여 뿐만 아니라 60년대 이후 전개된 보수진영 또는 복음주의 진영의 사회참여에 대한 연구를 통하여 사회참여의 다양성을 규명하고자 한다.

저자는 또한 교회의 사회참여에 나타난 교회와 국가의 관계를 규명하고자 한다. 한국개신교회는 교회와 국가와의 관계에 있어서 그 신학적 차이와 정치신학의 부재로 사회참여에 있어서 전혀 상반된 모습을 보여 왔다. 진보진영은 민주화와 인권운동에 헌신해 왔고, 보수진영은 정교분리를 주장하며 진보진영과 대립하였다. 양 진영의 이러한 대립은 기본적으로 교회와 국가의 관계에 대한 이해의 차이에서 비롯되었다. 그러므로 본서는 한국 개신교 사회참여 유형에 나타난 교회와 국가의 관계를 신학적으로 분석하고, 그 차이를 규명하여 일치의 가능성을 모색하고자 시도했다는 점이 주목된다.

"교회와 국가"라는 명제는 교회가 이 세상에 존재하는 한 지속적으로 문제될 주제이다. 오늘 대부분의 국가가 정교분리 원칙을 내세우지만, 분리라는 개념에도 많은 차이와 간격이 있다. 두고 두고 연구하고, 토의 되어져야 하는 이 문제를 한국교회의 역사의 한 단면을 통해 조명한 이 책은 이 분야에 관심 있는 이들에게 유익한 책으로 여긴다. 저자는 이 논문을 박사학위 논문으로 작성하면서 심도 있는 리서치를 통해 값진 연구 결과를 내어 놓았다. 저자의 노고를 다시 치하하면서 많은이들에게 도움과 유익이 되는 책으로 일독을 권해 마지 않는다.

2009년 4월 말
미국 로스 안젤러스 미주 장신대에서
미주장로회신학대학교
총장 김 인 수

해방 후

한국 기독교 사회운동사
민주화와 인권운동을 중심으로
(1960-1987)

서론

Ⅰ. 선행연구 및 연구목적과 의의

   1. 선행연구

   2. 연구목적과 의의

Ⅱ. 연구 방법과 범위

   1. 연구방법

      a. 한국교회사 연구방법의 현황

      b. 에큐메니칼적 통합교회사 서술방법

   2. 연구범위

한국개신교회는 일제치하 3 · 1운동과 신사참배 강요를 경험하면서 교회를 보호하기 위해 정교분리론을 내세운 선교사들의 영향 아래 사회참여에 일정한 거리를 두고 있었다. 그러나 해방이 되고 이승만을 중심으로 한 개신교인들이 정권을 담당하자, 다수의 한국개신교회와 교인들은 국가권력과 협력하는 친정부적인 성향을 지니게 되었다. 특히 해방 후 한국사회가 무신론을 기반으로 한 북한 공산주의의 위협과 미국의 절대적 영향 아래 놓이게 되면서, 개신교회는 반공과 친미, 그리고 친정부적 성격을 동시에 가진 세력으로 자리 잡았다.

　　그러나 한국개신교회는 4 · 19혁명과 이승만 독재정권의 붕괴, 박정희 군부독재의 탄생을 기점으로 서서히 소극적으로나마 사회참여를 시작하였다. 특히 1970년대 유신체제가 탄생한 후, 1987년 민주정부가 수립되기까지 한국 개신교와 가톨릭은 사회참여운동을 통하여 한국 민주화운동에서 빠뜨릴 수 없는 존재가 되었다. 기독교 지식인들은 권위주의체제를 비판하면서 한국사회의 민주화를 진전시켜 나가는데 주요한 역할을 담당 하였다. 특히 반독재 · 민주화운동을 비롯한 몇몇 부문운동에서는 기독교가 운동의 형성과 전개에 주요한 영향을 미쳤다. 극도의 억압 속에서 기독교는 반독재 · 민주화와 인권운동의 공간이었고, 훌륭한 인적자원을 제공해 준 풀(pool)이었다. 이에 본서는 1960년대 이후 1987년 민주정부 수립 때까지의 한국기독교의 사회참여운동을 역사적으로 살펴보고, 이에 나타난 교회와 국가의 관계를 신학적으로 고찰해 보고자 한다.

I

선행연구및 연구목적과의의

1. 선행 연구

군부독재정권을 종식시키고 민주화를 이루는데 핵심적인 주체였던 기독교 사회참여운동에 대한 연구는 지금까지 상당히 부진한 것이 사실이다. 1970년대부터 교회사 연구자들에 의해 일제시기 '기독교민족운동'연구가 이루어지기 시작되고, 민족주의나 민족의식을 다룬 논문이 『기독교사상』이나 『신학사상』등 신학 잡지에 실렸지만 극히 제한적이었다.

1980년대에 이르러서는 교회사나 한국사 영역에서 '기독교민족운동'에 대한 연구가 활발하게 진행되었지만, 여전히 일제시기에 국한 되었다고 할 수 있다.[1) 결국 1970년대 이후 기독교사회참여 운동에 대한 연구는 1980년대에 이르러서야 비로소 시작되었는데, 그 수

---

1) 한규무, "한국기독교민족운동사 연구의 현황과 과제,"『한국기독교와 역사』제 12호 (서울: 한국기독교역사연구소, 2000), 76쪽.

준은 신학대학의 석사학위논문, 학술적 성격이 약하다고 볼 수 있는 기독교운동 당사자들의 글, 노동운동과 같은 부문운동을 다룬 연구 논문에서의 부분적 언급 등에 머물러 있다. 그러나 최근에 와서야 조금씩 80년대 사회참여운동에 대한 연구가 발표되고 있다.[2]

지금까지 기독교 사회참여에 대한 연구사를 개관해 보면 다음과 같은 방향으로 연구되어 왔다.[3] 첫째로 기독교 사회참여운동의 배경과 논리에 관한 연구이다. 대부분의 연구는 기독교 사회참여의 외적 배경으로 개발독재가 낳은 노동소외와 유신체제를 들고 있다. 경제성장 위주의 개발로 인해 노동자들이 최소한의 권리도 확보하지 못하는 상황, 도시빈민의 양산, 모든 사회문제의 정점에 놓여 있는 유신독재 등을 목도하면서 기독교 내 진보세력은 이전의 복음전도에서 벗어나 사회문제의 해결을 위해 직접 행동하게 되었다는 것이다.[4]

그리고 그 내적 근거로는 대부분의 연구자들은 에큐메니칼 사회참여신학인 '하나님의 선교'(Missio Dei), '세속화신학', 그리고 '토착화신학' 등으로 불리는 자유주의 신학의 수용을 들고 있다. 이러한 신학적 변화를 근거로 개신교는 사회에 대한 인식과 선교방향을 새롭게 해 나가면서 민주화운동에 참여하게 되었다는 것이다. 또한 1970년대의 방향의 전환과 더불어 이후 운동 전개과정에서의 경험을 바탕으로 '민중의 고난 받는 현실과 그것의 극복을 위한 투쟁'에 메시

---

2) 김흥수 "5월 광주항쟁에 대한 기독교인의 종교적 반응," 『한국기독교와 역사』 제5호 (서울: 한국기독교역사연구소, 1995) 그리고 김주한, "6월 항쟁과 기독교," 『한국개신교가 한국근현대의 사회문화적 변동에 끼친 영향』(서울: 한국신학연구소, 2005)

3) 조배원, "기독교사회참여운동 연구의 현황과 과제," 『한국기독교사회참여운동관련문헌해제』 (서울: 민주화운동기념사업회, 2003), 9-14에서 요약 정리하였다.

4) 김일주, "한국의 민중적 기독교세력 등장에 관한 국가론적 연구,"(미간행박사학위논문, 고려대학교, 1991), 문유경, "1970년대 기독교 민주화운동-발생배경과 특성을 중심으로,"(미간행석사학위논문, 연세대학교, 1984)

야적 의미가 내재해 있다는 민중신학이 성립되었고, 이러한 민중신학이 이후 교회의 사회참여운동에 중요한 논리적 근거가 되었다고 한다.[5]

두 번째로 기독교사회참여운동의 주도세력의 현실 인식과 지향도에 관한 연구이다. 즉 기독교 사회참여운동을 이끌었던 세력이 한국사회를 어떻게 진단하고 어떤 대안을 갖고 있었으며 궁극적으로 어떤 사회를 지향했는가 하는 점이다. 이점에 대해서 일부 연구자들은 기독교 사회참여운동세력은 민주화 이전의 한국사회를 민주적 절차나 제도를 결여한 독재체제로 파악했고 따라서 국민의 참정권과 기본권이 보장되는 '실질적 민주주의'를 지향했다고 한다. 이 연구자들은 이것이 의미하는 바가 서구의 자유민주주의 체제 혹은 복지국가였다는 것이다. 즉 기독교 사회참여운동세력은 결코 자본주의체제를 부정하지 않았고, 사회주의, 공산주의를 수용하지도 않았다는 것이다.[6]

세 번째로 기독교 사회참여운동에서 반독재 · 민주화운동이 언제 대두되었느냐 하는 문제이다. 사실 기독교사회참여에서 가장 두드러진 연구 분야는 반독재 · 민주화운동에 관한 것이다. 특히 정치적 자유와 사회 모든 부문에서의 민주주의가 극도로 제한된 유신체

---

5) 윤승용, "사회변동에 대한 종교의 반응양태연구," (미간행박사학위논문, 서울대학교, 1992). 최길호, "한국현대사의 사회변동과정에서 나타난 기독교 신앙의 제 양태 연구," (미간행석사학위논문, 감리교신학대학교, 1993), 최형묵, "사회변혁운동 이념과 기독교신학-1980년대 한국 상황을 중심으로," (미간행석사학위논문, 한신대학교, 1987). 김용복, "민중신학과 토착화 신학," 『기독교사상』 (1991.6). 송건호, "기독교사회참여-70년대를 중심으로," 『기독교사상』 (1984. 11).

6) 이영숙, "한국진보적 개신교 지도자들의 사회변동 추진에 대한 연구-1957-1984년을 중심으로," 『기독교사상』 (1991. 3월-5월). 이원규, "한국개신교회의 정치참여(1970년대 기독교진보주의 종교이념의 발전과 그 수용문제를 중심으로," 『한국교회와 사회』 (서울: 한국신학연구소, 1989)

제 때에 기독교의 반독재 · 민주화운동은 상당한 역할을 했다. 이러한 사실의 반영으로 기독교 사회참여운동 연구에서 반독재 · 민주화운동은 빠지지 않는 주제이다. 그리고 이 분야에 있어서 기독교 내의 연구는 기독교의 반독재 · 민주화운동이 대두하게 되는 계기를 밝히는 데 집중하고 있다. 대체로 1970년대 기독교가 사회참여에 적극적으로 나서게 되는 계기로서 1970년대 전태일 분신자살, 1972년 7.4 남북공동성명의 충격과 곧 이어 이루어진 유신개헌을 꼽고 있다. 전태일의 분신이 노동자를 비롯한 기층 민중의 열악한 현실을 눈뜨게 했고, 군부권위주의체제의 결정판이라 할 수 있는 유신체제의 시작이 기독교 내 진보세력으로 하여금 반독재 민주화운동에 적극적으로 참여하게 만들었다는 것이다.[7]

한편 기독교의 반독재 · 민주화운동을 적극적으로 이해하고 평가하려는 하는 연구문헌들은 교회가 사회운동에 참여하게 되는 시기와 계기를 좀 더 거슬러 올라가 설정하고 있다. 연구자에 따라 다르지만, 4 · 19혁명, 한 · 일협정비준반대운동, 3선개헌반대운동 등을 교회가 반독재 · 민주화운동에 참여하게 되는 계기로 꼽고 있다.[8] 이러한 인식은 1970년대 이후 기독교 사회참여운동을 이전의 소극적 현실참여에서 적극적 현실참여로 변화한 것이라고 보는 시각으로서 1970년대 이전 기독교가 친미 · 보수 · 반공체제의 핵심이었다는 기

---

7) 김상근, "1970년대의 한국 기독교운동." 『기독교사상』 (1984. 11) . 조승혁, "민주화와 한국 교회의 역할," 『한국사회 발전과 민주화 운동』 (서울: 한국기독교산업개발원, 1986). 김진배, 『1970년대 민주화운동: 기독교 인권운동을 중심으로, I.II.III』 (서울: 한국기독교교회협의회 인권위원회, 1987)

8) 김병서, "한국사회의 민주화와 기독교," 『한국사회발전과 기독교의 역할』 (서울: 숭실대학교 기독교사회연구소, 2000). 기독교사회문제연구원, 『1970년대 민주화운동』 조사연구자료 19 (서울: 기독교사회문제연구원, 1984).

독교 밖의 시각[9]과 대립되는 것이다.

넷째로 기독교의 반독재·민주화운동 연구에서 중요하게 다루어지고 있는 또 하나의 주제는 주체의 문제이다. 물론 운동의 주체에 대한 분석과 평가는 기독교의 반독재·민주화운동에 국한 되는 것이 아니라 모든 사회참여운동에 동일하게 적용되는 문제이다. 지금까지의 연구는 반독재·민주화운동을 포함한 기독교 사회참여운동은 교회 내 진보적 지식인, 성직자 중심으로 이루어졌다는 데 견해가 일치한다. 개신교의 경우 반독재·민주화운동세력 스스로가 운동의 주체를 '유기적 지식인'으로 정의해 제기했고, 가톨릭의 경우에는 사제단과 평신도 내 소수 진보세력이 그 역할을 했다. 개신교에서는 '유기적 지식인'이 교회 내 소수지만 그 주도적 역할을 인정할 수 있으므로 대표성을 띠는 존재로 인정해야 한다는 것이다. 그러나 기독교권 밖의 연구는 기독교의 반독재·민주화운동이 기독교 내 진보적 지식인, 성직자 중심으로 운동이 전개됨으로써 운동을 대중화하는데 한계가 있었다고 평가한다.[10]

한편 기독교회가 참여했던 부문운동에는 노동운동, 농민운동, 도시빈민운동, 청년학생운동, 여성운동 등 다양하다. 이들 가운데 노동운동, 농민운동, 도시빈민운동의 경우 5·16쿠데타 이후 사회 모든 영역에서의 비판과 참여가 극도로 억압된 상황에서 기독교의 참여가 운동의 형성과 전개에 큰 영향을 미쳤다. 또한 기독교 사회참여운

---

9) 강인철, "한국개신교교회의 정치사회적 성격에 관한 연구: 1945-1960," (미간행박사학위논문, 서울대학교, 1994)

10) 이호대, "한국 민주화운동에서 교회의 정치적 역할에 대한 연구," (미간행석사학위논문, 서강대학교, 1999) '유기적 지식인'이란 '현상을 문제시하는 세계관의 계발을 돕거나 사회운동 참여자들을 교육하는 지식인을 의미하는 것'으로 한국기독교교회협의회, 한국기독학생총연맹, 기독자교수협의회, 산업선교회 등이 그 같은 역할을 맡았다. '유기적 지식인'들은 '인권'을 쟁취를 목적으로 정하고 노동자, 농민들에 대한 의식화 작업을 주도하였다고 한다.

동 전체를 이끌어 나가는 핵심 영역이었다. 이렇게 부문운동에서 차지하는 기독교의 역할이 기독교 사회참여운동이나 전체 민주화운동, 각부문운동 등의 역사에서 매우 중요함에도 불구하고 기독교 안에서 이 주제를 본격적으로 다룬 연구는 많지 않다.[11]

이상의 논문들을 통하여 보면 대체로 기독교 사회참여운동 연구는 두 가지 대립적인 평가가 병존하고 있다. 하나는 대체로 기독교 밖의 입장으로서 기독교는 기본적으로 체제유지세력으로 존재해 왔고, 1970년대 한국 민주화운동의 형성과 발전에 중요한 역할을 했지만 운동의 변혁적 성격을 제약했다는 것이다.[12] 다른 하나는 기독교 안의 입장으로서 기독교는 선교 이래 민족민주운동의 전통을 갖고 있고 그 흐름 속에서 70년대 이후 기독교 사회참여운동을 전개해 왔으며 전체 민주화운동에 크게 기여했다는 평가이다.

---

11) 조승혁, 『도시산업선교의 인식』(서울: 민중사, 1981). 김명술, "한국기독교 도시산업선교의 계보," (미간행석사학위논문, 연세대학교 연합신학대학원, 1995). 정연순, "1970년대 노동교육 사례연구: 크리스챤 아카데미 산업사회 중간집단 교육," (미간행 석사학위논문, 서울대학교, 1998). 허원배, "한국농촌현실진단과 농민선교의 방향," (미간행 석사학위논문, 감리교신학대학 신학대학원, 1988). 이원규, "도시산업사회와 교회," 『한국교회와 사회』(서울: 한국신학연구소, 1989). 정명기, "도시빈민선교," 『한국역사 속의 기독교』(서울: 한국기독교회협의회, 1985)한국기독교청년협의회, "기독학생운동의 역사와 과제," 『한국역사 속의 기독교』 (서울: 한국기독교교회협의회, 1985). 한국기독청년협의회, "기독청년운동의 전개과정-70년대 이후 교청, 교단청년, EYC운동을 중심으로," 『한국역사 속의 기독교』(서울: 한국기독교교회협의회, 1985)

12) 박세길, 『다시쓰는 한국현대사』(서울 : 돌베개, 1992)

2. 연구의 목적과 의의

지금까지의 연구결과 70년대 한국사회 민주화 운동에서 기독교 회는 민주화 운동의 거의 유일한 공간이었고, 반독재·민주화운동 을 이끌었던 핵심 주체였다는 사실에 대다수 연구자가 동의하고 있다. 다만 그동안 기독교권 밖에서 80년대 개신교회의 반독재·민주화운 동을 민중운동의 성장에 따른 기독교의 위상과 역할 변화에 강조점 을 두어 평가절하 하여 기술하였던 것은 그동안 연구의 양과 질이 아 직 미미하였기 때문이다.

최근의 연구들에 의하면, 1980년대 기독교회의 사회참여는 70년 대보다 오히려 그 참여의 숫자나 폭이 훨씬 더 넓어지고 외연이 확대 되었다. 70년대 개신교 민주화운동이 일부 소수의 목회자와 신학자, 기독학생, 그리고 몇몇 교회 중심의 신앙고백적 차원의 운동이 80년 대에 들어와 다수의 교회와 교단, 그리고 지도자들의 운동으로 발전 해 갔으며, 이는 한국개신교회가 점점 더 성숙해 갔다는 것이다.[13]

그러나 이러한 긍정적 평가에도 불구하고 이 분야에 대한 연구는 아직도 상당히 미진한 것이 사실이다. 그러므로 필자는 한국개신교 회의 사회참여에 관한 연구에 있어서 다음과 같은 주제들이 꼭 연구 되어져야 한다고 생각한다.

첫째로 80년대 이후 사회참여에 대한 역사적 사실의 규명이다. 사실상 이 분야에 대한 연구는 초보 단계에 있다고 해도 과언이 아 니다. 70년대와 비교하여 연구의 양과 질에 있어서 매우 미미한 수 준에 있다. 연구자들의 연구를 위한 사료의 발굴과 그 사료에 입각한

---

13)   김주한, "6월 민주항쟁과 기독교," 『한국개신교가 한국근현대의 사회, 문화적 변동에 끼친 영향 연구』, 207쪽.

객관적이고 정확한 분석과 서술이 요청되는 분야이다.

둘째로 60년대 이래 사회참여 운동의 전개와 그 발전과정에 대한 연구이다. 더 나아가 해방이전과 해방이후 적어도 80년대까지의 한국개신교회의 사회참여의 패러다임의 변화에 대한 통전적인 연구가 심도 있게 이루어져야 한다. 이러한 작업은 한국교회사 학계에 매우 중요한 과제임에도 아직 제대로 된 연구서가 발간되지 않고 있다.

셋째로 한국개신교회의 사회참여의 과정에서 나타난 교회와 국가의 관계에 대한 분석이다. 특히 한국개신교회의 보수와 진보, 그리고 복음주의 진영 등 각각의 교회와 국가의 관계에 대한 심도 있는 신학적 분석은 아직까지 발견되지 않고 있다.

본서는 위의 세 가지 연구과제중 한국개신교 사회참여에 나타난 교회와 국가의 관계의 분석을 주된 목적으로 삼고자 한다. 한국개신교회는 교회와 국가와의 관계에 있어서 그 신학적 차이와 정치신학의 부재로 사회참여에 있어서 전혀 상반된 실천을 보여 왔다. 진보진영은 민주화와 인권운동에 헌신해왔고, 보수진영은 정교분리를 주장하며 진보진영과 대립하였다. 양 진영의 이러한 대립은 기본적으로 교회와 국가의 관계에 대한 이해의 차이에서 비롯되었다. 그러므로 본서는 한국 개신교 진보와 보수 등 각 진영에 나타난 교회와 국가의 관계를 신학적으로 분석하여 그 차이를 구명하고, 일치의 가능성을 모색해 보는데 그 일차적 목적을 두고자 한다.

이러한 본서의 목적은 다음과 같은 의의를 가질 수 있을 것이다. 첫째로는 개신교회 사회참여의 유형화(type)의 시도이다. 그동안 우리는 교회의 사회참여를 진보진영의 반독재·민주화운동으로만 국한 시켜왔다. 그러나 이러한 시각에 교정이 필요하다. 진보진영뿐 아니라 보수진영, 그리고 복음주의 진영도 세계교회와 한국교회 차원에서 활발한 사회참여를 시도해 왔다. 특히 보수진영은 국가조찬기도회와 같은 친정부적 행사를 통하여 군사독재정권과 협력하는 모습으로 사회에 참여하였다. 그러므로 본서는 진보진영의 사회참여뿐만 아니라 60년대 이후 전개된 보수진영 또는 복음주의 진영의 사회참여에 대한 연구를 통하여 사회참여의 다양성 차원을 규명하고 이를 소개한다는 데에 의의가 있다.

둘째로 본서의 의의는 60년대, 70년대 그리고 80년대 전반에 걸친 최초의 개신교 사회참여에 대한 역사서술이라는 점이다. 그동안 60년대와 70년대에 대한 교회의 사회참여에 관한 역사 서술은 각종 학위논문과 연구논문을 통하여 발표가 되었다. 그러나 80년대를 아우르는 논문은 아직까지 출간되지 않았다. 이런 점에서 본 논문은 60년대에 시작된 한국사회 민주화 인권운동의 전개 과정과 발전의 양상에 대하여 하나의 참고서가 될 수 있을 것이다.

II

연구의 방법과 범위

1. 연구 방법론

한국교회사 연구방법론은 그동안 한국교회사 연구의 중요한 주제가 되어왔다. 대표적인 한국교회사 연구와 서술방법론으로 백낙준의 선교사관, 김양선의 주체적 수용사관, 민경배의 민족사관, 주재용의 민중사관, 이만열의 실증주의 사관 등이 주로 거론 되어왔다. 그러나 최근 1990년대에 들어서 김인수의 섭리사관, 김영재와 박용규의 복음주의 사관, 그리고 이덕주의 토착교회사관이 등장하면서 그 해석적 접근방법이 다양화되었다. 본장에서는 지금까지의 한국교회사 연구와 서술방법론들을 소개하고, 본서의 연구방법론인 에큐메니칼 차원의 통합교회사 서술방법에 대해 서술하고자 한다.

a. 한국교회사 연구방법론의 현황

● 백낙준의 선교사관

한국교회사 연구가 본격적으로 시작된 것은 1920년대 백낙준에 의해서이다. 백낙준은 1927년 예일대학교 철학박사 학위논문으로 *The History of the Protestant Missions in Korea*, 1832-1910를 제출하였다. 그는 이 논문을 위해 방대한 자료를 수집하고 객관적으로 분석하여 논문 지도교수인 교회사가 라투렛으로 부터 인정을 받아 1929년 평양 숭실대학에서 처음으로 출판하였다. 백낙준은 이 논문에서 "기독교사는 본질적으로 선교사이다. 또한 반드시 선교사이어야 한다"고 지적하고 "한국개신교사 역시 선교사이어야 한다"[14]고 주장하여 한국기독교회사를 선교사적 관점에서 해석하였다.

이러한 백낙준의 선교사관은 "한국기독교의 역사를 일정한 사관을 갖고 전체적으로 개괄하면서 정리한 첫 저술"[15]이었다는 점과 그가 사용한 "사료 방대성"으로 인하여 그의 공헌을 인정받아 오고 있다.[16] 그러나 백낙준의 선교사관은 다음과 같은 문제점이 지적되어 왔다. 첫째로는 선교사관에 입각한 한국기독교사의 서술은 서구 기독교 전통에서 비롯될 수 밖에 없다는 점이다. 즉 한국기독교사의 맥이 외국인 선교사들의 '선교 활동'의 결과로 보게 된다는 것이다. 둘째로는 한국 기독교 역사의 실질적 주역이었던 한국인들의 신앙적 체험과 고백에 대한 충분한 이해와 해석이 결여 될 수밖에 없는 한계

---

14)   白樂濬, 『韓國改新敎史』(서울: 延世大學校出版部), 1973. 序文, V

15)   한국기독교사연구회, 『한국기독교의 역사 I』(서울: 기독교문사, 1991), 2쪽.

16)   위의 책, 3쪽. 1920년대 자료의 수집과 이용이 현저하게 어려움에도 그가 사용한 원사료는 아직도 후학들에 의해 충분히 해독되거나 이용되지 못하고 있는 실정이다.

를 가지고 있다는 점이다.[17] 이점에 대하여 민경배는 "한국 교회쪽의 고백과 증언이 전혀 고려되고 있지 못하다"[18]고 비판하였다.

● 김양선의 주체적 수용사관

1930년대 이후 백낙준에 의해 고려되지 못한 "한국교회 쪽의 고백과 증언"을 정리하고자 하는 시도가 있었다. 오문환, 장정심, 채필근이 그 대표적 인물이다. 이같은 "한국교회 쪽"의 사료를 찾아 그것을 바탕으로 기독교사를 서술하려는 작업은 해방 후 김양선에 의해 꽃을 피웠다. 그는 6·25 전쟁 중에도 혼신의 힘을 기울여 사료들을 보관하여 숭실대에 『한국기독교박물관』을 개관하였으며,[19] 기독교의 주체적 수용에 입각한 교회사 서술을 시도하고자 하였다.[20]

김양선의 주체적 수용사관과 그의 한국교회사적 공헌은 다음과 같이 요약될 수 있다. 첫째 초대 고고학회장을 역임할 만큼 조회가 깊은 그는 경주 불국사에서 "경교"의 주춧돌과 "마리아상" 등을 발굴하여 한국기독교사의 역사를 통일신라로 소급시켜 놓았다는 점이다. 둘째 실학과 천주교 관련 서적과 유물들을 수집하여 일반사회사와 기독교사의 유기적 연관성 속에서 실증적이고 객관적인 역사 서술을 시도하였다는 것이다. 그러므로 그의 역사학은 교회사라기 보다는 기독교사의 성격을 띠었다. 셋째로는 "한글성서번역사"를 『성서한국』에 연재하여 초기 성경번역과 문서사업에 관한 비중 있는 논문들을 발표하였으며, 『한국기독교해방10년사』를 저술하여 해방 후

---

17) 위의 책, 3쪽.

18) 민경배, 『韓國基督教史』 (서울: 대한기독교출판사, 1982), 20쪽.

19) 위의 책, 4쪽.

20) 박정신, 『한국기독교사의 새로운 이해』, (서울: 도서출판 새길, 2008), 39쪽.

교회분열을 신학적으로 분석하였다는 점이다.

　이러한 김양선의 공헌에도 불구하고 그가 일찍 타계한 관계로 기독교 통사를 서술하지 못하였고, 결국 주체적 수용사관의 발전이 후학들에 의해 계승되지 못했다는 아쉬움을 한국교회사에 남기게 되었다. 그러나 이 주체적 수용사관은 최근 김양선의 제자 박정신이 김양선의 수용사관을 보다 명확히 하기 위해 "주체적"이라는 수식어를 붙임으로 보다 일반화 되었고, 기독교역사문화연구소에 의해 계승되고 있다.

● 민경배의 민족교회 사관

　한국교회사학계의 제 2세대인 민경배는 선교사관이 갖고 있는 결정적인 한계인 "한국교회 쪽의 고백과 증언이 고려되지 못한 것"을 극복하고자 기독교사를 연구하여 "民族敎會史觀"을 정립하였다. 그는 한국 기독교사의 주체를 한국교회로 보고 한국교회가 민족의 문제에 어떻게 대응했고 그 문제를 풀어나갔느냐 하는 점을 역사서술의 주된 내용으로 삼았다. 1972년 『한국기독교회사』, 1974년 『한국민족교회형성사론』, 1981년 『교회와 민족』, 1978년 『개정판 한국기독교회사』등을 펴내면서 자신의 민족교회사관을 "교회가 민족에 대해 가지고 있는 에큐메니칼한 사명을 전제하고, 그 성립과 전개에서 민족의 교회로서 구형된 정신과 과정을 주체로 일괄하는 것"이라고 규정하였다. 즉 민족교회란 "기독교의 보편진리가 민족단위에서 철저하게 호소되고 토착되는 과정을 앞당기고, 그 발전을 복음에 따라 분석하는 주체를 말한다"는 것이다. 그는 교회와 민족, 종교와 사회의 연결원리를 내연(內緣)과 외연(外緣)이라는 독창적인 체계로 설

명함으로 기독교사에 대한 신학적 이해의 원리를 제공하였다.[21)

이러한 민경배의 민족교회사관에 대하여 김흥수는 "한국기독교사가 선교사나 교파교회의 확장사에 머문 것을 극복 하였다는 점"과 "교회사를 민족사와 관련하여 보아 민족의식 형성의 촉매제 역할을 하였다는 점"에서 긍정적으로 평가하였다.[22) 한편 김영재도 민경배의 민족교회사관을 "토착화 신학에 부응하는 교회사 서술"이었다고 평가한다.[23)

그러나 이러한 민경배의 민족교회사관은 그 이론의 독창성과 그가 남긴 한국교회사의 업적으로 인하여 수많은 비판의 대상이 되어 온 것도 사실이다. 먼저 김영재는 "민족교회란 개념이 도대체 신학적으로 어떻게 평가할 수 있느냐"고 묻고, "선교사들이 부흥운동을 통하여 민족교회를 형성하려는 한국교회를 비정치화하고 비민족화했다"[24)는 민경배의 평가에 대해 비판한다. 한편 이장식은 민족교회사관은 "한국기독교사를 엘리트, 지식계층 중심으로 서술함으로 '민중부재의 역사'로 만들었다"[25)고 비판 한다. 박용규 또한 민경배의 민족교회사관에 나타난 "내연과 외연의 원리로 모든 기독교사 사건과 인물을 해석하는 데는 무리가 있으며, 복음의 역사를 '민족'의 틀 속에 묶어서는 안된다"고 본다. 그는 이 밖에도 "선교사들과 한국교회와의 단절", "한국교회사와 세계교회사의 불연속", "상황의 지나

---

21) 한국기독교사연구회, 위의 책, 6쪽.

21) 한국기독교사연구회, 위의 책, 6쪽.

22) 김흥수, "교회사 서술 방법의 새로운 시각,"『한국기독교사연구』제24호, 1989. 6쪽.

23) 김영재, "한국교회사 연구방법론,"『한국교회사』(서울: 개혁주의 신행협회, 1992), 63쪽.

24) 김영재, 위의 책, 63-64쪽.

25) 이장식, "한국신학사상의 사적고찰,"『역사와 신학』, 주재용,서광선 편, (서울:한국신학연구소, 1987), 79쪽.

친 강조", "일방적 사료선택" 등을 들어 민족교회사관을 비판 한다.[26]

● 주재용의 민중교회 사관

민족교회사관이 갖는 한계를 극복하려는 시도가 민중신학자들에 의해 시도되었다. 한신대 주재용 교수는 "한국 기독교백년사—민중 사관의 입장에서의 분석과 비판—"(1979)이라는 논문에서 민중교회사 관을 주창하였다. 그는 한국 기독교사의 주체를 엘리트, 지식계층이 아닌 민중계층인 평신도, 무명의 헌신적 기독교인들로 보아야 한다 고 주장하였다.[27]

이러한 민중교회사관은 지금까지 무시되고 소외되었던 기층교인 들의 신앙과 활동, 교파 우월의식에 의해 변방으로 몰렸던 단체나 인 물들의 역할을 재평가 하였다. 즉 서정민에 의하면 민중교회사관은 역사 서술의 주체를 민중으로, 역사서술의 방법을 '아래에서 위로'하 는 특징을 갖는데, 이는 막시즘이나 아날(Anal)학파의 영향을 받은 것 으로 보인다는 것이다.[28]

그러나 이러한 민중교회사관에 대해 박용규는 "하나님의 말씀을 역사해석의 기준으로 설정하지 않고 기독교를 상대화 시키며", "교 회의 주체를 복음이전의 민중으로 이해하기 때문에 하나님의 백성, 곧 신앙공동체를 민중이라는 정치, 사회적 개념으로 대치시켜 복음 과 교회의 본질을 전도시켰다"고 본다. 또한 그는 민중교회사관이

---

26) 박용규, "한국교회사 이해와 연구방법론," 195-200쪽을 참조하라.

27) 한국기독교사연구회, 위의 책, 7쪽.

28) 서정민, "한국 개신교사 연구의 경향과 과제," 113-114쪽, 아날학파는 1929년 마흐 블로흐 (Marc Bloch)와 루시앙 페브르(Lucien Febvre)에 의해 시작되어 1960년 브로델(Fenand Braudel)에 의해 주창되었다. a. 사회경제적 측면, b. 인간 삶의 다양한 일상생활, c. 보통사 람들, d. 제도에서 일상을 역사서술의 내용으로 채택하였다.

"교회사 해석의 기준이 교회가 얼마나 복음에 충실했는가가 아니고 교회가 얼마나 민중의 편에 섰는가로 귀결된다"는 점을 들어 민중교회사관을 비판 한다.[29]

● 한국기독교사연구회의 실증주의 사관

일반역사학자들인 이만열, 윤경로를 중심으로 1980년대 이후 개인차원의 연구를 넘어 "자료의 발굴, 상호정보의 교환, 역사해석"에 이르기 까지 공동작업을 통해 한국교회사를 연구하려는 "한국기독교사연구회"가 탄생하였다. 제 3세대로 자처한 이들은 "어떤 사관을 설정하는 일보다 우선 한국 기독교사의 사실에 대한 객관적이고 과학적인 분석, 정리 작업이 필요"하다는 결론을 내리고 기존의 교회사에 잘못 서술된 부분을 교정하는 작업에 착수하였다.[30]

실증주의 사관을 주창한 이들 역사학자들은 『한국기독교사 연구』Ⅰ,Ⅱ권을 서술하면서 4가지 모토를 주장하였다. a. 한국기독교사 연구의 폐쇄성 극복, b. 한국기독교사 연구의 지평확대, c. 실증적이고 과학적인 한국기독교사 자료의 취급 d. 민족현실 문제나 장래에 대한 책임성 있는 한국기독교사의 연구 등이 그것이다. 그리하여 이들은 사실고증, 과학적이고 실증적인 연구방법과 문헌 비평을 통하여 한국교회사의 사실규명에 공헌하였다. 또한 이들은 교회사와 일반역사학자의 만남을 통해 한국사와 기독교사의 접목을 시도하였으며, 한국 기독교의 민족운동 전통의 맥을 발굴할 뿐만 아니라 민주화와 민족통일이라는 미래의 민족적 과제에 도움이 될 수 있는 연구를 시도하고자 하였다.

---

29) 박용규, 위의 글, 203-204쪽을 참조하라.
30) 한국기독교사연구회, 위의 책, 90-10쪽을 참조하라.

그러나 이러한 실증주의 사관에 대하여 역사신학을 전공한 교회사가들의 비판이 있는 것도 사실이다. 이들에 의하면 실증주의 사관은 하나님의 역사개입을 거부하는 사관으로 초자연적인 영역을 제거하고, 인간의 이성으로 검증할 수 있는 역사를 재구성 하며, 자칫 종교사학파의 전철을 밟는 것이라고 비판한다.[31]

● 1990년대 이후 한국교회사 서술 방법들

1990년대 들어와 복음주의 진영에서 교회사 연구가 활발하게 진행되었다. 외국에서 한국교회사와 관련된 논문으로 학위를 취득하고 돌아온 복음주의 교회사가들이 한국교회사 연구를 한단계 도약시키는데 큰 기여를 하였다. 장로회신학대학교의 김인수 교수, 숭실대학교 박정신 교수, 합동신학대학원의 김영재 교수, 고신대학교의 이상규 교수, 서울신학대학교의 박명수 교수, 총신대학교의 박용규 교수 등이 대표적인 이들 이다.[32]

김인수 교수는 교회의 역사는 원론적으로 구속사관 내지는 섭리사관이어야 한다고 주장한다. 그에 의하면 일반세상의 역사는 수많은 사관에 의해 쓰여질 수 있으나 교회사는 하나님의 인류 구원을 위한 섭리와 구속의 사역을 조명하여 통전적으로 쓰여져야 한다고 주장한다. 따라서 김인수는 섭리사관의 입장에서 쓴 교회사만이 가장 보편 타당한 사관에 의해 쓰여졌다고 본다.[33]

박정신 교수는 김양선의 수용사관을 '주체적 수용사관'이라 발전시키고, 이에 의한 역사서술을 주장한다. 그는 김양선이 서북청년들

---

31) 박용규, 위의 글, 209-210쪽을 참조하라.

32) 박용규, 앞의 글, 210쪽.

33) 김인수, 『韓國基督敎會史』(서울: 한국장로회출판사, 1994), 12쪽.

과 이수정의 개종을 새 지식, 새 문명을 갈망하는 당시 젊은이들의 '주체적이고 적극적인 행동의 산물'로, '조선적 기독교의 태동'으로 인식했다고 이해한다. 이러한 이해를 바탕으로 박정신은 김양선의 사관이 단순한 '수용사관'이 아닌 '주체적' 수용사관이라 강조하고, 자신의 역사 방법론으로 이 '주체적 수용사관'을 주창한다. 그런데 박정신에 의하면, 그의 주체적 수용사관은 단순히 교회사적 문제만을 역사서술의 대상으로 삼는 것이 아니라, 한국기독교사 전체를 역사서술의 대상으로 삼는다. 즉, 자신의 주체적 수용사관은 교회사적 인식이 아닌 기독교사적 인식이라는 것이다. 뿐만 아니라, 박정신은 김양선이 한국기독교사 이해를 위해 고고학, 실학, 민족사 등 일반사를 폭넓게 연구했듯이, 사회변동에 주목하는 사회사적과 지성사적 방법론을 자신의 한국기독교 인식의 틀로 주장한다.[34] 이러한 박정신의 주체적 수용사관은 현재 김양선이 세운 숭실대학 한국기독교박물관의 매산 김양선 강좌와 한국기독교역사문화연구소의 학술활동을 통하여 활발히 연구되어지고 있다.

박용규 교수는 복음(gospel)을 한국교회사 역사서술 및 해석의 원리로 삼아야 한다고 주장한다.[35] 그는 지난 2천년의 교회사를 이해하는 중심열쇠는 복음이며, 이 때문에 교회사가는 교회의 역사를 서술하는 과정에서 교회가 복음의 확장, 복음의 순수성을 회복하려는 노력, 그리고 복음의 대 민족적, 사회적, 문화적 책임을 다했는지를 물어야 하며, 이 질문은 세계교회사 뿐만 아니라 그 연속선상에 있는

---

34) 박정신, "백낙준과 김양선의 한국기독교사 인식" 『한국기독교사 인식』(서울; 혜안, 2004), 67-68쪽,

35) 박용규, 위의 글, 214쪽. 그에 의하면 성경과 기독교 역사를 돌이켜 볼 때 건강한 교회가 외친 복음에는 언제나 복음전파, 복음의 대 사회적, 그리고 복음의 순수성이라는 세가지 요소를 항상 지닌다.

한국교회사에도 적용되어야 한다고 주장한다.[36]

김영재 교수도 한국교회사 연구의 규범으로 성경을 제시한다. 그에 의하면 한국교회사의 과제는 모든 다른 분야의 신학과 마찬가지로 성경을 규범으로 삼되 교회와 성경 이해를 포함하는 신학을 그 전통에 비추어 평가하며, 또한 이것을 한국의 역사적, 문화적 및 사회적인 상황에 비추어 고찰함으로써 한국의 교회와 신학이 지향할 방향을 제시하는 것이라 주장한다.[37]

한편 감신대의 이덕주 교수는 토착교회사관을 주장한다. 그에 의하면 토착교회사관은 기존의 한국교회사 사관과 연결되면서도 구분되는 특징을 지닌다. 우선 토착교회사관은 교회의 역사를 복음의 선교역사로 보는 점에서 선교사관과 일치하나, 한국인의 주체적인 복음의 수용-해석-적용과정에 주목한다는 점에서 구별된다. 또한 토착교회사관은 복음의 구체적 적용 대상이 '민족상황'이라는 점에서 민족교회사관과 일치하나, 토착종교·문화적 상황도 중요한 요소로 본다는 점에서 다르다. 그리고 토착교회사관은 복음의 사회개혁적 기능에 초점을 맞춘다는 점에서 민중교회사관과 일치하나, 토착종교문화전통에 대한 변혁작업에도 관심을 갖는 문화신학적 측면을 중요시한다는 점에서 민중교회사관과 다르다고 주장한다.[38]

이상으로 한국교회사 연구와 그 서술방법들에 대하여 살펴보았다. 그동안 한국교회사에 대한 연구 주제 가운데 이 사관(史觀)의 문제가 토론의 주제로 떠올랐었다. 그러나 앞으로 과제는 사관의 문제보다 역사적 사실의 규명이 우선되어야 하지 않을까 생각한다. 이를

---

36) 박용규, 앞의 글, 216쪽.

37) 김영재, 위의 책, 35쪽.

38) 이덕주, 『토착교회형성사 연구』(서울: 한국기독교역사연구소, 2001), 24-26쪽을 참조하라.

위해 자료의 수집과 보존 등의 작업이 역사가들과 기관들에 유기적인 협력 속에 이루어져야 할 것이라 본다.

b. 에큐메니칼적 통합교회사 서술방법

본서는 연구방법론으로 에큐메니칼적인 통합교회사 서술방법론을 지향한다. 1949년 독일의 젤러(Winfried Zeller)는 세계교회사 서술을 위한 두 개의 축, 곧 보편성과 유일성(Universalitat u. Originalitat)에 관해서 언급했다. 즉 전세계 모든 교회의 역사 속에 공통으로 들어 있는 보편성과 다른 지역의 교회사에서 찾아볼 수 없는 유일한 특성을 동시에 수렴하는 교회사 서술에 대한 구상이었다. 이러한 구상에 대한 공감을 바탕으로 1981년 루카스 피셔(L. Visher)의 주선으로 1981년 스위스 바젤에서 국제교회사협의회가 개최되었다. 이 협의회는 먼저 역사적, 신학적으로 분열되어 있는 세계 여러 교회의 특성을 인정하고, 이 다양한 특성을 묶어서 하나의 통합교회사로 서술될 수 있는 가능성에 대해서 토의했다. 이 자리에서 '다양성 속에서 일치'를 모색하는 에큐메니칼 교회사 서술이 본격적으로 논의되었다.[39]

한편 이형기도 에큐메니칼 시대에 상응하는 교회사 연구방법론을 이야기 하였다. 그는 포스트모더니즘의 특징을 다중심주의 (polycentrism) 세계관으로 파악하고 이러한 세계관에 대응해서 교회사 연구는 이제부터 어느 특정 지역이나 교파를 위한 것이 아니라 세계 보편교회를 위한 에큐메니칼 신학이어야 한다고 강조한다. 그런데

---

39) 임희국, 『봉경 이원영 연구』(서울: 기독교문사, 2001), 287쪽.

이 에큐메니칼 신학은 자기 자신의 정체성을 더욱 분명히 내세우면서 보편성을 향한 대화의 길로 나가는 것이다. 즉 지역화와 세계화를 동시에 추구하면서 지역교회와 세계보편교회를 서로 맞물리게 하고, 동시에 이런 긴장관계를 놓치지 않으면서 에큐메니칼 신학을 모색해 나가는 것이다.[40]

본서는 연구방법론으로 이와 같은 에큐메니칼적인 통합교회사 서술방법론을 추구한다. 즉 먼저 다양성 차원에서 한국교회의 독특한 역사를 서술하고, 일치의 차원에서 한국교회의 특수성을 세계적이고 보편적인 교회사에 비추어 비교 평가하고 대화를 시도하는 것이다.

좀 더 구체적으로 말하면, 본서는 먼저 다양성 차원에서 1960년대 이후 1987년 말까지 한국개신교회 민주화와 인권운동을 중심으로 한 사회참여와 그 속에 나타난 교회와 국가를 관계를 역사적으로 고찰한다. 그리고 이것을 일치의 차원에서 세계교회사 전통에 나타난 교회와 국가의 관계와 비교하여 분석하고, 그 역사적이고 신학적 상관성을 규명하는 것이다. 특히 16세기 종교개혁기 루터, 칼뱅, 그리고 급진적 종교개혁자인 재세례파와 토마스 뮌쳐의 교회와 국가의 관계와 한국개신교회의 사회참여에 나타난 교회와 국가의 관계와의 신학적 상관성을 조명해 보는 것이다. 이것은 동시에 한국개신교회의 사회참여와 그 방식이 세계교회사 전통과 신학 속에 어떠한 자리 매김을 하고 있는가를 살피는 작업이기도 하다. 그러므로 본서는 기독교 진리의 '보편성과 특수성(상황성)'을 파악하려는 시도이기

---

40) 이형기, 『21세기를 향한 새로운 신학적 패러다임의 모색』(서울: 장로회신학대학교 출판부, 1997), 202쪽. 임회국, "에큐메니즘에 입각한 영남지역교회사연구," 『신학과 목회』 제12집 (1998), 87-88쪽.

도 한다.

이러한 통합적 교회사 서술방법론에 기초하여 본서는 또한 다음과 몇 가지 서술상의 틀을 가진다. 첫째로 세속사의 흐름에 교회가 참여하는 방법론을 사용 할 것이다. 이것은 먼저 교회역사(구속사)와 세속사(보편사) 사이의 협력을 통한 보다 '보편적인 교회사' 서술을 지향하는 것이다. 둘째로는 필요한 경우 개신교회와 가톨릭교회의 반응을 함께 서술할 것이다. 사실상 한국교회의 민주화와 인권운동은 개신교회와 가톨릭 교회의 연합적 성격을 띠고 있어서, 개신교회만의 사회참여에 대한 서술은 현실적으로 불가능하다. 그러므로 본서는 한국개신교회의 사회참여를 중점적으로 서술하되, 필요한 경우 가톨릭교회의 사회참여도 함께 서술하고자 한다. 이 경우(개신교회와 가톨릭 교회를 함께 지칭할 경우)에는 기독교라는 명칭을 사용하여 서술하고자 한다. 셋째로는 동일한 사건에 대하여 개신교회의 반응을 가능한 한 교파, 교단, 교회, 그리고 그 신학적 입장을 구분하여 서술하고자 한다. 대체로 보수와 진보, 혹은 복음주의적 입장으로 나뉘어 질 것이다.

그리고 마지막으로 본서는 한국기독교 사회참여 과정에 나타난 각종 '성명서', '선언문', '자료집', '신학잡지', '기독교신문', '일간지', '총회회의록', '보고서', '일지', '편지' 등을 사용하는 '문헌적 연구방법'을 사용하고자 한다. 특히 진보진영의 사회참여는 한국기독교교회협의회 인권위원회가 편찬한 『70년대 민주화 운동』제 Ⅰ.Ⅱ.Ⅲ.Ⅳ.Ⅴ권과 『80년대 민주화운동』 제Ⅵ.Ⅶ.Ⅷ권 자료, 광주광역시 5·18사료편찬위원회가 편찬한 『5·18광주민주화운동자료총서』제 Ⅰ.Ⅱ 권을 중심으로 사용하고자 한다.

2. 연구 범위

본서의 연구범위는 첫째 내용적으로는 한국개신교회의 사회참여를 다룬다. 여기에서 사회참여란 군사독재 정권하에서 반독재·민주화와 인권운동을 중심으로 한 사회참여로 실질적으로는 한국개신교회의 정치참여라 할 수 있다. 그러므로 본서는 한국개신교 사회참여의 다양한 부문, 예컨대 반독재·민주화운동, 인권운동, 통일운동, 노동운동, 농민운동, 빈민운동, 청년운동, 사회봉사운동, 여성운동 가운데 특별히 반독재·민주화운동과 인권운동을 중점적으로 서술하고자 한다. 둘째로 본서는 시간적으로는 1960년 4·19혁명으로부터 1987년 12월 말까지를 다룬다. 본서에서 한국개신교회의 사회참여의 시작을 1960년 4·19혁명으로부터 서술한 것은 그동안 다수의 연구자들이 한국 개신교계의 반독재·민주화운동의 대두를 60년대의 4·19혁명, 한·일회담반대운동 등으로 주장하는 입장에 필자가 동의하고 있기 때문이고, 1987년 말로 본서의 서술을 종결한 것은 한국사회의 반독재·민주화운동이 실질적으로 1987년 12월 대통령 직선제의 실시로 선거를 통해 정상적인 정권교체를 이룩하였고, 제도로서의 민주주의가 정착되었다고 파악하기 때문이다.

위의 내용적, 시간적 범위에 기초하여 본서 제1장에서는 본 서의 서술 목적과 의의, 그리고 연구방법과 범위를 간략히 제시하였다. 제2장에서는 '역사적 고찰 연구'의 첫 번째 장으로 1960년대의 개신교회의 사회참여를 논하였다. 먼저 4·19혁명, 5·16군사쿠데타와 한국개신교회의 관계를 다루었다. 이어 제3공화국 하에서의 한·일국교정상화와 교회의 비준반대운동, 3선 개헌과 교회의 저지운동, 그리고 한국개신교회 보수진영의 60년대 민족 복음화와 국가조찬기도회의 시작과 진보진영의 기독청년학생운동과 도시산업선교회의 탄생을 다루었다.

제3장에서는 1970년대 교회의 사회참여를 다룬다. 이 시기는 민주화와 인권운동이 본격적으로 시작되는 시기로 진보진영 교계 지도자들의 반독재민주화 운동이 활발한 때였다. 특히 반독재민주화 운동이 남산부활절 연합예배 사건, 개헌청원서명 사건, 민청학련 사건, 3·1민주구국선언 등으로 이어지는 일련의 과정 속에서 KNCC를 중심한 에큐메니칼 진영의 교계 지도자들과 기독청년학생들이 어떻게 사회와 역사에 참여하였는가를 분석할 것이다. 그러나 이 시기에 보수진영의 사회참여 활동도 여전히 활발하였다. 그러므로 민족복음화 운동의 전개와 국가조찬 기도회를 중심으로 다룰 것이다.

제4장에서는 1980년대 개신교회의 사회참여에 대한 역사적 고찰을 다루었다. 이 시기는 한국사회 민주화운동에 있어서 광주민중항쟁이라는 가장 비극적인 사건으로 시작하여 1987년 6·10항쟁으로 민주정부가 수립되는 한국사회 민주화운동이 결정적으로 승리를 거두는 시기까지이다. 특히 이 장은 반독재·민주화운동이 부산 미문화원 사건을 계기로 반외세·자주화 운동으로 외연이 확대되는 과정을 다룬다. 또한 보수진영의 국가조찬기도회와 복음화 운동, 그리고 80년대 초에 결성된 복음주의협의회와 87년에 결성된 기독교 윤리실천운동본부의 창립을 통한 중도진영의 사회참여의 시작을 다룰 것이다. 그리고 제5장에서는 본서의 실질적 주제인 한국교회 사회참여 유형에 나타난 교회와 국가의 관계를 다룬다. 이를 위하여 먼저 한국 개신교 사회참여를 진보, 중도, 보수의 세 유형으로 분류하고, 이들 각 유형을 구성하는 단체와 지도자, 그리고 각 유형의 역사 신학적 배경을 고찰한다. 그리고 난 후 본서의 중심이라 할 수 있

는 이들 세 유형에 나타난 교회와 국가의 관계를 루터, 칼뱅, 그리고 뮌처의 그것과 비교 분석하여 그 상관성을 고찰하고, 한국개신교회 사회참여 각 유형에 나타난 교회와 국가의 관계를 규명 하고자 한다.

마지막 장인 제6장은 전체를 요약 정리하면서 현대사회에 있어서 교회와 국가의 관계를 개혁교회적 입장에서 제시해 보고자 한다.

제**2**장

1960년대
한국개신교사회참여에 대한
역사적 고찰

Ⅰ. 해방 후에서 4 · 19 혁명 이전의 한국교회의 사회참여
    1. 해방 후 북한교회와 공산정권
    2. 이승만 정권하의 남한교회

Ⅱ. 4 · 19 혁명과 한국교회
    1. 3 · 15 부정선거와 4 · 19혁명
    2. 4 · 19 혁명과 한국개신교회

Ⅲ. 5 · 16 군사쿠데타와 한국개신교회
    1. 5 · 16 쿠데타와 군정
    2. 5 · 16 군사쿠데타와 군정하의 한국개신교회

Ⅳ. 제 3공화국의 등장
    1. 정치적 배경
    2. 경제적 배경

Ⅴ. 한 · 일국교정상화와 교회의 비준반대운동
    1. 미국의 대한 정책과 한 · 일국교정상화
    2. 개신교회의 한 · 일 회담 비준반대운동

Ⅵ. 정부의 3선 개헌과 교회의 저지운동
    1. 6 · 8부정선거와 3선 개헌
    2. 교회의 6 · 8부정선거와 3선 개헌 저지운동

Ⅶ. 민족복음화 운동과 국가조찬기도회
    1. 민족복음화 운동
    2. 국가조찬기도회

Ⅷ. 한국기독학생총연맹(KSCF)의 탄생과 학생사회개발단
    1. 한국기독학생총연맹(KSCF)의 탄생
    2. 학생사회개발단

Ⅸ. 도시산업선교회의 탄생과 도시빈민운동
    1. 도시산업선교회의 탄생
    2. 도시빈민운동

Ⅹ. 小結論

I

해방 후에서 4 · 19혁명 이전의
한국교회의 사회참여

1. 해방 후 북한 교회와 공산정권

해방 후 북한에 소련군의 군정이 들어서자, 기독교인들은 적극적으로 정당을 조직하여 공산정권에 대항하고 자신들의 신앙과 인권을 지키면서 민주정권을 이루고자 하였다. 기독교 지도자들은 기독교 정당을 조직하였다. 목사 윤하영과 한경직은 1945년 9월 평안북도에서 기독교사회민주당을 조직하였다가 비기독교인들을 포섭하기 위하여 사회민주당으로 개칭하였다.[1] 1945년 11월에는 조만식 장로와 이윤영 목사의 주도하에 기독교 정당인 '조선민주당'이 결성되었다. 그러나 공산당의 탄압으로 조만식은 1946년 1월 5일 체포되었고 한경직을 비롯한 여러 기독교 지도자들은 남하하여 정당들의

---

1) 김양선, 『한국기독교 해방 10년사』(서울: 대한예수교장로회총회 종교교육부, 1956), 62쪽.

정치활동은 짧은 시간 안에 종식되었다. 평양에서는 김화식 목사를 중심으로 기독교자유당의 결성을 준비하던 중, 결당식을 하루 앞둔 1947년 11월 18일에 김화식 목사 등 40명의 기독교 지도자들이 투옥되었고, 그 후 그들은 옥사, 혹은 행방불명 되었다.[2)

공산정권은 기독교인들의 정치 활동 뿐만 아니라 교회를 무력화시키기 위한 정책을 계속하였다. 기독교인들은 이러한 공산 정권에 맞서 북한에서 기독교 신앙을 수호하고자 항거하였다. 북한교회는 1946년 인민위원회가 금지 명령을 내렸음에도 불구하고 길선주 목사가 단독으로 시무하던 장대현 교회에서 단독으로 3·1절 기념예배를 드려 많은 핍박을 받게 되었다.[3)] 공산당 정권이 1946년 11월 3일 주일날 선거를 시행하고 교회당을 선거 장소로 이용하고자 하자, 교회는 이를 따를 수 없다고 저항하였다. 공산정권의 이러한 교회 탄압에 대항하여 1946년 10월 20일에 북한 교회의 5도연합회는 다음과 같이 5개항을 결의하였다.

----

1. 성수주일을 생명으로 하는 교회는 주일에는 예배 이외의 여하한 행사에도 참가하지 않는다.
2. 정치와 종교를 엄격히 구분한다.
3. 교회당의 신성을 확보하는 것은 당연한 의무요 권리이다. 예배당은 예배이외의 여하한 경우에도 이를 사용함을 금지한다.
4. 현직 교역자로 정계에 종사할 경우 교직을 사면해야 한다.

2) 김양선, 위의 책, 64-65쪽.
3) 이은선, "한국교회사 관점에서 본 한국교회와 정치참여,"『한국의 정치문화와 기독교』(서울: 개혁신학회, 2002), 62쪽. 김양선, 위의 책, 66쪽.

5. 교회는 신앙과 집회의 자유를 확보한다. [4)]

이러한 저항은 국가권력이 기독교인들의 신앙의 자유를 침범할 때 국가 권력에 대한 기독교인들의 소극적인 저항의 행위였다. 저항의 결과 공산당 정권은 선거에 참여하지 않았던 자에 대한 조사나 교회에 대한 여러 가지의 박해와 보복을 가하였다. [5)]

한편 기독교인들 전체가 선거에 불참한 것은 아니었다. 김일성의 외척인 강양욱과 그에 의해 설득된 이북의 교직자들은 1946년 11월 28일 평양 신양리 교회에서 '북조선기독교도연맹'의 창립대회를 갖고 [6)] 김일성 정부에 대한 지지와 선거참여 의사를 밝히는 성명을 발표하였다.

1. 우리는 김일성 정부를 지지한다.
2. 우리는 남한정권을 인정치 않는다.
3. 교회는 민중의 지도자가 될 것을 공약한다.
4. 그러므로 교회는 선거에 솔선수범 한다. [7)]

그리하여 선거 날 일부 성직자들은 주일예배를 마치고 신도들을

---

4) 김양선, 『한국기독교 해방 10년사』, 68쪽.

5) 사와 마사히코, "해방 이후 북한지역의 기독교," 『해방 후 북한교회사』(서울: 다산글방, 1992), 23쪽.

6) 한국기독교역사연구소 북한교회사집필위원회, 『북한교회사』(서울: 한국기독교역사연구소, 1996), 396쪽. 그리고 고태우, 『북한의 종교정책』(서울: 민족문화사, 1988). 124쪽. 이 자리에서 발표된 강령은 다음과 같다. 1. 기독교의 박애적 원칙에 기초하여 인민의 애국열을 환기하며 조선의 완전독립을 위하여 건국사업에 일치협력 할 것. 2. 민주조선 건국에 해독인 죄악과 항쟁하고 도의(道義) 건설을 위하여 분투할 것. 3.언론, 출판, 집회, 결사 및 선교의 자유를 보장하기 위하여 진력할 것. 4. 기독교의 발전을 위하여 매진 할 것.

7) 안나 루이스 스트롱, "북한, 1974년 여름", 김남식 · 이종석 외, 『해방 전후사의 인식』(한길사, 1989), 513쪽. 김홍수, "해방 직후 북한교회의 정치적 성격," 『해방 후 북한교회사』, 61쪽에서 재인용.

이끌고 투표장으로 갔다. 이것은 북한교회의 주류가 반체제적 태도를 고수하고 있었으나, 한편에서는 친정부적 세력이 형성되고 있었음을 보여주는 현상이었다.[8] 이후 북한 교회의 교직자와 평신도들은 모두 기독교도연맹의 가입을 요청 받았으며, 기독교도연맹은 조직을 면, 군, 도 단위까지 갖추어 가게 되었다. 그 결과 기독교도연맹은 1947년 여름까지 북한개신교도의 3분의 1정도가 가입하였으며, 「조선중앙연감」에 의하면 1948년 9월 1일 현재 가맹자수는 8,5,118명이었다.[9]

결국 이 연맹의 조직과 함께 북한의 교회는 친김일성적 교회와 김일성 정부에 반발하는 교회로 양분되었다.[10] 그리하여 기독교도연맹은 북한정권에 협력하는 친정부적 세력으로 자리를 잡아갔으며, 반면 김일성 정부에 반발하는 기독교인들은 박해와 보복을 피해 1953년까지 지속적으로 월남하였다. 1945년-1953년까지 월남한 북한인구 120만명 가운데 북한개신교인들은 12.6%-14.7%인 7-8만명에 달하였으며, 이는 북한의 전체 개신교인의 35-40%에 이르는 높은 비율이었다.[11]

---

8) 김흥수, 위의 글, 61쪽.
9) 김흥수, 위의 글, 63쪽.
10) 김흥수, 위의 글, 64쪽.
11) 강인철, "해방 후 북한에서의 혁명과 교회," 채수일편, 『희년신학과 통일희년운동』(서울: 한국신학연구소, 1995), 384-386쪽.

2. 이승만 정권 하의 남한 교회

해방 후 남한 교회는 미군정 하에서 신앙의 자유를 누리고 있었으므로 정치문제나 사회윤리 문제에 별로 관심을 갖지 않았다. 당시 남한 교회에서 보수주의자들은 정치문제에 관심이 없었을 뿐만 아니라 옥고를 치르고 애국자로 존경 받던 인물들도 교회 재건과 쇄신에만 관심을 기울였다. 반면에 자유주의자들은 일제시대의 신사참배와 함께 일제 통치에 협력했기 때문에 지도자로 인정받기 어려운 상황이었다.[12]

1948년 해방 후 이승만 대통령 통치하에서 교회는 철저하게 정치권력에 순종하거나 무관심으로 일관하였다. 기독교 신자였던 이승만이 집권하면서 정권과 기독교가 밀착하는 계기가 되었다. 미군정시기 뿐만 아니라 이승만 집권 시절의 고위 관리와 국회와 정당에도 기독교인들이 다른 종교인들보다 월등하였다. 1948년 5월 31일 대한민국 제1대 국회의장에 이승만 박사가 당선 됐을 때, 개회시 이윤영 목사가 기도하였고, 기독교인 약 50여명이 당선되었다. 또한 1952년 6월 25일 국회의원 신우회가 조직되어 친목단체로 모였으나 그 지도층은 자유당 의원들이 지배하였다. 당시 국회의원 210명 가운데 교인은 50여명이었고 그 가운데 39명이 신우회에 가입하였다.[13] 1952년 제 2대 대통령 선거 때에는 이승만, 함태영 등의 기독인 후보를 위해 '한국 기독교선거대책위'를 조직하고 도, 군 단위까지 선거운동위원회를 결성하였다. 또 1954년 5월 20일 국회의원 선

---

12) 이은선, "한국교회사 관점에서 본 한국교회와 정치참여," 63쪽.
13) 김재성, "4·19혁명과 기독교," 『한국개신교가 한국근현대의 사회, 문화적 변동에 끼친 영향』 (서울: 한국신학연구소, 2005), 120쪽.

거를 앞두고 교계에서는 기독인 의원 입후보자의 프로필을 교계 신문에 소개하는 등 대대적인 선거운동에 나섰다. 선거결과 203명의 국민대표 가운데 20여명이 당선되었다. 이러한 현상은 선거가 있을 때마다 일어나 기독교의 파당적, 친여적 밀착을 드러냈다.[14]

한편 공산주의자를 반대하던 교회는 6·25를 통하여 북한세력에 의해 한국 사회의 통상적인 피해를 넘어서는 커다란 피해를 입었다. 6·25 동란에 희생된 교역자는 408명이었고 소실된 교회당수는 전소된 교회당 1373, 반소된 교회당 66이나 되었다.[15] 6·25를 통하여 큰 피해를 입은 교회는 이승만 정부가 북진통일론을 주장하고 나섰을 때 적극적으로 동조하고 지지하며 휴전에 반대하였다. 휴전이후에도 이승만 대통령은 북진통일론을 계속하여 주장하였고 교회도 전폭적으로 그 입장을 지지하면서 정치권력에 무조건적인 협력을 하였다.[16] 그리하여 해방 후 남한의 교회는 친미적이고 반공주의적인 이승만정부와 결탁하여 교회와 국가의 관계에 있어서 친정부적 성향을 띠고 있었다.

---

14) 김용복, "해방 후 교회와 국가," 『국가권력과 기독교』(서울: 민중사, 1982), 202쪽.

15) 김양선, 『한국기독교 해방 10년사』, 90쪽.

16) 이은선, "한국교회사 관점에서 본 한국교회와 정치참여", 63쪽에서 재인용.

II

4 · 19 혁명과 한국교회

1. 3 · 15 부정선거와 4 · 19 혁명

1950년대 후반부터 이승만 정권은 심각한 위기에 봉착했다. 1957년을 기점으로 미국의 대한원조가 줄어들자, 한국경제는 심각한 타격을 받았다.[17] 중소기업의 공장가동률은 50%밖에 되지 않았으며, 산업화의 정체 속에서 250만의 완전 실업자와 200만의 농어촌 잠재 실업자가 있는 것으로 추정되었다. 설상가상으로 미국의 잉여 농산물의 도입은 농촌사회를 피폐시켰고, 도시는 빈민과 실업자들로 들끓었다. 그러나 당시 이승만 정권은 한국사회의 경제적 정체와 사회적 혼란을 수습하지 못하였고, 미국과도 갈등을 보이기 시작하였다. 이러한 내외적 위기 속에서 이승만 정권은 정권유지를 위해 폭

---

17) 공식적인 출처에 의하면 1945-65년 사이에 미국의 국고의 약 120억 달러가 한국에 갔다고 되어있다. Bruce Cumings, *Korea's Place in the sun* (New York: W. W. Norton & Company, 1997), 306쪽. 김동노, 이교신, 이진준, 한기욱 옮김, 『브루스 커밍스의 한국현대사』(창작과 비평사, 2001), 430쪽.

력적인 물리력에 더욱 의존하였고, 이에 따라 정권에 대한 민중의 불만은 팽배해갔다.

이러한 상황 속에서 1960년 3월 15일 정부통령 선거가 실시되었다. 이 정부통령 선거에서 이승만 정권은 권력 유지를 위해 '공무원 동원', '경찰의 선거조작', '야당 참관인 축출', '표 바꿔치기', '3인조, 9인조 공개투표', '4할 사전투표' 등 온갖 부정을 자행하여 승리하였다.[18] 이와 같은 이승만 정권의 장기 집권을 위한 엄청난 부정선거는 온 국민의 분노를 일으켰고, 결국 학생들로 하여금 반독재, 민주화 운동에 나서게 하였다.

그리하여 이승만 정권의 부정선거에 항의하는 민중항쟁은 1960년 2월 28일 대구 시내 고등학생 시위에서 시작되었다. 이미 선거 당일인 3월 15일 밤 마산에서 다수의 시민이 참여하는 항의시위가 벌어졌고, 이때 경찰이 시위대를 향해 발포하여 26명 사망하고, 86명 부상, 220명이 체포 구금되었다. 정부의 폭력적 진압에 격분한 의분의 불길은 부산, 대구, 광주, 청주 , 전주, 수원, 이리, 창녕, 하동 등지로 번져나갔다. 특히 이날 실종된 김주열군의 시신이 눈에 최루탄이 박힌 참혹한 모습으로 4월 11일 마산부두에서 발견되자, 대대적인 군중시위가 다시 일어나 폭동화 하는 양상을 띠게 되었다. 더욱이 그동안 침묵을 지키던 대학생들 중 고대생 3,000명이 4월 18일 부정선거 무효를 외치며 시위에 참여하자, 4월 19일 서울시내 고등학생과 대학생들이 일제히 일어나 대통령 관저인 경무대 앞까지 이르렀고, 광화문에서 발포한 경찰의 총탄에 맞아 수많은 학생이 피를 흘리며 쓰러졌다.

---

18) 김인걸 외 편저, 『한국현대사 강의』(서울: 도서출판 돌베개, 1998), 204쪽.

이후 당황한 이승만 정권은 비상계엄령을 선포하였다. 그러나 4월 25일 서울 시내 교수단 258명이 '대학교수단 시국선언문'을 발표하고 "학생들이 흘린 피에 보답하자"는 플랭카드를 들고 시위에 참여하자 민중항쟁은 더욱 거세졌다. 마침내 이승만 대통령은 4월 26일 오전에 하야한다는 성명을 발표함으로써, 자유당 정권은 종언을 고하였다.[19]

항쟁의 결과는 '하야' 직전에 이승만이 임명한 외무부장관 허정이 과도정부를 구성하고 자유당 의원들이 그대로 포함되어 있는 기존 국회에서 개헌을 통해 신정권을 창출하는 것으로 귀결 되었다.[20] 4·19 혁명은 기존체제 내부의 정권교체로 일단락 지어지고 5·16 쿠데타로 중도에서 좌절되었지만, 민중의 저항으로 기존정권을 붕괴시킨 민중승리의 첫 번째 기록이었다. 특히 이 시기에 표출된 자주화, 민주화 통일의 지향은 이후 민족, 민주운동으로 계승, 발전 되었다.

2. 4·19 혁명과 한국개신교회

기독교 국가인 미국의 군정통치하에서 다수의 기독교인이 통역 정치의 중요한 부분을 차지하고 있었다. 그 후 기독교 신자인 이승만

---

19) 위의 책, 206쪽.

20) 위의 책, 211쪽. 허정 과도정부와 국회는 '혁명을 비혁명적 방식으로 추구한다'고 표방하며 내각책임제 개헌을 단행했으며, 7월 29일 총선거를 실시하였다. 총선결과 야당인 민주당은 3분의 2를 획득하는 압승을 거두었다. 그러나 민주당은 구파와 신파로 나뉘어 대립하다가 마침내 대통령에 구파의 윤보선이, 실질적인 행정수반인 총리에 신파의 장면이 각각 선출되어 내각을 구성하였다.

이 대통령이 되자, 다수의 기독교인들은 권력층의 일부를 이루면서, 한국개신교회는 정치권력과 구조적으로 깊이 유착되었다. 그리하여 한국개신교회는 해방이후 4,50년대에 사회를 향한 예언자적 목소리는 사라져 원조물자와 선교비를 둘러싼 갈등과 부정 등 세속 정치권력과의 유착에서 오는 추한 모습을 보여주었다. 뿐만 아니라 한국개신교회는 이승만 독재정권의 이념적 명분이었던 맹목적 반공주의의 충실한 대변자 역할을 수행하였다.[21] 당시 교권주의에 의해 교파가 사분오열되었던 한국개신교회는 자유당 정권의 권력 연장을 위한 온갖 비민주적 행태에 하나의 목소리로 저항하지 못하고 방치할 수밖에 없는 자기모순을 가졌던 것이다.[22] 4 · 19 직후 기독교장로회의 향린교회 목사였던 장하구는 당시 한국개신교회의 모습을 다음과 같이 반성했다.

> 한때는 민족의 혁명 정신의 선봉이 되었던 교회는 어느덧 인간의 수명과 더불어 늙고 말았다.… 동이 트는 줄도 모르고 밖에 왈가닥 소리가 났으나 그 소음이 무엇을 의미하는지 납득이 되지 않았다. 문간까지 다가와서 새아침이 밝아왔다고 소리소리 오치는 바람에 그제서야 부득이 눈을 떴다. 기분은 시원하지 않다. 누가 이리 야단을 쳐서 남의 단잠을 깨웠느냐 하는 듯이…민족은 폭정에 반발하여 혁명을 성취하고 모든 언론은 드높은 혁명의 정신을 고창한다. 그러나 교회는 아직도 영문을 모르겠다는 격이다. 혁명의 전야까지 무슨 뜻으로든지 간에 활발하던 대표인 교회 신문은

---

21) 한국기독교사회문제연구원, 『1970년대 민주화운동과 기독교』(1983), 42-43쪽.
22) 조병호, 『한국기독청년학생운동 100년사 산책』(서울: 땅에 쓰신 글씨, 2005), 77쪽.

이제 침묵을 지키고 있을 뿐이다.[23]

———————————————————————

한편 4·19혁명이 일어나자, 한국개신교회가 이에 대해 처음으로 공식적 반응을 보인 것은 4월 22일 '한국기독교연합회'(KNCC)가 발표한 '이 대통령 각하께 드리는 건의문'이었다. 이 건의문에서 한국기독교연합회는 3·15 선거가 부정선거였음을 밝히고, 4월 19일 전국에서 벌어진 학생 데모에 대한 경찰의 조치는 지나친 억압과 살상이었으며, 결국 이로 인해 공산주의와 싸울 민주주의의 지반을 상실시킨다고 비판하였다.[24] 『기독공보』도 4월 25일자 기사에서 부정선거에 항의하는 마산 학생들의 데모를 공산당의 데모로 몰아서 결국 데모를 확산하게 만들었다고 보고, 그것이 공산당에게 이로울 수 있다고 보았다.[25] 뿐만 아니라 5월 9일자 사설에서도 반공단체들이 학생들의 데모를 빨갱이들의 조종으로 몰고 가서 반공이라는 이름 하에서 막대한 희생을 치르게 하였고, 그리하여 북한 공산주의를 이롭게 하였다고 비판하였다.[26] 이처럼 이승만 정권과 밀착 되었던 한국개신교회는 4·19혁명을 일어나게 한 당사자인 이승만에 대하여 비판하지 않고, 왜곡된 반공 현상에 대해 비판함으로써 문제의 본질

23) 장하구, "혁명과 교회의 반성," 「기독교 사상」(1962년 5월호), 37-43쪽, 그리고 김용복, "해방후 교회와 국가," 『국가권력과 기독교』(서울: 민중사, 1982), 204-205쪽에서 재인용

24) 한국기독교연합회, "이대통령 각하께 드리는 건의문," (1960. 4. 22), 한국기독교교회협의회 70년 역사편찬위원회 엮음, 『하나 되는 교회 그리고 세계』(서울: 대한기독교서회, 1994), 226-27쪽. 그리고 김재성 "4·19혁명과 기독교," 『한국개신교가 한국 근현대의 사회, 문화적 변동에 끼친 영향』(서울: 한국신학연구소, 2005), 124쪽

25) "눈물 없이 볼 수 없는 4·19 유혈참사사건," 『기독공보』(1960. 4. 25.), 그리고 김재성, 위의 글, 124쪽.

26) "사설, 반공단체는 무엇을 했나," 『기독공보』(1960. 5. 9.), 그리고 김재성, 위의 글, 124쪽에서 재인용.

을 피해가고 있었다.[27] 1960년대 초 한국개신교회는 1950년대 후반의 사회적 현실에 대하여 이해하거나 신학적 성찰을 할 준비가 되어 있지 않았으며, 4·19혁명이 발발하였어도 그 역사적 사건에 대한 신학적 성찰을 할 만한 준비가 되어 있지 않았던 것이다.[28]

그러나 이때 일부 소수의 기독교계 지도자와 지식인들의 비판의 목소리가 없었던 것은 아니었다. 당시 이들의 소리는 교계 안에서는 이단시 되었고, 교계 밖에서는 위험시 되었으나, 시간이 지남에 따라 4·19에 대한 기독교계의 반성들이 나타나기 시작하였다.[29] 이 가운데 김재준 목사는 4·19가 일어난 다음해 『기독교사상』을 통해 "4·19는 암운을 뚫고 터진 눈부신 전광"으로 표현하고 "국가를 절대화하려는 독재 경향이 익어감에도 불구하고, 교회가 교회로서의 경고를 제대로 발언하지 못했다"고 과거의 정교유착을 반성하였다.[30] 이후 『기독교사상』의 대부분의 논조는 "한국개신교회가 이승만 정권

27) 김재성, "4·19혁명과 기독교," 『한국개신교가 한국 근현대의 사회, 문화적 변동에 끼친 영향』 (서울: 한국신학연구소, 2005), 124쪽.

28) 한국기독교교회협의회 인권위원회, 『1970년대 민주화운동(Ⅰ)』(1986), 44쪽.

29) 노명식, "4·19혁명과 기독교," 『기독교사상』(1975년 4월호), 26쪽. 노명식은 "4·19가 일어났다. 교회는 부끄럽기 짝이 없었다. 그 부끄럼을 다소라도 보상해준 것은 대광고등학교 학생들의 용감한 행동이었으나 4·19에 대한 부끄럼을 가리우는 떡갈나무 잎사귀는 될 수 없었다."고 진술하고 있다. 노명식, "4·19혁명과 기독교," 『기독교사상』(1975년 4월호), 26쪽. 김재준은 4·19혁명에 교회가 주체적으로 참여하지는 않았으나 기독교인들이 4·19혁명을 준비한 것으로 "3월 18일 목포 기장노회에서 3·15선거 부정규탄 성명을 낸 것과 광주 기독장로회에서 전국적인 규탄 운동을 전개하기 위한 기장 총회에의 건의 등을 열었고, 김재준, "한국교회의 민주참여와 사명," 『김재준 전집』5권, 68쪽, 부분적으로 참여한 예로 "기독교 방송이 열렬하고 활발하게 지원해 준 것 등을 들었다. 김재준, "4·19의 회고와 전망," 『김재준 전집』5권, 356쪽, 한편 지명관은 장준하가 『사상계』를 통하여 4·19혁명과 이승만 정권의 종언에 큰 몫을 하였다고 본다. 지명관은 "1959년 들어서면서 장준하는 "자유의 나무는 피를 먹고 자란다"는 말을 인용하면서 구체적으로 민중저항을 암시하였고, 1960년 3·15 부정선거 때에는 이승만의 하야에 의한 정권교체를 구체적으로 거론함으로써 4·19로 인한 이승만 정권의 종언에 『사상계』가 큰 몫을 하였다고 본다. 지명관, "구국과 혁명의 언론," 장준하선생추모문집간행위원회 편, 『민족혼, 민주혼, 자유혼』(서울: 나남출판 1995), 500쪽.

30) 김재준, "4·19 이후의 한국교회," 『기독교 사상』(1961. 4), 145-149쪽.

과 밀착하여 정권과 함께 부패했었다"는 '반성론'을 펼치고 있다. 또한 '정교분리의 원칙'을 논하면서, 이승만 정권 시대의 정치와 종교의 밀착을 반성하고 있었다"[31] 이와 같은 반성은 교회와 국가 관계에 있어서 한국교회의 새로운 이정표를 설정하는 것이었다.

---

31) 김재성, 위의 책, 124쪽.

Ⅲ

5 · 16군사 쿠데타와 한국개신교회

1. 5 · 16 쿠데타와 군정

한국전쟁 이후 60만명 이상의 규모로 급성장한 군부는 한국의 중요한 사회집단으로 부각되었으며, 이 과정에서 일부 군인들의 정치 개입이 나타나기 시작했다.[32) 박정희와 육사 5, 8기생을 중심으로 한 일부 정치성이 강한 군인들은 수차에 걸친 모의 끝에 1961년 5월 16일 쿠데타를 감행하였다. 그러나 당시 제 3공화국을 책임지고 있던 민주당 출신의 정치인들은 불법적인 쿠데타를 막기보다는 자기 개인의 안위를 위해 도망치기에 급급했다. 쿠데타 발생 초기 매그루더(Maegluder) 주한미군 사령관과 마셜 그린(Mashall Green)미국 대리대사는 장면정권을 지지하는 성명을 내는 등 쿠데타를 진압하고자 했지만, 장면 국무총리의 은거와 윤보선 대통령, 미국 정부의 애매한 태도로

---

32) Bruce Cumings, *Korea's Place in the sun*, 302쪽. 김동노, 이교신, 이진준, 한기욱 옮김, 『브루스 커밍스의 한국현대사』, 424쪽.

인해 실패하고 말았다.[33] 그리하여 3,500여명에 불과한 쿠데타군은 장면정권을 붕괴시키고 장도영과 박정희를 국가재건최고회의 의장과 부의장으로 하는 군사정권을 수립했다.

쿠데타가 발발 하자, 일부 지식인들은 이를 지지하는 성명을 발표하였다. 당시 일부 지식인들은 5·16쿠데타가 민족주의적 성향을 가진 것으로 판단하고, 기성 정치인들과 장면정권에 대한 환멸 속에서 이를 지지했던 것이다.[34] 그러나 이들은 군사정권이 독재적인 정치성향을 보이고 진보세력들을 강력하게 탄압하자 반대의 입장으로 선회했다.[35] 한편 박정희 소장이 추진하는 쿠데타 계획을 이미 파악하고 있었던 미국정부는 일부 현지 미국 관리들이 반대의사를 피력했음에도 불구하고 군사정권을 인정하는 정책을 취했다. 미국정부는 쿠데타 발발 직후 주동자였던 박정희의 좌익 경력 때문에 신중한 입장을 보였지만, 쿠데타 주체세력들에 대한 면밀한 분석을 통해 이들의 확고한 반공노선을 확인한 후 공식적으로 군사정권을 인정했다.[36]

쿠데타세력은 권력을 장악한 이후 행정과 입법을 모두 포괄하는 국가재건최고회의를 조직하여 1963년 12월 제 3공화국이 출범할 때까지 군정을 실시했다. 이들은 쿠데타 직후 정치권력 재편을 위해 중

---

33) 김인걸 외 편저, 『한국현대사 강의』, 262쪽.

34) 당시 이들의 지지는 1950년대 제3세계에서 발생한 쿠데타가 대부분 민족주의적 성향이 강한 청년 군인들에 의해서 이루어졌던 점과 관련이 있었다.

35) 군정에 맞선 최초의 집단적인 투쟁은 학생들로부터 시작되었는데, 1961년 6월 6일 고려대와 6월 8일 서울대 등에서 가진 미군만행규탄대회가 그것이다. 이러한 학생들의 움직임은 5개 종합대와 17개 단과대 폐쇄를 비롯한 많은 학생에 대한 검거와 투옥의 열풍 속에서 침체 될 수밖에 없었으나 군사정권의 본질을 폭로하는데 크게 기여했다고 볼 수 있다. 정관용, "1960,70년대의 정치구조와 유신체제," 『자주, 민주, 통일을 향하여』 한국사 19 (서울: 한길사, 1995), 104쪽.

36) 김인걸 외 편저, 『한국현대사 강의』, 263쪽.

앙정보부를 창설하여 권력의 기반을 다졌으며, 1961년 6월 21일 혁명재판소 및 혁명 검찰부 조직법을 공포함으로써 4 · 19 혁명 이후 활발한 활동을 펼치고 있던 진보세력 뿐만 아니라 구정치인들까지 모두 검거했으며, 일체의 정치활동을 금지시키기 위하여 '정치활동 정화법'을 제정하였다. 한편 쿠데타세력은 자신들의 민정참여를 염두 해 두고 비밀리에 정당조직 건설에 착수했다. 1962년 쿠데타세력의 2인자인 김종필의 주도하에 '재건동지회'가 조직 되었으며, 이것을 모체로 하여 1963년 2월 26일 민주공화당이 정식으로 결성되었다.[37]

쿠데타 세력은 쿠데타의 명분으로 반공과 경제성장을 내세웠다. 먼저 장면 정권의 5개년 경제개발계획을 1962년부터 그대로 실시했으며 국민의 70%이상을 차지하고 있는 농민의 지지를 얻기 위해 농가부채와 고리채를 탕감하는 등 개혁정책을 실시했다. 그리고 부정축재자들에 대한 처벌을 시도하고자 했다. 그러나 군정 3년간의 개혁정책은 대부분 성공하지 못했다. 가장 강력하게 추진했던 경제개발계획은 예상성장률을 밑돌았으며, 미국의 적극적인 개입으로 1964년부터 수정하지 않을 수 없었다. 내자 동원을 위해 1962년에 실시했던 통화 개혁 역시 실패했으며 부정축재자 처벌 또한 독점자본과의 결탁을 통해 경제성장을 추구하고자 한 결과 흐지부지 되고 말았다.[38]

---

37) 위의 책, 270쪽.
38) 위의 책, 269쪽.

2. 5·16 쿠데타와 군정하의 한국개신교회

5·16 쿠데타가 일어나자, 한국 개신교회는 새로운 정치적 국면에 대응하지 않으면 안 되었다. 이승만 정권과 장면 정권 하에서는 개신교회의 정치적 영향이 컸지만 박정희 장군은 개신교인이 아니라는 점에서, 그리고 '군사혁명'이라는 수단을 통해서 정권을 장악하게 되었다는 점에서 개신교인들에게는 새로운 정치적 국면이었다.[39] 박정희 최고회의 의장은 쿠데타 직후 한국교계 지도자들과 정중한 만남을 가졌으나, 이 자리에서 교계는 한국 기독교의 정리된 신학적 입장을 가지고 있지 못하였다.

그러나 1961년 5월 29일 한국기독교연합회(KNCC)는 '정당 정치인 제우께 보내는 공개서한'에서 자유당과 민주당의 실패를 지적하면서 자유민주주의 정립을 촉구하였고, 동시에 민주정부 수립을 바라는 성명서를 다음과 같이 발표하였다.[40]

금반 5·16 군사혁명을 조국을 군사 침략에서 구출하기 위하여 부정과 부패로 기울어져가는 조국을 재건하기 위한 부득이한 처사였다고 생각하며 조속한 시일 내에 혁명 공약을 성취시켜 혁명정신을 계승하는 민주 정부를 수립하여 우리나라 역사상 새 기원을 만들며 나아가서는 자유, 민주, 통일 조국이 하루빨리 이룩되기를 기원하는 바입니다.[41]

---

39) 김용복, "해방 후 교회와 국가,"『국가권력과 기독교』(서울: 민중사, 1982), 206쪽.

40) 위의 책, 207쪽.

41) 한국기독교 교회협의회,『기독교 연감』(1972), 296-97쪽.

그러나 민정이양이 지연되자, 1963년 3월 26일 한국기독교교회협의회는 공개서한 형식으로 박정희 의장의 민정이양 의사 번복에 대한 '우려'를 표명하고, "일반정치는 조속히 정치인에게 맡기고, 군은 국방의 간성으로 그 본무에 혜념할 수 있기를 국민과 함께 요청한다"고 충고하였다. 이 일을 두고 후에 한국기독교교회협의회(KNCC)는 "한국 기독교가 이른바 기독교적 정권이라고 하는 이승만 정권에 대해서 하지 못했던 고언을 박정희 정권에 대하여 할 수 있었던 것으로, 이것은 한국 기독교계가 4 · 19 혁명에서 얻었던 아픈 경험의 신학적 표출이 아닐 수 없다."[42]고 평가하였다. 그러나 한국교회는 한국기독교연합회의 공개서안 이외에 한국기독교연합회 비롯하여 각 교단과 단체들은 5 · 16군사 쿠데타 자체에 대한 신학적 정당성에 대한 논의나 군사정부의 장기화에 대해 찬성과 반대 등 어떠한 발언도 없었다.

그러나 교단이나 단체들과는 달리 일부 교계인사들은 5 · 16 쿠데타 직후 군사정부에 대한 분명한 입장을 천명하기도 하였다. 비교적 보수적인 기독교계의 대표적 인사들인 한경직 목사와 최두선, 김활란, 정일권 등은 1960년 6월 21일 5 · 16 군사정부를 반대하는 미국정부에게 군사정부를 지지해 줄 것을 요청하기 위해 미국을 방문하였다.[43] 이는 당시 일부 지식인들과 마찬가지로 기성 정치인들과 정치권에 대한 실망 속에서 군사정부를 지지하였던 것이다.

반면 진보적 기독교계의 입장을 대변하는 장준하와 함석헌은 『사상계』를 통하여 5 · 16 직후에 군사정부에 대해 우려를 표명하였다. 장준하는 5 · 16 쿠데타가 일어난 지 약 열흘쯤 뒤에 발행된 잡지 『사

---

42) 한국기독교교회협의회 인권위원회, 『1970년대 민주화운동 (Ⅰ)』(1986), 45쪽.

43) 이승균, "기독교 오욕과 굴종의 역사를 다시 본다," 『뉴스앤조이』(2000. 10. 16)

상계』(1961년 6월호)의 권두언에서 "국가재건최고회의는 시급히 혁명과업을 완수하고 최단 시일 내에 참신하고 양심적인 정치인들에게 정권을 이양한 후 쾌히 그 본연의 임무로 돌아간다는 엄숙한 혁명공약을 깨끗이 군인답게 실천하는 길 이외에 다른 방법은 없을 것이다."[44]고 주장하여 처음으로 군사정부의 장기화에 대한 우려를 나타냈다. 또한 그는 쿠데타세력이 공약을 지키지 않고, 항구집권의 길로 나아가자, 5·16을 〈사이비 애국혁명〉으로 규정하고 『사상계』를 통하여 전면적 비판에 들어간다. 함석헌도 이때에 "5·16을 어떻게 볼까?"를 비롯하여 5·16 쿠데타를 풍자하고 강하게 반대하는 내용의 글들을 『사상계』에 기고하였다. 그는 5·16세력이 자신들이 4·19를 완성했다고 주장하는데 반대하여 5·16은 4·19와는 근본적으로 다른 것임을 분명히 하였다.[45]

이와 같이 일부 기독교계 인사를 제외하고 한국기독교연합회를 비롯한 단체나 교단들이 군사정부에 대한 환영이나 반대를 공식적으로 표명할 수 없었던 것은 당시의 대다수 기독교계와 신학계는 여전히 내면적 취약성을 지니고 있었기 때문이었다.

---

44) 장준하, "민족주의자의 길," 『사상계』(1961), 165쪽.
45) 함석헌, "썩어지는 씨알이라야 산다", 『생각하는 백성이라야 산다』, 241쪽. 그리고 김재성, "4·19혁명과 기독교," 135쪽에서 재인용.

제3공화국의 등장

1. 정치적 배경

  쿠데타세력은 대외적으로는 몇 차례나 '혁명공약' 6항에서 약속한 '민정이양'을 재확인하고 이에 관한 일정을 천명하면서도, 내부적으로는 박정희, 김종필의 강력한 '민정참여' 주장을 받아들여 비밀리에 공화당 창당준비와 대통령제 개헌을 추진했다. 박정희는 쿠데타세력의 내부갈등과 군의 정치참여에 대한 비판적인 여론 때문에 1963년 초 '민정불참'과 '군정연장' 사이에서 수차례 입장을 번복했지만, 결국 1963년 7월 27일 민정이양을 발표하고 자신들의 선거참가를 천명했다. 군정기간 동안 야당의 정치활동을 규제했던 쿠데타세력은 공화당을 중심으로 선거준비에 착수했다. 쿠데타세력은 1963년 10월 15일 치러진 대통령 선거를 통해 '군복을 벗은 군정'인 제3공화국을 출범시켰다.[46]

---

46) 김인걸 외 편저, 『한국현대사 강의』, 284쪽.

제 3공화국의 박정희정권은 물리력을 장악한 군부와 정보를 독점한 중앙정보부, 팽창된 관료기구 등에 의해 뒷받침 되는 과두적 권력집단이었다. 쿠데타세력은 기존의 고위급 장성과 북한출신 군 인맥을 축출하고 군부의 중추를 장악하였으며, 무소불위의 정보기구인 중앙정보부를 통해 권력을 운영했다. 중앙정보부는 국가의 모든 정책 결정과정에 개입하였으며, 이를 통해 강력한 집권력을 가진 민주공화당을 창당함으로써 권력의 토대를 다져 나갔다. 그러나 1960년대의 정당정치는 쿠데타세력의 정보, 관료, 기구 중심의 정치운영과 야당의 극심한 난립분열 양상으로 인하여 상당히 위축되었다. 김종필은 공화당을 사무국 중심으로 운영되는 강력한 중앙집권적 대중정당, 이념정당으로 구성하여 실질적인 정치의 중추기관으로 삼으려했으나, 당 내부의 갈등과 박정희의 국가기관 중심의 통치 스타일 때문에 점차 관료기구에 종속되었으며 박정희 1인 독재의 정치도구로 전락해 갔다.[47]

한편 박정희 정권은 미국 유학파를 중심으로 한 기술 관료층을 경제기획원으로 대표되는 강화된 관료기구에 배치하여 국가주도의 경제개발과 사회통제를 수행했다. 박정희 정권은 독재적인 정권을 유지하기 위해 더욱 세련된 통치 이데올로기를 동원하였는데, 이것이 '경제제일주의'로 불리는 근대화론이었다. 1950년대의 비참한 생활에서 벗어나고자 하는 국민적 정서를 이용한 경제제일주의는 '경제개발'이라는 최고목표에 모든 사회적, 정치적 가치를 복속시킴으로써 경제개발의 견인차로 규정된 국가권력의 통제력을 극대화 시켰다. 이러한 경제제일주의 이데올로기 아래에서는 '경제개발'을 위

---

47) 위의 책, 285쪽.

해서 개인의 희생은 물론이고 독재정치조차 용인될 수 있다는 사고가 공공연히 통용되었고, 따라서 사회적, 정치적 갈등과 모순은 묻혀버리게 되었다.[48]

경제제일주의와 더불어 독재정권의 유지를 위해 박정희 정권이 내세운 것은 '민족적 민주주의'로 불리는 관제적 민족주의 이데올로기였다. 박정희 정권은 '경제개발=민족중흥'을 이룰 수 있는 방법은 한국의 실정에 맞는 민주주의 방식이라며, 권위와 국가에 대한 절대적 충성을 요구하는 국가지상주의를 주창하였다. 이를 위해 전통문화 계승이라는 미명하에 봉건적 지배질서에 기반한 충효이데올로기와 반공이데올로기에 기반 한 자주 국방론을 뒷받침할 국수주의를 고취시켰다.

2. 경제적 배경

제 2차 세계 대전이후 미국을 중심으로 한 자본주의 세계체제는 1950년대 말에 이르러 급속히 동요하기 시작했다. 무모한 대외팽창 정책에 따른 군사비, 경제원조 등에 의한 재정적자의 누적, 제 3세계의 혁명 발발에 의한 자본주의권의 위기, 사회주의권의 제3세계에 대한 경제공세의 강화 등으로 미국의 국제적 지위는 상대적으로 크게 약화되어 갔다. 이에 미국은 자국의 군사적 경제적 부담을 줄이기 위해 1958년을 전후로 무상원조에서 유상차관방식으로 정책을 바꾸

---

48) 위의 책, 286쪽.

고 동북아에서는 일본을 자신의 하위동맹자로 삼아 대소방위체제를 구축하고자 했다. 특히 '경제근대화론'은 제3세계의 민족주의를 희석시키고 사회주의 세력의 확장을 막는 주요한 전략이 되었다. 이에 따라 미국은 일본의 대한진출을 적극적으로 추진하기 위해 중단되었던 한일회담의 재개를 군사정권에 종용하는 한편, 외국차관의 도입을 통한 한국의 경제개발을 적극 지원했다.[49]

정부가 경제개발을 주도하는 '지도받는 자본주의'[50]로 출발한 1960년대의 한국경제는 첫걸음부터 외국자본과 기술을 들여와 낮은 임금으로 만든 상품을 외국시장에 파는 수출 지향적 발전전략을 채택하여 비약적인 경제성장을 이룩했다. 특히 '산업구조를 근대화하고 자립경제 확립촉진'을 목표로 한 제 2차 경제개발 5개년 계획기간(1967-1971)동안은 식량자급, 수출증대, 철강, 화학 공업의 기계화에 주력하여 연평균 9.6%의 경제성장률을 이룩했다. 1인당 국민총생산은 1962년 239달러에서 1971년 437달러로 두 배가 증가했다.[51] 그러나 이러한 외형적 성장과는 달리 이 기간 동안 곡물수입액은 약 7배로 늘어났다. 또한 경제개발에 필요한 외자와 기술은 주로 미국과 일본에서 끌어와 한국경제는 미국과 일본이 주도하는 분업체계에

---

49) 위의 책, 297쪽.

50) 경제개발계획은 초기에는 '사회, 경제적 악순환의 시정', '자립경제의 달성', '지도받는 자본주의'의 슬로건에서 드러나듯이 다소 자립경제 지향적인 것이었으나, 이후 미 국무성 산하 미국 국제개발처가 개발계획에 적극개입하면서 종속적 발전계획으로 수정되어갔다. 즉 슬로건의 내용에는 4 · 19 이후 고양된 경제적 민족주의와 민주화의 요구를 수렴하려 했던 의도가 담겨 있었고, 5 · 16 주체세력 일부의 의식 속에 비록 감성적 수준이지만 민족주의적 의식이 있었다고 하더라도, 원조경제하에서 조성된 한국경제의 대외 의존적 성격과 특권적 성격 및 그로부터 부수되는 구조적 문제들에 대한 투철한 비판의식과 철저한 개혁의지가 뒷받침되지 못한 결과 '공업화를 통한 고도성장이 곧 경제자립'이라는 근대화론의 함정 속으로 빠져들고만 것이다. 정관용, "1960,70년대 한국정치사와 유신체제," 『자주, 민주, 통일을 향하여』 한국사 19 (한길사, 2003), 103쪽.

51) 김인걸외 편, 『한국현대사 강의』, 298쪽.

얽매여 애초부터 자립경제와는 거리가 멀었다.

고도성장을 거듭하던 한국경제는 1969년에 들어서면서 달러위기에 몰린 미국의 경공업 제품에 대한 수입규제와 함께 그동안 들여온 차관에 대한 원리금과 이자 상환의 어려움에 직면했다. 이러한 경제위기는 박정희 정권이 추진한 국가주도의 '대외 지향적 개발방식'이 갖는 본질적 한계이기도 했다. 우선 경제성장의 밑바탕이 된 차관은 자본수입국에 돈의 쓰임새를 지정하는가 하면 원리금 상환을 위해 수출을 강제하게 마련이었다. 때문에 차관이 늘수록 한국경제는 대외 의존적 성격을 띠어갔다. 생산원료와 중간재를 수입하여 이를 조립, 가공하여 수출하는 가공무역이 대부분이었기에 수출이 늘면 그만큼 원자재 등을 더 수입해야 하는 대외 종속적 악순환의 구조가 만들어졌다. 결국 1960년대 한국경제는 대외의존성이 심화, 정착하는 가운데 양적 성장만을 지속하는 구조적 한계를 띠었다.[52]

한편 박정희 정권의 경제정책 기조는 저곡가, 저임금 정책이었기 때문에 노동자, 농민의 생활수준과 작업환경은 향상되기 어려웠다. 박정희 정권은 이러한 노동자 농민들의 불만과 희생을 경제개발과 근대화 이데올로기를 내세워 무마하고자 했다. 저임금에 기반 한 수출주도의 공업화정책은 저곡가정책을 필연적으로 수반하는 것이었다. 이러한 저곡가정책과 농업에 대한 상대적인 저투자로 인해 많은 농업인구가 도시로 향했다. 농촌의 농민들의 삶을 더 이상 보장해 주지 못하고 공업화정책으로 인한 농촌의 해체가 시작되었다.[53] 그러나 이들 중 일부만이 제조업 노동자로 흡수 되었으며 대부분은 도시

---

52) 위의 책, 301쪽.

53) 정일용, "1960, 70년대의 경제발전과 그 성격," 『자주, 민주, 통일을 향하여』 한국사 19 (서울: 한길사, 1995), 210-11쪽.

빈민층을 형성하면서 일일노동자로서 반실업상태를 유지해 나갔다. 이러한 도시빈민층이 사회문제로 대두되자 박정희 정권은 도시근 대화라는 미명아래 빈민들을 도시의 외곽으로 강제 이주시키는 미 봉책으로 일관했다. 도시로 몰려든 인구의 대부분은 도시빈민층으 로 흡수되었으며, 이로 인해 주택문제를 비롯한 교통, 교육 문제 등 많은 도시문제들이 발생했다. 이러한 문제들은 1960년대 후반부터 사회문제로 전면에 부각되기 시작했는데, 1970년 전태일 분신사건, 1971년 광주대단지사건 등으로 표출되었다. 1971년 대한항공 빌딩 난입사건은 월남에 파견됐던 노동자들의 불만이 폭발한 것이었다.[54]

---

54) 김인걸 외 편, 『한국현대사 강의』, 302쪽.

한 · 일 국교 정상화와 교회의 비준반대운동

1. 미국의 대한 정책과 한 · 일 국교 정상화

　미국은 한국전쟁 이전부터 동북아시아에서 지역 통합전략을 추구했지만 한국, 일본의 내부사정과 양국의 역사적 관계, 배상문제 등으로 인해 한 · 미 · 일 삼각동맹을 완성하지 못했다. 그러나 1950년대 후반 이후 냉전의 성격변화와 미국의 경제적 쇠퇴는 미국의 동아시아정책에 있어서 지역통합전략의 완성과 지역의 중심축으로서 일본의 역할 강화를 시급한 문제로 만들었다. 특히 1950년대 중반 이후 미 · 소간의 냉전은 군사적 대치에서 '정치, 경제 전쟁'으로 전환되었으며, 제 3세계의 경제발전을 둘러싼 체제간의 우월성 경쟁이 냉전의 새로운 초점이 되었다. 또 미국의 경기후퇴와 국제수지 악화는 전후복구와 경제부흥에 성공한 서구 제국 및 일본 등 동맹국에게 경제적인 측면에서 책임분담을 요청하게 되었다.[55] 이러한 사정 하

---

55)　위의 책, 272쪽.

에서 미국은 1950년대 후반부터 한·일국교정상화를 강력하게 촉구했으며, 1965년 한·일협정의 체결로 한·미·일 삼각동맹을 형성할 수 있었다. 결국 미국은 1960년대에도 남한을 반공의 전초기지로 적극 활용하는 한편 미국과 일본의 자본 도입을 통한 한국의 경제개발 정책을 적극 지원 하도록 하여 동북아시아에서 한·미·일 지역통합전략의 완성을 추구했다.

한·일간의 국교정상화는 식민지 지배를 청산하고 새로운 관계를 정립하기 위한 초석을 놓는 것이다. 이를 위해서는 과거 역사에 대한 올바른 평가와 청산, 특히 일본의 사죄와 배상문제는 피할 수 없는 과제였다. 그러나 한·일협정은 일본의 식민지 지배에 대한 배상은 물론 사과에 대한 언급 한 마디 없이 양국내부의 엄청난 사회적 반대를 무릅쓰고 졸속적으로 체결되었다. 박정희 군사정권은 경제개발을 위한 차관도입이라는 명목아래 굴욕적으로 한일회담을 마무리 지었다.[56] 한국은 청구권 자금을 통해 경제개발계획을 수행할 수 있는 자본을 얻었지만, 이는 한국경제의 대일 종속이라는 파행적 경제구조를 형성했다. 한·일회담 과정에서 미국은 동아시아정책에 따라 막후에서 적극적인 중개자 이상의 역할을 했다.[57]

군사정부의 굴욕적인 한·일협정 추진은 전 국민적인 한·일회

---

56)　1964년 3월 김종필, 이케다 사이의 회담에서 한일협정의 줄거리가 거의 확정되었다. 주요의제는 양국간의 과거문제 청산을 둘러싼 문제, 한반도에서 대한민국의 관할권을 둘러싼 문제들을 주요 내용으로 하는 기본관계에 관한 것과 대일재산청구권 문제, 재일교포의 법적 지위 문제와 어업협정에 관한 문제로 크게 구분된다. 이중 한국측은 기본관계와 청구권 문제에 가장 관심을 나타냈으나 일본측은 평화선 문제를 가장 중요하게 받아들였다. 이때 한국은 국교정상화의 대가로 무상 3억 달러, 공공차관 2억 달러, 상업차관 3억 달러를 받았다. 김동춘, "1960, 70년대 사회운동," 『자주, 민주, 통일을 향하여』 한국사 19 (한길사, 1995) 272쪽.

57)　브루스 커밍스는 됴쿄 미대사관의 보고에 의하면 이케다와 박정희한테 보낸 존 케네디의 친서를 포함하여 "수년에 걸친 미국측의 강력한 권고에 따른 것이다"고 진술한다. Bruce Cumings, *Korea's Place in the sun* , 320쪽.

담 반대투쟁을 일으켰다. 1964년 촉발된 이 투쟁은 1964년 4월의 YTP(경찰측의 프락치 조직)폭로 사건과 맞물리면서 확대 되었다. 마침내 정부는 동년 6월 3일 계엄령을 선포하고 군을 동원하여 학생들의 반대운동을 억압했다. 1965년에는 국회에서의 비준을 반대하는 투쟁이 전개됐으며, 일부고등학생도 시위에 참여했다. 정부는 한·일협정 반대운동을 막기 위해 6월 21일 전국 14개 대학과 서울 58개 고교에서 돌연 방학, 휴학조치를 취하면서 한·일회담 비준을 강행했다. 나아가 8월 26일에는 위수령을 발동하고 서울에 군 병력을 진주시켰다. 한편 한·일회담 반대투쟁을 진압하는 과정에서 중앙정보부는 '민족주의비교연구회사건'과 '제 1차 인민혁명당사건'(이상 1964년)을 발표하여 용공시비를 불러일으키기도 했다.[58]

2. 개신교회의 한·일회담 비준반대 운동

4·19 혁명의 충격 속에서 자기 반성과 함께 조심스러운 현실 참여를 모색해 오던 한국교회가 민족에 대한 교회의 책임과 참여의식에 눈을 뜨게 된 것은 1965년 '한·일 굴욕외교 반대운동'을 펼치면서부터이다. 이 민족적 위기를 맞아 한국 교회는 전교회적으로 정치적 발언과 참여를 시작하였다. 이 운동은 크게 두 가지 단계로 나뉘어지는데, 그 하나는 1964년에 시작된 굴욕적인 한·일 국교정상화 반대운동 단계이고, 다른 하나는 65년 6월의 한·일협정 비준반대 운동

---

58) 위의 책, 304쪽.

단계이다. [59]

1964년 한·일 회담에 대한 한국교회 최초의 발언은 기독학생들에 게서 나왔다. 한국기독학생회(KSCM)는 한 · 일회담 문제가 거론 되기 시작한 초기인 1964년 2월 12일 '일본 기독자에게 보내는 공개장'을 발표하고 한 · 일 국교 정상화에 대한 기독 학생들의 입장을 천명하면서 한 · 일간의 진정한 관계 정상화를 촉진시키기 위한 일본 기독자들의 자각과 자발적 협조를 촉구하였다. 이 공개 서한은 민족적인 과제에 대하여 기독학생이 공식적으로 발언하기 시작했다는 점, 그리고 기독교 내의 최초의 발언이라는 점에서 주목할 만하다. [60]

그러나 1965년 2월 10일 한·일 기본조약이 가조인되고 이어 비준 반대를 외치는 학생 데모가 또 다시 전국으로 번져나가게 되자 한국 기독교연합회는 4월 17일 '한 · 일국교정상화에 대한 우리의 견해'라는 성명서를 발표하였다. 이 성명서는 일본과의 국교정상화에 원칙적으로 동의하면서 한·일기본조약이 굴욕적이 되어서는 안된다고 주장하면서 가조인된 기본조약의 내용에 대해 몇 가지를 지적하였다. [61] 이와 같은 연합회의 성명은 그리스도의 '화해의 복음'에 입각

---

59) 김용복, "해방 후 교회와 국가,"『국가권력과 기독교』, 207쪽.

60) 이 공개 서한은 36년간의 일제의 침략행위와 6. 25를 통한 일본의 번영을 구체적으로 상기시키면서 일본의 반성을 촉구하고 재일 교포의 북송, 한일담 과정에서의 일본의 고자세는 일본이 아직 "종전의 제국주의적 식민 정책을 청산하지 않았다는 것을 의미한다"고 지적하였다. 그러나 이러한 사실에도 불구하고 한국의 학생기독자는 주 예수 그리스도의 화해의 복음에 순종하여 "한국 근대사에서 되새겨지는 일본에의 원한과 중오를 불식하고 새 역사의 창건을 위한 선의의 활동을 진심으로 요망"한다고 밝혔다. 김용복, "해방 후 교회와 국가,"『국가권력과 기독교』, 207-08쪽.

61) 한국기독교사회문제연구원,『1970년대 민주화운동과 기독교』조사연구자료 (서울: 한국기독교사회문제연구원, 1983), 47. 즉 1) 정부는 주권자인 국민의 소리를 찬반 간에 경청할 것, 2) 어민들의 생활선인 평화선을 수호할 것, 3) 일본어선의 한국수역침범을 규제할 것, 4) 미국은 아세아 지역에서 일본을 앞세워 대공투쟁을 꾀하려는 방침을 재 고려할 것, 5) 한 · 일 회담에 대한 의견의 차이를 거국외교의 입장에서 재조정하고 여야간 극한 투쟁을 피할 것 등을 요구 사항으로 제시하였다.

하여 찬반 전체를 총괄하는 중립적인 성격의 것이었다. 이것은 다양한 견해를 대표할 수 밖에 없는 기독교 연합회의 기구적 성격에서 오는 한계 때문이라고 할 수 있을 것이다.

한편 동경에서 한·일협정이 정식으로 조인된 직후인 7월 1일에 김재준, 한경직, 강신명, 강원룡, 함석헌 등 목사 및 기독교계 인사 215명은 연서로 '성명서'를 발표하였고 이를 계기로 교회는 활기를 띠게 되었다.[62] 이 '성명서'는 그리스도인의 입장에서 한·일 양국이 진정한 화해의 정신 위에서 국교를 재건함을 진심으로 원하나 진정한 화해를 위해서는 전비(前非)를 회오(悔惡)함과 동시에 새 역사 건설을 위한 선의의 봉사와 협력이 약속되어야 한다고 전제한 후, 현재의 한·일협정 내용이 일본의 침략을 인정하는 것이며, "국내적 자가 정비 없이 국제자본에 문호를 개방함으로써 한국의 항구적인 신식민지화를 불가피하게 하는"것으로 통렬히 비판하였다.[63] 이어 이 성명서는 정부에 대해 "국민의사에 대한 무력 탄압 중지," "부정부패 일소," "국내정치 쇄신"을 요구하였고, 국회에 대해서는 "굴욕적인 한·일 협정의 비준거부"를 요청하였다. 200여명의 교역자들이 이와 같은 성명서를 선언하고 나선 것은 한국교회사에 있어서 획기적인 사건이었다. 당시의 매스콤은 이를 3·1 독립선언서에 비유하고 3·1운동 이후 최초로 크게 나타난 조국운명에 대한 그리스도인의 참여라고 대서 특필하였다.[64]

이 성명서를 기초로 하여 목사들이 활발히 움직이기 시작하여, 서울지역의 목사 교역자 주최로 7월 5-6일에는 영락교회에서 3000

---

62) 『크리스챤신문』(1965. 7), 그리고 『사상계』(1965. 7), 156-57쪽.

63) 김용복, "해방 후 교회와 국가," 『국가권력과 기독교』, 209쪽.

64) 한국기독교사회문제연구원, 『1970년대 민주화운동과 기독교』, (1983), 48쪽.

여명이 7월 11일에는 6500여명이 운집하여 비준 반대 구국기도 연합예배가 열었다. 연합 예배 후 사후대책을 위하여 한경직 목사 등 12인을 위원으로 선정하고 후에 성결교를 포함한 여타교파를 총괄하는 33인으로 확대하여 18일까지 비준반대 구국기도회를 가졌다.[65]

한편 서울의 목회자들로부터 일기 시작한 물결은 전국으로 번져서 7월 1일에는 한국 기독교장로회 전북노회에서 한국기독교연합회의 한일회담에 대한 성명서를 지지하기로 결의하였다. 7월 4일에는 군산 기독교연합회의 연합기도회와 예장(통합) 군산노회의 철야기도회가 있었고, 7월 5일에는 부산, 8일에는 부산과 전주, 11일에는 목포, 원주 등지에서 연합 기도회 또는 구국 기도회가 열렸다. 한편 7월 5일부터 기독교 어머니회가 추진한 서명운동도 2주일 만에 10만명을 돌파하였다.[66] 그러나 8월 11일 비준안이 국회 특위에서 심야에 날치기로 통과가 되자, 8월 13일에는 새문안교회에서 개최된 철야기도회에서 교역자들은 '비준무효 성명'을 다음과 같이 발표하기도 하였다.

> 이 나라 정치 현실에는 이 이상 민주주의는 존재하지 않으며 헌정질서는 존재하지 않는다. 우리는 이 흉악한 민주주의 교살행위를 묵과할 수 없으며 앞으로 집권당 자체가 스스로 파기한 헌정질서를 국민만이 준수하라고 강요할 수 없음을 선언한다.[67]

그 후 한국 교회의 구국기도회와 비준 국회통과 무효 투쟁은 전국적으로 이어졌다. 그러나 한국교회 전체가 한·일 국교 정상화를 반

---

65) 『크리스챤신문』(1965, 7, 16)
66) 김용복, "해방 후 교회와 국가," 『국가권력과 기독교』, 210쪽.
67) 한국기독교교회협의회 인권위원회, 『1970년대 민주화운동(Ⅰ)』, 48쪽에서 재인용.

대한 것은 아니다. 상당수의 목사들은 침묵을 지켰고 때로는 적극적으로 교회의 정치참여를 비난하고 나선 교계 인사들도 있었다. 한국기독교연합회도 4·17 성명이후 시종 중립적인 입장을 취하였다. 한국기독교연합회는 8월 2일 성명서를 내고 "교회의 본연의 권위는 초연한 입장을 보유함에 있음"이라는 중립적 입장을 다시금 표명하였다. 이어 8월 10일 김석찬 목사의 '교회가 정치에 간섭함을 반대함', 12일에는 박치순 목사 등 전직 군목 10여명 공동명의의 '비준 찬반의 민족적 혼선에서 기독교는 본의 자세를 지키자', 김동협 목사 등 43명 공동명의의 '한·일회담 비준에 대한 우리 교역자들의 견해' 등 교회의 비준 반대운동을 격렬히 비난하는 성명서들이 주요 일간지와 교계 신문에 잇달아 발표 되었다.[68]

이러한 공식적 성명이외에도 비준반대운동 참여를 둘러싼 기독교 내부의 갈등은 도처에서 나타났다. 연합구국기도회를 추진하는 과정에서도 문제의 인식과 방법론에 있어 강온의 갈등이 계속 되었으며, 때로는 심각한 충돌을 야기하기도 하였다. 그러나 이같은 내적 갈등과 분열도 타오르기 시작한 민족적 분노의 불길을 억제할 수는 없었다. 한·일협정 반대운동은 한국교회의 대세였다. 7월 26일 비준 반대를 위한 교직자회 전권 준비위원회는 새로이 '나라를 위한 기독교교직자회'를 정식으로 구성하여 기독교 운동의 조직을 정비 강화하였다. 회장에 한경직, 부회장에 김재준, 총무에 강신명 목사 등을 구성하고 8월 8일까지 "나라를 위한 금식기도 연합예배"를 개최하였다.[69]

그리하여 8일의 연합예배는 분위기가 고조되어 예배 후 "비준결

---

68) 김용복, "해방 후 교회와 국가," 『국가권력과 기독교』, 210쪽.
69) 한국기독교사회문제연구원, 『1970년대 민주화운동과 기독교』, 51쪽.

사 반대"라는 플랭카드를 들고 데모를 시도하다 경찰과 충돌하여 목사 등 수명이 연행되기도 하였다. 8월 11일 비준안이 국회특위에서 심야에 날치기로 통과되고 이어 14일에 야당이 불참한 가운데 국회 본회의에서 일방적으로 통과되자, 더욱 거센 반발이 일어났다. 교직자회는 12일 새문안교회에서 긴급 구국기도회를 개최하고, 13일에도 철야기도회에 돌입, 14일까지 기도회가 계속되었으며, 광복절인 15일에는 교직자 주관으로 해방구국 연합예배가 전국 각지에서 일제히 개최되어 비준안 날치기 통과를 맹렬히 비판하였다.[70]

그러나 교회를 포함한 전 국민적 항의에도 불구하고 한 · 일협정 비준안이 국회를 통과하여 기정사실화된 이후 기독교 운동은 계속되지 못했다. 15일 이후에는 사실상 아무런 움직임도 보이지 않았다. 여기에는 첫째로 운동을 항구적이고 지속적으로 이끌어 나갈 수 있는 조직적 주체가 결여되어 있었다는 점, 둘째로 한·일 국교정상화라는 문제에 대한 인식의 불철저 등이 이유로 지적될 수 있을 것이다.[71] 그러나 한국 기독교의 운동사적 측면에서 한 · 일회담 비준반대 운동이 갖는 의미는 매우 크다. 해방이후 계속되어 온 반역사적 행태와 침체상을 일시에 불식하고 4 · 19이후 서서히 대두되기 시작한 기독교의 사회, 정치참여론이 급성장하는 중요한 계기를 이루었다고 할 수 있다.[72]

---

70) 김용복, "해방 후 교회와 국가," 『국가권력과 기독교』, 211쪽.
71) 한국기독교사회문제연구원, 『1970년대 민주화운동과 기독교』, 52쪽.
72) 위의 책, 211쪽.

정부의 3선 개헌과 교회의 저지운동

1. 6 · 8 부정선거와 3선 개헌

군사정부는 1962년 12월 17일 민정이양을 위한 헌법개정안 국민 투표(찬성 78.78%)를 통해 헌법을 전면 개정했다. 개정된 헌법의 핵심 내용은 대통령제 채택, 소선거구제 채택, 국회의 단원제와 정당 국가 화에 따른 국회활동 약화, 법원에 위헌법률심사권 부여, 헌법 개정에 대한 국민투표 채택 등이었다. 민정불참을 선언했던 박정희는 1963 년 10월 15일 제5대 대통령 선거에 출마했고, 야당후보인 윤보선과 불과 15 만표의 근소한 차이로 당선되었다.

1967년 대선에서 박정희는 또 다시 윤보선과 맞붙어 116만여 표 차이로 제 6대 대통령에 손쉽게 당선 되었다. 같은 해인 1967년 6월 8일 민정이양 이후 두 번째로 치러진 제 7대 국회의원 선거는 정부 와 여당의 대대적인 부정선거로 치러졌다. 선거결과는 공화당 129

석(지역구 102석, 전국구 27석), 신민당 45석(지역구 28석, 전국구 17석), 대중당 1석으로 나타났다. 주요도시 이외에서 당선된 신민당 의원은 오직 3명뿐이었다. 무더기 표, 매표 등 '3·15 부정선거'이래 최대의 부정선거의 결과였다.[73] 이는 박정희 정권을 보장하기 위한 원내 개헌의석 확보에 초점을 맞춘 행위였다. 학생들은 공화당의 압도적인 승리가 부정선거에 의한 것임을 폭로하고 이를 규탄하였다. 선거 다음날인 6월 9일 연세대에서 시작된 부정선거 규탄성토는 전국적으로 확대되었고, 정부는 각 대학에 휴교령을 내리고, 조기방학을 실시하여 학생들의 데모를 잠재우려 하였다. 그러나 '학원주권 수호'와 '부정선거 규탄대회는 7월 4일까지 계속되었으며, 반독재 민주주의 학생운동의 막을 내렸다.

박정희 정권은 6·8 부정선거로 재집권에 성공하자, 3선을 허용하는 개헌을 통하여 박정희의 장기집권을 획책하였다. 1969년 1월 3일 국회의장 이효상은 3선 개헌의 가능성을 염두에 둔 발언을 하였고, 공화당 사무총장 길재호는 개헌을 검토 중이라 하여 개헌론을 제기하였다. 5월 7일에는 공화당 의장서리 윤치영이 기자회견에서 3선 개헌을 공식적으로 주장함으로써 공화당의 확고한 개헌의지를 천명하였다. 이에 야당인 신민당과 재야인사들은 6월 5일 '3선 개헌반대 범국민투쟁위원회'를 결성하고, 개헌반대 시국강연회를 여는 등 본격적인 개헌반대운동을 학생들과 더불어 전개했다. 그러나 1969년 9월 14일 박정희 정권은 공화당을 동원해 자신의 3선을 가능케 할 목적으로 3선 개헌안[74]을 변칙 통과시켰다.

---

73) 김인걸 외, 『한국근현대사 강의』, 293쪽.
74) 개헌의 주요 내용은 1. 대통령 3선 연임허용, 2. 대통령에 대한 탄핵 소추 발의안을 의원 30인 이상에서 50인 이상으로 상향조정, 3. 국회의원의 각료 및 기타직위 겸직허용 등이었다. 위의 책, 293쪽.

야당과 학생들의 격렬한 반대에도 불구하고 10월 17일 개헌안은 국민투표에 회부되었고, 총 유권자 77.1% 참여와 65.1%의 찬성을 얻어 가결되었다. 박정희 정권은 3선 개헌 반대 시위를 폭력적으로 조기방학, 휴교조치 등을 통해 운동세력을 탄압했으며, 이 과정에서 1967년 '동백림 사건', 1968년 '통일혁명당 사건'이 터졌다. 3선 개헌안은 이후 1972년의 10월 유신으로 이어졌으며 박정희의 독재는 10년 더 연장 되었다. 3선 개헌 반대투쟁은 비록 실패로 끝났지만 그 과정에서 야당과 재야 그리고 학생운동간의 연대를 이루었고, 1970 년대 이후 반독재민주화운동의 전형을 만들었다는 점에서 의의를 찾을 수 있다.[75]

2. 교회의 6·8 부정선거와 3선 개헌 저지운동

한일협정 비준 반대 운동을 경험하면서 한국 기독교 안에는 현실 참여, 정치 참여의식이 고조되어 갔다. 1967년 대통령 선거와 국회의원 선거를 전후하여 한국 기독교의 사회참여 혹은 정치참여의 신학적 기틀이 확립되기 시작한 것이다. 비준반대운동이 끝난 직후인 1966년 1월 17일부터 20일까지 한국기독교연합회(KNCC)와 동남아 기독교협의회(EACC)가 공동 주최한 '한국기독교 지도자 협의회'[76]가 '인간 사회 안에 있는 기독교 공동체'라는 주제로 열렸다. 또

---

75) 위의 책, 293쪽.

76) 『크리스챤 신문』(1966. 1. 29). 56명의 지도자들이 모인 이 모임에서 강원룡 목사는 주제 강연을 통해 교회의 자세가 보다 현실 참여적이어야 함을 다음과 같이 말하였다. 교회는 하느님이 일을 하기 위한 종노릇으로서의 교회이지 교회 그 자체가 아니다.…인간 사회 내의 기

한 이 모임에서는 '교회혁신'과 '기독교인의 정치참여'가 분과 토의 주제의 하나로 다루어졌다.[77] 이것은 60년대 중반이후 기독교의 정치참여 문제가 교회 차원에서 공식적으로 다루어진 최초의 것이라 할 수 있다.

특히 이 협의회는 "지금까지의 기독교인의 정치참여에서는 주체성이 확립되어 있지 못함으로 해서 교회의 분열과 무기력을 나타낸 바 있음"을 반성하면서 기독교의 지속적인 정치참여를 위해 "권위 있는 발언을 할 수 있는 전문적인 연구 기관의 상설"을 건의함으로써 정치참여 문제에 대하여 상당히 적극적이고 구조적인 접근의 자세를 보였다. 아울러 결의 사항의 하나로서 국내정치 문제에 있어 "민주주의의 성패의 관건은 선거의 공명정대와 부패의 근절에 있다"라고 못 박고 이를 위한 계몽을 교회가 담당할 것을 다짐하였다.[78]

이리하여 1966년 10월 박형규 목사가 총무로 취임하면서 활발한 움직임을 보이기 시작한 한국기독학생회(KSCM)는 선거와 관련하여 4월 24일, 25일 '한국 민주주의의 성장과 기독자 현존'이라는 주제 아래 전국 5개 도시에서 공명선거 캠페인을 대대적 벌였다. 서울에서는 장이욱, 현영학, 대전은 강원룡, 지명관, 전주는 지명관, 노창섭, 대구는 서남동, 노정현, 부산은 노정현, 서남동 등이 강사로 나섰다.[79]

이런 노력에도 불구하고 6·8 국회의원 선거가 사상 유례없는 부

독교 공동체가 직면한 문제는 교회가 세계 사회와의 대화를 어떻게 하느냐 하는 문제와 교회 자체의 개혁이다.

77) 한국기독교교회협의회 인권위원회, 『1970년대 민주화운동(Ⅰ)』, 50쪽. 이 협의회의 핵심문제는 '기독교인의 정치참여'였던 바, 협의회의 보고서는 "보편적 상황에서는 교회의 집단적 정치행위도 가능하지만 정치적 극단상황에서는 개인적 결단만이 가능한데, 이것은 다만 일반 시민적 행위로만 파악할 수 없다"고 결론짓고 있다. 이것은 그리스도인의 정치적 행위는 시민적 차원 뿐 아니라 신앙적 차원으로 인정하여야 한다는 신학적 해명이었다.

78) 김용복, "해방 후 교회와 국가," 『국가권력과 기독교』, 215쪽.

79) 위의 책, 215쪽.

정 타락 선거로 나타나자 한국기독학생회(KSCM)는 6월 15일 각 회원에게 공개서한을 발표하여 정부를 규탄하였다.

> 6·8 선거의 불의가 작용하여 우리의 사회는 또 다시 혼란과 무질서와 파멸의 위기에 직면하게 되었다. 그러나 우리는 불의를 미워하면서도 질서의 파괴가 더 큰 불의의 온상이 된다는 사실을 알고 있다.…한국의 민주주의를 매장하는 금번의 부정선거는 물론 그 책임의 대부분을 집권당과 정부가 져야 하겠지만 전유권 국민과 야당도 같이 반성하고 회개해야 할 것이다. 학원에서 그리스도와 함께 현존하기를 기약하는 우리는 이 사태에 있어서도 책임 있는 참여방식을 강구해 보아야 할 것이다.[80]

그러나 전국을 휩쓴 부정선거 규탄 데모의 열기에도 불구하고 기독학생이나 교회의 집단적인 행동은 보이지 않았다. 많은 토론의 전개에도 불구하고 아직 기독교의 정치참여는 그다지 실천적으로 심화되지 못하고 있었다. 한국기독교연합회도 6월 21일 긴급실행위원회를 소집하고 6·8사태로 인한 시국 수습방안을 검토하고 정부와 기독교인들을 향한 성명서를 발표하였다.[81] 그러나 원칙을 천명하는

---

80) 『크리스챤신문』(1967. 6. 24)

81) 한국기독교연합회는 시국수습방안으로 1) 시국수습을 위한 기도회를 전국적으로 가질 것, 2) 성명서를 발표할 것, 3) 시국수습을 위한 대책 위원을 선정하여 공화당 및 정부 요인과 접촉하여 시국 수습을 위한 교회의 입장을 전달할 것 등을 결의 하였다. 또한 이 날짜로 발표된 성명서는 6·8부정선거를 "단순한 정치문제가 아니오 국민주권에 대한 시원적인 침해"이며, 이는 "권력의 남용과 민주주의를 실현하려는 성의의 결여에서 초래 된 것"으로 "민주 정치의 기저를 흔드는 위험천만한 우거"라고 규정하고, "국가와 민족의 장래를 위해서는 정치 권력은 사회정의와 도덕적 책임감에 기초를 두어야 하며 만일 그렇지 못할 때는 권력은 단순한 폭력으로 화하고 독재를 낳게 될 것"이라고 경고하였다. 이어 정부에 대하여 "6·8사태를 미봉적으로 수습하려는 태도와 국민의 정당한 항의를 억압하려는 자세를 버리고 당리와 사욕을 초

성명서 이외의 다른 구체적인 행동을 교회가 취하기에는 아직 많은 내적 제약과 장벽이 놓여 있었다. 정치참여에 대한 교회의 입장의 차이로 논란 끝에 전국교회의 기도회와 대책위의 정부요인 접촉 등은 끝내 무산되고 말았다. 65년의 한일협정 반대라는 민족적 과제에 대해서는 통일적인 조직기반 없이도 어느 정도의 단합된 행동이 가능했으나 구체적인 정치적 문제에 대해서는 정치적 이해관계의 대립이 보다 전면에 부각되었던 것이다. 그러나 한국기독교는 이러한 우여곡절의 과정을 겪어 가면서도 한국사회 속에서 예언자적 사명을 향하여 한 발자국씩 전진하고 있었다.[82]

60년대 말 최대의 정치적 쟁점으로 부각된 3선 개헌 문제에 대한 한국 기독교의 참여방식은 교회나 연합기구를 통한 공식적 참여보다는 기독교인 개인적인 참여가 두드러졌다. 박정희 정권이 영구집권을 위해 헌법 개정을 시도하자, 이에 대응하여 재야세력과 개신교 진보세력이 연대하여 1969년에 '3선개헌반대 범국민투쟁위원회'가 결성되었다. 위원장에는 김재준 목사를 추대하였고, 함석헌, 이병린, 장준하, 김상돈, 유진산, 김대중, 박형규 씨 등 재야세력권 전체와 야당 정치인들이 총 단결하였다. 또한 범국민투쟁위원회에 관계한 기독교 인사들은 따로 1969년 8월 12일 기독교 '염광회'를 조직하여

월하여 근본적인 해결을 강구할 것을 촉구하는 한편, 모든 기독교인들에 대해서도 "기독자의 양심에 서서 이 위기에 대한 책임 의식을 가지고 기도와 신앙적인 결단으로써 이 땅에 있어서의 의로운 민주적 장래를 지키자"고 호소하였다. 『크리스챤신문』(1967.6.24). 그러나 6월 21일의 결의 사항에 따라 시국 수습 대책위원회의 구성을 위해 27일 다시 모인 기독교연합회의 회의에서는 1)기독교가 필요이상으로 정치적인 참여를 해서는 안된다. 2) 교회 전체의 입장을 수렴하는 듯이 할 수 없다는 등의 반론이 제기되어 논란 끝에 전국교회의 기도회와 대책위원회의 정부요인 접촉 등은 끝내 무산되었다. 김용복, "해방 후 교회와 국가," 『국가권력과 기독교』(민중사, 1982), 216-17쪽.

82) 한국기독교사회문제연구원, 『1970년대 민주화운동과 기독교』, 57쪽.

개헌반대투쟁을 전개하였다.[83] 김재준 목사는 8월 15일 '범국민투쟁
위원회' 위원장의 이름으로 '전국의 신앙 동지 여러분'이라는 성명
서를 내고 기독교인의 결단과 참여를 촉구하였다.

신앙인 개인은 물론 교회 전체도 의를 위한 목숨을 건 결단
에서만 참다운 생명을 얻을 수 있다고 생각합니다.…우리
는 복음 위에서서 불의를 바르게 찾아내어 규탄하고 의를
찾아 세우는 역군이 되어야 한다는 사명을 다시 깨달아야
하겠습니다. 그러므로 우리의 교회는 오늘 그 어느 때 보다
도 예언자적 직능을 다하여야 할 시기에 도달한 것이라고
생각합니다. 그리스도의 종으로서의 멍에를 지고 민중의
운동을 조직하고 실천하여야 하리라고 생각합니다.[84]

그러나 삼선개헌 저지운동에서도 한국교회 전체가 일치되었던
것은 아니다. 이런 진보적 개신교와는 달리 여전히 한국의 보수적 개
신교는 3선 개헌에 대해서 지지하는 입장을 취하였다. 1969년 9월 2
일 김윤찬, 박형룡, 조용기, 김준곤, 김장환 목사 등 보수 계통의 목사
242명은 '개헌문제와 양심의 자유 선언을 위한 기독교 성직자 일동'
이라는 명의로 '개헌문제와 양심의 자유선언'이라는 성명서를 발표
하고 김재준 목사의 호소문을 "순진하고 선량한 뭇 성도들의 양심에
혼란"을 일으키는 선동적인 행위라고 비난하고 '정교분리,' '양심자
유'를 표방하며 종교는 개헌문제에 대하여 중립을 지켜야 한다고 주

---

83) 염광회는 회장에 정일형, 고문에 함석헌, 김재준, 김상돈, 윤보선, 실행위원에 박형규, 문옥태,
문장식, 민승 등의 진용으로 조직을 각추고 운동을 전개하였다.

84) 『사상계』(1969, 10), 108-11쪽. 그리고 『조선일보』(1969. 8. 24)

장하였다.[85]

그러나 '대한기독교연합회(Daehan Council of Churches, 이하 DCC)에 속한 이들 보수계통의 목사들은 3일 후인 9월 5일 "개헌에 대한 우리의 입장"이라는 또 다른 성명서를 일간지에 게재하면서 7월 25일의 대통령 특별 담화에 대하여 "차제에 전 국민의 각성과 단결로 강력한 행정부로서의 지도체제를 확립하는 국민 스스로의 올바른 권리행사를 촉구한 것"이라고 추켜 세운 뒤, "우리들 기독교인은 개헌 문제에 대한 박대통령의 용단을 환영 한다"고 개헌지지 논리의 표현을 하여 3일전의 '중립', '정교분리' 에 위배되는 행위를 연출하였다.[86] 이처럼 3선 개헌을 둘러싸고 한국개신교회는 보수와 진보의 대립이 극명하게 드러나기 시작한 것이다.[87]

보수진영이 이와같이 개헌문제에 적극 지지하고 나서자, 한국 기독교 연합회는 6일 대한기독교연합회(DCC)는 한국기독교연합회와 하등의 관계가 없음을 밝히는 해명서를 내야만했다. 이러한 교계 내부의 혼란과 도전에 자극받아 한국기독교연합회는 9월 8일 3선 개헌에 반대 입장을 표명하는 성명서를 발표하였다. 그러나 이 또한 많은 내부적 논란과 수정 끝에 지극히 애매한 내용으로 수정되었다. 이와 같이 내부의 통일적 기반의 취약성으로 인하여 69년의 한국교회는 3선 개헌 문제에 대해 보다 분명하고 적극적인 태도를 보여주지 못했다. 그러나 4·19의 충격에서 오는 반성에서부터 출발하여 한일회담 반대, 6·8부정선거 규탄, 3선 개헌 반대 등 일련의 정치적

---

85) 한국기독교교회협의회 인권위원회, 『1970년대 민주화운동(Ⅰ)』, 81쪽.

86) 위의 책, 82쪽.

87) 연규홍, "1970년대 한국민주화운동의 교회사적 근거," 『한국개신교가 한국 근현대의 사회, 문화적 변동에 끼친 영향연구』(서울: 한국신학연구소, 2005), 154쪽.

참여 경험이 누적되면서, 많은 내부적 갈등에도 불구하고 한국기독교의 현실참여는 돌이킬 수 없는 흐름으로 정착되어갔다.[88]

---

88) 김용복, "해방 후 교회와 국가," 『국가권력과 기독교』, 215쪽.

민족 복음화 운동과 국가조찬기도회

1. 민족 복음화 운동

1965년은 개신교 첫 순교자 토마스 목사가 대동강변에서 순교의 피를 뿌린지 100년이 되는 해이며 한국교회가 선교를 받은 지 80주년이 되는 뜻 깊은 해였다. 이런 뜻 깊은 해를 맞이하여 전국적인 복음화 운동을 전개하기로 의견을 모으고, 개신교 각 교단이 연합하여 운동본부를 만들기로 합의하였다. 이 운동은 주로 이화여자대학교 총장이었던 김활란 박사에 의해 추진되었다.

한국 기독교 선교 80주년이 되는 1965년을 '복음화 운동의 해'로 저하고 초교파적인 조직을 갖추어 전도운동을 하자는 취지였다. 그것은 1909년의 '백만인 구령운동' 등 한국 교회가 수시로 시도한 전도운동의 전통을 이어받은 복음화 운동이었다. 이것이 발단이 되어 1964년 12월 3일 서울 YMCA 회관 강당에서 가톨릭을 포함한 17개 교파의 대표들이 '전국복음화 운동위원회'를 조직하고 홍현설 목사를 위원장으로 추대하였다.[89] 운동본부는 해외의 저명 부흥사를 초청하여 부흥 집회를 갖기로 하고 중국인 부흥사 조세광 목사를 초청하여 서울을 비롯한 전국각지에서 부흥집회를 개최하여 좋은 성과를 내었다. 국내집회 인도자로는 한경직 목사를 비롯하여 김활란, 이기혁, 이상근, 김옥길, 조동진, 지원용, 강원용 등의 인사들이 전국을 다니며 부흥의 불길을 지펴 다대한 성과가 나타났다.

일년여 동안 진행된 복음화운동은 가시적인 성과가 여러 분야에서 나타났다. 그동안 동원된 강사가 400명이 넘고 동원된 인원이 100만명을 상회하여 그동안의 어떤 운동보다도 큰 영향력을 행사하였다. 김인수는 "이 운동을 통하여 그동안 여러 가지 요소로 갈렸던 교회들이 하나로 결집될 수 있었다고 하는 것은 앞으로 한국교회가 나아갈 방향을 제시해 주었다는 면에서 좋은 성과"였다고 평하고 있다.[90]

2. 국가조찬 기도회

이시기에 대통령 조찬기도회가 시작되기도 하였다. 그 발단은 1965년 2월 27일 크리스챤 국회의원 조찬 기도회가 조직되면서부터이다. 보수적 기독교 평신도 공화당 국회의원들과 한국대학생 선교회(CCC)의 김준곤 목사가 중심이 되었다. 이것이 시발점이 되어 그

---

89) 조병호, 『한국기독청년 학생운동 100년사 산책』, 82쪽.
90) 김인수, 『한국기독교교회사』(서울: 한국장로회출판사, 1994), 372쪽.

후 1년 후인 1966년 3월 8일에 대통령 조찬기도회를 조선호텔에서 대통령의 불참 하에 실시하였다. 이때 미국국가조찬기도회와 국회 조찬기도회를 주관하는 국제 기독자협의회 총무 로빈슨 총무와 미국국회조찬기도회 담임목사인 하버슨 박사, 브라운 주한 미국대사 등 각국 외교사절, 삼부요인, 이효상 국회의장, 노기남 천주교 대주교 등 267명이 참석하였다.[91] 이때 김준곤 목사는 〈너와 나의 미래상을 생각해 보자〉라는 설교에서 다음과 같이 말하였다.

> 저는 우리나라 대통령께서 정치적인 원수일 뿐만 아니라 국민의 영혼의 목자로서 아브라함 링컨이 미국인의 가슴에 새겨진 것 같은 구원의 영상이 되기를 기도합니다. 역사의 전례 없이 대통령도, 국회원도, 어린이도, 어른도 예수 믿고 학원에서, 시장에서, 가정에서, 직장에서 예수의 물결이 일어나 가장 사랑하는 그리스도의 왕국, 제 2의 이스라엘이 되어 아시아의 빛이 되고 세계의 영감의 원천이 되게 합시다.[92]

그러다가 1968년 5월 1일에 '제 1회 대통령 조찬 기도회'를 개최하였고, 매년 5월 초에 정기적 행사로 1974년까지 계속하였다. 이 조찬 기도회는 평신도 공화당 국회의원과 김준곤 목사 등 보수계 목사 및 재계의 평신도 장로들이 중심이 되어 500명 내지 600명의 인사들이 참석한 가운데 개최 되었다. 1969년 5월 2일에 열린 제 2회 대통령 조찬 기도회도 전년과 마찬가지로 대통령을 비롯한 삼부요인, 국

---

91) 조병호, 『한국기독청년 학생운동 100년사 산책』, 86쪽.
92) 김준곤, 『CCC와 민족복음화운동』(서울: 순 출판사, 2005), 17-18쪽.

회의원 등 정관계 인사들, 천주교회의 노기남 대주교, 개신교에서는 강신명, 김준곤 목사등 450여명이 참석하여 대통령을 위하여 기도하였다.[93] 전 CCC 총무인 주서택 목사는 김준곤 목사가 국가조찬 기도회를 계획하고 추진한 것은 민족의 입체적 구원이라는 비전을 문자적으로 이루고자 하는 소원 때문이라고 설명한다. 그는 국가조찬기도회 이후 '민족복음화'라는 용어가 한국 교계에 회자되기 시작 했을 뿐만 아니라 전국적으로 여러 형태의 조찬기도회가 열리게 되었고, 그로 인해 수많은 지도자들이 복음을 들을 수 있었다는 점에서 큰 의미가 있다고 지적한다.[94]

그러나 노홍섭 목사는 『사상계』 1966년 4월호에 기고한 "조찬 기도회는 중지되어야 한다"는 글에서 대통령 조찬 기도회는 기도회라는 이름을 붙였으나 그리스도교 예배의 정신에 역행하는 모임이라고 하였다. 그는 이 모임이 사회정의와 윤리적 책임의식이 결여되어 있으며 참회의 태도는 커녕 마치 호화로운 쇼를 방불케 하는 모임으로 한국 역사상 기록적인 쇼를 하였다고 비판하였다.

---

93) 『조선일보』(1969. 5. 2.)

94) 조병호, 『한국기독청년 학생운동 100년사 산책』, 87쪽.

한국기독학생총연맹(KSCF)의 탄생과 학생사회개발단

1. 한국 기독학생총연맹(KSCF)의 탄생

1960년대 기독학생운동이 최초로 부딪친 실천적 과제는 교파 등 다양한 이유로 인해 분열된 기독학생운동체의 통합이었다. 교권주의적 교파분열은 기독학생운동의 현장에서는 아무런 의미를 가지지 못하였으며 오히려 운동의 장애요인이었다. 1968년 2월 20일부터 한국학생기독교운동협의회(KSCC)와 한국기독교교회협의회(KNCC)의 공동주최로 열린 '한국학생 기독교운동 에큐메니칼 정책협의회'가 통합을 위한 최초의 시도였다. 각 교단, 학생운동기관대표, 기타 WCC, WSCF 등 해외기관 대표 30여명이 참석하여 학생기독교운동의 문제점을 토의한 뒤 학생운동기구의 단일화를 내용으로 하는 건의문을 채택하였다.[95]

---

95) 한국기독교사회문제연구원, 『1970년대 민주화운동과 기독교』, 75-76쪽.

이 건의안에 따라 68년 4월 17일 KSCM, 대학 YMCA, YWCA의 대학생부의 세 단체 합동으로 통합추진위원회가 구성되었고, 구체적 통합의 과정의 하나로 KSCC 주최로 세 단체가 함께 "한국을 새롭게"라는 주제 하에 전국여름대회를 개최하였다. 7월 16일부터 20일까지 세 단체의 회원학생 800여명이 참가한 가운데 개최된 이 대회에서 세 단체 중 YWCA 대학생부는 "여성 운동체의 독자성 고수"를 이유로 통합에 참여하지 않았으나, KSCM과 대학 YMCA 는 '학생기독교운동 통합선언문'을 공식적으로 선언하였다. 이후 대학 YMCA와 KSCM 두 단체는 통합 선언 후 공동사업 학생위원회를 구성하고 구체적으로 '학생사회개발단'운동을 전개하면서 통합을 위한 구체적 절차들을 준비해 나갔다.[96]

이리하여 69년을 제 1차 학사단운동이 진행되는 가운데 69년 11월 23일 서울 YMCA 강당에서 전국 69개 대학의 총대 98명이 참석한 가운데 통합총회가 열려 한국기독학생총연맹(KSCF)이 정식으로 출범하였다. 이 통합총회에서 채택한 헌장은 "한국의 학원과 교회와 사회를 새롭게 하기 위해 힘과 정성과 뜻을 모아 그리스도의 이름으로 과감하게 전진할 것"을 다짐하였다. KSCF는 초대회장에 박종렬, 그리고 실무진으로 초대 사무총장에 오재식을 비롯하여 김정일, 이직형, 안재웅, 전용환, 김경재를 선출하였고, 학사단 운동을 주축으로 하여 점증하는 기독학생들의 운동의지를 수렴시키면서 활기찬 사회참여운동을 전개하였다.[97]

---

96) 위의 책, 76-77쪽.
97) 위의 책, 78쪽.

2. 학생사회개발단

한편 기독학생운동의 통합과정에서 통합사업의 기치로 한국사회의 구체적인 문제의 현장에 하나님의 현존을 나타내려는 운동으로 등장한 '학생사회개발단'운동은 69년 1월 24일부터 2월 1일을 기점으로 정식 출범하였다.[98] 이때 학사단은 3개년 활동계획을 구체화하였는데, 이 계획에 의하면 8명 단위로 개발단 100개를 조직하여 한국사회의 문제성이 있는 지역에 여름방학 2주 동안 투입하여 문제를 직접 체험케 한다는 것을 골자로 하는 것으로서, 당시로 보아서는 가히 기존의 학생운동에 "새로운 지표"를 제시하는 획기적인 운동이었다. 또한 학사단은 운동의 기본전략과 방향으로 ① 농촌으로부터 도시로, ② 자선사업에서 사회개혁으로, ③ 개체운동에서 사회운동으로라는 3개의 명제[99]를 선택하였고, 이러한 기초위에 5단계의 구체적 실행전략을 세워 실천에 옮기기도 하였다. 부산수산대생의 근로자합숙소 경험, 청주 모충동 난민지대 활동, 대전시 소년원 방문활동 등은 이론적 인식의 차원을 넘어 한국사회의 문제를 구체적이고 체험적으로 느끼고 파악한 학사단 운동의 대표적 활동들이었다.[100]

이러한 학사단의 활동은 당시 일반학생운동에 있어서 커다란 비중을 차지하지는 않았지만, 기독교운동사적측면에서 기독교학생운동의 방향전환이었다. 종래의 복음주의적, 교회 중심적 활동의 한계를 극복하고 60년대 후반의 한국사회와 교회의 제반문제에 대한 이

---

98) 조병호, 『한국기독청년 학생운동 100년사 산책』, 91쪽.

99) 브라이덴슈타인, "학생사회개발단을 위한 전략," 1969년 10월 호남지역 학사단 평가회 강연, KSCF.

100) 한국기독교사회문제연구원, 『1970년대 민주화운동과 기독교 』, 82-83쪽.

론적 분석과 토론의 단계를 지나, 구체적 실천내용과 명확한 사회의
식을 갖춘 운동으로 성장한 것이었다.

도시산업선교회의 탄생과 도시빈민운동

1. 도시산업선교회의 탄생

산업화와 도시화가 가속되면서 공장에서 일하는 공원들을 중심으로 한 선교에 교회는 다시 눈을 뜨게 되었다. 이 운동은 산업사회 속에서의 노동자들의 권익과 그들을 상대로 하는 선교가 노동자의 열악한 작업환경과 잔업 수당의 지급, 미성년자들의 노동문제, 그리고 산업재해에 대한 보상 등의 문제를 통괄적으로 다루는 산업선교가 본격화 되면서 많은 이들의 호응을 얻게 되었다. 1957년부터 장로교회의 어커트(R. Urquart)가 산업선교를 시작함으로써 한국에도 산업선교 시대가 도래하였다. 그해에 장로교회는 총회 안에 산업전도 위원회를 두기로 결정 하였다.[101] 감리교회에서도 1960년대 초반에 오글(G. Ogle) 선교사가 인천지방에서 산업선교를 시작하였으며,

---

101) 김인수, 『한국기독교회사』, 367쪽.

1961년에 대한성공회, 1963년 기독교장로회, 1965년 구세군 등 각 교단도 잇달아 산업 전도를 위한 활동 기구를 설치하여 서울, 인천, 황지, 부산, 대구, 대전 등지에서 활동을 전개하였으며, 1966년에는 연합조직인 한국 산업전도 실무자 협의회가 조직되면서 산업전도 활동은 본 궤도에 오르기 시작하였다.[102)

이 당시의 산업전도의 성격은 교회전도의 연장으로서 "복음을 어떻게 노동자들에게 선포하고 어떤 방법으로 이들을 교회로 인도할 것인가"하는 산업사회에서의 단순한 교세확장이라는 관점에서 출발한 것이었다. 그러나 60년대 후반 들어 급격한 산업화의 추진에 따라 노동현장의 문제가 양적으로 증대되고 질적으로 심화되는 상황 속에서 이러한 전통적인 방식의 산업전도는 도전을 받지 않을 수 없었다. 복잡하고 전문화하는 산업화 현장 속에서 교회의 울타리를 벗어나지 못한 전통적인 전도방식으로는 노동자들에게 진정한 복음의 메시지를 전달할 수 없다는 자각이 일어나기 시작하였다. 이와 같은 산업전도에 대한 비판적 극복의 노력은 1968년 EACC 홍콩회의에서 "산업전도"(Industrial Evangelism)라는 말을 "도시산업선교"(Urban Industrial Mission)로 바꾸면서 명실상부 새로운 단계로 접어들게 되었다.[103)

이에 따라 각 교단의 '산업전도'기관들은 '도시산업선교'로 명칭을 바꾸고, 단순한 교회의 목회의 연장으로서의 예배 중심적 활동에서 노동법, 노동조합에 관한 문제 등 노동운동에 구체적으로 필요한

---

102) 한국기독교사회문제연구원, 『1970년대 민주화운동과 기독교』, 85쪽.

103) 위의 책, 88쪽. 한국의 산업선교의 역사에 관한 기존의 연구는 거의 일치하여 1968년을 전환의 시점으로 삼고 있다. 제 1기(개척기)는 1957-1967, 제 2기 (발전기 또는 전환기)는 1968-1972, 제 3기(수난기 또는 투쟁기)는 1972-현재까지의 3단계로 구분하고 있다. 조승혁, 『산업선교의 인식』(서울: 민중사, 1981)

사항들에 강조점을 두게 되었으며, 신학적으로도 교회의 울타리를 뛰어넘어 사회구원에 역점을 두는 "하나님의 선교" 신학적 입장을 확고히 천명하였다.[104]

2. 도시빈민운동

한편 산업전도가 산업선교로 변화의 과정을 겪는 것과 같은 시기에 도시빈민을 대상으로 한 도시선교운동도 탄생하였다. 1969년 8월에 미국 연합장로회 선교사 화이트(H.White)가 내한하여 연세대학교 내에 '도시문제연구소'를 만들고 이 대학의 교수였던 노정현 박사가 소장이 되어, 도시문제에 대한 학구적 연구와 더불어 요원양성에 주력하였다.[105] 연구소 내에는 도시선교 위원회(위원장 박형규 목사)를 설치하고 69년부터 73년까지 낙산아파트, 연희아파트, 금화아파트, 창신동 등 슬럼지역에서 약 30여명의 실무자를 훈련시켰다. 이 실무자 훈련은 그 목적 자체가 알린스키(allinsky)의 지역주민조직(Community Organization) 운동이론을 한국사회에 도입하여 실험하려는 데 있었다. 이처럼 1968년을 경계로 노동자와 도시빈민의 문제와 사건을 찾아내서 고민하고 해결방안을 모색하는 '도시산업선교'의 도입은 한국 기독교회가 70년대의 한국사회의 민주화 인권운동에 기여하는데 결정적 역할을 하였다.

---

104) 한국기독교사회문제연구원, 『1970년대 민주화운동과 기독교』, 88-89쪽.
105) 김인수, 『한국기독교회사』, 367쪽.

小結論

　해방 이후 한국개신교회는 친정부적 경향의 정치참여의 형태를 띠고 있었다. 이러한 현상은 미국과 이승만 정권의 개신교적인 색채에 우호적인 입장, 해외 망명으로부터 돌아온 대다수 민족지도자들이 개신교 신자였다는 점이 배경으로 작용하고 있었다. 이러한 배경속에서 한국개신교회는 1952년에 한국기독교교회협의회(KNCC)를 통해 정·부통령 선거대책위원회를 구성하고 이승만 정권을 지지할 것을 결의할 정도로 밀착되어 있었다.[106]

　그러나 1960년 4·19 혁명은 한국개신교회가 교회와 국가의 관계를 다시 돌아보는 중요한 계기가 되었다. 한국기독교교회연합회(KNCC)와 기독교장로회의 김재준을 비롯한 일부 진보적인 신학자들은 정치에 대한 교회의 무관심과 방관주의를 자책하였고, 교회와 국민 모두가 민주주의의 감시병이 되어야 한다고 주장하였다. 그러나

---

106)　『기독공보』(1952. 8. 4)

이것도 일시적 현상으로 그치고 대부분의 보수적인 교회에서는 여전히 정치와 교회의 분리를 강조하면서도 결과적으로 정부의 방침에 순응하는 태도를 취하였다.[107] 그럼에도 불구하고 1960년에 일어난 4·19 혁명은 교회와 국가의 문제에 관한 입장이 보수와 진보 양진영으로 나뉘어져 현격한 차이를 보이기 시작한 이정표가 되었다.

5·16 쿠데타는 4·19 혁명의 성과를 앗아간 사건이었다. 한국 개신교회는 이 같은 군사 쿠데타를 긍정적으로 평가하였다. 한경직, 최두선, 김활란과 같은 개신교계의 지도자들은 군사정부에 대한 미국의 지지를 요청하였고, 한국기독교교회협의회(KNCC)도 5·16군사혁명을 부정과 부패척결 그리고 반공을 위해서 내려진 불가피한 조처였다고 성명을 발표 하였다.[108] 『기독공보』도 이와 보조를 맞추어 한국이 독립국임을 증명하는 사건이었다고 논평함으로써 5·16 세력을 옹호하였다. 그러나 1963년에 군사정부가 군정을 4년 연장 할 것을 제안하자, KNCC도 입장을 바꿔 정치는 민간인에게 맡기고 군인은 군대로 돌아가겠다는 약속을 이행 할 것을 촉구하는 성명서를 발표하였다.[109] 그러나 이와 같은 일부 소수의 진보적 개신교계 인사를 제외하고, 한국개신교계의 대다수 교단들과 단체들은 군사정부에 대한 환영이나 반대를 공식적으로 표명하지 못하였다.

이와 같은 노력에도 불구하고 군사정권이 들어서게 되었고 정권을 잡은 박정희는 자기 정권에 대한 정당성과 국민들의 불신을 무마시키기 위해 민족문화중흥의 문화정책과 경제개발 5개년계획이라

---

107) 연규홍, "1970년대 한국 민주화운동의 교회사적 근거," 『한국개신교가 한국 근현대의 사회, 문화적 변동에 끼친 영향연구』, 153쪽.

108) 한국기독교교회협의회, 『기독교 연감』(1972), 296-97쪽.

109) 『기독공보』(1963. 4. 1)

는 경제부흥정책을 실시하였다. 특히 경제 정책에 필요한 자본을 일본으로부터 차관하기 위해 군사정권은 1965년 한·일국교 정상화를 재개하였다. 이에 대해 국민들은 강한 반발을 제기하였고, 이때 비로소 한국개신교회는 진보와 보수에 관계없이 통일된 목소리로 반대성명을 발표하였다. 1965년 7월 1일 김재준, 강원용, 한경직 등 목회자와 신학자 215여명이 한·일국교 정상화 반대성명을 발표하자, 보수 진영인 장로교 합동 측도 7월 4일부터 일주일간을 기도주간으로 7월 8일부터 사흘간을 금식기간으로 정하는 등 반대 운동에 동조하고 나섰다.

그러나 이때에도 개신교계 모두가 반대성명에 동참한 것은 아니었다. 상당수 목사들은 침묵을 지켰고, 때로는 적극적으로 교회의 정치참여를 비난하고 나선 교계인사들도 있었다.[110] 그럼에도 불구하고 한국개신교회의 한·일회담 비준반대운동은 해방이후 계속되어 온 반역사적 행태와 침체상을 일시에 불식하고 4·19이후 서서히 대두되기 시작한 기독교의 사회, 정치 참여론이 급성장하는 중요한 계기가 되었다.[111]

한편 1965년에는 김활란 박사를 중심으로 보수계 계열의 개신교인들이 한국선교 80주년을 맞이하여 1965년을 '3천만을 그리스도에게로'로 정하고 민족복음화 운동의 기치를 내걸었다. 이 운동은 가톨릭을 포함한 17개 교파의 대표들과 강원룡, 한경직, 김활란, 지원룡 등 진보와 보수계 인사들이 함께 참가하여 '한·일국교정상화 비준반대운동'과 더불어 갈라졌던 교회들이 하나로 결집시켜 한국개신교회가 나아갈 방향을 제시해주기도 하였다. 또한 60년대 한국개신교

---

110) 김용복, "해방 후 교회와 국가," 『국가권력과 기독교』, 210쪽.
111) 위의 책, 211쪽.

회 사회참여의 밑바닥에는 '근본주의적 민족주의'가 깔려 있었다는 점이다.[112] 그러나 이 운동은 1970년대에 들어와 진보진영이 빠지고 보수 진영 중심으로 운영되는 아쉬움을 남기게 되었다. 또한 1965년에는 한국대학생 선교회(CCC)의 김준곤 목사의 제안으로 국가조찬 기도회가 발족하였다. 이 기도회는 70년대와 80년대에 걸쳐 개신교 진보진영의 민주화 인권운동과 대비되어 보수적 개신교인들의 사회 참여의 중요한 방식으로 작용하였다.

바야흐로 한 · 일회담 반대운동에서 나타난 진보와 일부 보수 개신교인들의 정부정책에 대한 행동의 통일성은 삼선 개헌을 기점으로 사라지고 보수와 진보의 대립이 극명하게 드러나기 시작하였다. 박정희 정권이 영구집권을 위한 헌법개정을 시도하자, 김재준 목사를 위원장으로 '3선개헌반대 범국민투쟁위원회'를 결성하고 삼선개헌 저지운동을 적극적으로 전개하였다. 그러나 박형룡, 조용기, 김준곤, 김장환 등 '대한기독교연합회'(DCC)에 속한 보수계열의 목사 242명은 "개헌문제와 양심의 자유"라는 성명을 통해 김재준 목사를 "성도들의 양심을 혼란시키는 선동자"라고 비난하고, '정교분리', '양심의 자유'를 표방하며 종교는 개헌문제에 대하여 중립을 지켜야 한다고 주장하였다. 그러나 보수계열의 목사들은 곧이어 "우리들 기독교인은 개헌문제에 대한 박대통령의 용단을 환영한다"고 개헌지지를 표명하여 '정교분리'에 위배되는 '친정부적 입장'임을 보여 주었다.[113] 이는 1960년대 말 국가와의 관계에 있어서 한국개신교회 내 보수와 진보진영이 그 입장의 차이를 가장 극명하게 드러난 사건

---

112)　채수일, "해방 후 한국교회의 민주화운동과 통일운동에 대한 논찬," 『한국기독교와 역사 제 4호』(한국기독교역사연구소, 1995), 100쪽.

113)　한국기독교교회협의회 인권위원회, 『1970년대 민주화운동(Ⅰ)』(1986), 81쪽.

이었다.

 1960년대 한국개신교계는 4·19의 충격에서 오는 반성에서 시작하여 5·16군사혁명, 한·일회담 반대운동, 6·8부정선거 규탄, 3선 개헌 반대운동 등 일련의 정치적 사건을 거치면서 다양한 사회, 정치참여의 경험을 가지게 되었다. 이 과정에서 한국개신교회는 수많은 내부적 갈등을 경험하면서 교파와 교회, 개인의 신학적 입장에 따라 반대와 찬성으로 양분되었다. 특히 1960년대 말 3선 개헌 반대운동을 통하여 진보와 보수의 구분과 갈등이 극명하게 노출되었다. 결국 정치적 현안과 국가의 정책에 대한 이러한 입장의 차이는 70년대에 들어와 진보진영은 KNCC를 중심으로 사회 민주화, 인권운동으로 나아가 정부에 의해 극심한 탄압을 받게 되었고, 보수진영은 정부의 협력 하에 민족복음화운동과 국가조찬기도회를 통하여 한국개신교회의 양적성장을 도모하게 된다. 그러므로 1960년대는 한국개신교의 사회참여가 시작된 시기로 보수와 진보의 구분과 갈등이 표면화 되기 시작한 시기라 할 수 있다.

해방 후

한국 기독교 사회운동사

민주화와 인권운동을 중심으로

(1960-1987)

제**3**장

1970년대
한국개신교사회참여에 대한
역사적 고찰

Ⅰ. 유신체제의 등장
  1. 유신체제 등장의 배경
    ⅰ. 대외적 상황
    ⅱ. 대내적 상황
  2. 유신체제의 성립과 그 구조
    ⅰ. 유신체제의 성립
    ⅱ. 유신체제의 통치구조

Ⅱ. 교계 지도자들의 반독재 · 민주화 운동
  1. 민주수호국민협의회 결성과 선거참관운동
  2. 은명기 목사 사건과 남산 부활절 사건
  3. 기독교 민주화 · 인권운동의 태동
  4. 긴급조치 제 1호와 교회의 항거
  5. 민주회복 국민회의의 창립과 교회의 참여
  6. 긴급조치 9호와 3 · 1 민주구국 선언
  7. 한국인권운동협의회 결성
  8. 민주주의와 통일을 위한 국민연합 결성
  9. YH 사건과 유신체제의 붕괴

Ⅲ. 기독학생의 반독재 · 민주화운동
  1. 전태일 분신사건과 기독학생운동
  2. 선거참관운동과 기독학생의 정치참여
  3. 서울 문리대 10.2 데모와 기독학생운동
  4. 민청학련 사건과 기독학생 운동
  5. 한국기독청년협의회(EYC)의 결성과 각 교단 청년운동
  6. 기독학생과 YH 사건

Ⅳ. 민중생존권 투쟁과 교회
  1. 김진수 사건과 도시산업선교
  2. 도시빈민 · 도시산업선교회의 조직화
  3. 노동자 · 농민운동과 교회
  4. 정부탄압과 교회의 대응

Ⅴ. 국가조찬기도회와 민족복음화 운동
  1. 국가조찬기도회
  2. 민족복음화 운동

Ⅵ. 小結論

I

유신체제의 등장

1. 유신체제 등장의 배경

a. 대외적 상황

한국전쟁을 통해 정착되었던 동북아의 냉전구도는 1960년대 말을 기점으로 급격히 변화하였다. 중소분쟁의 심화, 유럽공동체와 일본자본주의의 급성장 그리고 달러 위기에 따른 자본주의 체제 내 미국헤게모니의 약화는 미국으로 하여금 새로운 세계질서의 구축을 모색하게 했다. 그것은 '닉슨독트린'의 선포로 나타났다.[1] 닉슨독트린 발표 후 미국은 아시아 태평양지역에서의 미·소·중·일 협력체제의 필요성을 강조하면서, 중화인민공화국과 국교를 수립했으며,

---

1) 김인걸 외 편저, 『한국현대사 강의』, 311쪽.

한반도에서 미군을 철수 시킨 후 한국군의 자주 방위력을 강화시키고 남북한의 화해를 추진하여 한반도의 긴장을 완화시키고자 했다. 즉 '두개의 한국'정책을 통해 한반도의 안정을 유지하고자 했다.

또한 미국은 국내경제의 어려움을 극복하기 위해 일본에 달러방위 협력, 무역 및 자본의 자유화 촉진, 수출규제 등을 요구하는 대신 동남아시아에 대한 일본의 진출을 양보했다. 그것은 일본 중심의 동북아경제권 형성으로 나타났다. 미국은 동북아지역에서 일본을 중심으로 하는 지역통합전략과 이에 따른 한미일 삼각무역구조를 확립하고자 했다. 미국의 이러한 정책은 한반도에서 미군철수와 남북대화의 종용[2]으로 나타났다. 미군철수는 미국의 패권실추에 따른 해외기지 정리방침과 방위비 감축의 일환이지만 남북한 긴장완화로 유도하려는 것이었다.

그러나 이와 같은 미국의 정책과 조치들은 박정희 정권에게는 심각한 위기의 조건이었다. 해방이후 지속적으로 냉전논리와 이를 기반 한 안보이데올로기를 통해 정권유지의 정당성을 찾아왔던 군부정권에게는 남북한 긴장완화가 곧 정권의 기반을 침식하고 정권의 유지를 위협하는 것으로 다가왔던 것이다. 무엇보다 국제적 데탕트 기조가 한반도에 유입되어 '선 건설, 후 통일론'이 그 명분을 잃게 되었으며 정권유지의 수단이었던 국가보안법, 반공법의 폐지요구, 그리고 정보정치의 철회요구가 데탕트 분위기 속에서 가열되기 시작한 것이다. 박정희 정권은 이러한 국내외적 변화에 대응하여 한편으로는 미국의 전략변화에 부응하여 남북대화를 진전시키고, 내부적

---

2) 이러한 전략변화는 실제로 1970-71년간 주한미군 6만명 중 2만명의 감축을 가져왔고, 이어 1970년의 8.15선언, 1971년의 남북이산가족찾기운동, 1972년의 7.4 남북공동성명 등 일련의 남북대화가 이어졌다.

으로는 강화된 통제기제를 동원한 안보이데올로기 강화와 이를 통한 정권유지를 모색하였다.[3]

b. 대내적 상황

1963년부터 68년까지 고도성장을 거듭해온 한국경제는 1969년부터 심각한 불황국면에 접어들었다. 불황국면의 직접적 원인은 미국이 1968년 달러위기에 봉착하여 한국에 경공업제품 수입규제조치를 취하고, 차관의 원리금 상환압박과 동시에 신규차관을 제공하지 않는 것 등에 기인하였다. 그러나 불황의 보다 근본적 원인은 1960년대 고도성장을 주도해온 종속적 자본축적구조의 모순[4]이 한계에 도달해 나타난 것이었다. 이러한 상황 속에서 정부는 1969년 5월 9일 차관업계 83개 등 정부투자기업의 45퍼센트가 부실이라고 발표하고, 부실기업 정리조치를 시작하였다. 정부의 부실기업 정리는 1969년 이후 한국 경제 위기의 출발이었다. 1960년대 들어 최초로 경제성장률이 하락하기 시작하였고, 불황국면의 자생적 극복은 더욱 어려워져만 갔다. 1972년 당시 국민 총생산의 26.5% 수준에 달하던 26억 달러라는 누증된 외채의 압박과 만성화된 인플레이션이 겹치면서 경제위기는 더욱 구조화 되었고, 대부분의 기업이 휴업, 도산,

---

3) 정관용, "1960.70년대 정치구조와 유신체제," 『자주, 민주, 통일을 향하여』 한국사 19, 111쪽.

4) 1960년대의 기업의 자본축적은 취약한 재무 상태에서 차관과 정부의 특혜적 지원에 의존한 외형적 성장이었다. 따라서 기업의 금융비중은 증가할 수밖에 없었고, 점차 원리금 상환 압박에 시달리게 되었다. 더우기 기업의 조세부담가중, 자본낭비와 자금유용, 자본간 무분별한 경쟁으로 인한 투자의 불합리성과 중복 과잉투자는 대부분의 성장주도 기업들에게 금융 공황적 자금난을 가져오게 하였다. 여기에 국제경제변화에 따른 수출부진, 긴축정책 실시 등이 가중되면서 기업의 도산, 휴업, 은행관리사태 등이 발생하게 된 것이다.

인원감축을 하게 되면서 실업자의 증가, 국민대중의 생활고 현상으로 이어졌다.

정부는 경제위기의 근본배경이 1960년대의 종속적 자본축적구조 자체에 있음에도 불구하고, 긴축정책을 통해 위기를 극복하고자 했다. 그러나 1969년의 긴축정책은 오히려 자금난을 가중시켜 경제위기를 가속화시켰다. 이러한 상황 속에서 정부는 자본축적구조 자체를 변화시키거나 혹은 다른 파격적인 방법으로 자본을 위기에서 구출한 후 다시 성장전략을 채택할 수밖에 없었는데, 정부는 후자의 길을 택했다. 그것이 8.3 조치와 중화학 공업화였다.[5]

경제적 위기는 사회적 계층간 투쟁과 갈등을 고양시켰다. 1960년대의 산업화는 다수의 노동자 계층을 양산하였고, 동시에 그들의 궁핍화를 야기하였으며, 1960년대 후반의 경제위기는 잠재된 계층갈등을 분출시키는 계기가 되었다. 1967년 광산노조의 광화문 시위, 1968년의 전매, 철도노조쟁의 및 조선공사쟁의, 1969년 민방쟁의, 조선공사쟁의, 부두노조쟁의 등이 일어났다. 그리고 1970년에는 노동자들의 투쟁이 11월 13일 평화시장 재단사인 전태일의 분신자살을 계기로 폭발적인 성장을 보여, 전년도에 비해 무려 10배나 증가하였다. 이후에도 1971년 11월 25일 조선호텔에서의 분신기도, 71년 2월 대중음식점 한국회관에서의 분신기도, 71년 9월 한진 상사 파월노동자 400여명의 대한항공빌딩 방화사건 등 투쟁의 형태도 점점 더 전투적이 되었으며 그에 따른 노동운동의 사회, 정치적 파급력 또한 급격히 고양되었다.

한편 1960년대 광범위한 이농현상으로 대도시의 슬럼가를 형성

---

5) 위의 책, 113쪽. 8. 3조치는 한마디로 말해서 대다수 국민들의 소규모자산을 무차별적으로 희생시키면서 일부 독점자본의 부채를 탕감해주는 것이었다.

한 도시빈민들의 투쟁이 시작되었다. 1970년 4월 와우아파트 붕괴 사건을 계기로 1971년 6월 시민아파트 주민 3천여명의 시청 앞 시위, 1971년 8월 광주대단지사건은 도시빈민들의 생존권 투쟁의 폭발이었다. 게다가 과중한 세금에 대한 시장상인들의 항의시위 등 영세소상인계층의 투쟁 등으로 대중투쟁은 모든 부문에서 활발히 고양되기에 이르렀다.[6] 그리고 1971년 선거를 즈음한 통제의 이완현상을 배경으로 중간계층운동도 활발해졌다. 1971년 4월 〈동아일보〉를 시발로 한 전국 14개 언론기관의 언론자유 수호운동, 1971년 7월 7일 서울형사민사지법 판사 전원의 사표제출로 시작된 사법파동과 사법권수호운동, 1971년 8월 교수들의 대학자주화선언운동 등 주로 지식인들을 중심으로 중간계층운동이 확산되기 시작하였다. 이는 1960년대를 통해 비교적 수혜를 받아온 중간계층들이 사회, 경제적 위기상황 속에서 군부정권에 저항하는 광범한 체제이반을 보여준 것이며, 이러한 중간계층운동은 사회적 위기를 정치로 직결시키는 매개기능을 담당하였다.[7]

한편 1960년대 후반 이래의 경제, 사회적 위기들은 1969년 3선개헌과 1971년 양대 선거를 통해 극심한 정치위기로 나타났다. 학생운동은 전태일 사건이후 민중운동, 즉 노동운동과의 결합을 모색해 갔고, 재야운동도 기독교를 중심으로 노동조합 지원, 노동자 의식화, 정부의 노동통제 및 노동운동탄압에 대한 비판, 도시빈민문제의 해결을 위한 자치위원회 구성 등 사회, 경제적 모순의 비판을 통해 민중운동과의 결합을 모색하기에 이르렀다. 야당인 신민당 또한 국회

---

6) 정관용, "1960,70년대의 정치구좌 유신체제," 『자주, 민주, 통일을 향하여』 한국사 19 (한길사, 1998), 114쪽.

7) 김영순, "유신체제의 수립원인에 대한 연구," 『오늘의 한국자본주의와 국가』 (한길사, 1989), 72쪽.

를 통해 경제정책과 분배논리에 대한 비판공세를 높여갔다. 이렇듯 당시의 여러 구조적 위기들이 학생과 재야, 야당을 통해 정치적 위기로 유입되어 박정희 정권에 대항하는 단일한 대립 축을 형성하였으며, 그 뚜렷한 표현이 1971년 대통령 선거와 국회의원 선거 결과[8]로 나타났다. 이러한 1971년의 양대 선거 결과는 재야, 학생, 야당, 시민대중 등 박정희 정권에 대한 저항세력들이 선거라는 절차적 민주주의의 제도를 통해 국민대중과 결합하여 정권에 대한 실질적 위협을 행사하기에 이른 것이다. 박정희 정권은 이러한 1960년대 말과 1970년대 초의 정치, 경제, 사회적 조건 속에서 결국 절차적 민주주의를 폐기하고 정권의 폭력성을 강화시킴으로써 기존의 구조를 확대, 심화시키는 방향으로 나아갔다.

2. 유신체제의 성립과 그 구조

a. 유신체제의 성립

1960년대 말 정권의 총체적 위기가 도래하고 민주화운동이 치열하게 전개되자, 박정희 정권은 1971년 10월 15일 서울시 일원에 위

---

8) 대통령선거에서 야당의 김대중 후보는 43.6 퍼센트에 달하는 높은 득표를 기록하였으며, 국회의원 선거에서도 신민당은 이전의 44석을 훨씬 상회하는 89석을 확보하는 놀라운 신장세를 보여주었다. 89석의 국회의원 확보는 개헌저지선을 20석이나 상회한 것이었으며, 과반수에서 단지 13석이 부족할 뿐인 의석수이므로 무력화된 의회정치의 기능을 활성화시키고 정권에 대한 정치공세를 펼칠 수 있는 기반마련을 의미하는 것 이었다.

수령 발동을 시작으로, 10월 19일 '학원 질서 확립에 관한 대통령의 특별명령'을 공포하였다. 이어 12월 6일 '비상사태 선언', 12월 27일 '국가보위에 관한 특별조치법'을 제정 공포하였다. 그리고 이듬해인 1972년 7월 4일에는 그동안의 대북한정책과는 다른 남북공동성명을 발표하여 국민의 관심을 집중 시킨 후, 1972년 10월 17일 대통령 특별선언을 통해 '국회해산, 정당 및 정치 활동의 금지, 대학폐쇄, 조국의 평화통일을 지향하는 새 헌법개정안'을 내용으로 하는 계엄포고 제 1호를 발표하였다.[9] 이어 10월 27일 국회를 대신하여 입법권을 행사한 비상국무회의는 계엄령 하에서 대통령의 수중에 입법, 행정, 사법 등 모든 권한을 집중시키는 것을 주 내용으로 하는 '유신헌법'을 의결하고 공고하였다. 박정희 정권은 평화통일을 달성하려면 국민총화가 필요하고 국민총화를 달성하고 능률을 극대화시키기 위해서는 강력한 지도력이 필요하다는 명분을 내세워 1972년 12월 27일 국민투표를 통해 유신헌법을 통과 시키고 유신체제를 성립시켰다.

b. 유신체제의 통치구조

유신헌법의 기본특징은 대통령 권한의 비약적 확대였다. 유신헌법은 통일주체국민회의의 대의원들에 의해 간접선거를 통해서 대통령을 선출하도록 하고, 임기는 4년에서 6년으로 연장되고, 중임에 관한 조항을 폐지함에 따라 종신집권의 길을 열어 놓았다. 또한 대통령은 행정부의 수반으로서 국군통수권과 국회 해산권을 가지는 이외

---

9) 김인걸외 편저, 『한국현대사 강의』, 323쪽.

에 법관과 국회의원 1/3에 대한 임명권을 장악했다. 국회의 국정감사권 폐지, 국회법과 방송법 등 각종 법률을 개악하면서 삼권분립을 철저히 무시하고 대통령의 권한을 비약적으로 확대시킨 민주주의의 제 원칙을 무시한 1인 종신집권체제였다.[10]

한편 유신체제가 출범하면서 민주화운동은 일시 수그러들었지만, 1973년 10월 2일 김대중 납치사건의 진상규명을 요구하는 서울대 문리대 학생들의 데모를 시발로 하여 학생, 지식인, 언론인, 종교계, 정치인 등 광범위한 계층 속에서 유신반대 데모가 전개되었다. 유신철폐운동은 고등학교에까지 확산되는 등 범국민적으로 전개 되어 갔으며 1973년 말에 이르러 각계의 연합으로 개헌청원 100만인 서명운동으로 집약되었다. 전국적으로 유신반대투쟁이 격렬하게 전개되자, 박정희 정권은 '집회 및 시위에 관한 법률'을 제정하고 '긴급조치권'을 발동하였다. '집회 및 시위에 관한 법률'은 도시에서의 시위와 데모를 방지하기 위한 것이었으며, 국회의 동의 없이 발동할 수 있는 '긴급조치권'[11]은 사법부의 심사의 대상도 되지 않았다.

또한 박정희 정권은 이러한 국가권력의 절대화와 저항세력에 대

---

10) 위의 책, 324쪽.

11) 긴급조치권은 1974년 1월부터 박정희 대통령이 김재규 중앙정보부장에 의해 궁정동에서 살해된 1979년 10월 26일까지 발동되었다. 새로운 긴급조치로 앞에 있었던 긴급조치를 풀었다가 다시 유사한 내용의 긴급조치를 발동하는가 하면, 특정한 사안 특정한 대학 하나를 대상으로 해서도 긴급조치를 발동하는 등 긴급조치가 정권의 편의에 따라 남발되었다. 1호에서 9호까지 긴급조치의 핵심 내용은 유신헌법에 대한 부정, 반대, 왜곡, 비방금지, 헌법 개정에 대한 주장, 발의, 제안, 청원금지, 유언비어의 금지, 이러한 금지행위에 대한 보도금지, 그리고 위반자에 대해서는 영장 없이 체포 및 최고 사형에 처할 수 있다는 것이었다. 이 가운데서도 가장 살벌했던 것은 1974년 4월 3일에 발표된 긴급조치 4호였다. 긴급조치 4호는 이른바 민청학련(전국민주청년학생총연맹) 관련활동 금지, 교내외에서 집회, 시위, 성토, 농성금지, 시위주동자는 최고 사형까지 처하고, 긴급조치를 위반한 학교는 폐교할 수 있으며, 치안유지를 위해 지방장관이 요청하면 병력을 출동시킨다는 것을 그 내용으로 하고 있다. 9호까지 발동된 긴급조치는 모든 민주화세력을 탄압하는 도구였으며, 유신체제에 대한 어떠한 반대도 용납하지 않았다. 1974년부터 유신체제가 붕괴된 1979년까지 긴급조치에 의해 구속된 사람은 1,086명에 이르렀다. 김정남, 『진실, 광장에 서다』(서울: 창비사, 2005), 29-30쪽.

한 통제기제를 확보함과 동시에 파시즘적 국민동원체제를 수립 하였다. 새마을 운동을 통해 농촌을 조직화하고 농민운동을 근거에서 봉쇄하였고, 공장새마을운동으로 계급갈등을 사업장 수준에서 탈정치화 시켰다. 뿐만 아니라 박정희 정권은 사회를 병영화 하여 통제를 강화해 갔다. 1968년 향토 예비군의 설치와 주민등록체제의 완비, 1969년 고등학생과 대학생을 대상으로 한 군사교육훈련 실시, 1974년에 국민윤리, 국사, 한문, 교련 등을 새 학과로 독립시켜 이데올로기교육 강화, 1975년에는 학교에 학도호국단과 사회에 민방위대를 결성하여 모든 사람을 준군사적 조직에 편입시켰다.[12] 이상과 같은 파시즘권력의 강화를 통해 유신체제 동안 일체의 투쟁은 통제, 봉쇄되었으며, 정치지형은 유신독재에 대항하는 제한된 보수야당의 공세라는 정도로 한계 지어져 있었다. 이러한 유신체제의 제반 특성은 여러 문제점들이 누적되어 격렬한 투쟁의 분출을 준비시켰다. 독재에 저항하는 학생, 재야 등 제반 운동세력은 양적, 조직적으로 성장하면서 점차 체제변혁세력으로서의 성장하여 갔으며, 독재정치의 지속은 광범한 국민대중의 이반을 낳아 이후 대중들은 치열한 반독재투쟁을 전개해 나갔다.

---

12) 김인걸 외 편저, 『한국현대사 강의』, 324쪽.

II

교계지도자들의 반독재 · 민주화 · 인권운동

60년대 후반부터 서서히 태동하기 시작한 한국개신교 진보진영의 사회 참여의 움직임은 70년대 초반 격동하는 제반 정세 속에서 고조되기 시작하여 70년대를 통하여 한국사회 반독재민주화운동에 가장 핵심적이고 중추적 역할을 담당하였다. 1970년부터 유신체제가 들어서기 이전인 1972년 10월까지 기독학생 운동은 학사단 운동의 경험을 바탕으로 정치적 운동으로 급성장해 갔으며, 노동자, 빈민의 문제를 중심한 산업선교의 활동도 민중적 저항의 고조라는 사회적 상황을 배경으로 대사회적, 정치적 활동을 벌여 나갔다. 또한 역사적 과제와 상황에 참여하려는 기독교인들의 노력은 교회적 울타리를 넘어 교단적 차원으로 확대되어 나아갔다.

1972년의 10월 유신에서 1975년 5월의 긴급조치 9호가 발표되기 전까지 시기에 한국 개신교의 사회참여운동은 유신체제 반대운동의 형태로 가장 크게 고조되었던 시기이다. 양적인 측면에서 볼 때 73-74년에 걸친 기간 동안 개신교 사회참여운동은 70년대 중 가장 활발하고 광범위하게 전개되었다. 기독학생, 소장 목회자등에만 머무르지 않고 부활절 사건, 민청학련 사건을 계기로 운동은 KNCC 등 기독교 기관, 교단 차원으로 확산되어 갔다. 1975년 5월에서 10 · 26 사건에 이르는 이 유신체제의 최후의 기간은 전체 운동의 전개과정에서 기독교의 역할이 상대적으로 부각된 시기이다. 모든 체제 비판적 발언과 행동의 기회가 철저하게 봉쇄된 긴급조치 9호 하에서 예배와 기도회 등 교회의 종교적 행사는 최후로 남겨진 운동의 장이었기 때문이다.

이러한 상황을 배경으로 개신교와 가톨릭의 기독교계 인사들의 연합운동에 대한 주도적 참여가 현저하게 나타났으며, 기도회 등의 행사는 기독교인 뿐 아니라, 비기독교세력도 적극적으로 참여하여 운동이 교류되고 연합되는 계기를 형성했다. 또한 77년경부터 현재화한 노동자 농민들의 생존권 투쟁은 기독교의 인권운동을 한층 강화시키고 질적으로 심화 시켰으며, 이에 따라 산업선교를 중심한 기독교운동은 체제와 이념적인 갈등을 일으키게 되었다.

1. 민주수호국민협의회의 결성과 선거참관운동

박정희 정권의 3선 개헌이후 장기집권 야욕이 노골화 되자, 71년의 대통령 선거를 앞두고 각계의 운동세력이 연합하여 1971년 4월 8일 서울 YMCA회관에서 '민주수호국민협의회'[13]를 구성하여 공명

---

13) 한국기독교교회협의회 인권위원회, 『1970년대 민주화운동(I)』, 122-23쪽. '민주수호 국민회의'는 1971년 4월 8일 학계, 언론계, 법조계, 종교계, 문학계 등 각계 저명인사 25명-장석해,

선거와 선거참관인 운동을 표방하고 나섰다. 이에 기독교회도 적극 호응하여 지지하고 나섰다. 그러나 참여의 방식에는 여전히 한계가 있어 KNCC나 교단 등 교회의 공식기구는 기구적 차원에서의 공식적 행동은 보류한 채 공명선거에 대한 원칙적 발언에 그쳤으며, 민주수호국민협의회에 김재준, 조향록, 안병무, 정하은 등 기독교 장로회 지도급 인사들이 개인적으로 참여하여 활동하는 것에 머무를 수 밖에 없었다. 이것은 교회나 교회연합기관의 공식적 참여가 아니라, 기독교 인사들의 개인적 참여라는 60년대식의 운동과 거의 같은 형태를 벗어나지 못한 것이었다.[14]

그러나 여기에 새로운 세력으로 등장하여 기독교운동의 전개에 활기를 불어넣은 것이 청년학생과 소장 목사층이었다. 특히 선거참관에는 소장 목회자들이 대거 참가하였다. 70년부터 기독교장로회의 소장목사들을 중심한 '신풍회'를 주축으로 하여 기독교의 대사회적 책임과 행동을 주장하여 온 소장 목회자들도 71년 4월 16일 신익호, 홍성현, 김상근 등 40여명이 초동교회에서 모여 선거 참관인으로 나설 것을 결의하였다.[15] 민주수호국민협의회는 7월 24일에는 성명을 통해 "정치인들이 국민의 이러한 비장한 각오를 얕잡아 보고 부정을 통해 승리하겠다는 망상에 사로잡혀 있다면 그것은 사태판단을 크게 잘못한 것으로서 반드시 후회하게 될 것"이라고 엄숙히 경

정하은, 조용범, 장용, 이병린, 이병용, 신순언, 천관우, 양호민, 남정현, 구중서, 김지하, 박용숙, 이호철, 방영웅, 최인훈, 조태일, 한남철, 박태순, 김재준, 장기철, 조향록, 박형규, 윤헌, 김정례-이 결성하였다. 그후 4월 19일 대성빌딩에서 정식으로 발족한 '민주수호국민회의'는 대표위원에 김재준, 이병린, 천관우 제씨를 운영위원에 신순언, 이호철, 조향록, 김정례, 법정, 한철하, 계훈제 제씨를 선출하였다.

14) 한국기독교사회문제연구원, 『1970년대 민주화운동과 기독교』 조사자료 19 , 111쪽.

15) 위의 책, 114쪽.

고한 뒤, 투, 개표 참관인 1,213명의 명단을 신민당에 제시하였다.[16]

이 선거참관인운동의 의의는 일부 진보적 기독교 지도자와 재야 세력이 구체적 과제 속에서 연합운동을 전개한 최초의 것으로서 큰 의의를 갖는 것이었다. 선거참관인 운동자체는 대통령 선거에서 야당 후보의 패배로 일단 좌절되고 막을 내렸으나, 이 과정에서의 운동 경험은 기독학생들과 소장목회자들의 정치의식을 현저히 고조시켰다.

선거가 끝나고 71년 후반기에 접어들면서 사회운동이 부정부패 추방운동이라는 새로운 단계로 접어들게 되었다. 각계의 사회운동의 쟁점이 "공명선거, 민주수호"에서 "부정부패 규탄"으로 옮겨가자, 기독교회도 가톨릭 신부와 개신교의 소장 목사들을 중심으로 부정부패규탄 연합운동이 전개되었다. 최초의 발단은 71년 10월 5일 가톨릭 원주교구의 '사회의 부정부패 일소를 위한 특별미사'와 연이은 3일간의 철야 농성이었다. 이날 지학순 주교를 비롯한 500명의 신도들은 부정부패 규탄대회를 가진 후 시가행진을 하다가 경찰의 제지를 받자, 3일간 철야 농성에 돌입하였다.[17]

원주교구의 이 같은 행동은 곧 개신교에도 충격을 미쳐 사흘 뒤인 10월 8일에는 개신교와 가톨릭의 사회선교단체들의 연합기관인 '크리스챤사회행동협의체'의 신부, 목사, 학생 등 30여명이 서울의 명륜동 가톨릭 학생회관에서 '사회정의 실현을 위한 기도회 및 미사'를 열고 기독교회관 앞까지 가두시위를 벌여 전원이 연행되었다. 9일에는 천주교 서정길 대주교 등 800여명의 성직자가 대구효성여대

---

16) 한국기독교교회협의회 인권위원회, 『1970년대 민주화운동(I)』, 127쪽.

17) 한국기독교사회문제연구원, 『1970년대 민주화운동과 기독교』 조사자료 19 , 116쪽. 그리고 한국기독교교회협의회 인권위원회, 『1970년대 민주화운동(I)』, 126쪽.

에서 부정부패와 퇴폐풍조 일소와 정치인들에게 촉구하는 특별미사를 드렸다. 이러한 움직임은 학생들에게도 전파되어 10일에는 새문안교회 대학생들이 광화문지하도 등 서울중심가에서 "부정부패 특권분자 처단하라"는 휘장을 두르고 수천명의 시민들에게 리본을 달아주는 시위를 벌였다.[18]

71년의 민주수호운동과 부정부패추방운동의 과정에서 기독교운동은 하나의 중요한 정치적 운동세력으로서의 모습을 뚜렷이 드러내게 되었다. 이것은 한국 기독교의 대사회적 입장을 분명히 함으로써 비기독교 일반운동과의 신뢰 및 연대관계도 확고하게 형성되기 시작하였다. 또한 이에 따라 기독교운동 세력에 대한 정치적 사찰과 압력도 가중되기 시작하였다.

2. 은명기 목사 사건과 남산 부활절 사건

박정희 정권이 1972년 10월 27일 국회에서 유신헌법을 통과시키면서 유신체제라는 전체주의적 독재체제의 통치 구조를 탄생시켰다. 삼권분립, 견제와 균형 등 민주주의의 기본원칙을 완전히 무시하고 일인독재에 장기집권체제였다. 유신헌법이 통과되자, 「기독신보」는 "유신헌법의 필요성"이라는 칼럼을 연재하면서 "유신헌법이 한국적 민주주의를 마련하는 토대가 될 것"이라고 변호하였다. 뿐만 아니라 보수계열인 장로회(합동)측 김의환은 "한국교회의 정치참여문제

---

18) 한국기독교사회문제연구원, 『1970년대 민주화운동과 기독교』 조사자료 19, 117쪽.

"라는 글을 통해 교회는 "종교적 문제에 대해서만 정부를 향해 발언할 수 있지 그 외의 모든 정치적 행동은 잘못 된 것"[19]이라고 주장함으로써 정교분리를 주장하였다.[20]

그러나 개신교 진보진영은 유신체제 반대운동에 적극적으로 나서게 되었다. 유신체제와 교회의 최초의 갈등은 1972년 12월 13일 기독교 장로회 전주 남문교회 은명기 목사의 구속으로 나타났다. 72년 11월경 "남문교회에서 은명기 목사를 준비위원장으로 유신헌법을 반대하는 집회를 갖는다"라는 내용의 편지가 돌면서 발단이 된 이 사건은 12월 13일 신도들과 함께 철야기도회를 인도하던 은목사를 포고령 위반으로 연행, 구속 시킴으로써 유신이후 최초의 성직자 구속사건으로 발전하였다.[21] 이에 기장 교단은 즉시 진상 조사에 나서는 한편 73년 1월 26일 목사의 구속을 교회 탄압이라고 주장하면서 석방을 호소하는 '진정서'를 대통령에게 제출하였다. 은명기 목사가 징역 8월에 집행유예 2년을 선고받자, 한국기독교장로회 전북노회는 11월 19일 유죄판결에 대하여 다음과 같은 성명서를 발표하였다.

―――――――――――――――――――――――――――――――

성전에서 기도하는 교인들을 강압으로 축출한 일이나 신성한 제단에서 기도하는 목사를 체포한 처사는 전 교회와 전 성직자에 대한 탄압이요 신성모독이라고 생각하기에 이로 인한 어떠한 행동도 당국의 책임임을 분명히 한다. 우리는

―――――――

19) 김의환, "한국교회의 정치참여 문제," 「신학지남」 (1973, 3), 25-28쪽.
20) 연규홍, "1970년대 한국민주화운동의 교회사적 근거," 「한국개신교가 한국 근현대의 사회 · 문화적 변동에 끼친 영향 연구」, 154-55쪽.
21) 한국기독교사회문제연구원, 『1970년대 민주화운동과 기독교』 조사자료 19, 부록 1970년대 민주화운동 일지, 255쪽.

자유 신앙이나 사회정의의 구현을 위한 행동은 창조주 하
나님의 요청이요, 성서적인 진리라 믿기에 하나님이 주신
양심과 자유를 방해하려는 그 어떤 악의적인 세력에 대해
서도 결코 묵과하지 않고 적극적으로 항거할 것이다.[22]

이 사건은 유신체제 이후 최초의 개신교에 대한 탄압사건 이었다.
한편 은명기 목사 탄압 사건에 이어 1973년 남산 부활절 연합예배
사건이 일어났다. 1973년 4월 22일 새벽 5시 부활절에 남산야외음
악당에서 부활절 연합예배가 거행되었다. 이는 개신교의 진보세력을
대표하는 한국기독교교회협의회(KNCC)와 보수세력의 연합체인 대
한기독교연합회(DCC)가 자리를 같이한 최초의 부활절 예배로서, 두
단체가 각기 별도의 부활절 예배를 개최한지 17년만의 일이었다. 이
뜻 깊은 연합예배가 끝난 후 몰려나오는 신자들을 향하여 한 모퉁이
에서 몇몇 청년들이 간단한 전단지를 나누어주었다. 이를 빌미로 6
월 29일 박형규 목사와 권호경 전도사가, 30일에는 김동완 전도사가,
그리고 7월 1일에는 사건관련자 전원이 수도경비사령부에 연행되었
다. 수도경비사령부는 검거된 사람들에 대한 수사를 마친 후 이 사건
을 검찰에 넘겼고, 검찰은 은명기 목사 구속사건이 재판에 계류 중이
던 1973년 7월 7일 박형규 목사 등 4명을 내란예비음모죄로 구속하
고, 11명은 즉심에 회부하였다.[23]

---

22) 김정남, 『진실, 광장에 서다』, 47쪽. 그리고 한국기독교교회협의회 인권위원회, 『1970년대
    민주화운동(Ⅰ)』, 226쪽.

23) 위의 책, 48-49. 검찰은 "서울제일교회 박형규 목사와 권호경 전도사를 비롯한 일당 15명이 지
    난 4월 22일 부활절 예배 날을 거사일로 결의, 남산 야외음악당 부활절 예배 정소에 모인 10
    만여 군중 속에 '민주주의 부활은 대중의 해방이다. 주여 어리석은 왕을 불쌍히 여기소서'등
    의 내용이 적힌 전단을 뿌렸으며, 플랭카드를 들고 행동대원이 4개의 방향으로 군중들을 유
    도, 이를 저지하는 경찰과 투석전을 벌이면서 중앙방송국을 점거, 중앙청을 비롯한 관공서들
    을 점령할 계획 등 내란음모를 기도했다"고 발표하였다.

이는 개신교계에 커다란 경악과 충격을 주었다. 7월 24일 한국기독교교회협의회는 KNCC회원, 교단총무, 총무단이 추천하는 법조계 인사로 '박형규 목사 사건 조사위원회'를 구성하는 한편, 그동안의 경과를 알렸다. 기독교장로회를 비롯해 교회의 각기관, 단체별로 성명을 발표하거나 대책위원회를 구성했다. 특히 8월 7일 기독교장로회는 이 사건으로 구속된 교역자들과 은명기 목사 사건으로 구속된 교역자들에 대한 교단의 입장을 〈교역자 구속사건과 우리의 견해〉라는 제목으로 천명하였다.[24] 8월 19일에는 새문안교회 대학생부 주최로 '박형규 목사를 위한 철야기도회'가 수도교회에서 열렸으며, 8월 20일에는 가톨릭의 이한택, 장익한, 도요한 신부가 참여하는 초교파 대책위원회가 구성되었다.[25] 뿐만 아니라 미국과 일본의 교회협의회를 비롯한 세계 각국의 교회와 교회기관이 다투어 격려와 성금을 보내오거나 대통령에게 항의서한을 발송했다.

재판결과 박형규 목사와 권호경 전도사는 각각 징역 2년을 선고받았다. 유죄판결을 받자, 교회는 더욱 강경한 대응에 나섰고, 법원은 이틀 뒤인 9월 27일 피고인들에 대한 보석결정을 내렸다. 은명기 목사 사건과 박형규 목사 사건으로 커다란 충격을 받은 기장교단은

---

24) 한국기독교교회협의회 인권위원회, 『1970년대 민주화운동(Ⅰ)』, 264쪽. 기장총회 교회와 사회위원회는 8월 7일 '교역자 구속사건과 우리의 견해'라는 성명을 발표하고 은명기, 박형규 목사등 일단의 교역자들의 구속사태에 대하여, "이러한 일련의 사태를 결국 신앙과 선교의 자유권이 제약"받게 되는 것이며, 따라서 기장교단으로서는 "종교가 하나님의 말씀이 지시하는바 신앙양심에 의하여 그 예언자적 사명을 다함에 있어 국가나 혹은 세속적 단체가 이에 강압적인 제약을 가하려고 한다면 이는 기독교신앙의 사활문제에 관계된 것으로서 간주하여 이 문제를 매우 심각하게 보게 되는 바이다"라는 기본입장을 천명하였다. 그리고 한국기독교장로회 총회, 『정의, 평화, 통일 자료집』(한국기독교장로회총회, 2003), 32-33쪽을 보라.

25) 8월 20일 소장목사 120여명이 경동교회에서 구속자를 위한 기도회를 가진 후 초교파적인 대책운동의 전개하고 예장, 감리, 기장, 복음, 성공, 루터, 성결 등 개신교 7개교단과 가톨릭, 외국선교사가 포함하는 '박목사 사건 성직자 대책위'를 구성하였다. 이 대책위는 이후 매번 공판이 있을 때마다 전센기념관에서 기도회를 가진 후 집단으로 공청을 방청하는 한편, 구속자를 돕기 위한 모금운동을 전개했다.

이후 유신으로 비롯된 한국의 정치현실에 대해 한층 더 뚜렷한 비판적 자세를 취하고 나섰다.[26] 이 사건은 유신이후 최초의 반 유신 사건으로 주체적 의지에 의해 공세적으로 이루어진 것이 아니라 당국에 의해 '만들어진 것'이었으며, 유신정권과 사회정의를 구현코자 하는 개신교의 관계가 앞으로 어떻게 전개될 것인가를 예감케 하는 사건이었다.

3. 기독교 민주화 : 인권운동의 태동

성직자들과 기독학생들의 투옥과 고난을 통해 기본권의 무참한 유린 상태를 직접 목격한 기독교회는 사회참여운동을 민주화와 인권운동으로 이해하게 되었다. 1973년 5월 20일 한국기독교 유지 교역자 일동은 '한국 그리스도인 선언'을 발표하였다. 3개항의 신앙고백의 기반 위에서 유신체제하의 한국의 현재 상황에 대해 6개 항목에 걸친 비판을 전개한 이 선언은 민주화운동에 임하는 기독교인의 신앙적 기반을 명확히 하면서 한국기독교의 민주화운동이 나아갈 방향을 제시한 중요한 문서였다.[27]

---

26) 『기독교장로회 제 58회(1973) 총회 회의록』, 108쪽. 73년 9월 28일 기장 제 58회 총회는 '새 역사 20주년 성명서'를 발표하고, "우리는 자유민주주의가 개인의 자유와 사회정의를 함께 구현 할 수 있는 최선의 체제임을 확신 한다"고 천명하면서, 정부에 대해 1) 교회, 언론, 학원에 대한 과도한 정보사찰을 중지하고 하루속히 자유민주주의 체제로 정상화 할것, 2) 성장위주의 경제정책에 따른 구조적 격차의 해소, 3) 박형규 목사 등 구속자에 대한 정당한 판결 등을 촉구하였다.

27) 한국기독교사회문제연구원, 『1970년대 민주화운동과 기독교』, 158쪽.

----

1. 우리는 역사의 주인이시며 심판자이신 하나님 앞에서 이웃을 대신하여 고난을 겪고 있는 눌린자들이 자유를 얻도록 기도하라는 명령을 받고 있다고 믿는다.
2. 우리들은 우리의 주님 예수 그리스도가 유대 땅에서 눌린자들, 가난한 자들, 멸시받는 자들과 더불어 사신 것같이 우리도 그들과 운명을 같이 하면서 살아가야 할 것을 믿는다.
3. 우리는 성령이 우리 성품을 변화시키며 새로운 사회와 역사를 창조하시는데 우리가 참여할 것을 요구하신다고 믿는다. 그러므로 이같은 신앙에서 오늘 우리가 당면하고 있는 몇가지 문제에 대하여 한국 그리스도인의 신념을 밝히고자 한다. … ①통치세력은 공법과 설득에 의한 통치를 무시하고 권력과 억압에 의해서만 지배하려 하고 있다.[28]

이 선언은 1973년도부터 노골화되기 시작한 기독교회와 군사독재권력과의 갈등과 그로 인한 기독교회의 수난을 예고하는 예언의 소리이기도 하였으며, 한국교회를 신학적으로 장성한 교회로 전세계에 인식시키는 계기가 되었다.

그리하여 이와 같은 민주화와 인권을 향한 운동은 KNCC, 각교단 그리고 지방으로 폭넓게 확산되었다. 1973년 8월 7일 기독교 장로회는 '신앙사회선언'을 채택하였고, 같은 해 11월 23-24일 KNCC는

---

28) 한국기독교교회협의회 인권위원회, 「1970년대 민주화운동」(I), 250-54쪽.

'신앙과 인권'이라는 주제로 제 1차 '인권문제협의회'[29]를 개최하여 "한국사회 속에서 한국교회의 사명이 인권확립에 있음"을 천명한 '인권선언'[30]을 발표하였다. 또한 12월 3일 광주에서는 광주기독교연합회 주최로 기장, 예장(통합), 예장(합동), 성결, 오순절, 감리교 등 각 교단을 망라한 연합구국기도회가 열려 '시국선언문'을 발표하였다. 에큐메니칼 현대선교협의체도 12월 16일 서울 YMCA 강당에서 "교회와 인권을 위한 신구교 연합예배"[31]를 개최하고 "인권은 하나님이 모든 개인에게 부여한 절대적 권리이며 모든 개인은 각각 자기의 권리와 남의 권리를 소중히 함과 동시에 힘을 합하여 인권을 유린하는 권력과 제도를 무너뜨리기 위해 싸워야 한다"고 선언한 '1973년 한국인권 선언'을 채택하였다. 한편 한국도시산업선교연합회도 12월 10일 제 25회 세계 인권일을 맞아 한·미·일 3국 정부에 대해 한국근로자들의 권익보장을 요구하는 4개항을 건의 하였다.[32]

인권운동의 제기와 더불어 민주화를 향한 운동도 KNCC, 교단 그

---

29) 이 협의회에서 KNCC내에 인권위의 설치, 인권문제협의회의 매년 개최 등을 건의하여 기독교 인권운동의 지속적 전개를 위한 기구적 발판이 마련되었으며, 기독교 인사 뿐만 아니라 각계의 비기독교인사들도 협의회에 참여함으로써 기독교가 인권운동을 통하여 비기독교인들의 일반운동과 폭넓게 만나 연합하는 계기를 형성하였다. 한국기독교교회협의회 인권위원회, 『1970년대 민주화운동(Ⅰ)』, 296-300쪽을 보라.

30) 한국기독교사회문제연구원, 『1970년대 민주화운동과 기독교』, 169쪽. 이 인권선언은 학원, 여성, 노동자, 언론 등 한국사회가 안고 있는 제 문제를 인권문제의 차원에서 제기하면서 1) 억눌린 자들을 해방시키는 복음적 교회가 되기 위하여 교회의 내적 갱신을 기한다. 2) 교회는 개인의 영혼 구원에 힘을 쓸 뿐만 아니라 구조악으로부터 인간을 구출하기 위하여 사회구원에 힘쓴다. 3) 교회는 인권확립을 위하여 교회의 자원을 집중시킨다 등 3개항의 신앙적 결단 위에서 인권확립을 위한 투쟁에 적극적으로 동참할 것을 선언하였다. 그리고 한국기독교교회협의회 인권위원회, 『1970년대 민주화운동(Ⅰ)』, 298-99쪽을 보라.

31) 서울 YMCA 강당에서 500여명이 참석한 가운데 김수환 추기경은 1인에 집중되어 있는 권력 구조를 근본적으로 쇄신해야 하며 헌법개정, 주권재민의 올바른 민주체제로의 복귀를 강조하였고, 김관석 총무는 자유란 나무는 피가 어인 나무이며 자유는 스스로 쟁취하는 것이라 주장하였다.

32) 한국기독교사회문제연구원, 『1970년대 한국민주화운동과 기독교』 조사연구자료 19, 부록 1970년대 민주화운동 일지.270쪽.

리고 지방으로 폭넓게 확산되었다. 73년 11월 27일 기장은 임원회와 교회와 사회 위원회 연석간담회를 열고 전국교회에 대하여 "구속학생 석방", "민주질서회복", "대일예속 경제지양"등을 촉구하는 성명서를 발표하였으며, 11월 28일에는 KNCC 주최로 6개 교단 연합의 구국기도회가 개최되었다. 또한 12월 3일 광주에서는 광주기독교연합회 주최로 기장, 예장(통합), 예장(합동), 성결, 오순절, 감리교 등 각 교단을 망라한 연합구국기도회가 열려 "인권존중," "언론자유," "학원자유," "구속학생석방"을 요구하는 성명이 발표되었고, 12월 19일에는 청주 기독교 연합회도 유신헌법의 철폐와 신앙자유 보장을 촉구하는 '시국선언문'을 발표하였다.[33]

이같이 민주화와 인권운동의 물결이 각 교단으로까지 확산될 수 있었던 것은 각 교단의 소장 목회자들의 연합운동의 활성화를 기반으로 한 것이었다. 한편 남산 부활절 사건을 계기로 한 대책 운동의 과정에서 횡적으로 연결되고 결집되기 시작한 소장 목회자들은 73년 12월 16일의 '민주회복을 위한 협의회'[34]이후 직접적인 행동의 단계로 돌입하였다. 기장, 예장(통합), 성결, 루터, 감리, 복음교회 등 각 교단의 소장 목사 23명이 참가한 이날 협의회에서 이들은 '교회와 인권문제', '교회와 정치적 구원문제', '교회와 한국경제문제' 등

---

33) 위의 책, 170.

34) 한국기독교교회협의회 인권위원회, 『1970년대 민주화운동(Ⅰ)』, 305-08쪽. 소장목사 중심으로 아카데미 하우스에서 열린 이 토론은 "10월 유신 이전체제로의 환원, 한일각료회담의 중지와 대일예속화의 청산, 일본의 제국주의적 경제정책의 즉각 증지, 부유 특권층의 반성, 4백만 기독교인의 반성"등을 주장하는 '제1선언문'을 발표하였다. 이어 17-22일까지 서울복음교회에서 단식농성하며 "유신체제 부른 것, 자유민주주의 못 지킨 것은 우리의 죄, 힘없고 가난한 자 돌보지 못한 우리의 죄, 일본의 돈 구걸해 사치, 낭비한 우리의 죄, 나쁜 나무가 좋은 열매 맺기 기다린 우리의 어리석음 등 5개항을 참회한다는 '제2선언문'을 발표하였다. 이때 서명한 목회자는 황예식, 김인호, 허송, 조규향, 유경제, 김종희, 김선배, 임인봉, 이종형, 이해동, 이영준, 김준부, 오충일, 홍종택, 김상근, 김종열, 조승혁, 안광수, 최건호, 강동수, 조석오, 윤반웅, 백천기 등이다.

3개 분과로 나뉘어 시국에 관한 토론을 하였다.[35] 이어 이들은 성탄절을 앞둔 22일까지 철야기도회를 갖고 27일에 연동교회에서 200여 명의 목회자가 모인 가운데 '구국참회기도회'를 갖고 선언문을 낭독하였다. 이것은 교계인사의 개인적 참여가 주를 이루었던 60년대와 기독학생, 도시산업선교 실무자 들이 기존교회 체제 밖의 각종 기독교 기구와 조직을 통한 운동이 형성되었던 70년대 초반의 기독교 운동으로부터 한걸음 발전됨을 의미하며, 기독교 민주화인권운동이 본격적인 궤도에 진입하였음을 의미한다.

4. 긴급조치 제 1호와 교회의 항거

1973년에는 재야인사를 중심으로 개헌청원 100만인 서명운동이 전개되었다. 1973년 12월 4일 장준하의 주도하에 개헌청원 100만인 서명운동발기인 대회가 개최되었고, 12월 3일 서울 YMCA회관에서 첫모임을 가진 시국 간담회에는 14명의 각계인사가 참여하였다. 이 자리에서는 다음과 같은 의사를 문서로 대통령에게 전달하고 면담을 요청하였다.

현 시국은 민주주의 체제를 근본적으로 또한 제도적으로 회복하여 억눌린 국민의 자유를 소생시키지 아니하고는 중대한 민족적 위기를 초래할 위험성이 있다고 보아 이에 대

---

35) 한국기독교사회문제연구원, 『1970년대 민주화운동과 기독교』 조사자료 19. 171쪽.

한 대통령의 적절한 조치를 기대한다. 정상적인 민주주의 체제로의 회복에는 적어도 국민의 기본권이 철저히보장되는 삼권분립의 체제를 재확립하여 선거에 의한 평화적인 정권교체의 길이 열려야 한다.[36]

＿＿＿＿＿＿＿＿＿＿＿＿＿＿＿＿＿＿＿＿＿＿＿＿＿＿＿

이어 이들은 12월 24일에는 '헌법개정청원운동본부'를 발족시키고 서명운동을 본격적으로 전개하였고, 발족한 지 10일 만에 서명자는 30만명을 돌파하였다.[37] 이에 박정희 정권은 1974년 1월 8일 헌법 제 53조를 내세우면서 개헌청원 서명운동을 겨냥한 대통령 긴급조치 제 1, 2호를 선포하였다.[38] 1월 15일에는 개헌청원 서명운동의 주도인물인 장준하와 백기완을 구속하고, 함석헌, 천관우, 안병무, 문동환, 김동길, 법정, 김숭경, 김윤수, 계훈제, 이상순, 이정규씨 등을 연행하여 심문함으로 긴급조치의 첫 희생자로 만들었다. 긴급조치 제 1호의 발효로 이른바 기성 '재야세력'은 정권에 대한 비판과 조직적인 활동이 상당히 곤란하게 되었다.

개헌청원 서명운동을 탄압하기 위한 긴급조치 1호가 74년 1월 8일 선포되자, 즉각적인 저항에 나선 것은 개신교 소장 목회자들이었

---

36) 한국기독교교회협의회 인권위원회, 『1970년대 민주화운동(1)』, 309쪽.

37) 위의 책, 309. 종교계, 학계, 언론계 대표 30여명 중심으로 '개헌운동 전개 위한 성명'을 채택하고 개헌청원운동 본부를 설치하였다. 발기인으로는 천관우, 함석헌, 김재준, 김수환, 유진오, 백낙준, 김홍일, 장준하, 김동길, 김관석, 지학순, 안병무, 문동환, 김정준, 김찬국, 계훈제 씨 등이었다. 서명자 30인 중에는 12월 13일의 간담회 참석자 중 한경직 목사와 윤보선 전대통령이 빠져 있는데 윤보선 전 대통령은 "전직 대통령으로 현직 대통령에게 청원하는 것은 동양 예의상 어긋나는 일"로 보여졌기 때문에, 한경직 목사는 "열가지 제약이 있어서" 서명에서 빠지게 된 것 이라고 알려져 있다.

38) 위의 책, 311-12쪽. 긴급조치 1,2호는 유신헌법에 대한 부정, 반대, 왜곡, 비방이나 헌법개정을 주장, 청원, 제안, 발의 하는 행위를 금지했고, 유언비어를 날조, 유포, 선전하거나 방송, 보도, 출판 등 기타의 방법으로 타인에게 알리는 일체의 언동은 비상군법회의에서 재판을 받도록 규정하였다.

다. 도시산업선교회 소장목회자들은 1월 17일 오전 10시 김경락 목사, 이해학, 김진홍, 이규상, 인명진, 박윤수 전도사 등 6명은 기독교회관에서 미리 준비한 선언문을 배포하고, KNCC 총무실에서 기도회를 가진후 선언문을 낭독하고 이에 전원 서명하였다.[39] 기도회를 마친 이들은 기장총회, 예장총회 사무실 등 기독교회관의 사무실을 돌아다니면서 유신헌법의 철폐를 외치며 시위하다 전원 경찰에 연행 구속되었다. 이어 2월 16일에는 수도권특수지역선교위원회의 권호경, 김동완 전도사를 중심으로 김경락 목사 등이 1.17 성명을 지지하는 '전국교회에 보내는 호소문'을 발송하다가 우편검열에서 문제가 되어 권호경, 김동완 전도사를 비롯한 김애라, 이미경, 차옥숭, 박상희 등 6명이 긴급조치 1호 위반으로 구속되었다. 이에 앞서 KNCC도 김종필 총리에게 서한을 보내 "교회사찰 중지", "구속자 석방"을 촉구하기도 하였다. 긴급조치 1호에 대한 기독교의 항거는 커다란 반향을 불러일으키지는 못했지만, 도시산업선교회 실무자들에 의한 본격적인 정치적 항거의 시초였다는 점에서 큰 의미를 지닌다.

5. 민주회복 국민회의의 창립과 교회의 참여

민청학련 사건을 계기로 한 개신교와 가톨릭의 활발한 민주화·인권운동의 전개와 학생, 언론의 투쟁은 각계의 운동을 고무시키고

---

39) 위의 책, 314쪽. 역사의 주인이신 하나님의 선하신 명에 따라 우리 기독교 성직자 일동은 오늘의 조국이 처한 현실에 대하여 순교자적 각오로 우리의 신앙을 고백한다고 천명한 이 선언문은 1) 1.8비상조치의 철회, 2) 민의에 따른 개헌논의의 자유로운 전개, 3) 유신체제의 폐지와 민주질서의 회복 등을 촉구한 것으로서 긴급조치 1호에 대한 정면 도전이었다.

활성화시켰으며 이를 기반으로 74년 11월 27일에는 연합운동 조직인 '민주회복 국민회의'가 결성됨으로써 유신체제에 항거하는 민주화운동은 본격화, 조직화하기 시작하였다. 기독교 회관에서 정계, 천주교, 기독교, 불교, 언론계, 학계, 문인, 법조계, 여성계 등 각계인사 71명은 '국민선언'을 발표하고 '민주회복 국민회의'의 결성을 공표하였으며, 74년 12월 25일 서울 YMCA 회관에서 창립총회를 가지고 정식 발족하였다.[40] 범국민적 단체로서 비정치단체이며 그 활동은 정치활동이 아닌 국민운동으로 그 성격을 규정한 국민회의는 '자주, 평화, 양심'을 행동 강령으로, 민주회복을 목표로 설정하고 범국민적 민주화 운동을 조직적으로 전개하였다.[41]

'민주회복 국민회의'는 '민주수호국민협의회' 등 이전의 연합 운동체 와는 달리 상당한 조직적 운동으로서의 면모를 보여주었다. 지방조직도 급속히 확대되어 공식출범한지 3개월인 75년 3월경 까지 7개 시도지부와 20여개의 시군지부가 결성되었다.[42] 국민회의는 지방조직 체계를 정비하는 대로 개헌청원 서명운동과 개헌 강연회 등 유신헌법 폐기를 목표로 하여 지속적 국민운동을 전개할 계획을 세우며, 우선 성명전을 활발히 전개하였다. 이어 2월 28일에 3·1절 56주년을 맞아 '민주국민헌장'을 발표하기도 하였다. 전국적인 호응 속에서 기세를 펼쳐나가던 민주회복 국민회의는 다양한 탄압이 가

---

40) 한국기독교사회문제연구원, 『1970년대 민주화운동과 기독교』 조사자료 19, 149-50쪽. 윤보선, 함석헌, 김재준 등이 서명한 국민선언은 1) 현행헌법의 합리적 절차를 거친 민주헌법으로의 대체, 2) 복역, 구속, 연금 중인 모든 인사에 대한 석방과 정치적 권리회복, 언론자유 보장, 3) 국민의 최저 생활 보장, 4) 민주체제의 재건확립을 통한 민족 통일의 성취 등 6개항을 천명하였다. 대표위원에는 윤형중(상임대표위원), 이병린, 이태영, 양일동, 김철, 김영남, 김정한, 천관우, 강원룡, 함석헌, 등 10인으로 구성되었으며, 운영위원에는 홍성우, 한승헌, 함세웅(대변인), 김병걸, 김정례, 임재경 등 6인으로 체제를 갖추었다.

41) 위의 책, 149쪽.

42) 『동아일보』(1975. 3. 7)

해지기 시작하였다. 74년 11월 17일에는 '국민선언'에 서명했다는 이유로 백낙청, 김병걸 두 교수가 파면 또는 권고 사직된데 이어 같이 서명한 안병무, 문동환, 박봉랑, 서남동, 이우정 교수 등에도 경고 조치가 내려졌다.[43] 국민회의의 주요 임원들에 대한 연행과 감시가 계속되었고, 각 지역 지부의 결성에도 온갖 탄압이 자행되었다.

그러나 정부의 탄압에도 불구하고, 인혁당 관련자를 제외하고 긴급조치 1, 4호 위반자들이 국내외의 여론의 압력 속에서 75년 2월 15일 석방되자, 민주화 운동은 승리감 속에서 더욱 박차를 가하여 75년 2월 21일에는 '민주회복 구속자 협의회' 준비 위원회를 발족시키고 '민주회복 구속자 선언'을 발표하였다. 이어 3월 27일 박형규 목사를 위원장으로 정식 결성된 '민주회복 구속자 협의회'는 '민주회복 깃발을 높이 들자'는 결성 선언문을 발표하고 "각계 각층의 양심적 민주세력, 전 국민과 혼연일체가 되어 민주회복의 그 날까지 용감하고 슬기롭게 투쟁할 것"을 다짐하였다.[44]

더욱이 긴급조치 1,2,4호가 해제되자, 유신반대의 물결은 더욱 고조되어 1974년 민주회복국민회의를 비롯해 학생데모, 언론인들의 언론자유수호운동, 천주교정의구현사제단의 인권기도회, 한국기독교교회협의회의 인권운동, 문인들의 자유실천문인협회 결성등 유신체제에 대한 광범위한 국민적 저항이 일어났다. 이에 박정희 정권은 75년 1월 22일 대통령 특별담화를 통해 유신헌법에 대한 찬반여부와 대통령에 대한 신임여부를 묻는 국민투표를 2월 12일 실시한다고 발표하였다.[45] 이는 유신체제에 대한 반대 세력을 제거하고 정

---

43) 위의 책, 151쪽.

44) 위의 책, 152쪽.

45) 김동춘, "1960,70년대 사회운동," 『한국사 19, 자주, 민주, 통일을 향하여』, 301쪽.

치적 입지를 강화하기 위한 위장된 정치적 행위였다. 이에 민주회복 국민회의와 야당, 천주교 사제단, 한국기독교교회협의회를 비롯한 개신교 단체들은 즉각 반대를 천명하였다.[46] 2월 3일 민주회복국민 회의는 기자회견을 갖고 국민투표의 과정이나 결과에 관계없이 민주회복을 향한 투쟁을 계속할 것임을 선언하고, 민주회복국민회의 에 대한 분열, 와해 책동과 탄압, 사찰을 중지할 것을 요구하면서, 수사기관에서 쓴 각서와 진술서는 무효임을 선언하는 양심선언운동을 범국민적으로 전개했다.[47]

그러나 각계의 국민투표반대에도 불구하고 2월 12일 유신체제에 대한 신임을 묻는 국민투표에서 승리하자, 정부는 힘으로 진압하는 강경방침으로 선회하였다. 박정희 정권은 1975년 3월 압력에 굴복한 동아일보사, 조선일보사로 하여금 언론자유운동을 벌이던 동아일보사 기자와 동아방송의 프로듀서, 아나운서 등 130여명과 조선일보사 기자 30여 명을 회사로부터 강제 축출시키게 하였고, 4월 5일에는 한국기독교교회협의회 총무 김관석 목사, 한국특수지역선교회 위원장 박형규 목사, 조승혁, 권호경 목사등 4명을 선거자금유용혐의로 구속하였다.[48] 4월 8일에는 긴급조치 제4호 위반자 중에서 인혁당계 피고인들의 형 확정과 동시에 사형판결을 받은 8명에 대해 교수형을 집행하고, 고려대학교에 휴교령을 선포하는 긴급조치 제

---

46) 민주회복 국민회의는 1월 22일 박대통령의 유신헌법에 대한 찬반 국민투표의 공고에 대해 전면 거부발표를 하였고, 1월 27일에는 천주교정의구현전국사제단이 "인권회복 및 민주회복 선행이 없이는 현 체제에서 국민투표는 무의미하다"는 성명서를 발표하였다. 또한 1월 30일 만주수호기독자 협의회는 "국민투표와 그 관련 일체 행위전면 보이코트'를 발표하였다. KNCC는 2월 5일 "현재 진행 중인 '지도계발운동'은 찬성운동이므로 불법이다. 또 정부의 투표위한 공무원 운동원 동원, 물량공세도 부정이다"고 비난하면서 국민투표를 거부하였다.

47) 김정남, 『진실, 광장에 서다』, 92쪽.

48) 한국기독교사회문제연구원, 『1970년대 민주화운동과 기독교』조사연구자료 19, 부록 1970년대 민주화 운동 일지, 309쪽.

7.8호를 선포하는 강경책을 쓰다가 1975년 5월 13일 마침내 긴급조치 제 9호를 발동하면서 민주운동을 전면적으로 탄압하기 시작하였다. 이 당시 민주회복운동의 상징적 중심체인 민주회복 국민회의는 그 발기인에서 나타나듯이 개신교와 가톨릭의 기독교지도자들이 중심이 되어 창립되었으며, 이들이 중심적 역할을 수행하였다.

6. 긴급조치 9호와 3 · 1 민주 구국 선언

1975년 5월 13일 공포된 긴급조치 9호[49]는 그 내용이 실로 포괄적인 것이었다. 긴급조치 9호가 공포되자, 기독교계는 1976년 1월 15일 구속자 가족들의 목요기도회를 부활한데 이어 1월 23일에는 개신교와 가톨릭은 공동으로 원주에서 '신구교합동 일치주간 기도회'를 갖고 함세웅, 신현봉, 김택암 신부, 서남동, 문익환, 문동환, 조화순 목사, 함석헌 선생 등 8인의 개신교와 가톨릭 성직자들의 공동명의로 이른바 '원주 선언문'을 발표하였다.[50]

---

49) 한국기독교교회협의회 인권위원회, 『1970년대 민주화운동(II)』, 664-65쪽. 긴급조치 9호는 1) 유언비어의 날조, 유포, 사실의 왜곡 전파 행위, 2) 집회, 시위 또는 신문, 방송, 통신 등에 의해 헌법을 부정하거나 또는 폐지를 청원, 선전하는 행위, 3) 수업, 연구 또는 사전허가를 얻은 것을 제외한 학생의 집회, 시위 또는 정치 간여 행위, 4) 동 조치에 대한 비방 등을 금지하고, 또 5) 이러한 금지를 위반한 내용을 방송, 보도, 기타의 방법으로 전파하거나 그런 내용의 표현물을 제작 소지하는 행위도 규제의 대상이 되었다. 아울러 6) 주무장관에게 이 조치 위반자나 위반 당시의 소속 학교, 단체, 사업체 등에 제적, 휴교, 폐간, 면허취소 등의 조치를 취할 수 있다고 못 박았다.

50) 한국사회문제연구원, 『1970년대 민주화운동과 기독교』 조사연구자료 19, 부록 민주화운동 일지, 316쪽. 이 원주선언은 3 · 1 민주구국선언의 모체였다. 이 선언문은 1) 무엇위한 안보, 총화인가? 2) 민주주의 근본이념, 최소한 지켜라, 3) 강요된 침묵은 국민총화가 아니다. 4) 월남사태 이후 안보 구실로 추진해온 독재체제 강화, 정비 작업을 중지하라. 5) 김대중, 박형규, 김지하, 김철씨 등에 대한 정치보복 재판중단, 6) 국민경제의 대외예속, 관료독점자본의 부패

76년 3월 1일에는 윤보선, 김대중, 정일형 등 정치인과 문동환, 안병무, 이문영, 서남동, 이우정 교수, 그리고 문익환, 윤반웅, 은명기 목사, 함세웅, 김승훈, 장덕필, 김택암, 안충석, 문정현, 신현봉 신부 등 개신교와 가톨릭을 중심한 20여명이 재야인사들이 명동성당에서 '민주구국선언'[51]을 발표하고 박정권의 퇴진을 주장하였다. 개신교 와 가톨릭의 목사, 신부 등이 다수 관계된 이 사건으로 가톨릭과 개 신교는 또 다시 유신체제에 대한 정면도전의 자세를 취하기 시작하 였으며, 이로 인해 김대중, 함세웅 신부, 문익환 목사 등 11명이 구속 되고 윤보선 전 대통령 등 9명이 불구속 기소 되면서 사회 각층에 충 격을 주었다.[52]

'3·1 민주구국선언 사건'으로 20여명의 성직자와 교계인사가 재판정에 서게 되자, 개신교와 가톨릭은 즉각적인 반응을 보였다. 3 월 12일 3·1 사건 구속자들의 가족이 '구속자 가족 협의회'를 재 차 조직하여 재판방청과 시위, 기도회를 통하여 지원운동을 국내외 로 확산시켰다. 가톨릭에서는 3월 15일 명동성당에서 '구속자를 위 한 특별 기도회'를 개최하여 "3·1 민주구국선언을 정당한 국민적

성은 민중생활 악화, 7) 분단된 조국의 재통일을 위한 자주외교를 전개하고, 강대국 일변도의 냉전외교를 청산하며, 반식민 평화공존 비동맹 피억압민족 단결 등 제 3세계의 흐름을 주목 하라, 8) 남북대화 진전시켜라 등 8개항을 주장하였다. 이것은 긴급조치 9호 이후 기독교 최 초의 공식적 발언이었다.

51) 한국기독교교회협의회 인권위원회, 『1970년대 민주화운동(II)』, 690쪽. 이 선언문은 1) 긴급 조치 철폐, 2) 구속인사 석방, 3) 언론 출판 집회의 자유보장, 4) 국회기능 회복, 5) 사법부 독 립 등 5개항을 요구하면서 박정권은 모든 책임을 지고 즉각 퇴진할 것을 촉구하였다. 한국사 회문제연구원, 『1970년대 민주화운동과 기독교』 조사연구자료 19 , 191쪽. 그리고 김정남, 『진실, 광장에 서다』, 144-45쪽을 참조하라.

52) 한국기독교사회문제연구원, 『1970년대 민주화운동과 기독교』 조사자료 19, 317쪽. 검찰은 3·1민주구국선언사건은 정권탈취 위한 종교자유 악용한 정치활동으로 언급하고 김대중, 함 세웅, 문익환, 이문영, 서남동, 안병무, 신현봉, 이해동, 윤반웅, 문정현, 문동환 등 11명을 구 속하고, 윤보선, 함석헌, 정일형, 이세영, 이우정, 김승훈, 장덕필, 김택암, 안충석 등 9명을 불 구속하였다.

요구"임을 천명하는 성명서를 발표하였다. KNCC는 3월 19일 구속 성직자 대책위를 조직하고, 3월 25일에는 '3 · 1 성직자 구속 사건에 대한 우리의 입장'을 발표하였다.[53] 또한 4월 6일에는 KNCC 가맹 6개 교단장은 공동명의로 발표한 성명서에서 다음과 같은 입장을 밝혔다.

> 정부는 모든 비민주적인 조치들을 민주적으로 과감히 개선해 나가야 할 것이며, 교계는 신앙양심 아래 국가와 민족을 위해 계속 기도해야 하고 온 국민은 국가를 위해 자신의 사명이 무엇인가를 인식하고 정의의 편에 서서 행동해 나가야 할 것이다.[54]

한편 KNCC 인권위는 76년 5월, 3 · 1 사건의 공판개시와 더불어 대책운동의 일환으로 금요기도회를 시작하였으며, 이는 인권운동의 중요한 행사의 하나가 되었다. 기독교 장로회 전남지방의 목사들은 4월 22일 '3 · 1절 기도회사건에 대한 결의문'을 발표하였고, 8월 10일에도 광주 양림교회에서 노회직전 기도회를 갖고 '결의문'을 발표하여 조흥래 노회장을 포함한 강신석, 윤기석, 임기준 등 4명의 목사가 구속된 '제2의 민주구국선언 사건'이 일어나기도 하였다.

'3 · 1 민주구국선언'은 후일 '민주주의와 민족통일을 위한 국민연합'으로 이어지는 70년대 후반의 민주화 연합운동의 이념적, 인적인 기틀이 형성되게 된 계기였다는 점에서 커다란 의미를 지닌다. 또한 3월 1일의 사건 자체보다 공판과정에서 유신체제의 부당성에 대

---

53) 한국기독교교회협의회 인권위원회, 『1970년대 민주화운동(II)』, 820쪽.
54) 위의 책, 821쪽.

한 신랄한 비판과 기독교의 사회참여를 통하여 널리 확산됨으로써 기독교운동이 좌절을 딛고 재차 활성화되는데 지대한 공헌을 하였다.[55]

7. 한국인권운동협의회의 결성

1977년 3월 23일에는 윤보선, 양일동, 함석헌, 정구영, 천관우, 윤형중, 지학순, 박형규, 정일형, 조화순 등 10여명의 재야각계의 원로급 인사들이 "유신헌법 철폐", "고문, 사찰, 폭압정보정치의 종식" 등을 요구하는 '민주구국헌장'을 발표하였다. 그리고 77년 가을학기에 접어들면서 데모는 더욱 열기를 띠어갔다. 서울대를 비롯하여 한신대, 감신대, 이대, 고대 등에서 학생들이 유신헌법 철폐를 외치며 시위를 시도하였다. 한편 재임명에서의 탈락된 해직교수들은 77년 12월 2일 '해직교수협의회'를 조직하고 민주화운동의 대열에 본격적으로 참여하기 시작하였다. 김동길, 백낙청, 한완상 등 29명의 해직교수들로 이루어진 '해직교수협의회'는 이날 결성과 더불어 '민주교육선언'을 발표하였다.[56]

이처럼 '3·1 민주구국선언' 사건을 계기로 다시금 형성되기 시작한 민주화 운동의 물결은 77년 말 각계의 민주화 운동 단체의 연합체인 '한국인권운동협의회'가 결성되면서 본격적인 단계로 접어들게 되었다. 77년 12월 5일과 6일 이틀에 걸쳐 열린 KNCC 주최 인

---

55) 한국기독교사회문제연구원, 『1970년대 민주화운동과 기독교』조사연구자료 19, 215쪽.
56) 한국기독교교회협의회 인권위원회, 『1970년대 민주화운동』 IV, 1671-76쪽.

권문제협의회에 참석했던 각계인사들은 이 모임에서 인권, 민권운동을 하는 재야 20여개 단체 간의 연합운동을 활성화시키기로 의견을 모으고, 12월 29일 '한국인권운동협의회'를 탄생 시켰던 것이다.[57]

KNCC인권위원장 조남기 목사를 회장, 김상근 목사를 서기 등으로 임원진을 구성한 한국인권운동협의회는 KNCC 인권위를 실무적 기능의 축으로 하면서 노동자, 농민, 학생, 지식인 등 사회 각계의 인권침해 사례를 조사하고, 이에 대한 지원 홍보 활동 등을 전개함으로써 인권운동의 조직적 전개를 목표로 한 조직이었다. 이 조직에는 KNCC 인권위원회, 한국교회사회선교협의회, 영등포도시산업선교회, 기독자 교수협의회, 기독학생총연맹, 교회여성연합회, 천주교정의구현사제단, 동아투위, 양심범 가족협의회 등 신구교회의 선교단체를 포함한 각계의 운동조직이 적극적으로 참여하였다.[58]

8. 민주주의국민연합과 민주주의와 통일을 위한 국민연합 결성

대통령 선출을 위한 통일주체국민회의 대의원 선거와 국회의원 선거 등 선거의 해인 78년에 들어서면서 각계의 운동은 본격적으로 고조되었다. 재야정치가들과 재야민주인사, 성직자, 지식인들은 연대를 모색하여 1978년 2월 24일에는 '3·1 민주구국선언'이 발표되었고, 1978년 7월 5일에는 윤보선, 문익환 등 각계인사 300여명의

---

57) 한국기독교사회문제연구원, 『1970년대 민주화운동과 기독교』 조사연구자료 19, 193쪽.
58) 위의 책, 194쪽.

서명으로 기독교 회관에서 '민주주의 국민연합'을 발족했다.[59]

그후 '민주주의 국민연합'은 8월 14일 "현정권은 더 이상 국민을 통치할 능력도 정당성도 없다"고 선언하는 1978년 '8.15선언'을 발표하고, 9월 8일에는 '한국인권운동협의회'와 공동으로 박정권의 독재 및 외교적 실패를 통박하고 민주체제 확립을 위해 자진 퇴진할 것을 촉구하는 성명을 발표하였다. 이어 10월 13일에는 윤보선, 함석헌, 문익환 등 각계인사 420명이 서명한 '78년 10월 17일 국민선언'[60]을 발표하고, 국민들의 동조서명을 호소함으로써 민주화운동에 마지막 박차를 가하였다.[61] '민주주의 국민연합'은 기존의 협의체가 지니는 수평적 협의의 한계를 극복하고자 하였으며, 양대 선거를 맞이하여 보다 본격적인 반독재 투쟁을 전개하려고 하였다.[62]

한편 1978년 '민주주의 국민연합'의 결성과 더불어 틀을 잡아 가기 시작한 연합운동은 79년 3월 1일 '민주주의 국민연합'의 활동을 계승 발전시키고 "이 땅에 민주주의를 평화적으로 재건 확립하고 나아가 민족통일의 역사적 대업을 민주적으로 이룩하기 위한 자발적이며 초당적인 전체국민의 조직"을 지향하는 '민주주의와 민족통일을 위한 국민연합'(공동의장: 윤보선, 함석헌, 김대중)을 탄생시켰다. 이 '국민연합'은 이날 발표한 '3·1 운동 60주년에 즈음한 민주구국선언'을 통하여 "성장하고 있는 민중의 힘을 바탕으로 유신체제의 철폐와 1인의 영구집권의 종식, 그리고 민주정부의 수립이라는 우리의 당면

---

59) 한국기독교교회협의회 인권위원회, 『1970년대 민주화운동』 IV, 1716-21쪽. 그러나 당국에 방해와 각계인사 연금사태로 창립총회는 무산되었다.

60) 이 선언문의 요지는 1) 반독재 민주구국 투쟁에 하나로 뭉쳐 싸운다. 2) 반부패, 반특권의 민생보장운동을 전개한다. 3) 반매판, 민족자립경제를 이룩한다. 4) 나라와 민족의 존립을 확인하는 외교를 펼친다는 애용이었다.

61) 한국기독교사회문제연구원, 『1970년대 민주화운동과 기독교』 조사연구자료 19, 208쪽.

62) 한국기독교교회협의회 인권위원회, 『1970년대 민주화운동』 IV, 1723-25쪽.

목표의 성취를 위하여 온갖 희생을 무릅쓰고 투쟁할 것"을 천명하였
다.[63]

1979년에는 '민주주의와 민족통일을 위한 국민연합'이라는 축을
중심으로 하여 '양심범 가족협의회', '자유실천문인협의회', '민주청
년인권협의회' 등은 각자의 문제를 중심으로 과감한 활동을 계속하
면서 유신체제의 극복을 위한 민주화 운동의 큰 물줄기를 형성하여
갔다.

9. YH 사건과 유신체제의 붕괴

점증하는 각계의 운동에 불을 지피고 유신체제의 자체붕괴까지
몰고 가게 된 상황의 결정적 계기는 노동자와 농민들의 결사투쟁에
서 형성되었다. 특히 1979년 8월에 있었던 YH 사건은 박정희 정권
을 급속하게 해체되는 결정적 계기가 되었다. 정부는 회사의 폐업에
항의하기 위해 신민당사에서 농성을 벌인 YH무역 여자노동자들의
배후로 도시산업선교회의 인명진 목사, 문동환 목사, 이문영 교수,
서경석 사회선교협의회 총무, 시인 고은 등 8명을 지목하고 이들을
구속하였다.[64]

이 사건은 김경숙이라는 한 여자노동자의 죽음과 산업선교를 용
공으로 몰아 탄압하는 정부의 태도는 기독교 등 각계의 운동세력에
커다란 분노와 충격을 안겨다 주었다. 이 사건의 여파 속에서 김영

---

63) 한국기독교사회문제연구원, 『1970년대 민주화운동과 기독교』 조사연구자료 19, 209쪽.

64) 한국기독교사회문제연구원, 『1970년대 민주화운동과 기독교』 조사연구자료 19, 211쪽.

삼 신민당 총재의 의원직 제명 등 거듭되는 탄압은 신민당의원 전원
의 사퇴와 농성이라는 극한적 대정부 투쟁을 벌이게 하였으며, 기독
교는 KNCC, 청년, 학생, 각교단이 하나가 되어 "독재타도"를 외치는
농성과 시위를 벌여 상황은 막바지를 향해 치달았다.[65]

　유신체제 해체의 급물살은 부산에서 시작되었다. 1979년 10월
15일 부산대학에 민주선언문이 배포되었고, 다음날인 16일 5천여명
의 학생들이 시위를 주도, 시민들이 합세하여 대규모 반정부 시위가
전개되었다. 시위대는 16일과 17일 이틀 동안 정치탄압 중단과 유신
정권 타도 등을 외치며 파출소, 경찰서, 도청, 세무서, 방송국 등을 파
괴하였고, 18일과 19일에는 마산 창원 지역으로 시위가 확산되었다.
마산과 부산에서 노동자들과 학생들이 가두로 뛰쳐나오면서 대규
모 도심시위를 벌이자, 박정권은 1979년 10월 18일 0시 부산지역에
비상계엄을 선포하였으며, 20일 정오 마산 및 창원 일대에 위수령을
발동하고 군을 출동시켰다. 절대절명의 위기에 몰린 정권은 내부 분
열을 일으켜 10월 26일 박대통령의 오른팔인 김재규 중앙정보부장
이 박대통령을 암살함으로써 19년여 동안 지속된 공화당 정권은 사
실상 비극적 종말을 고하게 되었다.

---

65) 위의 책, 213쪽. 그리고 한국기독교교회협의회 인권위원회 편, 「1970년대 민주화운동」 IV,
　　1594-96을 참조하라.

기독학생의 반독재 · 민주화 운동

1. 전태일 분신사건과 기독학생운동

1960년대 박정희 정권은 한국사회의 산업화를 서둘렀다. 당시 산업화란 근대화를 모방하는 것으로 특히 경제성장을 의미했다. 그 과정에서 인권침해, 노동조합 금지 등 군사정권의 불법행위들이 정당화되었으며, 박정권은 반공법과 국가보안법을 이용하여 저항세력을 압제하였다. 따라서 산업화의 진행과정과 독재권력의 횡포 속에서 지배집단과 소외집단 사이의 갈등은 심각해질 수밖에 없었다. 특히 60년대 말에 서서히 나타난 저임금과 열악한 노동조건 등 노동상황의 계속적 악화는 필연적으로 노동자들의 저항을 불러 일으키게 되었다. 이런 환경 속에서 22세의 재단사 전태일은 서울 청계천 5-6가 4백여 피복제조상의 근로조건을 조사했다. 그 조사에 따르면 그곳에는 900여개의 작은 의류 공장이 있었고, 그곳에서 일하는 노동자는 27,000여명에 달했다. 그들 중 절반은 13-15세의 청소년들이었고, 그들은 하루에 15시간 이상, 1주에 7일 동안 일했다. 그러나 대부분의 노동자들은 정당한 임금을 지불받지 못하였고, 공장에는 창문이나 적절한 환풍시설도 갖춰져 있지 않았다.[66]

전태일은 노동청에 이러한 작업장 시설을 근로기준법에 맞게 개선해 달라는 진정서를 냈다. 그러나 두 달이 넘도록 아무런 시정도 없자, 전태일은 1970년 11월 13일 3개 재단사 친목회 회원 10여명과 함께 시장 앞에서의 농성을 계획한다. 하지만 '우리는 기계가 아니다', '근로기준법을 준수하라'고 쓴 플랜카드를 미리 출동한 경찰에게 빼앗기자 전태일은 평화시장 앞길에서 온몸에 석유를 뿌리고 분신자살을 기도, 병원에 옮겼으나 그날 밤 10시경 끝내 숨졌다.[67]

언론을 비롯한 사회 전체가 침묵하고 무관심한 가운데, 이 사건의 의미를 되살려낸 것은 학생들이었다. 전태일 분신 3일후인 11월 16일 서울법대생들이 전태일 분신자살의 전모를 조사하여 팜플렛으로 선전하기 시작하였고, 18일에는 서울 상대생 400여명이 집회를 열고 박정권에 대한 비판을 가하며 무기한 단식투쟁에 돌입했다. 11월 21일에는 연세대생들이 전태일의 죽음을 애도하며 근로조건을 개선하라 등 5개항의 시국선언문을 채택하였다. 11월 22일에는 새문안교회 대학생회가 추모기도회를 거행하고 종교계의 각성을 촉구하며 농성에 들어갔으며, 25일에는 KSCF도 연동교회에서 추모예배를 갖고 근로기준법의 정당한 시행을 촉구하였다. 이 사건이후 새문안교회 대학생회는 진보기독학생운동에 본격적으로 나서게 되었다.[68]

---

66) 조병호, 『한국기독청년 학생운동 100년사 산책』, 93쪽.

67) 한국기독교교회협의회 인권위원회, 『1970년대 민주화운동(I)』, 103쪽. 그리고 한국기독교 사회문제연구원, 『1970년대 민주화운동과 기독교』조사연구자료 19, 94쪽.

68) 조병호, 위의 책, 95쪽.

전태일 분신사건은 진보기독학생의 민주화운동에서 중요한 의미를 지닌다. 이 사건을 계기로 진보기독학생들은 소외계층 및 빈민계층에 관심을 돌리게 되었으며, 노동현장에 취업형식으로 뛰어들어 노동자들과 생활을 같이하면서 노동자들을 의식화, 조직화하는 노동운동을 시작하였다.

2. 선거참관운동과 기독학생의 정치 참여

기독교학생운동이 정치적 운동으로서의 모습을 보이기 시작한 상징적 계기는 1970년의 '4 · 19. 10주년 기념행사'였다. 70년 4월 16일 KSCF가 YWCA, 서울대교구 연합회(Pax Romana)와 공동 주최한 이 행사는 기독교에서 행하여진 최초의 4 · 19행사였으며, 기독 학생운동이 4 · 19혁명의 역사적 전통에 합류하기 시작했음을 공식적으로 선언하는 계기가 되었다.[69] 그러나 기독학생들의 사회참여운동은 71년 대통령 선거를 앞두고 본격화하기 시작하였다. 71년 4월 10일 '부활과 4월 혁명' 행사를 끝낸 학생 400여명은 교회가 불의를 방관하고 있음을 고백하고 이에 대한 속죄의 표시로 대형 십자가를 메고 다음날 부활절 새벽연합 예배가 개최되는 남산을 행하여 행진을 시도하다가 종로5가 로터리에서 무술경관들의 무력제지로 40여명이

---

69) 기독학생들은 이날 발표한 '4월 혁명 10주년 기독학생 선언문'에서 "이 사회에 죄 없이 억눌림을 당하는 자와 부당하게 생존권을 희생당하는 자가 없는 사회를 이룩하고, 조국의 앞날을 흐리게 하는 모든 비민주적 반민주적 독재와 부정부패를 근절시키기 위하여 끝없는 자유투쟁의 역사에 동참할 것을 선언 한다"고 기독 학생운동의 나아갈 길을 명확히 하였다. 한국기독교교회협의회 인권위원회, 『1970년대 민주화운동(Ⅰ)』, 114쪽.

연행된 채 무차별 구타당하고 해산되었다. 이 과정에서 십자가는 진압봉에 맞아 부러져 버렸다.[70]

기독학생들에 의한 최초의 시위가 이처럼 무자비하게 진압되고 신앙의 표상인 십자가가 진압봉에 맞아 부러진 사건은 기독교계에 큰 충격을 주었으며, 격분한 기독학생들의 "신앙의 자유수호"와 "조국의 민주수호"를 외치는 시위와 농성을 촉발시키는 계기가 되었다.[71]

이틀 뒤인 4월 12일에는 '교회청년협의회(EYC)' 주최의 "젊은이를 위한 부활절 기념 예배"가 신앙자유 수호와 무기력한 교회의 각성을 촉구하는 단식 철야 기도회로 변하였고, 13일과 16일에 감신대, 14일에 한신대, 15일에 연세대 신학대학원, 16일에 서울신학대의 데모와 기도회가 계속되어 신앙의 자유수호를 위한 투쟁을 전개하였다. 1주일 남짓 치열하게 전개된 기독학생들의 신앙의 자유수호 투쟁은 "조국의 민주수호"와 "신앙의 자유수호"가 분리될 수 없는 하나의 문제라는 점을 강조하면서 한국교회가 울타리에서 벗어나 부정의한 정치현실의 변혁에 보다 과감히 참여할 것을 호소하는 것이 주된 내용을 이루고 있었다.[72]

이러한 상황 속에서 1971년 4월 27일의 대통령 선거를 앞두고 각계각층의 운동세력들이 연합하여 "민주수호 국민협의회"를 구성하고 공명선거를 위한 '선거참관인운동'을 전개하였다. 기독학생운동도 1971년 4월 10일 기독교 회관에서 열린 '한국연합기독학생대회'에서 "선거를 지키는 눈으로서, 행동자로서 학생의 본분을 다 하

---

70) 위의 책, 116.
71) 한국기독교사회문제연구원, 『1970년대 민주화 운동과 기독교』 조사연구자료 19, 112-13쪽.
72) 위의 책, 113쪽.

겠다"는 선언을 하여, 신앙자유 수호투쟁과 더불어 선거참관운동을 공식 천명하였다. 결국 '기독학생총연맹'(KSCF), '서울지구교회청년협의회'(EYC), '전국신학생협의회'는 4월 20일 종교교회에서 '민주수호 기독청년협의회'를 결성하고, 민주수호를 위한 기독청년학생들의 공동선언 구축과 민주수호 국민협의회 등 모든 세력과의 연합을 공식 결의 하여 기독학생의 정치참여를 공식화한 것이었다.[73] 그리하여 23일에는 '민주수호 기독청년협의회' 주최로 선거 참관인 단합대회를 개최하고, 250여명의 참관인을 조직하여 선거에 임하였다.

선거가 끝난 후 '민주수호 기독청년협의회'는 5월 3일 참관인 보고대회를 갖고 4. 27선거가 관권이 동원된 다차원적인 부정선거였다고 규정하면서 선거무효선언과 조국의 민주수호를 위해 계속 싸울 것임을 다짐하였다. 기독학생들의 선거참관운동은 1970년대 한국교회와 한국사회에 선거야말로 민주화에 가장 직결된 문제라는 사실을 인식한 사건이었으며, 기독학생들의 최초의 정치적 운동이었다. 그러나 이러한 시국상황에 대해 군부정권은 1971년 10월 '위수령'을 발동하고 학생운동을 탄압하였다. 정부는 1,859명의 학생을 연행하고 이중 174명을 제적, 입대시켰으며, 74개 써클을 해체하고 13개 교내 간행물을 폐간시켰다. 위수령 이후에는 국가비상사태를 선포하고 1972년 유신을 통해 군부정권은 민주주의의 요체인 선거 자체

---

73) 한국기독교교회협의회 인권위원회, 『1970년대 민주화운동(Ⅰ)』, 124쪽. 당시의 기독학생운동은 KSCF와 서울지구 교회청년협의회(EYC), 그리고 전국신학생 연합회의 3단체는 공식적인 축으로 하여 조직적으로 전개되었다. KSCF가 보다 공식적이고 전국적인 정규조직임에 비해, 교청협(EYC)은 71년 3월 21일 초동교회에서 교회청년들의 "교회갱신과 사회참여"를 행한 운동의 활성화를 목표로 결성된 단체로서 몇 개의 의식화된 교회청년회가 주축이 된 전위행동대적 성격의 비상설기구였다. 따라서 이 양자는 상호보족적인 기능적 연결하에서 기독학생운동을 지도, 전개해 나갔다. 한편 신학생연합회는 68년 1월 28일 수유리의 영락기도원에서 발족된 전국 신학생들의 공식적인 연합단체로서 그동안 유명무실하였으나 71년대 들어 활성화되면서 신학대학의 운동전개를 담당하였다.

를 약화시키고 말한다.

3. 서울 문리대 10.2 데모와 기독학생 운동

1973년 10월 2일의 서울 문리대 데모는 일반학생운동 뿐만 아니라 기독학생운동에도 깊은 충격을 주면서 위수령 이후 긴 침체 상태에 있던 기독학생운동을 다시금 활성화 시키는 계기가 되었다. 이 데모의 주동자 중에는 기독학생총연맹(KSCF)의 학사단 활동의 회원이며 제일교회의 대학생회원인 나병식, 정문화, 강연원, 황인성 등이 포함되어 있었다. 사건으로 인하여 다수의 KSCF 및 교회의 학생들이 구속 또는 구류처분에 처해졌다. 이 시위는 1972년 국가비상사태 선포 이후 일시적 잠복 상태에 있던 민주화운동의 물꼬를 뜨는 사건이었다. 이 시위를 계기로 하여 반유신 민주화운동이 급속히 확산되기 시작했으며, 그 일차적 구호는 '유신헌법 철폐 및 개헌'이었다.[74]

서울대 문리대 10.2 데모로 다수의 학생들이 구속되자 KSCF는 즉시 대책활동에 돌입하였다. 10월 24일 KSCF는 '구속 기독학생 대책위원회'를 구성하였고, 이것은 28일 대한 가톨릭 학생 서울대교구 연합회(Pax Romana)와 YWCA대학생 협의회가 이에 가세하면서 3개 단체의 공식대책위로 확대되고 11월 5일에 '구속학생 대책위'로 명칭을 확대 변경하였다.[75] 73년 11월 초부터 각 대학의 시위가 시작되면서 기독학생운동도 KSCF 중심의 대책활동에서 각 교회 대학생

---

74) 조병호, 『한국기독청년 학생운동 100년사 산책』, 108쪽.

75) 한국기독교교회협의회 인권위원회, 『1970년대 민주화운동(Ⅰ)』, 292쪽.

회와 신학대학의 기도회, 시위, 횃불시위로 행동화 되어갔다.[76]

1973년 10월에서 74년 민청학련에 이르는 기간 동안 기독학생운동은 기독학생총연맹(KSCF), 교회청년협의회, 신학대학 학생등 3개의 축을 중심으로 전개되었다. '기독학생총연맹'(KSCF)이 공식적이고 기구적인 활동에 중점을 둔 반면, '교회청년협의회'는 비공식적인 조직으로서 각 교회 학생들간의 유기적 연결을 담당하였고, 신학대학들은 학생운동의 일원으로서의 역할을 수행하였다. 그러나 이 시기의 기독학생운동에서 두드러진 특징의 하나는 각 교회를 기본적 단위로 한 교회 학생들의 운동이 현저히 성장하였다는 점이다. 제일교회, 새문안교회, 수도교회, 창현교회 등은 때로는 독자적으로 때로는 연합적으로 시위와 기도회를 벌여나갔다. 이러한 개교회 학생회의 역량의 성장은 71년의 '교회청년협의회'가 73년 12월 18일 '교회청년연합회'(CYC)로 재건됨으로써 보다 조직화되었기 때문이었다. 73년 당시 '교청연'(CYC)의 재건에 참여한 교회는 경동, 초동, 제일, 창현, 향린, 양광, 수도, 새문안 등이었다.

한편 신학대학 학생들은 한신대가 11월 10일 '자유선언문'을 발표하여 유신독재의 억압상을 비판하면서 민주주의 회복을 위해 투쟁할 것을 천명하였고, 12일에는 감신대가 '구국기도회를 위한 그리스도인의 신앙고백'을 발표하고 13일부터 맹휴에 들어갔으며, 14일에는 서울신학대, 15일에는 장신대도 "학문의 자유 보장"과 "전국교회가 신앙양심에 따라 현실을 예의주시하고 민족의 장래를 위해 기도할 것"을 호소하면서 맹휴에 동조하였다.[77] 이처럼 신학대학들은 학생운동과 기독학생 운동의 접점에서 두 가지 역할을 동시에 수행

---

76) 한국기독교사회문제연구원, 『1970년대 민주화운동과 기독교』 조사연구자료 19, 164-65쪽.
77) 위의 책, 165쪽.

해 나갔다.

한편 각 교회학생들도 기도회를 중심으로 적극적인 활동을 전개하였다. 11월 20일 KSCF를 중심한 교회 학생 80여명은 수도교회에서 구속학생을 위한 기도회를 가진 자리에서 '기독청년선언'을 발표하였다. 11월 27일에는 새문안 교회 대학생회원들은 언더우드 학술 강좌를 끝낸 후 긴급 모임을 갖고 '호소문'을 낭독한 후 "교회사찰 중지하라", "구속학생 석방하라", "독재정치 철폐하라", "언론자유 보장하라" 등의 플랭카드와 횃불을 들고 교회를 나와 광화문 지하도까지 진출하여 연좌 농성을 벌이다가 기동대에 의해 해산되고 22명이 연행되었다. 다음날인 28일 KNCC 주최로 6개 교단의 연합 '구국기도회'가 열린 자리에서는 다수의 교회 학생들이 참석하여 종교자유의 보장, 중앙정보부의 해체, 대일경제관계 중지, 자유언론 확립 등을 주장하는 '결의문'을 낭독한 후 "종교사찰 중지하라", "자유민주주의 수호하라" 등의 십자가 휘장을 두르고 가두시위를 벌여 23명의 학생들이 연행되었다. 12월 2일에는 약수형제교회와 창현교회 청년회도 구국기도회를 갖고 '교회청년 함성'이라는 선언문을 발표하여, 교회사찰의 중지, 독재정치의 포기와 전체민중을 위한 진정한 민주체제의 확립, 현 시국을 외면하는 성직자와 지식인의 회개를 주장하고 나섰다.[78]

한편 기독학생운동은 12월경부터 '반일구국운동'을 내세우기 시작하였다. 73년 12월 23일 서울대 기독학생들이 일본 대사관 로비에서 대일 예속화를 비판하는 '기독학생 선언'을 낭독하고 한일 각료 회담 중지, 매춘관광 반대, 일본은 회개하라 등의 플랭카드를 펼

---

78) 위의 책, 166-67쪽.

처들고 시위를 벌였으며, 25일에는 KSCF가 뉴스레터를 통하여 '반일구국운동'의 전개를 천명하였다. 이어 74년 12월 29일 광주에서의 KSCF 동계대학을 끝내면서 발표된 '1974년 기독학생 선언'을 발표하였다. 이 선언문에서 학생들은 기독학생 운동의 목표를 ① 자유민주주의 체제 확립을 위한 투쟁, ② 반일구국 투쟁, ③ 민중의 권익옹호를 위한 투쟁, ④ 언론, 종교, 학원의 자유와 사법부의 독립을 위한 투쟁, ⑤ 교회개혁을 위한 투쟁의 5개항으로 정리, 규정하면서 "겟세마네 동산에서의 예수의 고통을 우리의 고통으로 하고, 골고다의 행진을 우리들의 행진으로 하여 주의 길을 따라가는 것만이 우리의 할 일"이라고 고백하였다.[79]

4. 민청학련 사건과 기독학생운동

1974년은 기독학생운동사에서 중요한 기점이 되는 해이다. 신학기를 맞아 학생들은 학생운동이 단순히 구호를 외치는 것 이상의 실력을 행사해야 하며, 이를 위해 보다 조직적이고 적극적인 운동, 즉 여러 학생운동세력들간의 행동통일이 필요하다는 데에 의견 일치를 보았다. 따라서 학생운동권의 선배그룹과 후배그룹이 연결되어 지방의 학생운동세력과 민주인사의 지원을 요청하면서 학생운동의 선도성과 책임 있는 사회지도급 인사 및 대중들의 조직화를 위한 모색이 1974년 초 본격화 되었다.[80] 이리하여 경북대를 시작으로 서강대,

---

79) 위의 책, 168-69쪽.
80) 김동춘, "1960년, 70년대 사회운동," 『자주, 민주, 통일을 위하여』, 305쪽.

연세대 등에서 데모가 시도되었고, 4월 3일에는 서울대, 성균관대, 이화여대, 고려대 등에서 일제히 〈민중·민족·민주선언〉[81], 〈민중의 소리〉, 〈국민에게 드리는 글〉 등의 유인물을 뿌리며 시위를 시작되었다.

학생시위가 일어나자, 박정희 정권은 4월 3일 긴급조치 4호를 발표하고 해방이후 사상 최대인 1,024명을 검거하고 그중 180명을 구속하였다고 발표하였다.[82] 더욱이 정부는 이 사건을 〈전국민주청년학생동맹(이하 민청학련)〉[83]이라 명명하고, 이들을 전 인민혁명당 사건 관련자들과 연관시켜 '자생적 공산주의'로 규정, 민주화운동세력을 일거에 정리하고자 하였다. 이 사건으로 학생 뿐 아니라, 종교인, 문인, 언론인 등이 함께 구속되었다. 윤보선 전 대통령을 비롯하여 지학순 주교, 박형규 목사 등 개신교와 가톨릭 성직자, 김찬국, 김동길 교수, 시인 김지하 등 각계의 지도급 인사들이 투옥되었다.

특히 이직형, 안재웅, 정상복, 서창석 등 KSCF의 사무국과 기독학생임원 26명이 일시에 구속되어, 사실상 KSCF에 관련된 사람의 거의 전원 투옥되어 기독학생운동은 최대의 시련을 맞았다. 이와 관

---

81) 당시문제가 된 〈민중, 민족, 민주선언〉은 "오늘 우리의 궐기는 학생과 민중과 민족의 역사를 대변하고 이 땅에 진정한 자유와 평등을 실현하기 위한 민중적, 민족적, 민주적 운동"으로 규정하면서 구체적으로는 1) 부패 특권 폭발의 치부를 위한 경제 정책을 시정하고 부정부패 특권의 원흉을 즉각 처단하라, 2) 서민의 세금을 대폭 감면하고 국민경제의 밑받침인 근로대중의 최저 생활을 보장하라, 3) 제 노동악법을 철폐함으로써 노동운동의 자유를 보장하라, 4) 국가 비상사태, 1.8조치 등으로 구속된 애국인사들을 즉각 석방하고 유신체제를 폐기하여 진정한 민주주의 체제를 확립하라, 5) 모든 정보, 폭압정치의 원천인 중앙정보부를 즉각 해체하라, 6) 반민족적 대외의존 경제를 청산하고 자립경제 체제를 확립하라는 6개항을 요구하였다. 이에 대하여는 한국기독교교회협의회 인권위원회, 『1970년대 민주화운동(Ⅰ)』, 355쪽.

82) 김정남, 『진실, 광장에 서다』, 30쪽.

83) 검찰은 "민청학련은 평소 공산주의사상을 가진 이철, 유인태 등이 폭력혁명으로 정부를 전복시키고, 과도적 통치기구를 만든 후 궁극적으로 공산주의를 건설키 위해 전국 6개 도시의 24개 대학과 10여개 고등학교를 총망라하여 조직한 국가반란 목적의 반국가단체로 규정하였다." 한국기독교교회협의회 인권위원회, 『1970년대 민주화운동(Ⅰ)』, 353쪽.

련하여 정상복 전 KSCF 총무는 민청학련 사건에 의해 탄압은 받은 중심세력은 서울대학교 사회과학계열의 학생들과 KSCF 두 세력으로, 당시 학생시위가 전국적인 조직을 갖추었던 KSCF를 중심으로 조직화되었으며, 이때 나병식, 김경남, 이병희가 KSCF나 기독교를 맡아 연결하였다고 한다.[84]

민청학련 사건으로 많은 사람들이 구속되자, 교회는 KNCC 주관으로 4월 29일 대책위를 구성하고 자체조사에 착수하여 민청학련이 '자생적 공산주의'가 아니라 규정지었다. 이어 5월 23-24일 교계지도자 40여명이 참석한 가운데 '한국교회 선교정책 협의회'를 개최하고 도시산업선교회와 KSCF를 용공이라 규정한 정부의 주장을 반박하고, 이들의 활동은 한국교회의 정당한 선교활동이라 결의하였다.

기독교의 대응은 KNCC 뿐만 아니라, 각 교단과 단체들에 의해서도 전개되었다. 5월 11일 기장 여전도회 전국연합회는 구속학생의 석방을 요구하는 탄원서를 대통령에게 전달하였고, 13일에는 예장(통합) 소속 7개 노회장이 모여 구속 교역자와 학생들에 대한 선처를 요구하는 성명서를 발표하였으며, 14일에는 예장(통합)의 서울 각 노회가 구속교역자와 학생들을 위한 기도회를 개최하고 금식기도회에 들어갔다.[85]

6월 7일에는 대학생 회원이 구속된 새문안교회의 여전도회 200여명의 신도가 참석한 가운데 구속자를 위한 철야기도회를 가졌다. 6월 18일에는 기장 총회장 명의로 선교활동 자유수호문제에 대한 성명서가 발표되었다. 그리고 7월 11일에는 김상근, 이해동, 조승혁, 오충일 등 소장 목사들이 중심이 되어 구속자 가족들과 교역자 평신

---

84) 조병호, 『한국기독청년 학생운동 100년사 산책』, 118쪽.
85) 한국기독교사회문제연구원, 『1970년대 민주화운동과 기독교』 조사연구자료 19, 174쪽.

도들이 참석한 가운데 '목요 기도회'가 시작되어 언론이 완전히 통제된 상황 속에서 사건의 진상을 알리고 교회의 의견을 밝히는 중요한 모임으로 정착되어 갔다.[86] 가톨릭도 지학순 주교가 구속되면서 기도회와 대규모 미사를 통해 투쟁하였다.

한편 8월 23일 긴급조치 1. 4호가 해제되면서 개신교와 가톨릭의 대책운동은 급속히 민주회복을 외치는 대규모 집회로 전환되었다. 9월 22일 에큐메니칼 현대선교협의체 등 개신교와 가톨릭 단체 12개가 공동으로 명동성당에서 개최한 '구속자를 위한 신구교 연합기도회[87]를 열었다. 개신교에서는 기장, 예장(통합), 감리 등 주요한 교단이 명백한 입장을 밝혔다. 74년 9월 24일 기장은 59회 총회에서 '선언서'를 채택하고, 10월 12일에는 구속자 석방을 요구하는 '시국선언문' 발표하였다. 예장(통합)도 9월 30일 59회 총회에서 "비민주적 독재적 요인의 제거", "구속성직자와 기독학생의 석방", "부정부패의 발본색원" 등을 강력히 요구하는 '선언문'을 발표하였다. 이어 12월 17일에는 예장(통합) 총회임원, 전국노회장, 증경총회장 등 지도급 인사들이 새문안교회 모여 시국을 토의하는 모임을 가진 후 '성명서'를 발표하였다.[88] 감리교도 10월 23일 12차 총회에서 민주회복, 구속자 석방, 인간존엄의 존중 등을 촉구한 '구국선언문'을 발표하였

---

86) 위의 책, 175쪽.

87) 위의 책, 176쪽. 이 연합기도회는 1,000여명이 참석하여 '우리의 선언'을 채택하고 1) 유신체제의 철폐와 민주체제 실현, 2) 긴급조치의 원천적 무효와 구속인사의 석방, 3) 언론, 집회, 결사, 보도의 자유 보장, 4) 노동 3권의 보장, 5) 한국교회의 사회정의 구현위원회의 발족 등을 촉구하였다. 이 연합예배는 이후 신구교가 민주회복운동의 전개에 있어서 긴밀히 협력하는 중요한 계기가 되었다.

88) 위의 책, 177쪽. 예장(통합)은 이 성명서에서 "우리 교단은 하나님이 주신 신앙양심에 따라 진리 수호를 위해 순교적인 정신으로 앞으로의 정국의 귀추를 주시하면서 매진할 것"을 거듭 다짐하면서 1) 구속인사의 석방과 사면, 2) 오글 목사 추방취소, 3) 정보기관의 종교사찰 중지, 4) 자유민주사회의 회복을 재차 촉구하였다.

다. 6개교단의 연합기관인 KNCC도 여전히 인권운동에 초점을 맞춰 인권위를 중심으로 활동을 벌였다. 그리하여 12월 5일 인권위 주최로 열린 개신교와 가톨릭의 인권주간 연합예배에서는 '74년 인권선 언문'이 발표되었다. 이 선언문은 유신철폐와 구속자 석방, 각종 사회단체의 어용화 중지 등 5개항을 촉구하였다.[89]

74년 12월 6일에는 성공회에서도 서울교구 사제단 주최로 '민주회복 기도회'를 갖고 '성직자 양심선언'을 발표하는 등 74년 후반의 민주화인권운동은 전국의 주요 교단과 교회에 널리 확산되었다.[90] 1974년 후반동안 유신철폐와 민주회복, 그리고 구속자 석방 등으로 비교적 단일하게 집약되었던 운동은 75년에 접어들면서 다양하게 확산되었다.[91]

한편 민청학련 사건은 국내 뿐 아니라 국외에서도 광범위한 반응을 일으켰다. 세계의 인권문제를 다루는 국제엠네스티(Amnesty International)는 1974년 7월 초, 본부에서 위촉한 버틀러(Buttler)를 한국에 파견하여 민청학련 사건을 비롯해 긴급조치 위반 사건들을 조사케 하고, 그해 9월 8일 정기총회에서 구속중인 정치범의 석방을 촉구하였다. WCC 또한 1974년 8월 11~18일 베를린에서 열린 중앙위원

---

89) 한국기독교교회협의회 인권위원회, 『1970년대 민주화운동(Ⅰ)』, 380쪽.

90) 위의 책, 178쪽. 새문안교회에서는 10월 20일 400여명의 기독학생이 구속자를 위한 예배가 열려 '기독학생 구국선언문'을 발표하고 민주화를 위한 구체적인 행동을 전개할 것을 결의하였으며, 10월 27일 연동교회에서는 학생과 교인 200여명이 헌법 개정을 요구하는 선언문을 발표하고, 11월 1일의 신문고 제13성 '인권이라는 병' 집회에서는 유신체제 폐지와 노동자 농민의 최저생활 보장을 촉구하는 '제2십자가 선언'이 채택되었다. 11월 10일 경동교회 대학생회 200여명은 저녁예배 후 민주회복과 구속자 석방, 유신철폐를 요구하는 선언문을 발표하고 횃불데모와 농성을 벌였으며, 11월 21일에는 새문안교회 대학생회도 400여명이 모여 구속학생을 위한 기도회를 개최하고 '기독학생구국선언문'을 발표, 유신철폐, 대외종속 매판경제의 청산, 구속자의 즉각 석방 등 5개항의 결의를 밝혔다. KSCF는 11월 19일 '제3십자가 선언'과 12월 13일 '제4십자가 선언'을 잇달아 발표하고 국민기본권의 보장과 자유민주주의 질서의 확75립을 촉구하였다.

91) 한국기독교사회문제연구원, 『1970년대 민주화운동과 기독교』 조사자료 19 (1983), 181쪽.

회는 한국과 필리핀의 인권상황에 대해서 관심을 기울이면서 양국정부의 구속자 석방할 것과 이를 위해 여러 교회들이 적절한 조처를 취해 줄 것을 촉구하는 성명서를 발표하였다. 세계기독학생연맹(WSCF)도 1974년 10월 15-21일 WSCF 간사 제임스 오포리아 에크(Oporia Aek)와 오스트레일리아 기독학생연맹 총무 알렉산더 율(Alexander ull) 목사 등이 내한하여 조사활동을 벌였으며, 1975년 9월 26-30일까지 노르웨이 릴레함메르(Lillehammer)에서 개최된 WSCF 유럽대회에서는 박정희 대통령에게 공개탄원서를 제출하기도 하였다.[92]

이와 같은 국내외적 반응을 일으킨 민청학련 사건은 다음과 같은 결과를 낳았다. 첫째, 이제껏 진보기독학생운동에서 주도권을 가졌던 KSCF는 이 사건 이후로 그 기능을 상실하게 된다. 둘째 민청학련 사건은 진보기독학생운동세력들이 학원으로부터 추방당하고 투옥되었으나, 70년대 후반 이후 민주화투쟁의 중간 지도그룹을 형성하게 된다. 셋째, 민청학련 사건을 계기로 교회의 민주화, 인권운동은 학생, 언론계 등의 각계 각층으로 확산되었고, 1974년 11월 27일 기독교 지도자들을 중심으로 '민주회복 국민회의'를 결성하는 동기를 제공하였다.[93]

결론적으로 민청학련 조직화에서 보듯이 당시 대부분의 대학 간의 연합운동은 거의가 교회가 매개 되었다. 교회는 학생운동 세력의 연대의 장으로써 기능을 발휘하였을 뿐 아니라 지속적으로 모일 수 있는 장소가 되었고 기독교 지성인들의 지도와 재정후원을 받을 수 있었다.

---

92) 조병호, 『한국기독청년 학생운동 100년사 산책』, 121-22쪽과 한국기독교교회협의회 인권위원회, 『1970년대 민주화운동(Ⅰ)』, 447쪽을 참조하라.

93) 위의 책, 123쪽.

5. 한국기독청년협의회(EYC)의 결성과 각 교단의 청년운동

긴급조치 9호 이후 시기의 기독교 운동은 각 교단 청년운동을 주축으로 한 기독청년운동으로 나타났다. 이 같은 사실은 민청학련 사건 등 정치적 억압으로 인하여 학교에서 제적되거나 학교를 졸업한 KSCF를 중심한 기독학생운동의 지도력이 각 교회 청년회의 주력으로 전환되어, 각 교회 청년회의 기반이 급속히 성장, 강화되었기 때문이다. 특히 KSCF의 "교회화"전략이 교회를 기반으로 하는 청년학생운동의 비중을 높여 놓았다.[94]

이러한 배경 속에서 기독교장로회 청년회 전국연합회가 1975년 8월 28일 재건총회를 갖고 하나님의 선교(Missio Dei) 신학의 토대위에서 기장청년운동을 전개 할 것을 천명하였다. 이어 76년 여름선교대회에서는 기장청년운동은 강한 사회, 정치적 참여의식과 민중지향적 성격을 명백히 드러낸다. 한편 76년 1월 29일에는 KNCC 가입 6개교단 청년회의 연합체로서 '한국기독청년협의회'(EYC: Ecumenical Youth Council in Korea)가 결성되어 교단청년운동을 기반으로 하는 기독청년운동이 본격적인 틀을 갖추게 되었다. 6개 교단 청년대표 70여 명이 모인 창립총회에서 청년들은 성명서를 통해 "우리는 다양성 속에서 일치를 모색하고 교단의식을 넘어서는 에큐메니칼 정신을 강조하며, 하나님의 구속사업을 따라 사회정의 구현을 향해 소외된 자와 눌린 자의 인권회복에 앞장서는 동시에 교회의 민주화를 통한 교회갱신에 앞장 선다"고 선언하여 에큐메니칼 정신에 입각한 사회정의 실현과 교회갱신을 기치로 내걸었다.[95]

---

94) 한국기독교교회협의회 인권위원회, 『1970년대 민주화운동(III)』, 1294쪽.

95) 한국기독교사회문제연구원, 『1970년대 민주화운동과 기독교』 조사자료 19, 218쪽. 이 여름

예장(통합) 청년들도 77년 1월의 대전선교 대회를 기점으로 하여 하나님의 선교(Missio Dei) 신학적 입장을 분명히 하였다.[96] 이 선교대회에서 청년들은 지금까지 예장(통합)청년들이 사회적 불의와 부조리에 대해 예언자적 사명을 다하지 못한 것을 통감하며, 산업화 과정에서 소외된 노동자, 농어민, 도시빈민 등 억눌린 민중들에게 복음을 전하고 그들을 해방시키는 선교활동에 참여해야 할 것, 근본주의적이고 샤머니즘적인 경쟁 속에서 분열과 도피적이고 자기안일주의적인 병폐에 빠져 있는 한국교회를 갱신할 것과 이 땅에 하루 빨리 진정한 민주주의가 사회정의가 실현되도록 하는 데 헌신 할 것 등을 선언하였다. 감리교 청년들도 78년 1월 서울에서의 청년선교대회를 통하여 감리교 운동을 반성하고 사회정의와 교회갱신에 매진할 것을 천명하고 나섰다.[97]

기장, 예장(통합), 감리교 청년운동을 주축으로 한 '한국기독청년협의회'(EYC)의 기독청년운동은 초기부터 정치, 사회적 참여, 민중지향성, 교회갱신을 주요한 운동의 목표를 뚜렷이 하였다.[98] 특히 기독청년들의 정치적 참여운동은 78년 8월의 기장청년회의 전주대회 사건에서 그 절정에 이르렀다. 8월 14일부터 17일까지 전주에서 열린 기장청년회 전국연합회의 여름선교대회에 참석한 600여명의 기장청년들은 8월 16일 저녁 6시경 인권예배를 보러 대회장소인 전주교대 부속국민학교에서 중앙교회로 가는 도중 경찰과 충돌하게 되었다.

대회에서 발표된 '기장청년교회선교위원회 결의문'에서 청년들은 "교회는 이제까지 있던 가진자, 권력자의 위치에서 가난하고, 병들고, 신음하는 민중의 자리로 내려와야 한다"고 주장하면서 민중에 편에서는 민중의 교회에로의 교회갱신을 강력히 촉구하였다.

96) 한국기독교교회협의회 인권위원회, 『1970년대 민주화운동(Ⅲ)』, 1296쪽.
97) 한국기독교사회문제연구원, 『1970년대 민주화운동과 기독교』 조사자료 19, 219쪽.
98) 한국기독교교회협의회 인권위원회, 『1970년대 민주화운동(Ⅲ)』, 1298쪽.

많은 학생들이 부상당하고 98명이 연행되어 청년들은 남문교회와 중앙교회에서 연행자들이 전원 석방될 때까지 투쟁을 결의하고 22일까지 단식농성을 벌였다. 이 사건 이외에도 EYC를 중심으로 기독청년운동은 성명서, 기도회, 시위 등의 방법을 통하여 70년대 초반의 KSCF와도 같이 기독교 민주화운동의 전위적 역할을 담당하였다.[99]

또한 이 시기 주목되는 기독청년운동의 특징은 민중지향적 성격이었다. 기장 청년회 전국연합회와 EYC는 내부에 선교, 도시, 산업, 농촌, 문화 등의 분과를 설치하고 이 분과 활동을 통하여 민중문제에 조직적인 접근을 시도하였다. 도시분과는 주로 야학을, 산업분과는 노동문제와 관련된 사건 지원을, 농촌분과는 농초교회 청년들을 대상으로 한 의식화 교육과 각 교회대학생회의 농촌활동을, 문화분과는 탈춤을 중심으로 한 민중문화의 계승 발전 등을 각각 분담하였다. 이외에도 기청, EYC 등의 전국대회를 통하여 노동자, 농민문제를 그들로부터 직접 듣고, 대책을 함께 논의하였으며, 자료발간, 기도회의 추진 등 적극적인 방법으로 참여하였다.[100] 뿐만 아니라 이때부터 각 교회를 기본단위로 하는 교회학생들의 민주화 운동이 현저한 성장을 보였다. 서울제일교회, 새문안교회, 수도교회, 창현교회 등은 때로는 독자적으로 때로는 연합적으로 시위와 기도회를 벌여나갔다.

결론적으로 유신체제와 긴급조치를 통한 진보기독학생운동에 대한 억압속에서 EYC 창립은 기존교회의 울타리 밖에서 형성된 진보기독학생운동이 교회 안으로 한 발자국 확산되기 시작했음을 보여주는 것이다. 즉 이 시기에 일부 교회가 진보기독학생들의 운동기지로 등장하면서 비록 일부이기는 하지만 교회들이 민주화운동에 적

---

99) 한국기독교사회문제연구원, 『1970년대 민주화운동과 기독교』 조사자료 19, 219쪽.
100) 위의 책, 220-21쪽.

극 동참하게 되었다고 평가할 수 있다.[101]

6. 기독학생운동과 YH 사건

1979년 8월 11일 일어난 YH 사건은 1970년대 진보기독학생진영의 민주화운동의 대미를 장식한 사건이었다. YH 여성 근로자들이 일으킨 결사적 생존권 투쟁이었던 이 사건은 10 · 26이라는 유신체제 붕괴의 한 계기가 되기도 하였다. 1979년 수출용 가발을 만드는 YH 무역의 젊은 여성노동자들은 파업을 한 채로 농성을 벌이고 있었다. 사주가 1978년 4월말에 갑자기 공장문을 닫겠다고 선언했기 때문이었다. 이때부터 YH사 노동조합은 회사의 폐업조치에 항의하며 "노동자의 최소한의 생존권을 보호하라", "사업폐쇄의 결정을 철회하라" 등의 슬로건을 내걸고 투쟁에 돌입하였다.

YH 여성근로자들의 투쟁에 가장 먼저 연대한 것은 진보기독학생들이었다. 1979년 EYC에서 나와 사회선교협의회 총무로 부임한 서경석은 첫 임무로 YH 사건을 다루게 되었다. 사회선교협의회는 기독교와 가톨릭의 사회선교단체들의 협의체로, KSCF와 같은 학원선교단체, 산업선교단체, 가톨릭 농민회 등이 소속되어 있었다. 서경석은 당시 YH 노조위원장 최순영의 남편 황주석(전 학사단 단장)으로부터 YH 사건을 민주화운동 지도자들인 시인 고은과 이문영교수에게 알리고, YH 노조의 상황을 설명하고 노동자들이 무사히 신민당사

---

101) 조병호, 『한국기독청년 학생운동 100년사 산책』, 135쪽.

로 들어갈 수 있도록 신민당측과 협의해 달라는 부탁을 받는다. 그리하여 이들이 김영삼 총재에게 부탁해 YH 노동자들이 당사에 무사히 진입하도록 해 주었다. 이로써 YH 사건은 정치적 문제가 되었다. 이틀 후 약 1천여명의 경찰병력이 신민당사를 기습함으로써 수십명의 사람이 다치고 김경숙이라는 여성 노동자가 죽게 되었다.[102]

박정희 정권은 YH 사건의 배후세력으로 도시산업선교회를 지목했다.영등포 도시산업선교회 총무였던 인명진 목사, 사회선교협의회 부위원장 문동환 목사, 사회선교협의회 총무 서경석, 전 고대 교수 이문영, 시인 고은 등이 YH 노조 임원들과 함께 구속되는 한편, 서울 시경은 수사발표를 통해 도시산업선교회가 외세의 지원하에 1단계로 유신체제를 전복하고 2단계로 자본주의 체제를 부정하여 사회주의 건설을 시도하고 있다고 주장하고, 산업선교를 완전한 용공집단으로 규정하였다.[103]

그러나 진보학생들은 YH 사건을 가리켜 정권의 폭력적 본질을 그대로 드러낸 사건이라고 하면서 항거를 계속하였다. 또한 1979년 8월 17일 새문안교회 대학부 회원 50여명이 교회에서 YH 사건관계 구속자의 석방을 요구하는 농성에 돌입한데 이어 19일에는 연동교회 대학부 20여명이 저녁예배 후 예배당에서 선교자유 침해중지를 외치며 농성에 돌입하였다. 같은 해 8월 21일에는 기청 전국연합회는 "산업선교는 하나님의 소명에 응하는 기독교인의 당연한 응답이며, 당국이 이를 불온이라고 운운하는 것은 기독교에 대한 정면도전"이라고 선언하고, 기청 사무실에서 선교자유 수호를 위한 철야 기도

---

102) 위의 책, 141-42쪽, 그리고 한국기독교교회협의회 인권위원회, 『1970년대 민주화운동(Ⅲ)』, 1312-13쪽을 참조하라.

103) 조병호, 『한국기독청년 학생운동 100년사 산책』, 142쪽.

회를 개최하였다.[104]

　같은 날 예장(통합)청년회 서울지구협의회도 영등포산업선교회
관에서 농성에 들어갔다. 이어 감리교 청년회 전국연합회도 8월 22
일 감리교 총리원 사무실에서 선교자유수호를 위한 기도회를 갖고
"산업선교에 대한 탄압은 이 땅에서 복음을 전달할 선교의 자유마저
억압되고 있다는 명백한 증거"라고 주장하면서 농성에 들어갔다. 8
월 23일 예장(통합)청년회 전국연합회는 YH 사건에 대한 성명서를
발표하고 8월 24일 예장(통합), 기장, 감리, 복음, 성공회, 구세군 등 6
개 교단 청년회원 100여명이 'YH사태와 선교자유 수호를 위한 기도
회'를 갖고 기독교회관에서 연합 철야농성을 벌였다.[105] YH 사건은
1970년대 초반 전태일 분신 사건이후 진보기독학생운동이 꾸준히
추구해 온 민중운동과의 합류가 극적으로 나타난 사건이었다.

104)　한국기독교교회협의회 인권위원회, 『1970년대 민주화운동(Ⅲ)』, 1314쪽.
105)　조병호, 『한국기독청년 학생운동 100년사 산책』, 143쪽.

IV

민중생존권 투쟁과 교회

1. 김진수 사건과 도시산업선교

　1970년의 전태일 사건과 71년의 김진수 사건 등 일련의 사건은 노동문제에 대한 관심이 행동화되는 구체적 계기로 작용하였다. 전태일 사건의 경우 KSCF와 새문안교회 대학생부 등 주로 학생들이 이에 관계되면서 기독학생운동에 많은 영향을 미쳤으나, 김진수 사건의 경우 산업선교가 진상조사, 장례식, 항의 집회 등 직접적으로 개입하여 활동을 벌였다. 71년 3월 18일 한영섬유의 노동자인 김진수가 회사에 매수되어 노조파괴에 앞장섰던 다른 노동자에 의해 드라이버로 머리를 찔려 2개월 동안 사경을 헤매다가 끝내 5월 16일 사망한 사건이 발생하였다. 사건이 발생하자, 당국, 노총, 회사 측은 모두 이것을 노동자들끼리의 개인적 다툼에서 생긴 우발적 사건이라고 주장하면서 별다른 관심을 보이지 않은 채 적당히 처리하려고

하였다.[106)]

그러나 산업선교측에서는 사건의 배경에는 노동조합의 설립을 둘러싼 회사와 노동자들간의 마찰이 존재한다고 판단하고 영등포산업선교회를 중심으로 즉각 진상조사에 나서 적극적으로 사건화하기 시작하였다. 조사결과, 노동자들이 자신의 권리를 지키기 위하여 70년 말부터 노동조합을 결성하자, 회사측이 몇몇 노동자를 매수하여 활동에 적극적인 노동자들을 회유, 협박하는 등 노조파괴공작에 나섰으며, 이 과정에서 노조를 적극 지지해온 김진수가 하수인들에 의해 살해 되었다는 사실이 밝혀졌다. 영등포 산업선교회는 이 사건이 한국 노동자의 현실을 그대로 반영하는 '제2의 전태일 사건'이라 주장하면서 이를 고발하고 규탄하는 행동에 나섰다. 사건진상보고서, 진정서 등의 형태로 각계의 여론에 사실을 알리는 한편, 6월 25일에는 대대적인 장례식을 거행하였다.[107)]

한국교회도 도시산업문제협의회가 주관이 되어 신구교의 산업선교 단체들과 기독학생들이 가세한 이 장례식에 참석한 250여명의 목사, 기독학생들은 교회와 행정당국, 언론 등 각계에 보내는 메시지를 발표하고 비참하게 유린당하는 노동자들의 권리보장에 보다 적극적인 자세를 보일 것을 촉구하면서, 장례식이 끝난 후에는 세브란스 병원 앞에서 항의 시위를 벌였다. 이 사건 자체는 이후 더 이상 확대 되지 못하고 끝나 버렸으나, 이를 통하여 악화되는 노동 상황 속에서 노동자들의 외로운 권리투쟁에 산업선교, 기업선교운동이 중요한 일부분이 되기 시작하였음을 보여주는 사건이라는 점에서 큰

---

106) 한국기독교사회문제연구원 연구, 『1970년대 민주화운동과 기독교』 조사자료 19, 119쪽.
107) 위의 책, 119쪽.

의의를 가진다고 할 수 있다.[108]

2. 도시빈민 · 도시산업선교회의 조직화

도시빈민 선교도 이 시기에 본격적인 활동 전개의 틀을 갖추어 나갔다. 68년의 연세대 도시문제연구소가 조직되면서 슬럼지역과 시민아파트 지역에서의 훈련 프로그램을 통하여 주민조직운동(C.O)의 가능성을 모색하여 온 도시빈민 선교활동은 70년에 접어들어 빈민문제가 사회적인 이슈로 등장함에 따라 본격적인 행동의 단계에 돌입하였다. 70년 4월 6일 와우아파트 붕괴사건을 계기로 그동안 가리워져 왔던 시민아파트의 문제가 터져 나오면서 주민들의 자치적인 운동조직의 필요성을 절감한 도시문제연구소는 금화아파트, 낙산아파트, 연희아파트 등 훈련이 진행중이던 지역에서 전 훈련생을 동원하여 주민조직에 착수하였다.[109]

그 결과 70년 4월 29일에는 21개 시민아파트 지역의 주민대표 240명이 참석한 가운데 기독교 회관에서 '서울 시민아파트 자치위원회'가 탄생 되었다. 빈민운동의 전개과정은 이같이 도시빈민선교 그룹의 조직활동을 근거로 발전되어진 것이다. 각지의 도시빈민운동이 활성화 되면서 도시빈민선교도 조직화의 필요성이 대두되어 71년 9월 1일 크리스챤 사회행동협의체에 의해 초교파적인 조직으로서 '수도권도시선교위원회'(1976.3 한국특수지역선교위원회로 개칭)가

---

108) 위의 책, 120쪽.
109) 한국기독교교회협의회 인권위원회, 『1970년대 민주화운동(Ⅰ)』, 133-34쪽을 참조하라.

구성되면서 도시빈민선교도 한국기독교의 선교활동으로서 공식화되기에 이르렀다. 이 선교위원회를 중심으로 시민아파트 지역 뿐 아니라 각지의 슬럼지역에서도 활동이 개시되어 광주대단지에서는 주민교회(72.4), 청계천 하류의 송정동에는 활빈교회(71.10)가 각각 설립되고 기타 남대문시장지역, 도봉동, 신정동 등에도 실무자가 파견되어 철거대책, 생활환경 등 지역의 문제를 중심으로 주민조직 운동을 벌여나갔다.[110]

　민중문제에의 적극적인 행동적 참여와 더불어 이 시기의 도시산업선교의 또 하나의 특징은 연합조직화였다. 이에 따라 71년 1월 4일 '한국산업문제협의회'가 조직되었고, 71년 9월 28일에는 이것이 확대되어 가톨릭 전국대학생 연합회, 가톨릭 노동청년회(J.O.C), 가톨릭 노동장년회, 안양근로자회관 등 가톨릭 4개 단체와 영등포 도시산업선교회, 기독교도시산업선교회(인천), KSCF, 크리스챤아카데미, YWCA 연합회 대학생연합회, YMCA연맹 등 개신교 6개단체(71.9부터 수도권 도시선교위원회도 참여) 등 신구교의 산업선교 및 학생단체를 망라하는 '크리스챤 사회행동협의체'로 개편되었다.[111]

3. 노동·농민운동과 교회

　1977년을 기점으로 노동자, 농민운동은 새로운 단계로 진입하기 시작하였다. 이 무렵부터 노동자, 농민들의 운동은 각 현장범위

---

110) 한국기독교사회문제연구원, 『1970년대 민주화운동과 기독교』 조사자료 19, 121-22쪽.
111) 위의 책, 122쪽.

를 넘어서서 기존의 지식인들에 의한 인권운동과 연결되면서 단순한 경제 투쟁에서부터 정치 투쟁적 성격의 것으로 전환되어 갔다. 노총, 노동청 등 어디에서도 지원을 받을 수 없었던 노동자들은 산업선교나 기타 인권운동 단체의 지원 속에서 자신들의 권익을 지키는 방법을 모색치 않을 수 없었던 것이다. 이 같은 민중운동의 본격적 대두는 70년대 후반의 민주화 인권운동을 보다 고양시키는 주된 추진력으로 작용하였다. 민주화운동은 이를 계기로 민중문제에 직접적으로 참여하게 됨으로써 보다 성숙한 단계의 운동을 추진하여 갔다. 77-78년의 시기동안 연합 운동적 차원에서 문제가 제기된 것은 방림방적, 인선사, 남영나일론, 평화시장, 동일방직, 함평고구마 사건 등을 들 수 있다.

방림방적의 문제는 77년 2월 근로자들이 잔업수당 지급, 법정휴일 실시, 구타행위 중지 등 22개항의 근로조건 개선을 위한 진정서를 노동청과 회사에 냈으나 이를 주동한 근로자들이 회사로부터 갖은 탄압과 박해를 받고, 해고, 부서이동 등의 조치를 당함으로써 발생하였다. 이에 근로자들은 각계에 진정서를 내고 금요기도회, 노동자와 농민을 위한 기도회 등 각종 기독교집회에 참석하여 자신들의 문제를 호소하면서 근로자들에 대한 부당한 억압조치의 철회를 요구하였다. 이들의 호소에 응하여 신구교, 하계, 언론계, 법조계, 문인 등 각계 인사 106명은 77년 9월 12일 '방림방적 체불임금대책위원회"를 조직하고, 11월 28일에는 200여명이 참석한 가운데 성공회 대성당 별관에서 대책협의회를 가지는 한편, 기도회, 관계 당국에의 호소문과 진정서 등의 지원운동을 전개하였다.[112]

---

112) 한국기독교사회문제연구원, 『1970년대 민주화운동과 기독교』 조사자료 19, 195쪽과 한국
기독교교회협의회 인권위원회, 『1970년대 민주화운동(III)』, 1145-51쪽을 참조하라.

인선사의 경우는 77년 4월 근로자들이 자주적인 노조를 설립하고 이의 신고절차를 밟던 중 이미 회사에 유령노조가 결성되어 있는 사실이 알려짐으로써 발단이 되었다. 자주적으로 결성된 노조의 지부장이 회사의 압력으로 사표를 내고 노조 결성에 관계한 근로자들이 구타 등 갖은 억압을 당하자 근로자들은 4월 29일 '인선사 노동조합 정상화 수습 대책위'를 구성하고 노동청, 언론기관, 사회단체에 호소하였으나 회사와 경찰에 의해 계속적으로 탄압을 받았다. 이에 한국교회사회선교협의회, 한국기독청년협의회(EYC), 가톨릭농민회 등 기독교 단체가 관계되면서 이 사건은 각계가 참여하는 광범위한 운동으로 확대되었다.[113]

1977년의 보다 격렬한 노동운동은 전태일의 정신을 간직한 평화시장의 청계피복노조에서 터져 나왔다. 77년 7월 2일 협신피혁의 근로자 민종진이 회사측이 경비절감을 이유로 폐수처리 시설을 가동치 않은 상태에서 배수관 청소 작업에 들어갔다가 유독 가스에 질식되어 사망한 사건이 발생하였다. 노동자의 목숨을 초개처럼 여기는 회사와 노동청에 분개한 노동자들이 7월 5일 유해가 안치된 영안실 앞에서'노동자들을 더 이상 죽음으로 몰아 넣지 말라'는 사건의 내용을 고발하는 유인물을 각계에 배포하였다. 이에 평화시장, 동일방직 등에서 몰려온 300여명의 노동자들이 "살인적 작업환경을 개선하라", "근로기준법을 준수하라" 등의 구호를 외치며 농성에 돌입하자 이를 해산시키려는 경찰과 격렬한 격투를 벌였다. 이어 7월 10일 한강 성심병원에서 벌어진 장례식도 분노의 시위대열로 변하였다.[114]

---

113) 한국기독교사회문제연구원, 『1970년대 민주화운동과 기독교』 조사자료 19, 196쪽과 한국기독교교회협의회 인권위원회, 『1970년대 민주화운동(III)』, 1152-56쪽을 참조하라.
114) 한국기독교사회문제연구원, 『1970년대 민주화운동과 기독교』 조사자료 19, 196쪽.

이 사건은 이후 9월 9일까지 경찰이 시위 노동자들을 연행하고 시위를 무력으로 진압하는 과정에서 많은 부상자가 발생하였다. 노동자들의 목숨을 건 투쟁은 사회에 커다란 충격을 주었다. 9월 20일 윤보선, 김수환, 함석헌, 김관석 등 신구교의 지도적 인사 15명은 '국민에게 드리는 글'을 발표하고, 노동운동에 대한 탄압중지와 노동 3권의 회복을 강력히 촉구하였다. 이어 10월 25일에는 사회선교협의회가 주축이 되어 기독교회관에서 '평화시장 근로자 인권문제협의회'(대표위원:윤보선, 함석헌, 천관우, 지학순, 박형규)를 결성하여 조직적인 대응에 나서 '성명서'를 발표하고, 폭력경찰 파면과 노동자 인권 보장을 거듭 촉구하였다. 이어 12월 23일에는 600만 노동자의 단결과 억압정치, 특권경제의 폐기를 호소하는 '한국노동인권헌장'을 발표하였다.[115]

한편 9.9 사건 직후인 9월 22일에는 기장 청년회 주최의 '청계천 근로자를 위한 기도회'가 기독학생, 청년 200여명이 모인 가운데 제일교회에서 개최되어 이를 해산시키려는 경찰과 치열한 충돌을 벌여 다수의 학생이 연행되고 박형규 목사등 수십명이 단식농성에 들어가기도 하였다. 이후 77년 3월 10일 명동성당에서 열린 한국교회 사회선교협의회 주최의 '신구교 연합 노동절 기념 특별미사'에는 1,500여명의 재야인사, 기독교인들이 모여 노동 3권의 보장, 국가보안법, 긴급조치의 철폐, 근로기준법의 준수 등 13개항으로 된 '1977년 노동자 인권선언서'를 채택하였고, 사회선교협의회는 이어 6월 26일의 '노동자 농민을 위한 기도회', 8월 15일의 '광복절 기념 노동자를 위한 기도회'를 연달아 개최하고 노동자, 농민의 생존권 억압에

---

115) 한국기독교교회협의회 인권위원회, 『1970년대 민주화운동(III)』, 1161-63쪽.

항의 하는 집회를 가졌다.[116)]

노동자들의 결사 투쟁과 더불어 농민들의 운동도 제기되었다. 76년 말에 일어난 함평 고구마 사건은 일방적인 농협행정의 피해를 농민에게만 전가하려는 데서 터져 나온 항거였다. 전남 함평군의 160여 농가의 농민은 76년산 고구마를 전량 수매하겠다고 약속한 농협이 이를 이행하지 않자, 가톨릭 농민회 전남지구 연합회의 주관으로 피해보상대책위를 구성하고 보상을 요구하였으나 당국에 의해 외면되자 기도회 등을 중심으로 집단적 행동에 의한 항의운동을 벌여나갔다. 77년 3월 언론기관에 이 사건을 폭로하는 한편, 4월 22일에는 광주시 계림동 천주교회에서 600여명의 농민들이 모여 기도회를 가졌으며, 가톨릭 농민회는 이 자리에서 '결의문'을 발표하였다. 이 사건을 계기로 가톨릭 농민회는 이후 추곡수매가문제, 비료가격문제 등 산업화의 그늘에 가리워져 온 농촌의 문제를 제기하면서 기도회와 성명전을 전개하였다.[117)]

1978년에는 2월 21일의 동일방직 여자노동자들의 격렬한 일련의 집단행동은 민주화 인권운동 전체를 회오리 속으로 몰아넣었다. 회사측에서 노조 지부장 선거를 방해하고 노조를 파괴하기 위하여 폭력배를 동원하여 노조 사무실을 부수고 투표하러 온 여자 노동자들에게 똥물을 뒤집어 씌우는 만행을 저질렀다. 이에 80여명의 노동자들이 노동절 기념행사가 벌어지는 장충체육관에서 "동일방직 문제 해결하라", "똥 먹고 살수 없다"는 등의 플랭카드를 펼치고 시위를 벌이다 노총의 행동대원들에 의해 무자비한 폭력으로 끌려 나갔다.[118)]

---

116) 한국기독교사회문제연구원, 『1970년대 민주화운동과 기독교』 조사자료 19, 198쪽.

117) 위의 책, 199쪽.

118) 한국기독교교회협의회 인권위원회, 『1970년대 민주화운동(Ⅲ)』, 1261쪽.

이일은 신구교회에 커다란 충격을 주었다. 3월 10일 인천교구 가톨릭노동청년연합회는 동일방직 노동자를 돕자는 호소문을 발표하였다. 3월 12일에는 인천 답동성당에서 1천여명이 모인 가운데 신국교의 연합기도회가 열렸다.[119] 문동환 목사의 설교, 인명진 목사의 현장보고에 이어서 인천산업선교회의 조화순 목사가 동일방직 사태를 보고하였고 50여명의 노동자가 단식농성에 들어갔다.[120] 3월 15일에는 13명의 도시산업선교회 실무자들이 동일방직 노동자들을 위해 21일까지 단식농성을 벌였으며, 3월 20일에는 기독교 방송국으로 몰려가 동일방직 사건 등 고난 받는 사람들에 대한 보도를 외면하는 언론의 타락을 규탄하는 시위를 전개하였다. 3월 26일에는 여의도 광장에서 거행된 부활절 새벽연합예배에서 노동자 6명이 단상에 뛰어 올라가 "노동 3권 보장하라"는 등의 구호를 외쳐 한때 중개방송이 중단되기도 하였다.

이후 이 사건은 9월 22일 기독교 회관 강당에서 노동자 500여명이 참석한 가운데 '동일방직 민주노동운동 수호투쟁동지회'를 결성하기 까지 경찰에 의해 구타와 연행이 무자비하게 이루어졌다. 이처럼 현장에서 출발한 노동자들의 투쟁은 억압적 체제와 부딪치는 과정에서 점차 행동적으로 격렬해지는 한편 운동의 주장 사항도 단순한 경제 투쟁적 성격에서 정치적인 것으로 확대되면서 지식인 중심의 민주화 운동과 폭넓게 연계를 형성하여 나갔다.[121]

119) 한국기독교사회문제연구원, 『1970년대 민주화운동과 기독교』 조사자료 19, 200-01쪽.
120) 김정남, 『진실, 광장에 서다』, 234쪽.
121) 한국기독교사회문제연구원, 『1970년대 민주화운동과 기독교』 조사자료 19, 202쪽.

4. 정부의 탄압과 교회의 대응

1978년 들어 동일방직 노동자들의 결사적 투쟁이 일어나면서부터 산업선교에 대한 탄압이 집중되었다. 78년 5월 1일에는 영등포산업선교회의 인명진 목사가 4월 17일 청주산업선교회 주최로 열린 '농민을 위한 기도회'에서 행한 설교가 문제되어 긴급조치 위반으로 구속되는 한편, 경찰은 같은 날 영등포산업선교회의 사무실을 수색하여 각종 서류와 신용협동조합의 장부 및 기금 일체를 압수하여 20일간의 조사 후, 조지송 목사가 갑근세 등을 내지 않았다는 이유로 2,000여만원의 세금 및 벌금을 부과하고 신용협동조합의 인가를 취소하여 산업선교 활동의 말살을 시도하였다. 또한 6월 17일에는 영등포산업선교회에서 일해오던 호주인 선교사 라벤다를 정치적 활동을 했다는 이유로 강제 출국 시켰으며[122], 78년 11월 15일에는 인천산업선교회의 조화순 목사가 동일방직 사건에 대한 보고 내용이 문제되어 긴급조치 9호 위반으로 구속되었다.[123]

1979년 3월 9일에는 노동자, 농민, 여성 등을 상대로 교육 프로그램을 시행해온 크리스챤 아카데미의 이우재 등 6명의 간사와 한양대 정창렬 교수가 불온서적을 탐독하고 용공 써클을 조직하여 크리스챤 아카데미의 노동자, 농민에 대한 중간집단 교육 프로그램에서 반정부적 내용을 교육시켰다는 혐의로 전원 반공법 위반으로 구속하였다.[124] 산업선교 관계자들과 노동자들의 연이은 구속사태와 아울러 홍지영이 쓴 '정치신학의 논리와 행태', '산업선교는 무엇을 노

---

122) 한국기독교교회협의회 인권위원회, 『1970년대 민주화운동(Ⅲ)』, 1196쪽.

123) 위의 책, 1200쪽.

124) 한국기독교사회문제연구원, 『1970년대 민주화운동과 기독교』 조사자료 19, 223쪽.

리나', '이것이 산업선교이다'등의 책자들이 쏟아져 산업선교에 대한 이념적 공격이 본격화 되었다. 이 책자들은 WCC를 용공으로 규정하면서 산업선교를 포함한 기독교의 정치, 사회적 참여운동이 세계 공산주의의 우회 전략의 일환이라고 주장하였다.

이러한 탄압에 직면한 기독교회는 선교의 영역을 지키기 위하여 전교회적으로 산업선교를 수호하기 위한 운동을 전개하였다. 78년 1월 22일 사회선교협의회, 3월 16일 감리교 중부연합회, 3월 18일 예장청년회 전국연합회, 3월 22일 KNCC등에서 산업선교를 용공으로 탄압하는데 항의하는 성명서를 잇달아 발표하고 도시산업선교를 공산당으로 몰아치는 정부당국의 행위중지, '산업선교는 무엇을 노리나'등 책자의 회수, 노동 3권의 회복, 형식적 반공정책의 재검토 등을 촉구하면서 냉전논리에 입각한 정부의 산업선교 탄압에 강력히 맞섰다.[125]

5월 1일 인명진 목사의 구속 등 산업선교에 대한 탄압이 노골화되자, 예장(통합)교단을 중심으로 강력한 항의 운동이 제기되었다. 5월 9일 예장 서울남노회가 산업선교 활동의 정당성을 재차 확인하면서 산업선교를 용공시하며 공격하는 행위의 중지, 인목사의 석방 등을 교단적 차원에서 촉구한데 이어, 7월 8일에는 예장이 전 교단적으로 "계속되는 산업선교에 대한 탄압과 왜곡선전에 대처하기 위하여" '산업선교수호위원회'를 결성하였고,[126] 같은 날 예장청년회 전국연합회는 새문안교회에서 1000여명의 노동자와 학생이 모인 가운데 '구속 성직자와 근로자를 위한 기도회'를 개최하였다. 예장 산업선교수호위원회는 이후 9월 11일의 '구속 성직자와 근로자를 위한

---

125) 위의 책, 224쪽.

126) 한국기독교교회협의회 인권위원회, 『1970년대 민주화운동(III)』, 1199쪽.

기도회' 등 집회를 통하여 산업선교 에 대한 탄압의 실상을 홍보하고 교회의 적극적 참여를 촉구하는 대책운동을 펼쳐 나갔다.

이제 산업선교의 용공시비를 둘러싸고 교회와 정부간의 갈등은 단순한 구속과 석방요구라는 차원을 넘어 이념적, 사상적 차원으로 발전되어 갔다. 78년 9월 5-7일간 KNCC는 수유리 아카데미 하우스에서 '산업선교 신학정립협의회'를 개최하고, 교계 지도자, 산업선교 실무자, 신학자들이 참석하여 산업선교가 도전받고 있는 제반 상황을 토의한 후 그 결론적인 문제로서 '산업선교 신학선언'[127]을 발표하였다. 나아가 KNCC는 78년 10월 19-21일 아카데미하우스에서 기독교 운동의 이념을 전면적으로 정립키 위한 시도로 '기독교 신앙과 이념문제 협의회'를 개최하여 '기독교 이념에 대한 우리의 입장'을 발표하였다. KNCC는 79년에도 '이념 문제 연구 협의회'(6.4-5)를 개최하고 '기독교 신앙과 이데올로기', '선교활동에 있어서의 용공론과 반공론', '사회민주주의의 전개과정'등의 발제를 중심으로 기독교 운동의 이념적 문제를 검토하였다.[128]

---

127) 이 선언은 산업선교가 비복음적이며 용공적 불순운동이라는 비판에 대해 "산업선교는 산업사회에서 가장 고난당하고 있는 형제들에 대한 하나님의 사랑을 실천하고 이 형제들을 부당하고 억울하게 하는 기업주들이 그들의 횡포를 묵인 내지 비호하는 불법을 고발하는 일은 오히려 하나님의 공의를 천명하고 사회정의를 부르짖는 일"이며 진정한 반공적 입장에 선 정의의 운동이며, 한국교회의 정당한 선교활동이라고 반박하였다.

128) 한국기독교사회문제연구원, 『1970년대 민주화운동과 기독교』 조사자료 19, 226쪽.

국가조찬기도회와 민족복음화 운동

1. 국가조찬기도회

대통령 조찬기도회는 1968년 5월 1일 '제 1회 대통령 조찬기도회'가 시작된 이래, 매년 5월 초에 정기적 행사로서 1974년까지 계속되었다. 1976년부터는 '사단법인 국가조찬기도회'(제8회)로 명칭이 바뀌어 실시 되었다. 70년대 대통령 조찬 기도회는 사실상 박정희 정권에게 종교적 정당성을 부여하는 역할을 했다고 볼 수 있다.[129] 1970년 5월 1일 조선호텔에서 열린 제 3회 국가조찬기도회는 박정희 대통령을 비롯한 3부 요인과 국회의원, 종교계에서는 김수환 추기경과 개신교의 한경직 목사 등 700여명이 참석한 가운데 열렸다. 이 자리에서 김준곤 목사는 〈먼저 하나님을 바라보자〉라는 제목의 설교에서 "이제야 말로 우리는 도덕혁명을 통한 인간혁명을 이룩할

---

129) 김용복, "해방 후 교회와 국가," 『국가권력과 기독교』, 234쪽.

때"라고 역설하고, 5·16 군사혁명에 대한 감격과 찬양을 아끼지 않았다.[130] 또한 유신을 앞둔 1972년 5월 1일 제 5회 대통령 조찬 기도회에서 김준곤 목사는 대통령을 위해 다음과 같이 기도했다.

사랑하는 주님! 마음을 모아서 우리 나라의 대통령 각하를 위해서 기도합니다. 주의 보살핌 가운데 건강한 몸으로 하나님을 섬기고 나라를 사랑하며 우리 민족을 다스릴 수 있도록 도와 주시옵소서. 모세처럼 민족을 영도하는 능력을 주시고, 여호수아 같은 강함과 담대함을 주시고, 다윗 왕에게 주셨던 영감을 주시고, 솔로몬에게 주었던 지혜를 주시옵소서. 온 민족을 통일 할 수 있고 남북을 통일할 수 있으며 새로운 국가와 겨레를 만들 수 있는 훌륭한 대통령이 되게 하여 주시기를 원합니다.[131]

그리고 유신 직후인 1973년 5월 1일에 개최된 제 6회 대통령 조찬 기도회에서는 〈사랑의 기적으로 세계의 신화를〉이라는 제목의 설교에서 "민족의 운명을 걸고 세계의 주시 속에 벌어지고 있는 새마을 운동은 하나님의 축복을 받아 기어이 성공시켜야 한다."[132]고 하여 공개적으로 유신을 지지하는 발언을 하였다. 이와 같은 김준곤 목사의 발언에서 드러나듯이 〈대통령 조찬 기도회〉는 대통령 예찬

---

130) 이 설교에서 김준곤 목사는 5·16군사혁명에 대하여 다음과 같이 말하였다. 5·16이 터지고 거리에 범람하던 깡패와 소매치기와 거지, 주정뱅이, 사기꾼, 창녀가 하루아침에 자취를 감추고 뇌물도, 사치도 없어지고 사회악이란 사회악은 모조리 쓸어가 버렸습니다. 새 세상이 되나 보다하고 가슴이 울먹이고 눈시울이 뜨거웠던 것은 나만이 아니었을 것입니다. 위의 책, 1970년 5월 1일 제3회 국가조찬기도회 메시지 중에서, 39쪽.

131) 위의 책, 47-48쪽.

132) 위의 책, 64쪽.

일변도의 기도와 지극히 원론적인 설교를 통하여 강력한 1인 독재체제를 구축해 가던 박정희 정권에게 종교적 정당성을 부여해주는 역할을 담당하였고, 종교와 정치가 유착하는 전형적인 모습을 보여주었다.

1974년에 개최된 제 7회 대통령 조찬 기도회에서도 대한 예수교 장로회 총회장을 역임한 이상근 목사는 설교를 통해 "종교와 정치가 서로 돕고 협조하여 조화를 이룩한 때에는 종교도 신성하고 국가는 불안 없이 번영한다"고 말하였고, 박 대통령은 이 상근 목사에게 "북한 공산주의자들이 통일전선 형성의 일환으로 종교계에 접근을 기도하고 있으니 종교계 지도자들은 유의하라"[133]고 말을 전해 보수 세력과 유신 정치권력이 서로 협조하는 모습을 보여 주었다.[134] 또한 대통령 조찬 기도회와 병행하여 1974년 11월 9일 한국 기독교 실업인회에서 주최한 '국무총리를 위한 기도회'에서는 당시 김종필 총리가 로마서 13장을 인용하면서 "교회는 정부에 순종해야 하며 정부는 하느님이 인정한 것"이라는 발언을 하여 1974년 민청학련을 비롯한 민주화 운동과 기독교 운동에 대한 탄압을 정당화하고, 기독교적 현실참여를 그 근저에서부터 도전하고 나서면서, 종교와 국가간의 관계에 대한 심각한 논쟁이 전개되었다.[135]

---

133) 『조선일보』(1974. 5. 2)

134) 김용복, "해방 후 교회와 국가," 『국가권력과 기독교』, 234쪽.

135) 이에 KNCC는 11월 18일 성명서를 발표하고 "국가에 대한 충성과 특정한 정권에 대해서는 국민으로서의 책임과 의무를 다해야 하나" 그 권세가 하나님의 공의를 저버리어 자기 권력의 한계를 넘어서고 국민에게서 위탁받은 책임에 충실하지 않을 때 기독교인은 하나님의 말씀의 대변자로서 이를 비판하고 시정해야 할 책임이 있다"고 천명하였다. 같은 날 개신교 60여명의 성직자, 신학자들도 '한국 그리스도인의 신학적 성명'을 발표하고 "절대화된 권력이 인간의 권리를 유린할 때 그리스도 교회는 그것에 대한 투쟁을 감행 할 수밖에 없으며, 교회가 가난한자 눌린 자의 편에 서서 그를 억압된 데서 해방시키고 그들의 기본권을 찾아주려는 직접적 사명을 실천함에 있어 그것이 정치활동으로 나타나는 것은 불가피하며 따라서 정치권력과 긴장관계에 놓이지 않을 수 없다"고 밝히면서 교회의 정치참여를 확고한 입장에서

한편 1976년부터는 '대통령 조찬 기도회'가 '국가조찬 기도회'로 바뀌고 그동안 참석해오던 대통령이 참석하지 않았다. 1976년 5월 2일 개최된 제 8회 국가조찬기도회는 3부요인을 비롯한 국내외 인사 6백여명이 모인 가운데 조선호텔에서 열렸다. 이 자리에서는 유상근 통일원 장관은 "유신정신의 성패와 통일기반조성은 기독교인의 화목에 달려 있다"는 메시지를 낭독하여 기독교인들의 정부에 대한 협조를 당부하였다. 또한 1977년의 국가조찬기도회에서 최규하 국무총리는 "신앙의 자유를 송두리째 부정하면서 시대착오적인 개인 우상화를 강요하고 있는 북한공산집단의 침략으로부터 국가의 안전과 국민의 생존권을 수호하고 인간다운 삶을 보장하는 것은 우리 한 국민이 당면하고 있는 최대의 과제"[136]라고 언급하여 당시 민주화운동에 대한 탄압을 반공안보 논리로 정당화하기도 하였다. 이와 같이 〈국가조찬 기도회〉는 국가에 의해 유신체제와 군부독재의 정당성을 내외에 과시하는 선전도구로 이용되기도 하였다.

2. 민족 복음화 운동

1970년대는 교회가 급속히 성장한 시기였다. 이런 발전은 교파를 초월한 대형집회들을 통해서 이루어진 한 결과라고 보아도 좋을

정리하였다. 11월 20일 가톨릭 정의구현전국사제단에서 발표한 '사회정의 실천선언'에서도 가난한 자 억눌린 자의 해방을 선포하는 하나님 나라는 내세만이 아니라 현세의 구조 변혁을 포함하여 복음선포는 현실 정치와 분리 될 수 없다는 입장을 분명히 하였다. 한국기독교 사회문제연구원, 『1970년대 민주화 운동과 기독교』, 180-81쪽.

136)   『조선일보』(1977. 10. 23.)

것이다. 70년대 첫 대형집회는 73년 5월 미국의 저명한 부흥사 빌리 그래함(Billy Graham) 목사 초청 부흥성회였다. 이 대회는 특히 초교파적인 대 집회로서 여기에 동참하는 교파만 해도 구세군대한본영, 기독교대한감리회, 기독교대한성결교회, 기독교대한하나님의성회, 기독교한국오순절교회, 대한기독교나사렛교회, 대한성공회, 대한예수교장로회(고신), 대한예수교장로회(통합),대한예수교장로회(합동), 예수교대한감리회, 예수교대한성결교회, 한국그리스도교회, 한국기독교장로회, 한국루터교회, 한국연합오순절교회, 한국침례회연맹 등이었다.[137]

이 대회는 본 대회가 열리기 전에 각지에서 예비대회가 열렸는데 이 지방대회에 연인원 120만명이 동원 되었고, 결산자만도 16,703명이나 되었다. 본 대회는 5월 30일 저녁부터 12만평의 여의도 광장에 51만 6천여 명이 운집한 가운데 대회장 한경직 목사의 사회로 시작되었다.[138] 이 대회에서 빌리 그래함은 "50여 개국을 순방 집회했으나 한국의 집회는 2천년 기독교 역사상 가장 큰 역사적인 전도의 첫 날이며 한국이야말로 어느 곳에서나 영적인 면에 감동을 일으키고 있다."고 역설하면서, 이어 빌리 그래함 목사는 박정희 대통령도 방문하고 성경을 선물하였으며, "정신적인 강대국을 영도하는 박 대통령을 위해 기도하자고 제의하여 약 3분간 한국 국민과 박 대통령을 위해 기도하였다. 이 대회를 통해 얻어진 결신자는 통산 3만 7천명으로 기록되었다.[139]

1974년 8월에는 엑스폴로 대회(성령의 제 3폭발)가 한국대학생선

---

137) 김인수, 『한국기독교회사』, 381쪽.

138) 위의 책, 381쪽.

139) 『기독공보』(1973. 6. 2) 김인수, 『한국기독교회사』, 381쪽에서 재인용.

교회(CCC) 주최로 서울 여의도 광장에서 열렸다. '예수혁명-성령의 제 3폭발'이라는 제목으로 세계대학생선교회 총재 빌 브라이트(Bill Bright) 박사를 위시한 국내외의 저명 인사들이 강사로 동원되었다. 이 대회는 세계 90여 개국으로부터 3천여 명이 참가하는 등 세계적인 전도집회로서 다른 대회와는 달리 일과성 집회로 끝나는 것이 아니고, 전도훈련을 시켜 계속해서 전도케 하는 합숙 전도훈련을 하는 프로그램이 포함되어 있었다.[140]

1977년 8월에는 "77 민족복음화 성회"가 여의도 광장에서 열렸다. 주최자측은 이 대회를 위해 3년간 준비를 했고, 70여 회의 지구대회를 개최했으며, 사상 처음으로 1만명이 넘는 성가대가 동원되었다. 이 집회를 계획하게 된 것은 73년의 빌리 그래함 대회, 74년의 엑스폴로 대회를 거치면서 한국인에 의한 자주적인 대민족부흥집회의 필요성을 느껴 한국 부흥사협의회를 중심으로 1907년 대부흥운동의 70주년이 되는 77년에 대회를 개최하기로 하고 준비된 것이었다. 첫날 80만 성도들이 모이는 열성을 보였고, 밤에는 30만 성도가 남아서 철야하면서 나라와 민족을 위해 기도하였다.[141] 1970년대의 이같은 대규모 전도집회 결과, 한국교회는 양적으로 크게 성장하였다

그러나 이러한 대형운동들에 대하여 교회 안팎의 비판적 시각이 만만치 않았다. 당시 진보기독학생 진영은 1974년 3월에 발행된

---

140) 위의 책, 382쪽. 엑스폴로 74는 70년대 민족복음화운동 가운데 가장 큰 규모의 복음화 집회였다는 점에서도 의미가 있지만, 이와 동시에 교인전도훈련에도 전력하였다. 교인전도훈련과 관련하여 엑스폴로 74 팜플렛에 나타난 대회 7대 목적은 다음과 같다. 첫째 예수의 지상명령인 전도의 폭발점을 만든다. 둘째 전민족 복음화를 위한 전신자정예화훈련을 한다. 셋째 사도행전적 교회부흥의 폭발점을 만든다. 넷째 예수혁명운동을 세계적 차원으로 폭발시킨다. 다섯째 학생, 청소년층에 신앙운동의 폭발점을 만든다. 여섯째 사랑의 새 물결을 일으킨다. 일곱째 전도를 위한 크리스챤의 힘의 총화로 집약된다. 조병호, 『한국기독청년학생운동100년사 산책』, 127쪽.

141) 『기독공보』(1977, 8, 20)

'KSCF NEWS'를 통해 엑스폴로 74에 대해 강력히 비판하였다. 진보 기독학생들은 보수진영이 정치적으로 주요한 시점마다 엑스폴로 74 같은 대회를 열어 국민들로 하여금 유신정권의 죄악상을 바라보지 못하게 만들었다."[142]고 주장하였다. 또한 김용복도 "기독교가 정치 권력과 또 하나의 애매한 관계를 준 현상은 70년대에 주로 외국 부흥사에 의존하여 대대적으로 진행된 대규모 부흥집회"라고 비판하고 "이 대중 집회의 두 축은 김준곤 목사가 주도하고 있는 한국 대학생 선교회(CCC)의 민족복음화 운동과 한경직 목사에 의해 주도된 전(全) 보수 세력이 참여한 빌리 그래함 전도 집회였다."고 말하였다.[143] 더 나아가 기사연(기독교사회문제연구원) 보고서는 대 전도집회가 정부와 긴밀히 연결되어 진행되었다고 다음과 같이 평가한다.

> 70년대 들어 한국기독교의 일각에서부터 정치적 참여 운동이 제기되어 점차 전교회적인 차원으로 확대됨에 대응하여 반공 안보 논리와 종교와 정치의 분리원칙을 주장해온 보수 기독교세력도 각종 대규모 종교집회를 통하여 유신체제를 옹호하는 정치적 보수세력으로서의 기능을 하였다. 71년 김준곤 목사의 한국대학생 선교회가 주최한 민족복음화운동, 73년 5월의 한경직목사의 주도아래 보수세력이 참여한 빌리 그래함 전도대회와 9월의 세계 오순절 대회, 74년 8월 CCC가 주관한 '엑스폴로 74' 등 정치적으로 중요한 시점마다 열린 대규모 부흥집회들이 그것이다. 기독교 민주화인권운동이 절정에 달했던 74년 11월 13일보

---

142) 조병호, 『한국기독청년학생운동100년사 산책』, 131쪽.
143) 김용복, "해방 후 교회와 국가," 『국가권력과 기독교』, 234쪽.

수 8개 교단의 결집체인 한국예수교협의회(KCCC)는 대전
도 집회 및 기독교 반공 강연회를 열었다. 이 자리에서 국
제기독교연합회(ICCC)의 맥킨 타이어는 WCC등 기독교 진
보세력내에는 많은 용공분자가 침투되어 있다고 주장하였
다. 이외에도 KCCC, 한국기독교반공연합회 등 보수세력은
"반정부적 선전 및 데모선동은 비성경적이다", "성경은 권
세자들을 위해 기도할 것과 그들에 복종할 것을 가르치고
있다", "한국에 종교의 자유가 있다."는 등의 성명서를 잇
달아 발표하고 기독교의 참여운동을 격렬하게 비판하였다.
이러한 보수 기독교의 움직임은 정부와 긴밀히 연결되어
진행되었다.[144]

- -

김인수는 민족 복음화 운동에 대해 다음과 같이 평가하였다.

- -

수백만명의 대중이 모여 든 것은 '오늘 한국의 기독교와 종
교 및 한국을 움직이고 있는 모든 기성제도와 질서에 대
한 불평, 불만의 표시가 이러한 모임에서 나타났다는 사회
학적 문제'로 분석하는 이들도 있었고, 특히 지적된 점은
이 운동들과 집회들이 군사정권의 비호내지는 협력에 의
해 치루어짐으로써, 교회가 마땅히 소리내어야 하는 현시
대에 대한 비판적 기능을 상실했다는 점이다. 현 정부가 저
지르고 있는 문제점은 조금도 언급하지 않고 오로지 복음
전도만을 외침으로써 정의를 부르짖다가 투옥되고, 정부나
정보부에 의해 온갖 고통을 받는 소외되고, 외롭고, 도움을
필요로 하는 사람을 도외시 했다는 비판의 소리가 들려오

한국기독교사회문제연구원 편, 『1970년대 민주화운동과 기독교』, 180쪽.

고 있었다.[145]

한편 민경배는 1970년대 교회성장은 진보계의 강력한 사회참여와 보수계의 복음주의적 성령운동 모두였다고 본다. 그는 군사정권 하에서 교회가 분연히 일어나 정권의 불법성을 규탄하며 억압받는 계층의 대변자로서의 역할을 한 것은 교회가 지식사회에서 조수 같은 대세로 몰리는 신앙인들을 새 구조력으로 맞이 할 수 있게 하였고, 성령운동으로 복음화의 기치를 높게 든 교회선교운동은 인간영혼의 고독과 갈증을 해소시킬 방법을 찾던 이들을 교회로 이끌게 한 긍정적 계기가 되었다는 것이다.[146]

---

145) 김인수, 『한국기독교회사』, 383쪽.
146) 김인수, 위의 책, 383-84쪽.

小結論

　　1970년대는 한국개신교회가 역사참여를 통해 정치, 경제, 사회의 민주화를 위해 구체적으로 헌신하기 시작한 시기이며 교회의 예언자적 정신을 널리 알리는 시기였다. 1969년 3선 개헌을 통해 다시 집권한 박정희 정권이 장기집권을 노골화 하자, 71년 대통령 선거와 국회의원 선거를 앞두고 김재준, 천관우, 이병린 등은 범국민적 연합기관인 '민주수호국민회의'를 결성하여 공명선거와 선거참관인 운동을 전개하였다. 이 기구는 70년대 재야세력의 민주화운동의 시발점으로 1972년 유신체제 등장이후 재야를 비롯한 각계각층의 민주화 세력들이 연합전선을 형성하여 유신반대 투쟁을 벌이는데 하나의 모델이 되었다. 그러나 박정희 정권이 1972년 10월 27일 국회에서 유신헌법을 통과시키면서 유신체제라는 전체주의적 독재체제의 통치구조를 탄생시켰다. 삼권분립, 견제와 균형 등 민주주의의 기본 원칙을 완전히 무시하고 일인 독재에 장기집권체제였다.

　　유신헌법이 통과되자, 『기독신보』는 이 같은 군사정부의 반민주성을 "유신헌법의 필요성"이라는 칼럼을 연재하면서 유신헌법이 한 국적 민주주의를 마련하는 토대가 될 것이라고 변호하였고, 보수계 열인 합동 측 김의환은 "한국교회의 정치참여 문제"라는 글을 통해 교회는 "종교적 문제에 대해서만 정부를 향해 발언할 수 있지 그 외 의 모든 정치적 행동은 잘못된 것"[147]이라고 주장함으로써 정교분리 를 주장하였다.[148]

그러나 개신교 진보진영은 유신체제 반대운동에 적극적으로 나 서게 되었다. 1973년 4월 22일에 일어난 박형규 목사를 중심으로 일 어난 남산 부활절 연합예배 사건은 비록 사회적으로 큰 파급효과를 일으키지는 못하였으나 일부 진보적 기독교회가 유신체제에 대한 강력한 저항세력임을 보여준 중요한 사건이었다. 이어 기독교장로회 는 1973년 5월에 보수교단이 말하는 정교분리론을 정면으로 부정하 는 성명서를 발표하였다. "1973년 한국 그리스도인 선언"이라는 제 목으로 발표된 성명서는 정치적 압박에 대한 저항과 역사참여를 이 땅에 메시야의 나라를 선포하는 길이라고 천명함으로써 사회참여가 신학적으로 정당하다는 것을 주장하였다.[149]

또한 1973년 12월에는 장준하를 중심으로 한 재야 인사들의 개 헌청원 100만인 서명운동이 전개되었다. 이 운동으로 박정희 정권은 긴급조치 1, 2호를 선포하였고, 서명운동의 주동자인 장준하, 백기완 은 구속되고 함석헌, 천관우, 안병무, 문동환 등이 연행되어 심문을 받았다. 개헌서명운동에 대한 탄압이 일어나자, 도시산업 선교회 소

---

147) 김의환, "한국교회의 정치참여 문제," 『신학지남』(1973. 3), 25-28쪽.
148) 연규홍, "1970년대 한국민주화운동의 교회사적 근거," 『한국개신교가 한국 근현대의 사회, 문화적 변동에 끼친 영향 연구』, 154-55쪽.
149) 위의 책, 155쪽에서 재인용.

속의 김경락, 이해학, 김진홍, 인명진 등 소장 목회자들이 유신헌법 철폐를 주장하다 긴급조치 1호 위반으로 구속되기도 하였다. 한편 성직자와 기독학생들의 투옥과 고난을 통해 기본권의 무참한 유린 상태를 직접 목격한 KNCC를 중심한 개신교 진보진영은 기독교회의 역사참여를 민주화와 인권운동으로 이해하게 되었고, 각종 인권선언을 발표함으로 본격적인 민주화와 인권운동을 태동시켜 나아갔다.

1974년에는 민청학련 사건과 김종필 국무총리의 교회의 정치참여에 관한 논쟁으로 개신교회내에 교회와 국가관 논쟁이 뜨거웠던 해였다. 1974년에 들어와 학생들의 시위가 조직화되고 전국화 되자, 박정희 정권은 이들을 긴급조치 4호 위반으로 180여명을 구속하였다. 그리고 이들을 '자생적 공산주의자'라 규정하고 〈민청학련사건〉이라 명명 하였다. 이 사건은 학생 뿐 아니라, 윤보선 전 대통령, 지학순 주교, 박형규 목사, 김찬국 교수 등 가톨릭과 개신교회의 지도급 인사들이 함께 투옥되었고, KSCF의 간부들이 다수가 구속되어 기독학생운동이 최대의 시련을 맞기도 하였다. 민청학련 사건으로 많은 사람들이 구속되자, 기독교의 대응은 KNCC를 가맹교단들과 단체들에 의해 전개되었다. 이때에 구속자 가족들과 교역자 그리고 평신도들이 참석한 '목요기도회'가 시작되어 사건의 진상을 알리고 교회의 의견을 밝히는 모임으로 정착되어 갔다.[150]

정부에 대한 민주화 운동세력의 항거가 격렬해지자, 정부는 8월 23일 긴급조치 1.4호를 해제하였으나 교회는 더욱더 민주회복을 외치는 대규모 집회를 가졌다. KNCC가맹교단의 집회가 계속되자, 1974년 11월 9일 김종필 국무총리가 로마서 13장을 인용하면서 "교

---

150) 한국기독교사회문제연구원, 『1970년대 민주화 운동과 기독교』 조사연구자료 19, 174-75쪽.

회는 정부에 순종해야 하며, 정부는 하나님이 인정하는 것이다"라는 발언을 하였다. 이것은 기독교 사회참여운동에 대한 탄압을 정당화하고, 교회와 국가간의 관계에 대한 심각한 논쟁을 야기하였다. 이에 11월 18일 한국기독교교회협의회(KNCC)는 "정부가 하나님의 뜻을 거슬러 자신의 권력을 영구화 하려 할 때 교회는 그러한 정부에의 협력을 거부 할 뿐 아니라 그것에 대항해야 한다"고 성명을 발표하였다. 같은 날 개신교회의 60여명의 성직자, 신학자들도 '한국 그리스도인의 신학적 성명'을 발표하고, "절대화된 권력이 인간의 권리를 유린할 때 그리스도의 교회는 그것에 대한 투쟁을 감행할 수 밖에 없다"[151]고 하여 교회의 사회 정치 참여를 확고한 입장에서 정리하였다.

이 성명이 발표되자, 보수교단 연합체인 한국예수교협의회는 곧바로 "국가가 신앙의 자유를 말살 하려하지 않는 한 권력에 순종해야 한다"고 비난하면서 정부에 대해 비판적인 자들이 사회의 혼란을 야기 시키고 있다고 주장하였다.[152] 그리고 대한기독교협의회도 11월 27일에 성명을 발표하면서 로마서 13장에 수록된 국가관의 명령은 무조건적이며 예수와 바울도 로마 정부에 대항 한 적이 없기에 반정부적 입장을 취하는 것은 곧 공산 침략자들에 대한 이적행위라고 단언하였다. 이 교회와 국가관 논쟁이 있은 이후로도 한국 장로교회 내에는 진보와 보수의 일치점을 찾을 수 있는 기회가 거의 없었다. 보수 계열은 교회가 마땅히 가져야 할 예언자적 사명을 포기하고서 친정부적인 입장으로 일관하였고 교계의 언론도 역시 어용화의 수준을 넘지 못하였다.[153]

---

151) 위의 책, 180-81쪽.

152) 한국예수교협의회, "기독교 반공시국 선언문", 『기독신보』, (1974. 12 · 7)

153) 연규홍, "1970년대 한국민주화운동의 교회사적 근거", 『한국개신교가 한국 근현대의 사회,

1974년 민청학련 사건은 민주화운동을 확산시켜, 이를 계기로 윤보선, 함석헌, 김재준 등 기독교계 인사들이 중심이 되어 1974년 12월 25일에 "민주회복 국민회의"가 발족되었다. 이 기구는 민주화운동을 범국민적으로 확산시켜 유신체제 반대투쟁을 전개하겠다는 의사를 분명히 하였기에 많은 기독교계 인사들은 탄압을 받았다. 유신정권의 가혹한 탄압에도 굴하지 않고 기독교계 인사들의 민주화운동은 계속되었다.[154)]

1975년 5월 긴급조치 9호가 공포되자, 개신교계는 1976년 1월 15일 구속자 가족들의 '목요기도회'를 부활한데 이어 23일에는 가톨릭과 개신교가 공동으로 원주에서 '신구교 합동 일치주간 기도회'를 가지고 공동선언문을 발표하였다. 3월 1일에는 윤보선, 김대중, 문익환, 안병무, 서남동, 함세웅, 이우정, 김승훈 등 개신교와 가톨릭을 중심한 20여명의 재야인사들은 명동성당에서 '민주구국선언'을 발표하고 박정희 정권의 퇴진을 주장하고 나섰다. 이 사건은 개신교와 가톨릭의 목사, 신부 등 다수가 관계된 사건으로 진보적 개신교회와 가톨릭은 또 다시 유신체제에 대한 정면도전의 자세를 취하기 시작하였다. 이 사건을 계기로 76년 말부터 각 대학가와 노동현장에서는 시위가 터져 나오면서 긴급조치 9호 발동을 위축되었던 민주화운동의 열기는 다시 불붙기 시작하였다.[155)]

1978년 2월 24일에는 윤보선 등 재야인사 66명의 '3·1민주선언'이 발표되었고, 8월 14일에는 윤보선, 문익환 등 각계인사 300여

문화적 변동에 끼친 영향 연구』, 155쪽.

154) 김주한, "6월 민주항쟁과 기독교," 『한국개신교가 한국 근현대의 사회, 문화적 변동에 끼친 영향 연구』, 206쪽.

155) 위의 책, 206쪽.

명이 '민주주의 국민연합'을 발족하고 '8.15 선언'을 발표하였다. 이어 1979년 3월 1일 '민주주의 국민연합'을 계승한 윤보선, 함석헌, 김대중을 공동의장으로 하는 '민주주의와 민족통일을 위한 국민연합'을 탄생시켜 유신체제의 극복을 위한 민주화 운동의 큰 물줄기를 형성하여 갔다.[156] 이 국민연합은 기독교계를 비롯한 재야, 사회 제세력의 연대가 최초의 의미 있는 정치세력으로 부상하였다는데 의미가 있었다. 1970년대 기독교 사회참여운동은 79년 8월 11일에 일어난 YH 사건에서 그 절정에 달하였다. 이 사건의 배후세력으로 도시산업선교회가 주목되어 이 협회와 관련된 문동환, 인명진, 서경석 목사 등이 구속되었다. 정부당국은 이 사건의 배후세력들을 불순 용공세력으로 매도하였다. 이 사태에 대해 기독교계는 거친 항의를 벌이면서 '노동자의 권익을 존중하라'는 구호를 외치면서 정부의 용공조작 정책에 정면 도전하였다. 결국 YH 사건은 70년대 기독교 인권운동의 대미를 장식하면서 유신체제의 종말을 알리는 서곡이었다.[157] 이처럼 1970년대 진보진영의 개신교회와 소수의 지도자들은 민주화와 인권운동에 적극적으로 헌신하였다.

한편 보수진영의 한국 개신교회는 이시기 '국가조찬 기도회'와 '복음화 운동'을 전개하였다. '국가조찬 기도회'는 1968년 5월 1일 '제 1회 대통령 조찬 기도회'로 시작된 이래, 매년 5월 초에 정기적 행사로서 1974년까지 계속되다가 1976년부터 '국가조찬기도회'로 명칭을 바꾸었다. 김준곤 목사의 주도로 이루어진 이 기도회는 대통령 예찬 일변도의 기도와 지극히 원론적인 설교를 통하여 강력한 일인 독재를 구축해 가던 박정희 정권에 정당성을 부여해 주는 역할을

---

156) 한국기독교사회문제연구원, 『1970년대 민주화 운동과 기독교』 조사연구자료 19, 208쪽.
157) 김주한, "6월 민주항쟁과 기독교", 206쪽.

하였다. 특히 군사정부는 '국가조찬기도회'를 통하여 민주화운동에 대한 탄압을 반공안보 논리로 정당화하는 등 유신체제와 군사독재의 정당성을 내외에 과시하기도 하였다.[158]

한편 1970년대에 한국개신교회는 급성장하였다. 이런 교회의 성장과 발전의 원동력은 교파를 초월한 대형집회로 이루어진 '민족복음화 운동'이었다. 한경직 목사의 주도로 이루어진 1973년 빌리 그래함 초청 부흥집회는 17개 교파가 참여한 초교파적 부흥집회로 결신자만 약 2만명이 되었다.[159] 74년에는 한국대학생선교회(CCC) 주최로 '엑스폴로 74'가 서울에서 열렸으며, 1977년에는 '77 민족복음화 대성회'를 개최하였다. 70년대의 이같은 대규모 전도집회의 결과 한국교회는 양적으로 크게 성장하였다.[160]

그러나 보수진영의 '국가조찬기도회'와 '민족복음화운동'은 종종 진보진영의 비판의 대상이 되어왔다. '복음화 운동'은 복음의 본질을 인간 내면의 영적구원에 초점을 두었기 때문에, 자연히 현실 역사의 부조리와 부정의, 눌린 자와 가난한자의 인권문제나 민주주의 확립에 관심이 없거나 이를 외면했다는 것이요. '국가조찬기도회'는 '정교분리' 입장을 견지하면서 집권세력에 대해서는 '체제유지 및 지지노선'을 취하면서 '반공 안보논리'적 신앙노선을 더욱 강화하고 군사정권의 정치적 지지세력으로 작동하였다는 것이다.[161]

---

158) 『조선일보』 (1977. 10. 23)

159) 김인수, 『한국기독교회사』(장로회출판사 1994), 381쪽.

160) 위의 책, 383-84쪽.

161) 김경재, "분단시대에 한국교회의 보수적 반공주의와 진보적 민족주의 간의 대립에 대한 비판적 성찰," 『한국개신교가 한국 근현대의 사회, 문화적 변동에 끼친 영향 연구』, 326쪽.

해방 후

한국 기독교 사회운동사
민주화와 인권운동을 중심으로
(1960-1987)

제**4**장

1980년대
한국개신교 사회 참여에
대한 역사적 고찰

Ⅰ. 광주민주화 운동과 교회
  1. 신군부의 등장
  2. 광주민주화 운동
  3. 광주민주화 운동에 대한 교회의 반응
    a. 기도회의 개최
    b. 수습대책위원회의 참여
    c. 유인물 배포
    d. 자살: 투신과 분신
    e. 기도회와 추모예배
Ⅱ. 국가보위비상대책위원회와 제 5공화국의 탄생
  1. 국가보위비상대책위원회
  2. 국가보위입법회의
  3. 제 5공화국의 탄생과 폭압적 통치기구
Ⅲ. 교회의 인권수호운동
  1. 고문·용공 조작사건들과 교회
  2. 재소자 인권보호운동과 교회
  3. 강제징집문제와 교회
  4. 양심수 석방운동과 교회
Ⅳ. 교회의 반독재·민주화 운동
  1. 재야민주화운동세력의 재등장과 교회
  2. 2·12 총선과 교회의 선거참여
  3. 학원안정법 파동과 교회의 대응
  4. 개헌서명운동과 교회
  5. 교회의 CBS기능정상화 캠페인과 KBS-TV 시청료 거부운동
  6. 6·10 민주화운동과 교회
    a. 박종철 고문치사 사건
    b. 4·13 호헌조치
    c. 국민운동본부의 발족과 6·10항쟁
    d. 민주정부 수립운동
Ⅴ. 반외세·자주화 운동과 교회
  1. 부산 미문화원 방화사건과 교회
  2. 일본 교과서 왜곡 사건과 대통령 방일반대 운동
  3. 수입개방반대 운동과 외채갚기 운동
  4. 서울 미문화원 점거농성 사건과 5·3 인천 개헌집회
Ⅵ. 교회 탄압사건과 선교자유 수호운동
  1. 송암교회 폭력배 난입사건
  2. 기독교사회문제연구원 통일교과서 사건
  3. 박조준목사 외화밀반출과 박형규목사 폭행사건
  4. 단군전 건립운동과 기독교사상 정간사건
Ⅶ. 국가조찬기도회와 민족복음화 운동
  1. 국가조찬기도회
  2. 민족복음화운동
Ⅷ. 복음주의 진영의 사회참여
  1. 복음주의 협의회와 복음주의 신학회의 결성
  2. 기독교윤리실천운동본부의 결성
  3. 복음주의 기독학생과 공정선거감시단 운동
Ⅸ. 小結論

I

광주민주화 운동과 교회

1. 신군부의 등장

10 · 26 사건으로 유신체제가 급속히 붕괴되면서 정치권력의 공백상태에 직면한 한국사회의 사회정치세력들은 자신들의 이해관계를 관철시키고 대변할 정치권력을 정착시키기 위하여 전면적인 정치투쟁을 전개하게 되었다. 10 · 26사건으로 일시 혼란 상태에 처한 지배세력은 유신체제를 대체할 새로운 지배체제를 모색하였고, 야당은 다가올 개헌과 대통령 선거에 열중하며 사태의 추이를 관망하고 있었다. 이러한 상황 속에서 그동안 억눌려왔던 재야민주화운동 세력인 국민연합, 해직교수협의회, 민주청년협의회 등은 1979년 11월 24일 YWCA 강당에서 '통일주체 국민회의에 의한 잠정대통령 선출저지 국민대회'를 개최하고 공화당, 유정회, 통일주체국민회의 등 유신체제의 지배기구들을 해체하고 거국민주내각을 구성하는 것을 주장하였다. 그러나 유신체제의 청산이라는 정치적 요구를 내건

'YWCA 대회'에 대해 계엄사령부는 140명 연행, 14명 구속, 10명 수배라는 강경조치를 취함으로써 폭력적 탄압을 가하였다. 이는 10·26이후 정치적 공백상태가 점차 지배세력과 민주화 운동세력 사이의 전면적인 정치적 대립과 향후 전개될 지배세력의 물리적, 정치적 공세의 성격과 수준을 예고하는 사건이었다.[1]

이러한 상황 속에서 12월 12일 전두환 보안사령관이 중심이 된 신군부는 당시 육군참모총장이자 계엄사령관인 정승화 총장을 박정희 대통령 살해사건의 관련자로 지목하고 구속수사를 강행하였으며 이를 통해 군부를 장악하였다.[2] 2·12사태를 통해 정치국면의 주도권을 확실히 장악한 신군부는 1980년 4월 14일 실권자인 전두환이 국군보안사령관과 중앙정부부장 서리를 겸임함으로써 권력 장악에 필수적인 정보권을 통괄하게 되었으며 내각을 직접 통제하게 되었다.

신군부의 등장이후 별다른 정치활동을 하지 못하던 민주화운동 세력들 가운데 1980년 '서울의 봄'을 선도한 것은 학생운동이었다. 1979년 11월 계엄령에 따라 내려졌던 휴교령이 해제되어 학교가 문을 열자 각 대학은 일제히 학원민주화운동에 돌입했다. 어용학도호국단의 해체와 민주적 학생회 구성, 자유로운 학생활동 보장, 군사문화 척결 등을 주 내용으로 하는 학원민주화운동은 신군부세력의 권력 장악 의도가 분명해짐에 따라 점차 사회민주화운동, 그리고 반

---

1) 고성국, "1980년대 정치사," 『자주, 민주, 통일을 향하여 한국사 19』, 131쪽.
2) 위의 책, 132쪽. 이 12·12 사태는 유신연장을 획책하는 강경파 신군부가 현상유지를 꾀하려던 온건파를 제거한 군사반란이자, 쿠데타였다. 12·12 사태에 대해 워컴 한미연합사령관은 12월 28일 "1. 국가안보를 위해 국내 불안이 있어서는 안 된다. 2. 군은 국방에 전념하고 정치와 헌정은 민간지도자에 의해 맡겨지지 않으면 안 된다"고 언명함으로써 12·12 사태를 일으킨 군부정부에 대한 불만을 토로하면서도 그로 인해 국내불안이 고조되는 것은 바람직하지 않다는 뜻을 밝혀 우회적으로나마 12·12사태를 기정사실화하려는 뜻을 강력히 시사했다.

군부독재 정치투쟁으로 성격을 발전시켜 나갔다.[3] 5월 13-15일에 걸쳐 전국의 대학에서 학생들이 계엄철폐, 유신잔당 퇴진, 이원집정부제의 철폐 등을 외치며 가두투쟁을 벌여 반군부독재 민주화투쟁은 절정에 달했다. 이어 5월 15일에는 지식인 134명이 비상계엄 즉시 해제, 민주인사 석방, 군의 정치적 중립 등을 요구하는 이른바 '지식인 134인의 시국 선언'이 있었다.[4] 아울러 재야 민주세력의 국민연합도 5월 20일로 예정되어 있던 임시국회를 기점으로 계엄철폐, 정치일정 단축, 전두환, 신현확의 퇴진 등을 요구하는 국민대회를 열기로 하였다.

이러한 상황 속에서 교회는 1980년 2월 17일 KNCC가 헌법개정에 관한 협의회를 반도유스호스텔에서 개최한 이래 3월 9일 교회사회선교협의회가 민주화문제와 관련하여 "계엄해제", "민의에 입각한 개헌", "정치일정 앞당겨 조속한 시일내에 새 정부 구성" 등을 내용으로 하는 시국관련 성명서를 발표하였다.[5] 이어 각 교단들의 시국 관련 성명들이 이어져 4월 24일에는 예장(통합) 전북 동노회가 〈시국에 관한 성명서〉를 채택하여 "구속된 민주인사의 조속석방" "계엄령의 조속해제와 현체제의 퇴진", "학원민주화 조속실현" 등을 발표하였고, 기장전남노회도 4월 25일 제 82회 정기노회에서 "명분 없

---

3) 유기홍, "1980년대의 민족민주운동," 『자주, 민주, 통일을 향하여 한국사 20』, 66쪽.

4) 한국기독교교회협의회 인권위원회, 『1980년대 민주화운동 (VIII)』, 794. 지식인 134명의 〈시국선언문〉의 내용은 1. 오늘의 난국은 지난 19년간의 독재정권의 반민중적 경제시책과 강권정치의 소산. 2. 비상계엄즉시 해제. 3. 최규하 과도정권은 평화적 정권이양의 시기를 금년 안으로 단축. 4. 학원의 병영적 성격 일체 청산하고 학문자유 보장. 5. 언론자성, 해직동아 조선기자 전원복직. 6. 부당해고근로자 전원복직. 7. 민주인사 석방, 복권, 복직 조치 즉각실시 8. 군의 정치적 중립촉구 보안사, 중앙정보부장서리겸직 시정. 이사건과 관련하여 다수의 인사가 연행구속되었으며, 종교계에서 조남기(KNCC인권위원장,7.18일 연행, 7.25일 석방), 김상근(KNCC인권위원,7.18연행, 당일석방), 김용복(한국기독교사회문제연구원 부원장, 7.18 연행, 7.22석방), 강문규(YMCA총무, 7.22 연행, 당일석방)등 구속되었다,

5) 한국기독교교회협의회 인권위원회, 『1980년대 민주화운동 (VIII)』, 771쪽,

는 계엄령의 즉각 해제", "최근 학원의 자율화를 정죄하려는 흉계를 경계", 등을 내용으로 하는 시국성명서를 발표하였다.[6] 5월 3일에는 KNCC(회장 강원룡)가 시국관련 〈정치발전에 대한 우리의 입장〉을 발표하였다. 그러므로 5 · 18 광주민주화운동이전에 신군부세력은 군부독재의 청산을 통해 민주정부를 수립하려는 재야세력, 학생운동세력, 그리고 KNCC를 중심한 교회 등 민주세력에 의해 포위당하는 형국에 놓이게 되었던 것이다.

그러나 이러한 민주화요구에 대해 전두환, 노태우 등 신군부세력은 5.17계엄확대로 응답하였다.[7] 5월 17일 자정을 기해 비상계엄 선포지역을 전국으로 확대하는 조치를 내려 각 대학에 공수부대가 주둔하고, 정치인, 민주인사, 학생, 노동운동가 등 민주화 운동에 앞장섰던 사람들을 불법연행하거나 수배하였다.[8] 이제 이들 군부세력에 대한 범국민적 항쟁은 피 할 수 밖에 없는 것이 되었고, 이러한 항쟁의 불길은 광주에서 치솟기 시작하였다.

---

6) 위의 책, 785쪽.

7) 고성국, "1980년대 정치사," 『자주, 민주, 통일을 향하여 한국사 19』, 135. 정치역학의 일시적 교착상태를 어렵지 않게 정리하고 정치적 주도권을 장악한 신군부세력은 5월 16일 중동 순방 중이던 최규하 대통령을 서둘러 귀국시켜 신현확 총리, 김종환 내무, 주영복 국방, 전두환 중앙 정보부장서리, 이희성 계엄사령관, 최광수 비서실장이 참석한 청와대 심야시국대책회의에서 비상계엄의 전국 확대를 결정하였다. 이 결정에 근거하여 5월 17일 비상계엄의 전국확대가 실시되었으며 5월 18일 계엄사령부 계엄포고 10호에 의거하여 '정치활동의 중지, 대학의 휴교'가 선언되고, 김대중 등 26명의 '구정치인'이 연행되기에 이르렀다. 전두환 보안사령관겸 중앙정보부장서리는 계엄확대실시 직전 미국 〈타임〉지와의 회견에서 '한국은 한국 자체에 맞는 정치 제도를 개발해야 한다'고 강조함으로써 5.17계엄확대 실시가 정치구조의 전면적 재편의 출발점임을 분명히 하였다.

8) 한국기독교교회협의회 인권위원회, 『1980년대 민주화운동 (Ⅷ)』, 772쪽. 정부는 5.17 비상계엄전국 확대로 소요조종, 권력축재협의로 26명이 연행되었다고 발표하였다. 연행자. 1) 권력형 부정축재자 : 김종필, 이후락, 박종규, 김치열, 김진만, 오원철, 김종락, 장동운, 이세호 2)사회혼란조성 및 학생 노조 소요관련 배후조종혐의자 : 김대중, 예춘호, 문익환 목사 ,김동길 연대부총장 ,인명진 목사, 고은, 이영희, 김승훈 신부, 조화순 목사, 김대중 사건 내란음모 등 혐의로 김대중 및 그 측근인물들을 체포. 혐의내용-1. 내란음모, 2. 학생시위 배후조종, 3. 광주사태 배후조종. 4. 민주헌정동지회 등 사조직의 불법운영, 5. 외환소지

2. 광주민주화운동

5월 들어 전면적으로 진행되기 시작한 민주화 시위는 5월 14일 전국 34개 대학 10만명의 가두시위에 이어 5월 15일 서울역 앞 3개 대학생 7만 여명의 집회로 절정에 달했다. 그러나 군부의 심상치 않은 동향에 대한 우려가 점증하면서 대중시위에 대한 야권의 자제 촉구 속에 경인지역 24개 대학 학생대표모임에서 5. 15서울역 집회의 자진해산과 시위의 일시중단이 결정되었다.[9] 그러나 서울지역과는 달리 광주지역은 14-16일까지 3일간의 대규모 가두시위를 거치면서 투쟁이 점차 고양되기 시작했다. 특히 18일 비상계엄전국 확대와 더불어 포고령 10호가 발표되면서 전남대, 조선대에 공수부대가 진입하면서 학생 수십명과 교수 2명이 연행되고 학생들을 무차별 구타하자, 학생들이 금남로 가톨릭센터 앞에서 연좌시위하였다. 이에 신군부는 공수부대 1천여명을 투입하여 시위대를 폭력적으로 진압하였고 이 과정에서 다수의 사상자를 내는 광주민주화운동 최초의 유혈사태가 발생하였다.[10]

그러나 계엄군의 폭력적 진압에도 불구하고 5월 19일 시위는 재개되었고, 투쟁양상은 점차 격화되기 시작했다. 학생들의 민주화시위에 대한 계엄군들의 잔인하고 무차별한 살상은 시위대열에 일반 시민과 노동자들의 참여를 유도하는 결과를 가져왔다. 더욱이 고등학생까지 참가하는 시위군중의 급속한 증가와 구성의 변화는 계엄군의 무력에 대항하여 화염병과 각목으로 진압군과 대결하도록 하였다. 뿐만 아니라 시위대는 가톨릭 센터내의 기독교방송에 진실보

---

9) 고성국, "1980년대 정치사," 『자주, 민주, 통일을 향하여 한국사 19』, 134쪽.
10) 한국기독교교회협의회 인권위원회, 『1980년대 민주화운동(Ⅰ)』, 803쪽.

도를 요구하며 몰려가 계엄군을 무장 해제시켰으며, 사실보도를 외면한 MBC 방송국에 화염병을 던져 불을 지르기도 하였다. 이날의 시위로 계엄군의 폭력적이고 잔인한 진압이 계속되었고 수많은 시민과 학생들이 살해되고 체포 되었다.[11]

5월 20일 광주시위는 더욱 격렬해져 전면적인 시민봉기로 발전하였다. 많은 시민들이 속속 도청 앞으로 모여들어 저녁 7시경에는 약 20여 만명의 시민이 분수대를 사이에 두고 계엄군과 대치하게 되었다. 이때 수백대의 차량들이 일제히 전조등을 켜고 경적을 울리면서 도청 앞 군경저지선을 향해 밀어닥쳤다. 또한 그때까지도 '광주사태'에 대해 침묵으로 일관하던 광주 MBC 방송국이 불탔으며, KBS는 자체적으로 방송을 중단하였다. 차량시위를 계기로 더욱 기세를 올린 시민들은 시청을 접수하고 철야시위를 벌인 끝에 새벽 4시에는 도청, 전남대, 조선대, 교도소를 제외한 광주전역에서 계엄군을 몰아내기에 이르렀다. 광주시청이 시위대에 의해 점령됨으로써 이제 광주사태는 서서히 시민군의 우세로 기울어졌다.[12]

5월 21일 광주의 시위는 목포, 해남, 강진, 장흥, 무안, 영암, 나주, 화순, 함평 등지로 확산되었으며 계엄군의 발포에 대응하여 곳곳에서 경찰서가 습격당하고 시위대는 자위용 무장을 시작하였다. 마침내 전남도청이 시위대에 의해 장악되고 계엄군이 광주시 외곽으로 철수함으로써 광주는 완전히 광주시민들의 자율적 통제 아래 놓이게 되었다. 바로 이 시점부터 광주는 외부와 완전히 격리된 채 자신의 운명을 스스로 감당하지 않으면 안 되었다. 광주시 외곽으로 철수한 계엄군은 시 외곽 7개 지점에서 광주출입을 전면 봉쇄하였으며,

---

11) 위의 책, 803쪽.
12) 고성국, "1980년대 정치사," 『자주, 민주, 통일을 향하여 한국사 19』, 136쪽.

시외전화까지 완전히 두절시켜 버렸던 것이다.[13]

한편 신군부세력이 주도하는 계엄당국은 1980년 5월 21일 광주 민주화운동을 '일부 불순자와 폭도에 의한 난동'으로 규정하며 진실 을 은폐하는 담화문을 계엄사령관 이희성의 이름으로 발표하였다.

> 지난 18일 수백명의 대학생들에 의해 재개된 평화적 시위 가 오늘의 엄청난 사태로 확산된 것은 상당수의 타지역 불 순인물 및 고첩들이 사태를 극한적인 상태로 유도하기 위 하여 여러분의 고장에 잠입, 터무니 없는 악성유언비어의 유포와 공공 시설 파괴방화, 장비 및 재산약탈 행위 등을 통하여 계획적으로 지역감정을 자극, 선동하고 난동행위를 선도한데 기인된 것이다.[14]

또한 5월 22일 미 국방성은 " 광주데모를 진압하는데 사용할 목 적으로 4개 대대의 한국군을 미군 통제하에 풀어 주었다"고 발표하 였으며, 같은 날 미 국무성도 "남한의 안보와 질서 회복 위해 정치적 자유화에 대한 압력을 늦추기로 했다"고 발표함으로써 5. 17계엄확 대와 신군부 세력에 대한 지지를 분명히 하였다.[15] 지배세력은 신군

---

13) 5월 21일부터 27일까지의 '해방 기간' 동안 광주시민들은 높은 도덕성과 투쟁성을 보여주었다. 기존의 통치기구가 모조리 와해되어 버린 상태에서 범죄율은 오히려 평상시보다 낮았고 시 민군에 의한 폭력사고도 없었으며 은행이나 보석상 어느 한곳도 습격당하는 일이 없었다. 시 민군은 더욱 조직적으로 편성되어 시내의 치안과 방위를 담당하였으며 날마다 수만명의 시 민들이 도청 앞에 모여 계엄령 해제, 학살책임자 처벌, 구속자 석방을 요구하는 민주수호 범 시민 궐기대회를 개최하였다. 아울러 도청을 중심으로 항쟁지도부가 구성되어 항쟁 전반을 주도해 나갔다. 이들은 현 정부의 퇴진, 계엄령의 해제, 학살원흉 처단, 구속인사 석방과 구 국과도정부 수립, 언론조작 중지, 진정한 민주정부 수립 등의 요구사항이 관철될 때까지 계 속 싸워 나갈 것을 선언하였다. 유기홍, "1980년대의 민족민주운동," 『자주,민주,통일을 향하 여』 한국사 20, 69쪽.

14) 광주광역시 5·18사료 편찬위원회, 『5·18광주민주화운동자료 총서 제 2권』, 29쪽.

15) 한국기독교교회협의회 인권위원회, 『1980년대 민주화운동(Ⅰ)』, 805쪽.

부에 대한 미국의 거듭된 지원과 기득권층의 성원에 힘입어 광주사태에 대한 물리적, 군사적 진압을 하기 위한 준비를 진행시켰다.

이러한 상황에서 광주시민들은 5월 22일 도청을 접수한 후 작전상황실을 마련하고 순찰 홍보관과 치안대, 환자 수용반을 조직하고 시민 20만명이 도청 앞 광장과 금남로에 모여 사망자 합동장례식을 교구하며 시위하였다. 이어 낮 12시 반경 목사, 신부 등 15명이 도청에 모여 '5 · 18사태 수습위원회'를 결성하고 7개항의 요구사항을 결의하여 상무대, 전남계엄분소로 찾아가 군과 협상했으나 결렬되었다. 오후 6시경 도청 서무과에서 학생수습위원회를 구성하였다.[16]

5월 23일에는 전남도청 광장에서 대학생 주최로 10만명이 참여한 '제 1차 민주수호 범시민궐기대회'를 개최되었으며, 이 대회에서 피해상황(사망자 5백여명, 부상자 5백여명, 연행자 1천여명)이 발표되었다. 이때 일반수습위원회와 학생수습위원회 사이에 무기반납을 놓고 이견이 생기기 시작하였다.[17] 5월 24일에는 제 2차 민주수호 범시민궐기대회를 개최하였으며, 학생수습위원회와 일반수습위원회 사이에 무기회수 문제로 이견이 노출되다, 25일에는 자위용 무기를 회수하고 정부와의 협상만을 시도하는 '5 · 18광주민주화운동 수습대책위원회'의 '굴욕적이고 투항적'인 자세에 대한 비판을 근거로 하여 김종배 위원장으로 한 새로운 광주민주화운동 지도부를 새롭게 발족시켰다.[18]

광주시민들이 자체지도체제를 정비하고 한편으로는 대정부협상을 진행시키면서 다른 한편으로는 자위적 방어태세를 가다듬고 있

---

16) 위의 책, 804-05쪽.
17) 위의 책, 806쪽.
18) 고성국, "1980년대 정치사," 『자주, 민주, 통일을 향하여 한국사 19』, 137쪽.

었음에도 불구하고 압도적인 화력으로 무장한 계엄군의 광주사태 진압작전은 차근차근 진행되어 가고 있었다. 계엄군의 광주 재진압이 박두한 5월 26일 오후에 다시 '제5차 민주수호 범시민 궐기 대회'가 개최되었다. 곧이어 항쟁 지도부는 정부에 7개항을 요구하는 '80만 광주시민의 결의'를 부지사와 광주시장에게 전달함으로써 사태의 평화적 해결을 위한 마지막 시도를 하였으나 받아들여 지지 않았다. 5월 27일 새벽, 신군부는 예정대로 계엄군을 광주에 재진입시켜 시민군을 일방적으로 진압함으로써 광주민주화운동을 종결 지었다. 이렇게 해서 10일간에 걸친 광주민주화운동은 끝났다. 광주민주화운동은 1980년 '서울의 봄'을 질식시키고자 했던 지배세력 전체를 대표한 신군부가 이미 정치적, 물리적 주도권을 확실하게 장악한 상황에서 발발하였고, 따라서 서울의 봄을 마지막으로 꽃피운 광주만의 고립된 외로운 항쟁으로서 종결되었으며, 마침내 제 5공화국의 전두환 정권을 수립하기에 이르렀다.[19]

---

19) 광주민주화운동이 끝나자 계엄사령부는 이른바 '광주사태'에 대해 최종보고를 하는 자리에서 항쟁기간동안 "민간인 144명, 군인 22명, 경찰 4명 등 총 170명이 사망했으며 민간인 127명, 군인 109명, 경찰 144명 등 380명이 다쳤다"고 공식 발표했다. 그리고 이들에 대해 어느 정도의 장례비와 치료비를 지불하겠다고 발표하면서 광주사태가 종결되었다고 선포하였다. 그러나 광주 시민들 중 그 누구도 그것을 사실이라고 생각하는 사람은 없었다. 정확한 사망자 수는 지금까지 의혹의 대상으로 남았다. 정근식, 『5 · 18광주민주화운동』, 35쪽.

3. 광주민주화운동에 대한 교회의 반응

a. 기도회의 개최

계엄군에 의해 시민들의 인명이 살상되고 폭도로 몰리는 긴박한 상황을 맞이하여 광주의 기독교인들이 보인 반응은 기도회와 수습위원회 활동의 참여, 그리고 광주민주화운동 사실을 알리는 유인물 배포 등이었다. 광주민주화운동이 치열하게 전개된 5월 20일 오전 8시 광주기독병원에서는 기도회가 있었는데, 한 의사는 광주시와 시민들을 위해서 기도했다. 그는 하나님께서 그들의 젊은이와 학생들을 지켜 주시고 보호해 주시기를 간구했다고 한다.[20]

범교회 차원에서의 기도회가 항쟁 지역에서 처음 열린 것은 5월 25일 주일 오후였다. 그날 낮 12시 30분부터 목포역 광장에서 기독교인 6백여명이 참석한 가운데 열린 '목포시 기독교연합회 비상구국기도회'에서는 '광주시민혁명에 대한 목포지역 교회의 신앙고백적 선언문'을 채택하고 집회에 참석한 군중들에게 배포하였다. 이 선언문은 광주시민혁명을 다음과 같이 정의하였다.

─────────────────────────

최근 광주, 목포에서 일어난 시민들의 항거는 동학혁명, 3·

---

20) 김흥수, "5월 광주민주화운동에 대한 기독교인들의 종교적 반응," 『한국기독교와 역사 제 5호』(서울: 한국기독교역사연구소, 1995), 158쪽. "이 예배에 참석한 침례교 선교사 피터슨 (Amold A. Perterson)은 다음과 같이 증언하였다. 이기도 시간과 드윗 매튜스의 설교 후에 우리는 '십자가 군병들아'라는 찬송을 부르면서 예배를 마쳤다. 이들 의료진들은 큰 염려와 무거운 마음을 지닌 채로 병원에서 그 날 일을 시작해야 했기 때문에 그 예배 시간은 감정이 복받치는 순간들이었다." 피터슨, 『5·18 광주사태』, 79-80쪽. 그리고 김흥수, 위의 글, 158쪽에서 재인용.

1운동, 4 · 19, 명동민주구국 선언을 잇는 역사적 시민혁명
이며, 이 사건, 이 역사는 이 땅에 하나님의 정의와 자유를
파종하려는 그리스도의 군병과 그리스도를 또 한번 못 박
고 군벌 독재를 구축하려는 적과의 의로운 투쟁이었다.[21]

이 선언문은 광주시민의 항거를 "동학, 3 · 1운동, 4 · 19, 명동민
주구국선언을 잇는 역사적 시민혁명"이며 "적그리스도와의 의로운
투쟁이라 정의하였다. 이어 선언문은 "광주탄압의 주동자 색출되어
처형," "광주탄압은 시민학살," "김대중 비롯한 민주인사의 즉각적
석방," "군은 국토방위에 전념," "언론계의 반성촉구," "미국을 비롯
한 자유우방 시민의 광주, 목포를 위한 기도요청," "교회는 적그리스
도에 대항하여 십자가를 질 것" 등을 주장하였다. 목포의 교회들이
교파와 관계없이 하나가 되어 참가한 이 기도회는 광주사건에 대한
기독교회의 입장이 처음으로 그리고 공식적으로 표명된 집회였다.[22]

b. 수습대책위원회 참여

광주민주화운동 당시 교회가 보인 또 다른 반응은 성직자들이 사
태 수습에 직접 나서는 것이었다. 5월 25일 광주시민들은 "전국 종

---

21) 광주광역시 5 · 18사료 편찬위원회, 『5 · 18광주민주화운동자료 총서 제 2권』, 69쪽.
22) 김홍수, "5월 광주민주화운동에 대한 기독교인들의 종교적 반응," 『한국기독교와 역사 제 5
    호』, 162쪽. 이 선언문은 살상에 참여하고 이끈 자들은 종교적으로는 "주의 백성을 탄압하고
    살육하는 오늘의 뿔 달린 짐승"으로 보았고, 그들과 싸우는 시민들에게서 "부활하신 그리스
    도의 모습"을 보았다. 또 시위 군중에 의해 방송국이 불타는 모습에서는 "우리 하나님이 역사
    적인 현장을 외면하고 있는 이 나라 언론인에 대해 분노하시는 모습"을 보았다고 선언하고
    있다.

교인들에게 보내는 글"이라는 다음과 같은 성명서를 발표하였다.

> 모든 종교가 특수한 차이를 초월하여 인간의 존엄성과 민
> 주주의의 정신을 신봉하고 있는 줄로 안다면서 지난 일주
> 일간 피어린 투쟁을 통해서도 군부세력들은 조금도 반성
> 의 여지를 보이지 않으며 끝까지 국민여러분을 호도함은
> 물론 광주 시민들의 식량과 물품 보급을 통제하여 광주는
> 커다란 어려움에 처해 있다고 호소하고, 종교인들이 전국
> 적으로 궐기해 줄 것을 촉구하였다.[23]

이에 앞서 시민들의 요청[24]에 따라 이미 광주지역의 목사와 신부
등 종교지도자 몇 사람은 5월 22일 15명의 위원들로 구성된 '5·18
수습대책위원회'의 결성에 참여하였다.[25] 5월 23일 수습대책위원회
의 구성원이 다시 조정되었다. 새 수습 대책위원회는 당초의 15명에
서 5명이 사퇴하고 학생 20명을 추가, 30명으로 구성했으며, 윤공희
대주교가 수습대책위원회 위원장에 추대되었다. 광주시민항쟁의 수

---

23) 광주광역시 5·18사료 편찬위원회, 『5·18광주민주화운동자료 총서 제 2권』, 66쪽.

24) 당시 광주 계림동 성당에서 목하고 있던 조철현 신부는 5월 19일 아침부터 수많은 전화를 받
았다. 그의 기억에 의하면 전화를 한 사람들은 절반이 신자들이었고 절반은 일반 시민들이었
는데, 시민들은 "시내에서 군인들의 만행이 자행되고 있는데 종교인들이 무엇을 하고 있느냐"
고 항의했고, 신자들은 군인들이 만행을 저지르고 있으니 신부님도 조심하라는 안부 전화를
했다. 조철현 신부는 5월 20일에는 광주 동구청의 민방위과장과 직원들로부터 "광주사태가
걷잡을 수 없게 악화되었으니 시민들이 믿을 수 있는 성직자들이 난국을 수습해 달라는 요청
을 받았다. 한국현대사사료연구소편, 『광주오월민중항쟁 사료집』, 187쪽.

25) 위의 책, 61쪽. 최규하 각하께 드리는 호소문-광주사태 수습대책위원회 만장일 결의 중에서. 광
주사태 수습위원회 명단은 다음과 같다. 위원장 : 윤공희 대주교, 대변인 : 김성용(남동천주교
성당신부),, 장두석(카톨릭 농민회), 정태성(시민), 이성학(국제사면위원회전남지부장), 명노
근(전남대교수), 김목사(침례교목사), 조아라(YWCA회장), 조철현(계림동성단신부), 위인백
(법률사무소), 김천배(YMCA 이사), 이기홍(광주변회사회 회장), 장목사(침례교목사), 정규완
(북동성당신부), 오재일(청년), 장사남(서석고 교사), 홍남순(변호사), 이종기(전변호사), 신
교수(조선대교수), 송기숙(전남대 교수), 이양현(청년), 이영생(YWCA총무), 김갑제(광복회)

습과정에 있어서 천주교회의 윤공희 대주교는 매우 중요하였다. 그는 언론이 통제되는 상황 속에서도 5월 23일 〈광주사태에 대한 전국 신자들에게 기도요청〉을 통하여 광주사태의 진상을 전국에 알렸고, 5월 25일 최규하 대통령의 광주시민에 대한 특별방송을 접하고 〈존경하는 최규하 대통령 각하〉라는 글을 통해 다음과 같이 호소하였다.

> 사태의 원인을 알아보시지 않고 그 수습만을 호소하시는 것은 사태의 올바른 처리의 책임을 가지신 분의 그러한 회피는 사태를 당장에 더욱 악화시킬 위험마저 있는 것이라고 생각합니다.… 사태의 수습을 위해서 어떠한 방법으로든지 사태발단의 진실을 정부와 군이 인정을 하고 겸손한 사죄의 표시를 하여야 하며, 군인들의 만행에 대한 명령책임자를 엄중히 처단할 것을 약속하여야 현 사태의 수습이 가능할 것입니다.[26]

뿐만 아니라 다른 사람을 통해 윤공희 대주교의 보고를 받은 김수환 추기경도 5월 23일 전국주교들과의 회합 후 명동성당에서의 강론을 통해 "사랑하는 같은 민족이 신체적으로 정신적으로 엄청난 상처를 입고" 있다면서 "이번 사태에서 희생된 모든 형제들이 하루속히 안정을 되찾고 위정자들은 냉철한 자기 반성으로 국민의 여망이 무엇인지를 깨달아 우리 모두가 평온한 날들을 보낼 수 있도록 기도해 주시기를 간곡히 당부"하였다.[27]

---

26) 광주광역시 5·18사료편찬위원회, 『5·18광주민주화운동자료 총서 제 2권』, 77-78쪽.

27) 김흥수, "5월 광주민주화운동에 대한 기독교인들의 종교적 반응," 『한국기독교와 역사 제 5호』, 163쪽.

c. 유인물 배포

한편 개신교회의 기독학생들은 광주민주화운동에 관한 유인물을 배포하여 광주의 진상을 알리기도 하였다. 5월 25일에 기장의 한빛교회 대학생부 회원들은 광주사태의 진상을 국민에게 알리는 유인물을 만들어 미아리 대지극장 앞에서 모의 중 경찰에 적발되어 광주 한빛교회 전도사인 박윤수를 비롯하여, 조인영, 김광수, 김지용 등이 계엄포고령 위반으로 구속되었고, 5월 29일에는 고려대 기독학생회원 16명이 안태용의 집에 모여 회합 중 경찰이 급습하여 〈8백만 서울시민에게 고함〉이라는 광주 사태 유인물이 발견되어 16명 전원이 연행되고 이중 안태용과 임장철이 구속되는 사건이 발생하기도 하였다.[28]

광주에서의 살상 사태는 5월 27일 새벽 진압군이 도청을 무력으로 함락시킴으로써 일단 막을 내렸다. 6월 이후 광주의 비극에 대한 교회들의 반응은 대체로 진상을 알리는 문서와 유인물, 기도회와 추모예배를 통해 광주사건에서 희생된 자들을 기억하는 일 등으로 나타났다.[29] 그러나 기독교신앙관에 위배되는 극단적인 방법인 분신과 투신자살을 통하여 광주의 진상을 알리고자 했던 것도 사실이다.

진상을 알리는 최초의 문서는 1980년 6월 1일 천주교 광주대교구 사제단의 "광주사태에 대한 진상"이라는 제목의 문서로 나타났다. 이 문서는 서두에서 다음과 같이 문서의 성격을 정의하였다.

---

28) 한국기독교교회협의회 인권위원회, 『1980년대 민주화운동(I)』, 824쪽.

29) 김흥수, "5월 광주민주화운동에 대한 기독교인들의 종교적 반응," 『한국기독교와 역사 제 5호』, 164쪽.

거짓은 폭로되고 진실은 밝혀지도록 하는 것이 그리스도
를 믿는 우리에게 맡겨진 사명임을 잘 알고 있는 우리는 양
심과 신앙의 충돌을 따라 사태의 진상을 전국민 앞에 발표
하는 것만이 우리의 사명을 다하는 것이며, 이 사태로 죽어
간 영령들을 위로하는 한 맺힌 광주 시민의 아픔에 동참하
는 길이라고 결정하여 아래와 같이 전 국민 앞에 밝히고자
한다.[30]

이 문서는 계엄사령부의 진상 발표와는 달리 공수특전단의 야만
적인 행위에 대한 광주시민들의 자위적 항쟁을 강조했는데 특히 사
건 초기 공수부대의 만행을 강조하였다. 이 문서는 군이 한국근대사
상 유례없는 유혈 사태를 유발하여 놓고 그 책임을 광주 시민에게 전
가하고 있다면서 그들이 스스로 저지른 잔인한 만행에 대해 추호도
양심의 가책을 느끼지 못하고 있는 것을 통탄하였다. 이 문서가 발표
되자, '천주교정의구현 전국사제단'과 '수도회 사제단'은 '천주교 광
주대교구 사제단'이 발표한 "광주사태의 진상"이 진실임을 믿으며,
현사태의 민족적 치유를 위해 비상계엄 해제와 구속된 민주시민, 학
생들의 석방이 즉각 이루어져야 하며, 민주헌정이 시급히 수립되어
야 한다는 〈성명서〉를 발표하였다.[31] 또한 김수환 추기경은 6월 25
일 〈6 · 25동란 30주년을 맞이하며〉라는 '시국담화문'을 발표하여
"광주사태는 국민이 이해할 수 있는 방향으로 밝혀져야 하며, 힘에

---

30) 전문은 한국기독교교회협의회 인권위원회, 『1980년대 민주화운동 (I)』, 293-97쪽.
31) 광주광역시 5 · 18사료 편찬위원회, 『5 · 18광주민주화운동자료 총서 제 2권』, 136쪽.

의한 외형적 해결은 국민의 화합과 단결을 저해 한다"[32]고 하여 다시
한번 광주의 진실을 국민들에게 회상시켰다.

그러나 가톨릭 교회의 성명서 발표와 광주민주화운동의 진상을
알리는 일은 정부에 의해 곧 탄압을 받기 시작하였다. 7월 10일 광주
사태 유언비어혐의로 신부 등 7명 연행되는 사건[33]이 발생하였고, 7
월 31일에는 광주사태 진상에 관한 〈찢어진 기폭〉이라는 유인물 및
녹음테이프를 제작 살포하고 강론에서도 발표하여 신도들을 선동한
혐의로 오태순 신부, 장덕필 신부, 정양숙 수녀 등 3명이 구속되었다
가 형 집행 면제로 석방되었다.[34]

한국기독교교회협의회(KNCC)를 비롯한 한국개신교계는 광주민
주화운동의 진상을 적극적으로 알리는 방법을 취한 천주교회와는
초기에 소극적 대응으로 일관하였다. KNCC 인권위원회는 광주민주
화운동이 끝나고 한 달이 지난 6월 28일에야 현 시국에 대한 입장을
표명하기 위한 인권위원회와 교회와사회위원회를 소집코자 하였으
나 그 마저도 당국의 불허로 성사되지 않았다.[35] 다만 7월 7일에서
야 KNCC 인권위원회의 조남기 위원장과 이경배 사무국장이 전두환
합동수사본부장을 면담하여 연행자의 소재확인과 가족면회의 허용,

---

32) 위의 책, 145-47쪽. 김수환 추기경은 6 · 25동란 30주년을 맞이하며 〈시국담화문〉을 발표하였
는데, 그, 내용은 1.광주사태는 국민이 이해할 수 있는 방향으로 밝혀져야 하며 힘에 의한 외
형적 해결은 국민의 화합과 단결을 저해. 2. 정부는 학생과 노동자의 순수한 염원을 수렴해야
함. 3. 언론자유 필요. 4. 민주구현 위한 시위자 구속은 민족발전을 저해 5. 민주발전은 곧 안
보를 의미, 안보를 빙자하여 반민주적 요소가 끼어든다면 오히려 안보가 위협을 받는다고 말
하였다.

33) 한국기독교교회협의회 인권위원회 편, 『1980년대 민주화운동 Ⅷ』, 832쪽. 연행자:오태순 신
부(천주교정의구현사제단구속 서울교구사목국장), 양홍 신부(미아동성당), 김택암 신부(여
의도성당), 안충석 신부(이문동성당), 장덕필 신부(봉천동성당), 김성용 신부(광주남동성당),
정마리안나 수녀(서울명동성당 노동문제상담소)

34) 위의 책, 835쪽.

35) 위의 책, 830쪽.

구속자의 석방등의 현안 논의와 같은 소극적인 방법으로 광주민주화운동에 반응하였다.

한국기독교교회협의회(KNCC)의 소극적 대응과는 달리 기독학생과 개교회 교인들은 유인물 배포와 같은 보다 적극적인 방법이었다. 8월 5일에는 청주산업선교회에서 광주사태 관련 반정부 유인물을 제작하여 청주시내에 살포한 혐의로 조순형 전도사를 비롯한 4명이 계엄법 위반으로 구속 되었고,[36] 10월 8일에는 한신대학생들이 광주사태에서 숨진 한신대 유동운(신학)의 추도식에서 〈피의 선언문〉이 낭독되고 줄을 지어 강당을 빠져나와 "계엄철폐" 등을 외치다가 경찰기동대와 충돌하였다. 이 사건으로 학생 1백 46명 전원이 연행되었고 한신대는 휴교령이 내려지는 사건이 있었다. 10월 22일에는 한빛교회 교인인 양화수 등 4명이 〈십자가의 성전을 선언한다〉와 〈폭력을 논함〉이라는 두 종류의 유인물을 제작하여 마포일대에 살포하고 홍익대 학생에게 건네주는 과정에서 체포되어 계엄포고령 위반으로 구속되었다.[37]

d. 자살 : 투신과 분신

광주민주화운동이 진압된 지 3일째인 5월 30일에 최초로 광주사태의 진상을 알리는 '자살'이라는 새로운 방식이 일어났다. 서강대학교 학생으로 EYC 농촌간사였던 김의기는 우리 민족사의 대비극인 광주민주화운동을 눈여겨 본 후, 서울로 상경하여 종로5가 기독교회

---

36) 위의 책, 836쪽.
37) 위의 책, 844-45쪽.

관 옥상에서 광주민주화운동의 진실을 알리는 〈동포에게 드리는 글〉과 〈광주시민, 학생들의 넋을 위로하며〉를 발표하고 반정부 구호를 외치며 투신하였다. 김의기는 뛰어내리기 전 〈광주시민, 학생들의 넋을 위로하며〉에서 다음과 같이 말하였다.

내작은 몸뚱이를 불살라 국민 몇 사람이라도 용기를 얻을 수 있게 된다면 나는 몸을 던지겠습니다. 내작은 몸뚱이를 불 질러 광주, 시민, 학생들의 의로운 넋을 위로해 드리고 싶습니다. 아무 대가 없이 이 민족을 위하여 몸을 던진다는 생각은 해 보지 않았습니다. 너무 과분한, 너무 거룩한 말이기에 가까이할 수도 없지만, 도저히 이 의분을 진정할 길 없이 몸을 던집니다.[38]

이밖에도 그로부터 며칠 후인 6월 9일 오후 5시경 서울의 신촌 네거리에서 광주학살을 규탄하고 구속 민주인사의 석방을 요구하는 유인물 수백장을 지나가는 행인들에게 나누어주는 사건이 발생하였다. 그는 방위병 제대를 1주일 앞둔 노동자 김종태였다. 잠시 후 경찰이 나오자 그는 남은 유인물을 허공에 뿌리고 준비해온 석유로 온 몸을 적신 후 손수 불을 붙였다. 그리고 힘을 다해 "유신잔당 물러가라", "노동 3권 보장하라! 비상계엄 해제하라"고 외치고 쓰러졌다. 그리고 그는 6월 14일 사랑하는 어머니가 보는 가운데 숨을 거두었다.[39] 김의기 투신자살과 김종태의 분신자살 사건은 문서차원을 넘어 극단적 방법으로 광주사태의 진상을 알리고자 했던 것으로, 안타

---

38) 광주광역시 5 · 18사료 편찬위원회 편, 『5 · 18광주민주화운동자료 총서 제 2권』, 111쪽.
39) 박세길, 『다시쓰는 한국현대사』, 128쪽.

깝게도 이후 민주화운동 속에서 진실을 알리는 하나의 방법으로 전
국도처에서 뒤를 잇게 되었다.

e. 기도회와 추모예배

1980년 6월 이후 광주의 비극에 대해서 교회가 보인 가장 전형적
인 반응은 희생자들의 아픔에 동참하고 그들을 위로하기 위해 기도
회와 추모예배를 갖는 것이었다. 기독교감리회 선교국은 6월에 들어
서면서 6월 9일부터 한 주간을 기도주간을 정했으며, 전주에서는 전
주 시내 전교회가 초교파적으로 참여하는 기도회를 6월 8일 밤 완산
교회에서 2천여명의 신도들이 참석한 가운데 가졌다.[40] 이 기도회에
서 대한예수교장로회(합동)측의 서은선 목사가 "예레미야의 눈물"이
란 제목으로 설교하였다.[41] 교회들의 이러한 반응은 시위에 참석한
광주 시민들을 불순분자, 불량배, 폭도들로 규정하고 그들을 역사에
서 배제하려는 정부의 시도에 대한 도전이었고, 그것은 마침내 교회
와 정부의 충돌로 이어졌다.

교회와 정부의 충돌은 1982년 5월 18일 광주 YWCA 회관에서 한
국기독교장로회 전남노회교회사회위원회, 광주기독교연합회, 광주
기독교청년연합회 공동 주관으로 광주민주화운동의 희생자를 위한
예배에서 일어났다. 2천여명의 교직자와 신도, 유족들이 참석한 가
운데 열린 예배에서 대한예수교장로회(통합) 고영근 목사는 설교를

---

40) 김홍수, "5월 광주민주화운동에 대한 기독교인들의 종교적 반응," 『한국기독교와 역사 제 5
호』, 166쪽.
41) 『교회연합신보』(1980. 6. 15.)

통해 "5·18은 순국의 피를 흘린 의거"라고 전제하고 "2년전 피흘린 선열들의 뒤를 따르자"는 호소와 더불어 미국의 대한정책을 비난과 현정권의 퇴진을 요구하는 설교를 하였다.[42]

예배에 참석한 사람들이 시위에 들어가자, 정부는 전남교회사회위원회 총무 김경식 목사와 한국기독교청년협의회장 김영진씨, 서울성공회 신학생 유시경군, 박혜진양 등 4명을 집회 및 시위에 관한 법률위반 혐의로 구속하였다.[43] 뿐만 아니라 정부는 같은 날 언론기관과 반공연맹 전남지부 등 각종 관변단체를 통원하여 '새 광주 건설 도민단합대회'를 개최하고 추모예배 주최자들을 불순 종교세력, 좌경화 종교집단 등으로 매도하였다.

> 일부 불순세력들이 광주를 정치적으로 이용하려고 기도하고 있으며, 거론하기도 싫은 광주사태를 들먹여 광주인들로 하여금 두 번 마음을 아프게 하려고 책동하고 있다.…광주는 광주인들의 손으로 키워 새 시대에는 광주가 새 시대 민족화합의 핵이 되고 새 민족사 창조의 견인차가 될 것을 결의한다.[44]

이러한 정부의 비난과 탄압에도 불구하고 이후 해마다 교회의 광주민주화운동 추모예배는 계속되었으며 다수의 성직자와 유족들이 구속되는 아픔을 경험하였다.[45]

---

42) 『중앙일보』, (1980. 5. 19.)

43) 『동아일보』, (1982. 5. 22.)

44) 『조선일보』(1982. 5. 19.)

45) 1983년 5월 16일 광주 사태 3주기 추모예배 참석한 교계 인사에 대한 연금사건이 발생하였다. 정부 당국은 예배설교자인 문익환 목사를 비롯하여 함석헌 선생, 이문영 교수, 이해동 목사, 윤반웅 목사, 성해룡 목사, KSCF 황인성 간사, EYC 유태선 회장, 이민우 부회장, 김철기 총무

Ⅱ

국가보위 비상대책위원회와 제5공화국의 탄생

1. 국가보위 비상대책위원회

광주민주화운동이 진압된 후 신군부는 새로운 강권통치를 위한 법적, 제도적 장치들을 신속히 정비해갔다. 광주민주화운동을 진압한 다음날인 1980년 5월 28일 전두환은 "정치일정에 따라 정치발전을 추진하나, 정치활동재개를 위해서는 안정의 정착화가 필요하다"는 말로 자신의 정치적 임무와 역할을 집약적으로 표현하였고, 이 '안정의 정착화'의 법적, 제도적 정비를 위하여 5월 31일 정부는 최규하 대통령을 의장으로 하는 국가보위비상대책위원회와 상임위원회를 설치하였다.[46] 이 국보위에서 실질적인 권한을 행사하는 기구는 상

등을 연금하고, 박형규 목사, 김상근 목사, 금영균 목사 등을 미행 또는 수사관과 동행 감시하였다. 5월 30일 EYC는 이 사건을 전국교우들에게 폭로하는 〈메시지〉를 채택하였다. 1984년 5월 18일 광주 KNCC와 기독교장로회 전남노회 교회와 사회위원회 주최로 5·18 4주기 추모 예배를 광주 한빛교회에서 개최 하였다. 이 예배에서 유족회 성명서 및 광주사태에 대한 강의 내용으로 유족회 회장 전계량이 5월 28일 연행되어 다음날 석방되었다.

46) 고성국, "1980년대의 정치사", 『자주,민주, 통일을 향하여 한국사 19』, 138쪽.

임위원회였는데, 상임위원 30명 중 18명이 현역장성이었고, 상임위원장은 전두환이었다. 결국 국보위는 5 · 16 쿠데타 때 등장한 국가재건 최고위원회를 모방한 쿠데타 기구였다.[47]

계엄사령부는 이미 5월 17일 김대중씨 등 정치인을 연행하고, 6월 17일 부정축재, 국기문란, 시위주도, 배후조종 등의 혐의로 정치인, 교수, 목사, 언론인, 학생 등 329명을 지명 수배하였다.[48] '국보위'는 이어 7월 9일 2급 이상의 고급공무원 232명을 숙정을 발표하고, 7월 15일에는 3급 이하 행정부 공무원 4,760명, 7월 19일에는 금융기관 임직원 431명, 7월 31일 농, 수협 1,212명, 교육공무원 611명 숙정이 정부명의로 발표하였다.[49]

한편 국보위는 소위 '7.30 교육개혁조치'를 단행하여 '교수임용제 강화', '대학입학 본고사를 폐지', '대학졸업정원제'를 실시하는 시행지침을 시달하여 대학생들을 성적경쟁의 쳇바퀴로 밀어 넣었다. 다음날인 7월 31일에는 『기자협회보』, 『창작과 비평』, 『씨알의 소리』, 『뿌리깊은 나무』 등 172개 정기간행물 등록을 취소하여 비판적인 글이 실리는 지면을 원천적으로 봉쇄하였다. 한국신문협회와 방송협회는 언론기관 통폐합으로 통폐합되었다. 방송의 경우 동양방송(TBC)과 동아방송을 강제로 KBS에 통합시키는 한편, MBC의 주

---

47) 박세길, 『다시쓰는 한국현대사』, 73쪽.

48) 계엄사령부는 이미 5월17일 비상계엄을 전국으로 확대하면서 김대중을 비롯한 정치인들을 구속 수감하였다. 이후 김대중씨는 변호인은 물론 가족과의 면회가 일체 금지된 채, 50여일에 걸쳐 불법적인 고문과 조사를 받았다. 이러한 불법수사를 바탕으로 7월 4일 계엄사령부는 소위 '김대중 내란 음모사건'을 발표하였다. 발표의 요지는 '80년 5월 서울에서의 학생 시위와 광주사태는 모두 김대중이 추종세력을 배후조종하여 일어났다'는 것이다. 김대중 추종세력으로 지목된 37명에는 문익환 목사 등 재야인사, 예춘호 등 정치인, 이호철씨 등 문인, 한완상씨 등 대학교수, 이해찬씨 등 복학생, 심재철씨 등 학생 대표가 포함되어 있었는데 이들 역시 모두 연행되어 장기간 수사를 받았다. 박세길, 『다시쓰는 한국현대사』, 73쪽.

49) 『연합연감』(1981), 110-13쪽.

식 65%를 빼앗음으로써 정권에 의한 전면적인 통제가 가능하도록 하였다. 아울러 신문사는 중앙일간지 여섯 개(동아, 조선, 중앙, 한국, 경향, 서울)와 각 도별 지방지 한 개씩만으로 모두 통폐합되었다.[50]

또한 8월 6일에는 국보위상임위원회가 '사회악 일소를 위한 특별조치'에 따라 폭력배들을 일제히 검거하여 불과 열흘 만에 3만 578명을 검거하여 이를 군법재판, 순화, 근로대상으로 분류하고, 이 가운데 1만 9,857명을 군부대에 수용하여 '삼청교육'을 실시하였다.[51] 8월 13일에는 김영삼 신민당 총재가 모든 공직을 사퇴하고 정계를 은퇴한다고 선언하였으며, 마침내 8월 16일 최규하 대통령이 대통령직에서 사임함으로써 신군부가 주도해온 정치구조 재편을 위한 일차적 정치적 정지작업이 모두 마무리 되었다.[52]

이와 같은 사전 정지작업에 힘입어 신군부는 8월 21일 전군주요지휘관회의의 의결을 거쳐 8월 27일 통일주체국민회의에서 총 투표자 2,525명 중 찬성 2,524명, 기권 1표로 전두환을 11대 대통령으로 선출하였다. 이어 새 정부(국무총리 남덕우)는 10월 23일 '임기 7년, 단임, 선거인단에 의한 간접선거'를 내용으로 하는 제5공화국 헌법을 투표율 95.5%, 찬성율 91.6%의 압도적 찬성으로 확정 시켰으며, 이 새 헌법에 근거하여 10월 27일 국회, 정당, 통일주체국민회의가 해산되고 '국가보위입법회의'가 발족되어 이른바 '개혁'의 시대가 본격적으로 개막되었다.[53]

---

50) 박세길, 『다시쓰는 한국현대사』, 85쪽.

51) 위의 책, 76쪽.

52) 고성국, "1980년대의 정치사", 『자주,민주, 통일을 향하여 한국사 19』, 139-40쪽. 입법회의에 참여한 인사는 총 81명이었고, 종교계 인사로는 강신명, 이병주, 이영복, 서경보, 조향록, 전달출, 김봉학, 이종홍 등 8인이었다.

53) 고성국, "1980년대의 정치사," 『자주, 민주, 통일을 향하여』 한국사 19, 141쪽.

2. 국가보위입법회의

　'국가보위입법회의'는 새 헌법 부칙에 의거 발족되어 제 11대 국회가 열리기까지 입법 활동을 한 과도입법기구로서 국가보위비상대책위원회의 국회판이라고 할 수 있다. 국가보위입법회의는 국민적 합의와는 아무 상관없이 전두환 대통령이 임명한 81명의 의원들로 구성되어 국가운명과 관계된 각종 법률들을 무더기로 개정하거나 제정하였다.[54] '입법회의'는 제 5공화국을 지탱하는 온갖 악법들을 탄생시켰다.

　우선 야당과 재야인사들의 정치활동을 1988년 말까지 8년간 금지하는 것을 내용으로 하는 '정치풍토쇄신을 위한 특별조치법'을 11월 3일 가결하여 11월 12일 811명의 정치활동을 금지시켰다. 이러한 조치를 통해 전두환 정권은 합법적 정치활동 영역에서는 적어도 1987년 정치활동 피규제자들에 대한 전면해금 조치가 이루어지기까지 경쟁자가 배제된 상태를 형성하였으며 따라서 선거는 어디까지나 합법을 가장한 요식행위에 불과했다. '입법회의'는 또한 11월 29일 '집회 및 시위에 관한 법률개정안'을 가결하여 각종집회를 원천적으로 봉쇄할 수 있는 법적 근거를 마련하였다. 이 과정에서 집회 및 시위 장소의 규제대상이 유신체제 때의 '공공장소'에서 '도로 및 기타 옥외장소'로 확대되었고, 그 결과 대학 구내나 종교 시설내에서의 집회 및 시위에 관해서도 규제가 가능하게 하였다.[55]

　12월 26일에는 '출판사 및 인쇄소의 등록에 관한 법률', '언론기본법', '공정거래법', '중앙정보부법', '노동조합법개정안' 등 5개의

---

54)　『동서대백과사전 3』(서울: 동서문화사, 1992), 180쪽.
55)　박세길, 『다시쓰는 한국현대사』, 80-81쪽.

노동관계법을 개악하였다. 이 가운데 '출판사 및 인쇄소의 등록에 관한 법률'은 출판사 신규등록을 신고제에서 사실상 허가제로 만들었으며, '언론기본법'은 언론사의 자격요건을 강화함으로써 민중의 자유로운 언론매체 이용을 봉쇄하는 역할을 하였다. 또한 국민적 영향력이 매우 큰 방송에 대해서는 아예 '방송윤리 심의규정'을 두고 이를 어기는 경우에 대해서는 정정, 취소 등을 명령할 수 있게 함으로써 사실상 사전검열을 합법화하였다. '노동조합법' 개정안은 3자 개입을 금지하고 기존의 산별노조체계를 기업별노조체계로 바꾸는 등 노동법을 개악하여 노동자들의 단결권과 단체행동권을 봉쇄하였다.[56] 12월 30일에는 반공법을 폐지하여 '국가보안법'으로 흡수한 국가보안법 개정안을 통과시키는 등 사회전반에 걸쳐 새로운 지배체제를 가동시켰다.[57] 이로써 각 사회부문에 대한 신군부의 일방적 통제와 관리체계가 대체적으로 완결되었다.

3. 제 5공화국의 탄생과 폭압적 통치기구

신군부는 입법회의가 구정치인 등 811명에 대한 정치활동금지를 강제하고 있는 동안 '민주정의당' 창당 작업을 추진하였다. 그 결과 1981년 1월 15일 전두환 대통령을 총재로 하여 민정당이 창당되었으며, 그 뒤를 이어 1월 17일 관제야당인 민주한국당(총재: 유치송)과 1월 20일 신정사회당(총재: 고정훈), 1월 23일 한국국민당(총재: 김종철)

---

56) 박세길, 『다시쓰는 한국현대사』, 81쪽.
57) 고성국, "1980년대의 정치사," 『자주, 민주, 통일을 향하여』 한국사19, 141쪽.

이 창당됨으로써 외형상 다수정당이 경쟁하는 다당제 의회정당구조로 복원되었다.[58] 정치구조가 복원되자, 정부는 1981년 1월 24일 비상계엄을 전면 해제하고, 전두환 대통령은 1월 28일 미국을 공식 방문하여 로널드 레이건과 한미정상회담을 가져 신군부에 대한 미국과 서구자본주의 국가들의 공식적 지지를 획득하였다.

그리고 1981년 2월 25일 새헌법에 의해 구성된 대통령 선거인단에 의해 총 투표수 5,271표 중 4,755표 득표, 득표율 90.2%로 전두환 단일후보는 12대 대통령에 당선되었다. 이어 3월 3일 전두환이 12대 대통령에 취임함으로써 국보위시기에 이어 제 5공화국 시대가 개막되었다.[59]

제 5공화국은 출범 후 민중의 저항을 억누르기 위해서 군, 정보기관, 경찰 등 각종 '폭력기구'에 의존하였다. 우선 시위, 농성 등 각종 투쟁에 대해서는 경찰 병력을 투입하여 사전 봉쇄하거나 강제 해산하였다. '대간첩작전'만을 위해 창설된 전투경찰은 시위진압이 주임무가 되어 일상적 업무를 제쳐 둔채 시위현장으로 달려갔다. 군 또한 특공부대나 방위병들까지도 진압복을 입혀 시위현장에 투입하였으며, 특공부대, 헌병대, 충정부대 등의 군부대내에서는 대규모 시위에 대비한 '충정훈련'을 정기적으로 실시하였다. 정보기관 마찬가지였다. 안기부를 비롯한 정보기관은 비공개적으로 이루어지는 조직 및 활동에 관해 정보를 수집하고 유형무형의 탄압을 가했다. 박정희 정권 때 까지만 해도 민중을 감시하고 연행 조사하는 것은 중앙정보부와 그 지휘아래 있는 경찰의 고유 업무였으나, 제 5공화국은 군부대내의 사찰 업무를 관장하던 국군보안사령부까지도 민중탄압에 동

---

58) 위의 책, 142쪽.

59) 위의 책, 143쪽.

원하였다. 보안사는 민주인사들의 동태를 감시하고 요원들을 대학가에 상주시키는 등, 그 활동 면에서 오히려 안기부를 능가할 정도였다.[60]

이러한 폭력기구들이 동원되면서 수많은 사람들이 제적, 해고되거나 수배 구속되었다. 단적으로 전두환 정권 7년 동안 하루에 평균 1.6명이 정치적 이유로 구속되었으며,[61] 1981년-83년 동안 1천 4백여명의 학생이 제적되었다.[62] 그러나 그 무엇보다도 전두환 정권의 폭압성이 여실히 드러난 것은 민주인사에 대한 야만적인 고문이었다.

60) 박세길, 『다시쓰는 한국현대사』, 83쪽.

61) 『동아일보』(1992. 6. 29.)

62) 한용 외, 『80년대 한국사회와 학생운동』(서울: 청년사, 1989), 94쪽.

교회의 인권수호운동

광주민주화운동이 진압된 후 반독재 민주화운동이 전체적으로 위축된 가운데 학생들은 소규모 시위와 유인물 살포로 신군부세력에 대항하였다. 그러나 1980년 9월 2학기 개강과 더불어 경희대에서 한 여학생이 동맥을 절단하여 시위참여를 호소하여 대규모 시위로 발전한 것을 시작으로 전국 모든 대학에서 교내시위, 유인물 살포 등이 벌어졌으며, 이는 전문대학으로까지 확산되었다. 시위가 확산되자, 5공화국 군부독재정권은 1980년 12월의 이른바 '무림사건'을 시작으로 81년에는 '전학련,전민노련(학림)', '부림', '한울회', '아람회', '금강회' 등 일련의 사건을 일으켜 학생운동을 좌경화 용공세력으로 몰아 학생운동의 핵심세력을 제거하였다. 교회는 KNCC를 비롯한 진보적 기독교단체와 가톨릭교회를 중심하여 구속자 석방과 양심수 인권보호 운동을 전개하였다.

1. 고문 · 용공 조작사건들과 교회

학생운동세력에 대한 첫번째 탄압사건은 서울대에서 시작되었다. 1980년 12월 11일 서울대 교내 학생식당과 도서관 남쪽 계단에서 "반파쇼 학우투쟁"을 내용으로 하는 유인물을 뿌리며 점심시간을 이용한 시위가 발생하였다. 언론은 이 시위를 대서특필하였고 정부는 이 사건의 주도세력으로 교내 써클 연합조직인 '무림'을 지목하고 78명을 연행 조사하여 그 중 10명을 좌경화 용공세력으로 몰아 계엄포고령 위반으로 구속하였다. 이른바 '무림사건'이었다.[63]

무림사건 이후 학생운동은 기존조직의 와해에도 불구하고 적극적인 투쟁을 강조하던 일부 학생들에 의해 '전국민주학생연맹'(약칭 전학련 또는 학림조직)이 결성되면서 다시 투쟁력을 회복하였다. 이에 군부정권은 치밀하게 짜여진 각본에 따라 '전학련'을 〈광민사〉 대표 이태복을 수괴로 한 반국가단체로 몰아 이태복과 서울대생 이선근 등 13명을 구속하였다. 군부정권은 여기에 그치지 않고 대학에서 제적된 뒤 공장에서 일하던 제적생과 교회의 선교활동을 하던 실무자들, 그리고 이들과 교유하던 노동자들을 연행하여, 한달 후 서대문구 구치소에 송치하였다. 이들은 당시의 노동현안에 대하여 몇차례 만나 의견을 나누었는데, 군부정권은 이것이 당국의 허락 없는 불법 집회였다는 점과 광민사에서 출판한 〈노동의 철학〉(문공부 시판허가)을 취득 소지 탐독한 것이 공산계열의 활동에 동조하여 반국가단체를 이롭게 할 목적으로, '전국민주노동자동맹'을 조직하였다는 이유로 국

---

63) 한국기독교교회협의회 인권위원회, 『1980년대 민주화운동 VIII』, 851-52쪽. 이 사건으로 국문과 4학년인 김명인을 비롯하여 박용훈, 현무환, 허현중, 고세현, 남충희, 남명수, 김희경, 윤형기, 최영선 등을 국가보안법과 반공법위반으로 구속하였다.

가보안법을 적용 구속하였다. 이리하여 '전학련,전민노련 사건'[64]이 만들어 진 것이다. 이 사건에 대하여 관련 구속자들과 그 가족들은 고문에 의한 전면적이 조작사건이라고 주장하였다.

부산에서도 학생운동출신 청년들이 1981년 7월 7일부터 연행되어 9월 7일 구속되는 '부림'사건이 발생하였다. 이들은 양서협동조합 회원을 중심으로 몇 차례 모여 〈한국경제의 실상과 허상〉, 〈제3세계와 종속이론〉 등을 읽고 토론했는데, 이들의 만남이 "국가전복", "사회주의 건설" 등을 모의하기 위한 것이라는 이유로 국가보안법, 집시법, 계엄법 위반 등으로 구속되었다. 이들은 연행조사 중 모진 고문을 받았고, 이 고문으로 인한 허위진술에 구속자 가족들과 KNCC 인권위는 수차에 걸쳐 진상규명과 석방 탄원을 하였다.[65]

1981년 8월 31일에는 충남 금산에서 '아람회 사건'이 일어났다. 국민학교 선후배 관계인 사람들이 〈씨알의 소리〉를 같이 구독하여 가끔 만나 시국에 관하여 의견을 나누었다. 마침 육군대위 김난수의 외동딸 백일 날에 모여 친목단체 이름을 외동딸 이름을 따 〈아람회〉라고 불렀다. 이 사건 또한 전형적인 용공조작 사건으로 1심 재판부는 '아람회'를 반국가단체구성으로 선고했으나 항소심에서 "국가보안법상 국가변란 목적은 정부전복 후 새로운 정부 수립을 구체적으로 구상함을 요한다"고 판시하여 국가보안법 부분에 대해서는 무죄

---

64) 위의 책, 874쪽. '전학련, 전민노련 사건' 관련자들은 이태복 광민사 대표를 비롯하여 서울대생인 이선근, 박문식, 이덕희, 윤성구, 김진철, 송병춘, 송영인, 김철수, 박태주, 이대졸업생인 홍영희, 외대생인 김창기, 성대생인 민병두, 최경환, 연대생인 손형민, 동국대생인 이종구, 고대생인 엄주웅, 오상석, 최규엽, 정경연, 서울여대생인 노숙영, 군인 박성현, 노동자 유해우, 전청계노조지부장 양승조, 전연합노조지부장 김병구, 영등포산선실무자 신철영, 전 YH노조지부장 박태연 등 총 27명이었다.

65) 위의 책, 873쪽.

를 선고하였다.[66]

또한 충남 공주에서는 1981년 11월 13일 공주사대 미등록 써클인 '금강회 사건'이 일어났다. '금강회'는 1979년부터 교내 민주화운동을 주도해 왔던 모임으로, 정부는 이들이 〈노동의 역사〉, 〈서양경제사론〉등의 책을 가지고 토론한 내용을 문제 삼아 반국가단체 조직과 북괴찬양동조 혐의로 국가보안법, 반공법, 집시법 등 위반을 적용하여 당시 역사교육학과 3학년이었던 정선원 비롯하여 9명을 구속하고 3명을 불구속 기소하였다.[67]

이상의 사건들에서 보듯이 5공화국 정부는 광주민주화운동 이후, 민주화운동세력을 제거하고 통치의 기반을 확고히 하기 위해 1981년부터 갖은 고문과 협박을 통해 학생운동을 좌경, 용공 및 반국가단체 결성으로 몰아 구속하고 가혹한 탄압을 가하였다. 이에 구속자 가족들은 KNCC를 비롯한 교회에 구속자들의 석방을 탄원하였고, 교회는 구속자의 석방과 인권보호를 위해 정부에 탄원서 제출, 기도회와 세미나 개최, 그리고 각종 성명서를 발표하여 응답하였다.

고문 용공조작사건이 터지자, KNCC 인권위원회는 1981년 7월 13일 '인권문제 전국협의회'를 개최하고 교회의 청년과 학생운동의 좌경시는 부당하며 이에 따른 모든 고문의 중지와 양심수의 석방을 요구하였다.[68] 이어 KNCC인권위원회는 1982년 1월 8일에 '전학련, 전노련 사건' 관련 구속자 고문에 대한 탄원서를 관련기관에 제출하

---

66) 위의 책, 878쪽. 이 사건 관련자들은 박해전(숭전대 철학4학년), 황보윤식(대전공업기술고교사), 정해숙(봉천국민학교교사), 김난수(육군대위), 김창근(순경), 이재권(새마을금고직원), 김현칠(검찰청직원), 김이준(숭전대철학과강사), 박진아(주부,김이준 부인) 등이다.

67) 위의 책, 884쪽. 이 사건 구속자는 정선원, 이영복, 최영일, 이성근, 이애경, 양성철, 장재율, 정혜승, 이상헌 등 8명이고 불구속 입건자는, 서미연, 임규호, 최연진 등 3명이었다.

68) 한국기독교교회협의회 인권위원회, 『1980년대 민주화 운동 Ⅷ』, 874쪽.

였고, 이어 1월 20일에 한국기독교대책협의회, 예수교장로회총회(통합), 기독교대한감리회, 한국기독교장로회총회, 구세군대한본영, 대한성공회, 기독교대한복음교회총회 등 7개 단체도 '전학련, 전노련 사건'과 '부림사건' 구속자에 대한 고문중지를 요구하는 탄원서를 전대통령에 전달하였다.

교회의 고문중지 탄원이 이어지자, 정부는 내무장관 명의로 1982년 2월 13일 한국기독교대책협의회와 6개 교단에 "전민련사건은 이제 1심 판결이 종료된 단계일 뿐이니 계속 기대 바란다"고 말을 전달하였다.[69] 그러나 내무장관의 발표 후에도 기독교대책협의회 및 6개 교단(예장(통합), 기장, 감리교, 구세군, 성공회, 복음교회)은 1982년 2월 25일 '전학련, 전노련사건'과 '부림사건'의 고문과 관련하여 〈교우들에게 드리는 말씀〉을 채택하여 다시 한번 정부에 고문중지를 촉구하였고, 교우들에는 기도를 요청하였다. 같은 날 KNCC 인권위원회도 대법원장에 민학련, 민노련 사건이 조작된 사건이며 공정한 재판을 촉구한다는 내용의 진정서를 제출하였다.[70]

한편 KNCC는 고문-용공조작사건에 대하여 정부에 탄원서만 전달한 것이 아니었다. 이미 1981년 7월 9일에 KNCC는 제1회 에큐메니칼 심포지움을 '기독교와 공산주의'라는 주제로 개최하여 정부의 민주화 운동세력에 대한 '좌경화 용공규정'을 학문적으로 접근하여 대응하기도 하였다.[71] 또한 KNCC 인권위원회는 "복음과 인권"이라는 주제로 1982년 10월 4일부터 6일까지 서울 반도 유스호스텔에서

---

69) 위의 책, 889-91쪽.

70) 위의 책, 893쪽.

71) 위의 책, 873쪽. 발제강연에서 장일조 교수(한신대)는 "1970년대 경제성장의 이면에는 노동자들의 엄청난 희생이 있었는데 그들 소외된 노동자 위해 기독교가 적극적으로 사회운동에 참여한 것을 지배층에서 용공으로 규정했다"고 지적하였다.

'인권문제 전국협의회'를 개최하고 기도와 성서연구, 발제와 토의를 통하여 오늘의 한국의 인권현장에서 우리교회가 짊어져야 할 책임과 사명을 다시 한번 확인하는 '83 인권선언'을 발표하였다.[72]

이처럼 개신교회는 KNCC를 중심으로 하여 고문과 협박에 의해 인권이 유린되는 상황 속에서 하나님으로부터 부여 받은 원초적 권리인 인권의 보호를 위해 기도회, 탄원서 제출과 면담, 학술대회, 인권선언과 인권주간 행사 등 다양한 방식으로 대응하였다.

2. 재소자 인권보호운동과 교회

10 · 26 사건과 12 · 12사태, 그리고 광주민주화운동을 거치면서 수많은 구속자들과 양심수들이 양산되었다. 이미 70년대 유신정권 하에서 긴급조치 위반으로 구속된 양심수들을 비롯하여 79년 11월 YWCA 위장결혼사건으로부터 구속된 양심수는 5.17계엄확대와 광주민주화운동을 거치면서 급속히 증가하였다.[73] 이에 KNCC를 비롯한 교회는 재소자들의 인권보호운동을 전개하였다. 특히 광주민주화 운동으로 구속된 박관현이 양심수의 처우개선을 요구하다 교도소내에서 건강 악화로 사망한 사건은 재소자인권보호운동의 중요한 계기가 되었다.

---

72) 광주광역시 5 · 18사료편찬위원회, 『5 · 18광주민주화운동자료총서 제 2권』, 304쪽.

73) 한국기독교교회협의회, 『1980년대 민주화운동Ⅷ』, 958쪽. KNCC인권위원회는 1983년 11월 28일 현재 구속자를 총 4백 71명으로 집계하였다. 학생 3백98명. 사건별로는 남민전 사건 26명, 전학련전노련 사건 3명, 부림 사건 4명, 금강회 사건 1명, 아람회 사건 4명, 오송회 사건 9명, 통혁당사건 2명, EYC성명서 사건 1명, 부산미문화원사건 9명, 광주미공보관폭파사건 2명 등 포함.

1982년 7월부터 광주 교도소내 양심수들의 처우개선을 요구하며 신영일 등 부림사건 구속자들과 단식(82∅7. 8-20, 82. 9. 2-22)하던 박관현은 1982년 9월 8일 제소자 대표로 교도소장과 면담하였으나 교도소측이 박관현을 징벌방에 가두고 접견금지 조치하여 단식으로 건강 악화 되었다. 10월 10일 박관현은 건강악화로 전남대병원에 입원하였으며, 교도소측은 문제발생을 우려 교도소로 데려가려고 했지만 의사가 강력 저지하여 결국 10월 12일 박관현은 병원에서 급성 심근경색으로 사망하였다. 사망 전 박군은 "3천만 우리 민족을 위하는 길이라면 내 목숨을 바치겠다. 재소자 2천명의 처우가 개선되도록 하였으니 내 할 일은 다했소. 어머니 나는 죽어도 좋아요"[74]라는 마지막 말을 남겼다. 이 사망사건으로 대전교도소 정치범 일동이 〈정치범의 권리확보 투쟁선언〉을 발표하여 항의 단식(82.10.18)하기도 하였다.[75]

박관현 사망사건이 발생하자, KNCC 인권위원회는 1982년 10월 20일 박관현의 치료를 묵살한 책임자의 처벌과 현재 신병으로 감옥에서 고생하는 수감자들에 대한 치료를 요구하는 항의서를 법무부장관에게 발송하였다. 그러나 배명인 법무부장관은 10월 20일 국회 답변에서 "수감 중 구타하거나 사형수 방에 옮긴 적이 없다"고 거짓 발언하였다. 이에 '한국양심수가족협의회'는 10월 21일 〈박관현의 죽음에 관한 법무부장관 해명에 대한 공개 반박문〉을 발표하여 박군의 사인을 부식의 부패, 환경위생과 고문, 구타에 있다고 밝히고, 법무부장관의 사과와 교도소 책임자의 파면을 요구하였다. 이 반박문으로 '양심수가족협의회' 회장인 박용길 장로가 북부경찰서로 연행

---

74) 『동아일보』(1982. 10. 13).
75) 한국기독교교회협의회 인권위원회, 『1980년대 민주화운동 Ⅷ』, 920-21쪽.

되어 조사를 받고 석방되기도 하였다.[76]

　박관현 사건이후, 교도소내 재소자들의 인권투쟁이 잇달았다. 1983년 7월 2일에는 순천교도소에서 교도소내 처우개선과 구타로 인한 교도관의 처벌을 요구하는 재소자들의 단식사건이 일어났다. 이에 7월 13일 KNCC는 인권위원회 부위원장 이문영 교수와 강철구 간사가 순천교도소를 방문하여 소장의 사과와 관할 교도관의 처벌을 요구하고, 양심수에 대한 처우개선을 약속받아 단식을 중단시키기도 하였다.[77] 7월 23일에는 안양교도소에서도 부식문제 등 교도소내 부조리를 문제 삼아 양심수들이 단식하자, 이들에게 폭행을 가하는 사건이 발생하였다. 이에 KNCC 인권위원회 이문영부위원장과 문익환 목사, 오충일 목사, 강구철 간사가 방문하여 폭력사태 및 처우개선을 건의하여 개선을 약속받고 단식을 중단하기도 하였다.[78]

　한편 KNCC는 이와 같이 교도소내 인권문제가 빈발하자, 1983년 8월 4일 '재소자 인권문제협의회'를 기독교회관에서 개최하기로 하였다. 그러나 이를 교정당국에 통보하였으나 당국은 건물관리위원장에 압력을 가하고 수리를 핑계로 개최를 방해하였고, 결국 9월 1일에야 '재소자 인권문제협의회'를 수도교회에서 개최하였다. 이밖에도 KNCC는 재소자들의 인권보호를 위해 "교도소방문과 영치금 지원", "변호인 지원 활동" 등을 전개하였고, 원치 않는 구속으로 인하여 함께 고통 받는 양심수들의 가족들에게 "양심수 가족 위로잔치"를 열기도 하였다.

---

76)　위의 책, 921쪽.
77)　위의 책, 946쪽.
78)　위의 책, 948쪽.

3. 강제징집 문제와 교회

전두환 정권은 학생운동을 탄압하는 과정에서 구속 시킬만한 뚜렷한 혐의가 없는 학생 또는 시위현장에서 붙잡힌 단순가담학생들을 경찰서로 끌고 가 조사한 후 곧바로 군대에 입영시켰다. 신체검사에서 신체상의 결함으로 마땅히 제외되어야 할 학생, 6대 독자 등 입대할 수 없는 가정환경을 가진 학생들도 강제입영 조치 하였다. 1981년 11월부터 1983년 말까지 447명의 대학생들을 강제징집하여 군대에 보냈다. 이들 강제징집자들은 군생활 동안 병영 내에서 '특수학적변동자'라는 신상카드와 함께 군 수사기관의 감시와 탄압의 대상이 되어 고통을 겪었다.[79]

그런데 학생들에 대한 강제징집이 사회적 문제로 부각된 것은 강제징집 되어 1983년 12월 10일에 군에서 사망한 한희철(서울대 기계설계)군의 사망 사건이었다. 군 당국은 자살로 발표하였으나 한희철 군의 부친은 세발의 총상을 확인하고 자살에 대한 의문을 제기하였다.[80] 이때 마침 전국의 대학에서 '복교대책위원회'가 발족되었고, 제적학생 복학과 더불어 강제징집 중지를 촉구하는 운동이 일어났다.[81]

한편 강제징집이 사회문제가 되자, 기독교계에서는 '기장청년

---

79) 김정남, 『진실, 광장에 서다』, 472쪽. "강제징집된 학생들이 군복무를 마치고 학원으로 돌아가게 되자, 전두환 정권은 이들에게 더욱 비인간적인 이른바 '녹화사업'을 실시하였다. 이 '녹화사업'은 1982년 7월 보안사에 좌경의식화과를 신설하여 제대후 복학하는 학생들에게 대학가의 동향을 파악해 보고 하도록 하여 정보원 내지 프락치 활동을 강요하였다."

80) 한국기독교교회협의회, 『1980년대 민주화운동 Ⅷ』, 959쪽.

81) 위의 책, 963쪽. 1984년 1월 16일 "성균관대 복교대책위원회"는 〈민주화된 학원으로 전원복교를〉이라는 성명서를 발표하고 "강제 징집 중지" 및 "이미 강제징집 된 학생들의 복교"와 "강제징집 되어 사망한 성균관대 이윤성의 사망 진상규명"을 요구하는 성명서를 발표하였다.

회전국연합회'가 2월 18일 제 25차 총회에서 개신교회와 가톨릭 성직자들, KNCC, 한국가톨릭주교회의, 교황 요한 바오로 2세, 미국의회에 6명의 대학생 강제징집 사망 사건을 알리는 호소문을 보내기로 결의하였다.[82] 이에 KNCC도 1984년 3월 20일 국방장관에게 강제징집 후 사망한 6명의 사인규명을 요청하였고, 이어 5월 2일에 KNCC(회장 김윤식 목사)는 국방장관에게 강제징집 사망사건과 관련하여 다음과 같은 내용의 공개질의서 제출하였다.

1. 사망자 6명의 구체적 사망경위와 사인은 무엇인가?
2. 이른바 '녹화사업'이 실제로 군 보안대에서 실시되고 있는가? 있다면 그 내용은 어떠한 것인가?
3. 강제징집 된 학생들에게 대학시절의 써클 활동이나 교회의 동정 등에 관한 정보협력을 요구한 사실이 있는가?
4. 연령 미달자, 신체상부적격자, 보충역 대상자들이 병역법상의 절차와 기준이 무시된 채 강제징집 된 사실이 있는가? 있다면 그 법적 근거는 무엇인가? 등을 질의하였다.[83]

또한 1984년 4월 12일에 KSCF, 대한가톨릭학생전국협의회, 민주화청년연합, EYC, 기장청년회전국연합회, 예장(통합)청년회전국연합회, 명동천주교회청년단체연합회 등 8개 단체가 강제징집 되어 사망한 6명에 대한 사인규명을 관계당국에 요구하는 〈공동성명〉을 발

---

82) 위의 책, 966쪽.
83) 위의 책, 975쪽.

표하였다.[84] 그러나 윤성민 국방장관이 국회발언에서 "강제징집이 아니라 자원입대"라 답변하였고, 이에 KNCC의 강제징집문제조사위원회, KSCF, 대한가톨릭학생전국연합회, 민주화청년연합, EYC, 기장청년회전국연합회, 예장(통합)청년회전국연합회, 감리교청년회전국연합회, 명동천주교회청년단체협의회 등 9개 단체는 6월 14일 〈긴급성명서〉를 발표하고 다시 한번 '강제징집'과 '녹화사업'에 대한 중지를 촉구하였다.[85] 이처럼 강제징집과 녹화사업, 그리고 이에 따른 사망과 같은 학생운동에 대한 비인도적 탄압에 대해 KNCC, 기독청년학생, 그리고 가톨릭교회는 공동으로 정부를 향해 진상규명과 중지를 촉구하는 질의서와 성명서를 발표하여 인권운동을 전개하였다.

4. 양심수 석방운동과 교회

5공화국 군사정권은 민주화운동을 탄압하는 과정에서 수많은 양심수를 양산하였다. KNCC인권위원회에 의하면 1983년 11월 28일 현재 시국관련 양심수 구속자수는 총 4백 71명이었고 그 가운데 학생이 3백 98명이었다.[86] 그러나 양심수의 증가는 여기에 그친 것이 아니었다. 특히 학원자율화 조치가 취해진 1984년 이후에는 학생운

---

84) 광주광역시 5·18사료편찬위원회, 『5·18광주민주화운동자료총서 제 2권』, 372-73쪽.

85) 위의 책, 430-31쪽. 이 성명서는 1) 윤국방장관이 강제징집을 자원입대라고 허위 날조한 것은 국방의 의무 악용한 새로운 학원탄압과 정치적 보복수단이다. 2) '녹화사업'에 대한 한마디의 답변 없음을 주시한다. 3) 강제징집 및 녹화사업 중지 촉구한다. 4) 최근 동두천 군인 난동사고와 국회 위증죄 등을 책임지고 사퇴할 것 등을 촉구하였다. 한국기독교교회협의회, 『1980년대 민주화운동Ⅷ』, 980쪽.

86) 위의 책, 981쪽.

동을 비롯하여 노동자, 농민 등의 민중운동이 활발해지자, 군사정부의 민주화운동세력에 대한 연행과 고문, 구속은 계속되었다. 1984년에는 안국동의 민정당 당사 점거농성 사건으로 19명, 서울미문화운점거농성사건으로 25명, 민정당 중앙정치연수원 점거농성 사건으로 189명이 구속되었다. 1985년에도 김근태를 비롯한 '민주화운동청년연합' 간부에 대한 구속과 고문, KSCF, EYC 등의 간부 불법 연행이 잇달아 발생하였다.[87]

민주화운동세력에 대한 대대적인 검거와 구속, 양심수에 대한 고문 등 인권유린이 일어나자, 교계와 사회단체는 '고문 및 용공 조작 저지 투쟁위원회'를 구성하고 이에 항의하는 각종 집회와 성명서를 발표하였다. KNCC 인권위원회가 1985년 4월 18일 내무장관과 법무장관에게 양심수의 석방을 건의하였고, 6월 2일부터 5일까지 인권문제협의회를 개최하여 "하나님의 법에 도전하는 인간들의 악법에 항거하고 이의 폐지를 위해 노력하는 것이 교회의 중요한 선교과제임을 확인 한다"는 내용의 '85인권선언'을 발표하였다.[88] 이밖에도 예장(통합), 전국목회자정의평화실천협의회, 가톨릭정의평화위원회 등이 양심수의 석방을 촉구하는 성명서를 발표하였고,[89] 12월 8일부터 6일까지는 KNCC주관으로 인권주간연합예배를 전국26개 도시에서 개최하여 인권선교에 앞장설 것을 다짐하기도 하였다.[90]

1986년에도 구속사건은 계속되었다. 전두환 정권은 5 · 3인천개헌집회를 빌미로 5월 5일에 민통련 산하단체 10여명을, 5월 8일에는

---

87) 한국기독교사회문제연구원 편, 『85한국교회사정』, 87쪽.
88) 『복음신보』(1985. 4. 28.)
89) 한국기독교사회문제연구원 편, 『85한국교회사정』, 90쪽.
90) 『기독공보』(1985. 12. 21)

민통련 간부와 학생, 노동자등 32명을 용공으로 몰아 지명 수배되었다. 민통련 의장 문익환 목사도 5월말 서울대강연이 문제되어 선동혐의로 구속되었으며, 10월 28일에는 학생들의 건국대 농성 사건으로 1,525명이 연행되고 그 중에서 1,290명이 구속되었다. 이러한 정부의 탄압과 구속으로 1986년 말에는 양심수가 3천 4백여명에 달해 감옥은 포화상태에 이르렀다.[91]

이에 개신교회는 KNCC를 중심으로 구속자 석방을 위한 노력을 활발히 전개하였다. KNCC 인권위원회(위원장 조용술)가 1986년 5월 24일 민통련 의장 문익환 목사의 구속에 항의하는 성명서를 발표하고 정부당국은 문목사를 비롯한 1천 1백여명의 민주인사를 석방하라고 주장했다.[92] 5 · 3 인천사태와 관련하여 예장(통합)교단의 대응도 잇달았다. 5월 23일과 27일에는 구속된 장신대 학생 석방을 위한 간담회와 기도회가 한국교회백주년 기념관에서 열렸다. 예장(통합) 인권위원회(위원장 조남기 목사)가 주관한 이 모임은 청년회전국연합회(장청), 장신대교수회, 총동문회, 학부동문회, 구속자대책협의회 및 구속자부모협의회 등 10개 단체 목회자와 평신도 약 7백여명이 모였다.[93]

한편 KNCC 인권위원회는 6월 4일 '86인권선언'을 발표하여 "고문행위를 비롯한 모든 불법적인 인권유린행위 중지", "모든 양심수는 조건 없이 석방되어야 한다"고 주장하였다.[94] 한국교회사회선교

---

91) 김정남, 『진실광장에 서다』, 557쪽. 5 · 3인천사태로 이부영, 장기표, 여익구, 박계동, 정동년, 이호웅, 양승조 등 민중운동진영의 핵심간부들은 쫓기는 몸이 되었으며, 부천서 성고문의 권인숙도 이때에 구속되었다. 김정남, 『진실광장에 서다』, 531쪽.
92) 『한국일보』(1986. 5. 25)
93) 『기독공보』(1986. 6. 7)
94) 『중앙일보』(1986. 6. 5)

협의회(회장 조남기목사)도 6월 20일 〈민중운동탄압 중지하고 양심수 석방하라〉는 성명서를 발표하고 문익환 목사 석방과 민통련에 대한 당국의 탄압중지를 요청했다.[95] 이처럼 군사정부의 민주화운동세력에 대한 탄압이 극에 달하자, 하나님의 형상대로 지음 받은 인간의 존엄성을 신장시키기 위해 개신교회는 KNCC를 중심으로 구속자의 고문중지와 석방을 위한 항의 성명서와 인권선언, 기도회와 간담회, 그리고 연합예배 등을 개최하여 인권수호운동을 활발히 전개하였다.

---

95) 『중앙일보』(1986. 6. 21)

교회의 반독재·민주화 운동

1. 재야 민주화운동 세력의 재등장과 교회

1983년 12월부터 전두환 정권은 부분적으로나마 지배방식의 변화를 모색하게 되었다. 총칼로 권력은 장악했지만 계속해서 폭압정치로 일관해 나가는 데는 한계가 있었던 것이다. 무엇보다 광주학살을 통해 정권을 잡았다는 데서 오는 정통성의 결여를 만회할 필요가 있었으며, 김영삼 전 신민당 총재의 단식을 계기로 일어난 각계각층 민중들의 투쟁의 분출은 더 이상 탄압만으로 억제할 수 없었다. 1983년 5월 18일 김영삼 전 신민당 총재는 연금 상태에서 '단식에 즈음하여'라는 성명을 발표하고 무기한 단식에 들어갔다. 그는 5월 2일자로 발표한 '국민에게 드리는 글'이라는 성명서에서 민주화 요구 5개항을 다음과 같이 적시하였다.

첫째, 민주주의를 외치다가 투옥된 학생, 종교인, 지식인,

근로자들의 전원석방과 복권, 둘째 정치활동규제법에 묶여 있는 모든 정치인과 민주시민의 정치 활동 보장, 셋째, 정치적인 이유로 학원과 직장으로부터 추방당한 교수, 학생, 근로자들의 복직, 복학, 넷째 언론통폐합조치의 백지화와 언론의 자유보장, 다섯째 대통령직선제로의 개헌과 유신정권하에서 또 국가보위입법회의에서 제정된 반민주악법의 철폐.[96]

‒‒‒‒‒‒‒‒‒‒‒‒‒‒‒‒‒‒‒‒‒‒‒‒‒‒‒‒‒‒‒‒

단식사실이 알려지자, 정부는 5월 25일 단식 사태를 은폐하기 위하여 김영삼을 서울대 병원에 강제 입원시켰다. 이에 교계인사를 비롯한 70년대 민주화운동 지도자들이 적극적으로 단식투쟁을 지지하고 동참하였다. 5월 23일 북미기독학자회(회장 김동수)는 제 17회 연례대회에서 김영삼 총재의 민주화 투쟁을 지지하는 성명서를 발표하였고, 5월 26일에는 이민우를 비롯한 전 신민당의원 21명이 김영삼의 민주화를 위한 단식투쟁에 동참을 선언하고 '단식대책위원회'를 결성하였다. 사태의 심각성을 직면한 정부는 5월 30일 0시를 기해 김영삼에 대한 연금을 해제하고 해외여행을 제안했다.[97]

그러나 김영삼은 이를 단호히 거부하였고, 김수환 추기경을 비롯한 윤보선 전 대통령, 지학순 주교, 박형규, 문익환 목사 등이 단식 중단과 생명 보전을 간곡히 당부했다. 이와 같은 단식중단호소가 내외로부터 계속되는 가운데 31일에는 함석헌, 홍남순 변호사, 문익환 목사, 이문영 교수, 예춘호 등 5인이 〈긴급민주선언〉을 발표하고, KNCC 인권위 사무실에서 무기한 동조 단식 농성에 들어갔다. 이때

96) 광주광역시 5 · 18사료편찬위원회, 『5 · 18광주민주화운동사료총서 제2권』, 309-15쪽.
97) 김정남, 『진실, 광장에 서다』, 460쪽.

이들은 "현 정권의 합법성, 도덕성 없음", "모든 문제에 있어 현 정권은 감당 능력 없음" 등을 주장하였으나, 경찰이 난입 5명을 연행 조사한 후 가택 연금하였다. 한편 6월 1일에는 58명의 야당정치인들이 김영삼 총재의 민주화투쟁지지와 민주화범국민연합전선을 구축을 결의하고 서명운동에 들어갔고, 3일에는 KNCC 인권위원회도 시국 관련 〈성명서〉를 통하여 김영삼 전 신민당 총재의 연금해제를 요청하였다.[98]

그러나 준비 없이 시작한 단식은 의료진이 생명의 위협을 경고하기에 이르렀고, 이에 김영삼은 6월 9일 23일 만에 단식을 중단하며 "나의 단식중단은 부끄러운 삶이 아니라 투쟁을 위한 것'이라고 발언하고 6월 30일 서울대 병원을 떠났다. 이로써 김영삼의 단식투쟁은 끝났다. 그러나 단식투쟁은 야당정치인을 비롯한 민주화진영에 새로운 각성과 활력을 불러일으켰고, 국내와 해외, 국내의 재야와 정당 진영사이에 연대투쟁을 성사시키는 촉매가 되었다. 그 구체적인 결실이 그해 8월 15일 김영삼, 김대중 두 사람의 명의로 발표된 8.15 공동성명이었다. 김영삼의 단식은 그의 50여년 가까운 정치역정에서 가장 화려했고 또 역사의 평가를 받을 수 있는 대목이었다.[99] 결국 이러한 1983년 5월의 김영삼 단식과 8월의 김대중, 김영삼의 8.15 선언 등 반군부독재 공동전선이 강화되자, 전두환 정권은 어쩔 수 없이 1983년 12월 구속자 석방, 제적학생 복교조치 등 이른바 자율화정책을 펴 반군부독재투쟁을 완화시키는 조치를 취하였고, 이른바 '유화국면'이 도래하게 되었다.[100]

---

98) 한국기독교교회협의회 인권위원회, 『1980년대 민주화운동Ⅷ』, 939-44쪽.
99) 김정남, 『진실, 광장에서다』, 461-65쪽.
100) 유기홍, "1980년대의 민족민주운동", 『자주,민주,통일을 향하여』 한국사 20, 75쪽.

민주화운동세력은 '유화국면'을 맞아 민주화투쟁을 더욱더 확장시켜나갔다. 이미 1983년 9월에는 학생운동을 마감하고 사회에 진출한 청년들이 '민주화운동청년연합'를 결성하여 청년운동의 새장을 열었으며, 이어 1984년 6월 14일에는 정치규제법에 묶여 합법적 정치활동의 기회를 박탈당하고 있던 야당 정치인들은 '민주화추진협의회'를 결성하였다.[101] 또한 1983년에 '해직교수협의회'(12.20), 1984년에 '한국노동자복지협의회'(3.10), '80년해직언론인협의회'(3.24), '민주언론운동협의회'(12.19), '민중문화운동협의회'(4.10), '전국학생총연맹'(11.20), 등 운동 단체들이 결성되어 운동력을 회복, 활성화시키기에 이르렀다. 아울러 각 지역에서도 '전북민주화운동협의회'를 필두로 '인천지역사회운동연합', '전남민주청년협의회' 등 지역공동체들이 속속 건설되어 그동안 서울 중심으로 진행되던 운동이 전국적으로 확산되는 양상을 나타냈다.[102]

이처럼 각 부문 지역운동이 활성화됨에 따라 부문 간 혹은 전국적 규모의 연대운동이 모색되었다. 이에 따라 1984년 6월 29일에는 청년, 노동자, 농민, 재야, 종교계 등 각 사회운동세력들이 모여 '민중민주운동협의회'를 결성하였다. '민중민주운동협의회'는 1970년대의 국민연합 이후 와해되었던 민주화 운동을 복구하여 80년대 통

---

101) 박세길, 『다시쓰는 한국현대사』, 135쪽. 민주화추진협의회는 1984년 5월 18일 광주민주화운동 4주년, 김영삼의 단식투쟁 1주년이 되는 날에 외교구락부에서 민주화추진협의회 발기인 모임을 갖고 민주화투쟁선언문을 다음과 같이 발표했다. "전두환 정권은 소수의 부패한 특권층만을 위해 절대다수 국민들을 핍박하고 수탈해 오고 있다. 우리는 국민의 긍지와 자존심을 회복시키고 국가의 존엄을 해치는 군부독재를 청산해서 국민이 자신의 정부를 선택할 수 있고 시민의 참여가 보장되는 민주정부의 수립을 위하여 민주화는 더 이상 지체할 수 없다는 판단 아래 이를 위해 민추협을 발족한다. 이로부터 민추협은 김대중 고문, 김영삼 공동의장, 김상현 공동의장대행체제로 활동하였다. 김정남, 『진실, 광장에서다』, 463쪽에서 재인용.

102) 유기홍, "1980년대의 민족민주운동," 『자주, 민주, 통일을 향하여』 한국사 20, 75쪽.

일운동의 새로운 토대를 만들었다. 뿐만 아니라 개인 중심이 아닌 조직단위 가입원칙, 대중노선의 강화 등 중요한 진전을 보여주었다. 이외에도 명망인사를 중심으로 '민주통일국민회의'가 결성되었는데, 1985년 3월 29일에 '민중민주운동협의회'와 '민주통일국민회의'가 통합하여 '민주통일민중운동연합'이 창립됨으로써 민주화운동세력은 외세와 군부독재정권에 맞설 수 있는 단일전선을 구축하였다.[103]

2. 2 · 12 총선과 교회의 선거참여

1984년 11월 30일에 제 3차 정치활동규제 해제조치로 김영삼, 김대중, 김상현, 김덕룡, 김명윤, 김윤식, 김창근 등 15명의 정치진영 민주인사들을 제외하고 이민우를 비롯한 84명이 해금되었다. 이에 '민주화추진협의회'는 1984년 12월 11 12대 총선 참여를 내용으로 하는 선거투쟁선언을 발표하였다. 여기에 12월 19일 민한당 소속의 국회의원 10명이 집단 탈당하자, 이를 토대로 새로운 야당인 '신한민주당'이 2 · 12 총선을 25일 앞둔 1985년 1월 18일 앰버서더호텔에서 대의원 525명이 참석한 가운데 창당대회를 열었다. 신민당은 2 · 12총선 공약으로 대통령 직선제 개헌, 국정감사권 부활, 지방자치제의 전면적 실시, 언론기본법 폐지 및 노동관계법 개폐를 내세워 선명성과 투쟁성을 크게 부각시켰다.[104]

2 · 12 총선을 맞아 교계는 KNCC를 중심으로 공명선거운동을

---

103) 위의 책, 75쪽.
104) 김정남, 『진실, 광장에 서다』, 464쪽.

전개하였다. KNCC 김소영 총무는 1985년 1월 8일 연두기자회견을 통하여 "KNCC의 교회와사회위원회가 오는 2월 총선을 앞두고 선거에 대한 협의회를 준비하고 있다면서 공명정대한 선거가 이루어지도록 예언자적 사명을 해야 한다고 말하고 만일 부정선거가 행하여진다면 강력히 이에 대항할 것"이라고 말했다.[105] 2월 1일에는 개신교회와 가톨릭의 성직자를 중심으로 청년, 재야, 농민, 노동단체등이 '민주제도쟁취 국민운동대회'를 조직하고 〈민주제도쟁취 국민선언〉을 발표하였다. 이어 2월 5일에는 가두시위에 돌입하였다.[106] 이에 KNCC도 2월 2일 '총선에 즈음한 우리의 입장'을 통해 민주적인 선거의 실시를 다음과 같이 강력히 촉구하였다.

해방 후 제헌국회의원 선거 때 부터 오늘에 이르기까지 폭동, 테러, 관권개입, 부정투개표 등 불의와 부정으로 얼룩져 왔다. 이러한 선거풍토를 만든자들은 심각하게 반성해야할 것이다. 전교인은 물론 모든 국민에게 진정한 민주주의에 대한 교육을 전개하고 아울러 민주주의에 역행하는 모든 비리와 부정을 고발하고 시정을 위해 싸워야 할 것이다.[107]

한편 이에 앞서 천주교정의구현사제단, 전국목회자정의평화실천협의회, 한국기독교농민회총연합회 등 12개 단체가 가입된 '민중민주운동협의회'는 1월 18일 12대 총선에 대한 '민중민주운동협의회의 입장'이라는 성명서를 통해 "12대 국회의원 선거는 현집권세력의 기만적이고 폭력적인 통치명문만을 강화시키는 요식행위에 불과하

---

105) 『복음신보』(1985, 1, 20)

106) 광주광역시 5·18사료편찬위원회, 『5·18광주민주화운동자료총서 제 2권』, 556-58쪽.

107) 『크리스찬신문』(1985. 2. 2)

다"고 천명하고 "이번선거에서 어떤 결과가 나타나더라도 인정치 않을 것"을 주장하기도 하였다.[108]

그러나 2 · 12 총선의 결과는 야당인 신민당의 승리였다.[109] 2 · 12 총선에서 야당의 놀라운 진출은 단순히 양김씨의 야당 세력에 대한 국민적 지지를 확인시켜 주는 것만은 아니었다.[110] 이는 1980년 5.17계엄확대와 광주학살이후 누적되어온 범국민적 저항과 분노가 선거라는 계기를 통하여 폭발적으로 표출된 것이었으며 또한 1980년대 들어 급속히 성장한 각계각층 대중운동의 성과가 나타난 것이었다. 특히 재야와 기독교계 지도자들의 주도하에 이루어진 민주제도쟁취 국민운동대회의 활동은 2 · 12총선에 기독교계가 적극적으로 선거에 참여하여 승리를 쟁취한 귀중한 사건이었다.

3. 학원 안정법 파동과 교회의 대응

학원자율화 조치 이후 학원은 활기를 띠게 되었다. 학원으로 복귀한 제적생이 중심이 되어 전국적인 학생조직이 결성되었고, 지하 운동조직은 민주노조 재건에 나서면서 학생운동과 노동운동의 연대 조직이 나타나기 시작했다. 이러한 연대운동은 노동단체와 '민주화

---

108) 광주광역시 5 · 18사료편찬위원회, 『5 · 18광주민주화운동자료총서 제2권』, 587쪽.

109) 지역구 개표결과 민정당 87석, 신민당 50석, 민한당 26석, 국민당 15석으로 최종집계 되었다. 의석획득과는 달리 득표율에서 민정당은 확실히 패배하였다. 민정당은 총선에서 유효득표의 35.3%를 얻었으나 야당인 신민당은 29.3%와 민한당 19.7%를 합친 49.0%에 비해 무려 14%나 뒤지는 것이었다.

110) 박세길, 『다시쓰는 한국현대사』, 137쪽.

운동전국청년연합'(민청련) 등 청년조직은 물론 종교계 및 재야단체 더 나아가 2·12총선에서 돌풍을 일으킨 야당에게까지 확대되었다. 1984년부터 대학가는 자율적인 학생회가 부활하기 시작하여 시위가 재연되었고, 1984년 말에는 과감한 선도투쟁이 학원 밖으로 전개되기 시작하였다. 1984년 11월 14일에는 고려대, 연세대, 성균관대 학생 264명이 13시간동안 안국동의 민정당사를 점거하고 '총학생회 인정, 노동자 권익보호, 노동악법 철폐, 집시법과 언론기본법의 폐지'를 요구하다, 경찰에 무력 진압되어 180명이 구류처분을 받고 19명이 구속되는 사건이 발생하였다.[111]

더욱이 1984년 하반기부터 학생회 연합조직을 모색하여 '전국대학생 대표자회의', '전국학생총연맹' 등을 거쳐 1985년 4월 17일에는 전국학생총연합(전학련)을 결성하고 5월 7일에는 그 산하에 공개 투쟁조직으로 '민족통일, 민주쟁취, 민중해방투쟁위원회'(삼민투)를 발족시켰다. 이후 이른바 '5월 투쟁'이 전개되어 5월 10일 서울대에서 광주민주화운동진상규명대회가 개최되고 11일부터 광주민주화운동 피해보상 및 진상규명을 위한 서명운동이 전개되었다. 광주학살 원흉처단을 요구하는 학내외시위가 5월에 들어서면서 전국에서 이루어졌다. 5월 16일에는 39개 대학 2만여명이, 17일에는 80개 대학 3만 8천여명이 시위에 참가했다. 이 광주민주화운동에 대한 학생들의 투쟁이 최고조에 달한 시점에서 발생한 사건이 서울 미문화원 점거농성 사건이었다.[112] 세계의 이목을 집중시킨 미문화원 점거농성 사건은 그 이후 수많은 학생들의 지지시위를 가져왔다. 6월 7일에는 서울대에서 8천여명의 시민과 학생이 모인 가운데 이를 주제로

---

111) 김정남, 『진실, 광장에 서다』, 477쪽.
112) 위의 책, 478쪽.

국민대토론회를 가지기도 했다.

이 사건에 크게 당황한 전두환 정권은 '학원자율화조치'를 사실상 철회하고, 6월 29일에 전국대학에 대한 일제수색과 경찰난입, 대량구속, 수배 등으로 탄압하기 시작했다. 이 같은 강경탄압의 과정에서 이른바 '학원안정법'을 입법예고했고, 8월 6일 국회상정을 앞두고 민정당 원내총무 이세기는 '학원안정법안'은 괴물이 아니라 "양떼를 지키는 목동'에 비유했다.[113)

'학원안정법'의 입법이 예고되자, 이의 철회를 요구하는 교수 14명은 기독교회관 KNCC 인권위원회 회의실에 모여 학원안정법 제정을 반대하는 『학원안정법 제정에 반대하는 우리의 견해』라는 성명서를 발표하고 다음과 같이 주장하였다.

> 자율화가 천명된지 18개월 만에 정부가 학생들을 대학이
> 아닌 다른 장소에서 재판 없이 강제 수용해 사상을 선도하
> 겠다는 소위 학원안정법을 제정하려는 것은 대학자체를 격
> 하시키고 교수들을 무능자로 낙인을 찍는 일이다.…사회문
> 제에 무관심한 대학은 대학일수 없다.…이런 문제는 대학
> 내에서 교수와 학생사이에 해결의 길이 모색되어야 할 것
> 으로 생각하는 우리 교수들은 대학을 지키기 위해 학원안
> 정법 제정을 저지해야 한다.[114)

---

113) 학원안정법은 좌경의식화 학생에 대해 선도교육을 실시 할 수 있도록 하고 '선도교육 후 선처'라는 미명아래 선도교육의 기간과 대상자 선정을 문교부에 설치되는 학생선도교육위원회에 맡기도록 함으로 사실상 학원을 정부가 완전히 장악하고자 했던 악법중의 악법이었다. 김정남, 『진실, 광장에 서다』, 482쪽.

114) 『동아일보』(1985. 8. 17), 해직교수출신의 안병무, 김성식, 이효재, 송기숙, 김윤수, 명노근, 이상신, 유인호, 성내운, 김찬국, 정윤형, 장을병, 이만열, 이남덕 교수 등이었다.

교수들에 이어 5월 14일에는 KNCC 소속의 성직자 961명이 학원
안정법 제정을 반대하는 성명서를 발표하였고,[115] 천주교정의평화위
원회와 KNCC 인권위의 공동성명, 기장총회 등 각교단 및 기독교 기
관의 집회, 성명서 발표 등도 잇달았다.[116] 이와 같이 교회를 비롯한
범국민적 반대에 부딪치자, 정부는 긴급당정회의를 통해 일단 보류
를 결정하지 않을 수 없었고 ,교회는 다시금 한국사회 민주화운동의
주된 세력의 하나로 등장하기 시작하였다.

4. 개헌서명운동과 교회

민주화운동진영 내에서 개헌문제가 제기된 것은 이미 2 · 12 총
선 무렵이었다. 이때 개헌투쟁의 방향을 놓고서 여러 가지 견해 차이
들이 드러나기도 했지만 1987년 권력교체기에 적극적으로 대응해야
한다는 점과 개헌문제가 광범위한 국민대중의 참여를 이끌어낼 수
있는 투쟁이라는 점에서 적극적으로 추진되었다. 그리하여 1986년
2월 12일 야당인 신민당은 2 · 12총선 1주년 기념식에서 개헌서명운
동의 시작을 선포하였다. 이어 신민당은 3월 8일 〈헌법개정추진위원
회〉 서울시지부 현판식을 시작으로 개헌서명운동에 돌입하여 전국
적으로 개헌서명대회를 개최하면서 개헌투쟁은 전국적인 대중투쟁
으로 발전했다.[117]

---

115) 『기독공보』(1985. 5. 21)

116) 한국기독교사회문제연구원, 『85년 한국교회사정』 자료모듬 1986-1, 73쪽.

117) 김정남, 『진실, 광장에 서다』, 527쪽.

이에 대항하여 정부는 1986년 1월 16일 대통령의 국정연설을 통해 서울올림픽을 개최하고 난 뒤 1989년에 가서 개헌을 논의하자는 입장을 표명하고, 개헌서명운동에 대한 탄압을 시작하였다. 그러나 정부의 탄압에도 불구하고 개헌서명운동은 급속히 확산되었고, 신민당의 개헌추진을 위한 지부결성대회는 점차 재야민중운동 세력과의 연대투쟁으로 발전했다.[118]

이러한 상황 속에서 교회는 개헌을 향한 민의를 대변하고 개헌운동의 물꼬를 트는데 중요한 기여를 했다. 특히 86년 2월 소장목회자들의 개헌서명[119]은 85년 2·12 총선을 통해 개헌열기가 표출되었으나 정부 여당의 강경한 호헌 입장 등으로 경색과 혼미를 거듭하던 정국에 하나의 돌파구를 여는데 일조를 했다. 이어 한국기독교교회협의회(KNCC)는 3월 14일 민주헌법 실현을 위한 〈시국선언문〉을 통해 개헌서명운동에 대해 다음과 같이 입장을 발표하였다.

> 5.17과 광주사태 라는 특수한 정치적 상황 하에서 비민주적 절차에 의해서 국민적 합의가 결여된 채 제정된 현 헌법을 개정하여 국민의 자유와 기본권, 절대 다수 민중의 생존권이 보장되는 민주적 헌법이 되게 하여야 한다. 우리는 민

---

118) 민족민주운동세력은 처음의 관망 자세를 버리고 3월 23일 부산대회에서부터는 적극 참여하여 독자적인 대열을 형성하기 시작했다. 이와 같은 민족민주세력의 개헌대회참여는 마침내 5·3 인천대회에서 극적인 모습을 띠기 시작했다. 5·3인천집회는 미국과 군부독재를 반대하며 보수대연합 음모를 규탄하는 플랭카드가 파도처럼 넘실거렸다. 전두환 정권은 민족민주세력에 대한 탄압의 빌미를 잡았다고 흐뭇해 했으나 정작 미국은 상당한 충격에 사로잡혔다. 즉 신민당의 직선제 개헌대회가 민족민주세력에 의해 장악되었음은 물론 반미적 세력의 급부상을 도울 것이라는 심각에 우려 때문이었다. 다급해진 미국은 5월 7일 슐츠 미국무장관을 파견하여 다음날 슐츠는 이민우 총재와 회동, 직선제 개헌요구를 포기하고 내각제로의 합의개헌에 응할 것을 종용하였다. 박세길, 『다시쓰는 한국현대사』, 170-71쪽.

119) 『한국일보』(1986. 2·7). 기장 목민선교회 부회장 이해학목사와 성남주민교회 장성룡 목사가 기장선교교육원에서 열린 〈외채문제세미나〉에 참석한 45명의 목사중 41명으로부터 개헌요구서명을 받고 기장총회에 명단을 제출한 사건이다.

족사의 현 시점에서 민주화를 이룩하는 것이야말로 하나
님의 명령이라고 고백하면서 서명운동을 포함한 모든 민
주화를 위한 범국민적 활동을 지지하며 또한 기꺼이 민주
화의 밑걸음이 될 것이다.[120]

이어 3월 17일에는 KNCC 시국대책위 산하에 〈민주헌법 실현 범
기독교추진위원회〉를 발족하고 개헌서명자인 1천 50명의 명단을 발
표하였다.[121] 한편 가톨릭 쪽에서는 3월 4일 천주교정의평화위원회
가 '민주화를 위한 시대적 소명'이라는 제목의 성명서에서 "국민의
개헌서명운동은 기본권리"라는 입장을 천명하였고, 3월 9일 김수환
추기경이 직선제 개헌을 촉구하는 시국 성명을 발표하였다. 이어 4
월 10일에 천주교사회운동협의회가 '개헌서명적극전개 선언', 5월 7
일에 천주교정의구현사제단이 '민주화 위한 시국성명서'를 발표하
였고, 각 본당별로 계속적인 개헌서명운동에 들어갔다. 이처럼 계속
터져 나온 개신교회와 가톨릭교회의 개헌서명운동과 시국선언은 국
민의 민주화 요구와 개헌의지를 상징적으로 대변하는 '여론의 힘'이
되었고, 이어 전개된 고려대와 성균관대, 장신대, 한신대, 감신대 등
29개 대학교수와 지식인들의 광범위한 시국선언운동을 자극하는 한
편 언론의 활동 폭을 넓혀주는 데 중요한 역할을 했다.[122]

한편 개신교의 시국선언문은 각 교단별로 이어져 예장(통합)측을
비롯한 기독교장로회, 기독교대한감리회 등 KNCC가맹교단과 기독

------

120) 『교회연합』(1986. 3. 23)

121) 『교회연합』(1986. 3. 23). 위원장에 조남기 목사, 부위원장에 박종기, 박형규, 조용술, 서기
      오충일, 위원 고영근, 금영균, 김규태, 김상근, 김윤식, 김준영, 이우정, 전재국, 조승혁. 집행
      위원회 위원장 박형규, 서기 이근복, 위원 이해학, 장성용, 박영모, 박준철 등이다.

122) 한국기독교사회문제연구원 편, 『'86한국교회사정』, 6쪽.

교대한 성결교회, 대한예수교장로회 개혁측 등 비 KNCC가맹교단에서도 신앙고백적 차원에서 각기 시국성명서를 한 차례 이상 발표하였다. 각 교단의 시국성명서는 대개 그 교단소속 전국교회에서 예배시간에 낭독되었다는 점에서 대중적 영향력이 자못 큰 것이었다.[123] 이 중에서도 비KNCC가맹교단인 예장(개혁측)은 조속한 개헌과 양심수 사면복권, 고문폭력 금지 등을 주장하는 시국 성명서를 발표하여 종래 시국현실에 침묵을 지켜오던 태도에 변화를 보여주는 것으로 특기할 만한 일었다.[124]

그러나 교회의 개헌운동은 개헌을 향한 국민의 열망을 천명하고 추진하는데 머물렀고, 대중의 민주화 의지를 구체적 힘과 조직으로 결집시키는 데는 미흡했다. 5·3 인천 개헌집회사건이후 개헌과 민주화 요구에 대한 강경탄압이 가해지자, 개헌운동은 한동안 지지부진하게 되었다. 그러나 10월 들어서 전열을 재정비한 '민주헌법실현 범기독교추진위원회'는 10월 30일 '개헌에 대한 우리의 견해'라는 성명서를 발표하고 직선제 개헌투쟁을 계속해 나갈 것을 다음과 같이 제안하였다.

― ― ― ― ― ― ― ― ― ― ― ― ― ― ―

우리는 조국의 현 상황이 군사독재의 장기집권 야욕과 음

---

123) 『한국일보』(1986. 4. 29) 대한예수교장로회 총회(총회장 이종성목사)는 4월 28일 시국에 관한 성명서를 발표하였다. 이 성명서는 현재의 사회정황을 비상시국으로 규정하고 '광주사태 치유를 위한 책임 있는 조치, 가급적 빠른 개헌, 언론규제제거를 통한 사실보도 보장'등을 촉구했다. 이어 총회는 KBS의 뉴스안보기, 시청료납부거부, 개헌서명, 지성인들의 집단적의사표현 등은 이사회의 변화를 갈망하는 국민들의 시민불복종운동으로 이해해야 한다'고 밝혔다.

124) 『동아일보』(1986. 5. 22). 장로교개혁총회는 5월 21일 전주에서 열린 전국 목사장로 기도회에서 채택한 〈현시국에 대한 우리의 견해〉를 통해 "국민이 직접 최고통치자를 선출하는 방향으로 조속히 개헌할 것, 양심수 사면복권하고 고문폭력을 금지할 것, 광주사태 책임질 사람은 책임져야 하며 KBS는 공정한 보도를 해야 하며 상업광고방송이 근절될 때까지 시청료거부운동을 계속할 것, CBS의 민영방송기능회복등을 촉구했다.

모로 빚어지는 극도의 대 탄압과 용공조작, 공포분위기 조
작, 정치공작과 술수로 인하여 일대위기 상황에 놓여 있다
고 본다. 그러므로 지금은 조국의 민주화와 민족의 자주를
갈망하는 모든 애국민주운동세력, 사회단체, 정당이 각자
의 입장 차이를 극복하고 힘을 총집결하여 싸울 때"라고
믿는다. 이에 우리는 군사독재의 장기집권 음모지지를 위
한 대통령 직선제 쟁취투쟁을 향해 모든 애국 민주세력이
즉각적으로 힘을 모아 함께 싸워 나갈 것을 제안하는 바이
다.[125]

이러한 제안은 이어 11월 12일 전국목회자 정의평화실천협의회,
한국기독청장년민주운동협의회, 한국기독청년협의회, 한국기독학
생회총연맹 등 4개 단체의 '우리의 전 역량을 하나로 모아 군부독재
의 영구집권음모분쇄 투쟁의 대열에 총집결하자"는 제하의 성명 및
11월 18일 KNCC 시국대책위원회 주최로 열린 '나라와 민족을 위한
성회' 등으로 확산되어 나갔다.[126]

한편 한국복음주의협의회(회장 정진경 목사)도 1986년 5월 12일
〈현 시국에 대한 복음주의자들의 제언〉이란 제목의 성명서를 발표하
였다. 이들은 이 성명서에서 정부에 대해서는 "입법, 행정과정의 잘
못을 솔직히 시인하고 헌법과 노동관계법등 특정단체에 유리하도록
돼있는 법률은 하루 빨리 고쳐야 한다"고 강조하고, 민주화운동 세
력에 대해서는 "민주화와 사회정의를 위한 야당의 고통과 노력은 인
정하나 사회를 불안케 하지 말 것,"을 요구하였다.[127] 이어 복음주의

---

125) 한국기독교사회문제연구원, 『86한국교회사정』, 273쪽.
126) 위의 책, 6쪽.
127) 『동아일보』(1986. 5. 15)

협의회는 12월 15일 정기총회를 열고 적극적인 사회참여를 선언하
였다.[128] 이러한 복음주의 협의회의 사회참여에 대한 입장은 KNCC
를 중심으로 한 진보적 사회참여와 신학적 입장이 다른 유형으로 이
후 한국교회 사회참여 운동의 새로운 모델을 제시하기 시작하였다.

5. 교회의 CBS 기능 정상화 캠페인과
KBS-TV 시청료 거부운동

민주화운동의 도상에서 언론의 자유는 그 요체이며, 선거를 통해
민주주의를 달성하기 위해서는 언론의 자유가 사활적인 관건이 될
수밖에 없다. 1980년 신군부에 의해 불법으로 탈취 당한 CBS의 보
도와 광고방송의 기능회복운동은 〈CBS 기능정상화 서명운동〉으로,
KBS의 횡포와 왜곡보도는 〈KBS 시청료 거부운동〉과 같은 범시민
불복종운동의 형태로 나타났다. 특히 1984년 5월 정부와 국회에 제
출한 〈기능정상화를 위한 건의〉 활동을 시작으로 85년도부터 KNCC
등 기독교 단체 및 여성단체에서 간간히 논의되어 오던 TV의 횡포와
왜곡보도 문제가 86년 들어서자마자 핫 이슈로 떠올랐다.
그리하여 1986년 4월 28일 KNCC 교회와사회위원회는 〈CBS 방
송 기능정상화를 위한 서명운동〉을 범교단적으로 전개하기로 하고,
이를 위해 5월 12일부터 먼저 지방대책위원회를 조직하기 시작하여,
6월 13일 21개 교단연합으로 〈CBS 기능정상화 범기독교추진위원

---

128)   『중앙일보』(1986. 12. 29)

회〉를 결성하여 전국교회를 대상으로 연합예배와 서명운동에 들어 갔다.[129] 그러나 이러한 교회의 서명운동에도 불구하고 6월 23일 이 원홍 문공부 장관은 국회상임위원회 답변에서 "기독교방송은 공영 방송체제로 나가면서 언론기본법에 의해 특수방송으로 허가 받았고, 복음선교 이외의 방송은 허가할 수 없다"고 답변하여 정부의 반대 입장을 분명히 하였다.[130] 그러나 이러한 정부의 반대 입장에도 불구 하고, 교회의 CBS기능 정상화 서명운동은 1987년에도 계속되었고, CBS를 중심으로 언론기본법의 폐지, 전파관리법의 독소조항 삭제, 보도중계 광고방송 중지 등 기독교 방송에 대해 취해진 제반조치의 즉각철폐를 정부에 요구하였다.[131]

한편 1986년 2월 11일 KNCC는 교회여성단체 등 30여개 단체 와 공동으로 'KBS-TV 시청료 거부 기독교 범국민운동본부'를 결성 하고, 공영방송인 KBS의 왜곡, 편파보도 중지와 상업광고방송의 폐 지를 촉구했다. 이 운동은 교계 내외를 막론하고 전국적으로 번져 나간 일종의 조세저항운동이자 언론자유쟁취운동으로서 대중운동

---

129) 『크리스챤신문』(1986. 6. 21). 이날 결성된 기독교방송기능정상화 범기독교추진위원회는 산하에 집행위원회(위원장 김소영 목사)를 구성하고 앞으로 기독교방송의 뉴스와 광고방송 등 기능정상화를 위해 전국교회를 통한 연합예배와 서명운동전개등 가능한 모든 방법을 총 동원하기로 결의했다. 기독교 방송기능정상화 범기독교추진위원명단은 다음과 같다. 고문 -각교단증경총회장, 교계원로인사, 지도위원-각교단장(21개교단), 기독교연합기관장, 기독 교대학총학장, 신학대학장, 기독교방송이사. 추진위원회 공동위원장-박명수, 김지길, 위원- 각교단노회장, 지방감리.

130) 『크리스챤신문』(1986. 6. 28)

131) 『크리스챤신문』(1987. 8 .22) 특히 1987년 7월 6일 CBS는 직원총회를 열어 언론기본법의 폐기와 전파관리법의 독소조항 삭제, 보도중계 광고 방송중지 등 기독교 방송에 대해 취해 진 제반조치의 즉각 철폐를 내용으로 하는 〈CBS 기능정상화를 위한 우리의 결의〉를 발표하 고, 기독교방송의 모든 결정은 신앙적 양심과 국민의 요구에 의해 판단되고 수행되어야 함 을 천명하였다. 또한 7월 15일 저녁에 CBS는 종합뉴스를 전격보도 하였고, 직원들의 단식· 철야기도회와 가두서명을 5시간 특집생방송으로 중계하는 등 CBS의 기능 부활을 위해 적 극적으로 싸워 나갔다. 이러한 움직임은 지방방송국에도 번져 광주, 부산, 대구 등 각 지방 방송국들이 전면적인 언론자유화를 요구하며, 정부당국의 제한조치가 철폐되지 않을 경우 오는 9월 15일부터 뉴스를 보도하지 않겠다는 결의문을 채택하기도 하였다.

의 한 전형을 이루었다.[132] KNCC 가맹 6개교단장은 1986년 4월 8일 KBS-TV 시청료 거부운동의 참여를 요청하는 목회서신을 전국교회에 발송했으며, '운동본부'는 KNCC 내에 사무실을 설치하고 시청료 거부 스티커 배포, 통합고지서의 분리납부 등 거부운동의 행동지침을 마련하고 이를 각 교회에 시달하기도 했다.[133] 대한 YMCA연맹 또한 제 28차 전국대회에서 KBS-TV 시청료거부운동을 지속적으로 하기로 결의하였다.

87년 7월 16일에는 〈KBS-TV 시청료거부 기독교범국민운동본부〉와 천주교정의구현사제단 등 4개 단체는 〈방송민주화를 위한 공청회〉를 열어 "시청료거부운동을 범국민적 저항운동으로 확산할 것"과 "KBS경영진과 편집진 퇴진," "언론기본법 철폐," "사전보도검열 중지," "완전한 언론자유," "KBS 시청료폐지"등을 주장했다.[134] 〈한국기독청장년 민주운동협의회〉도 8월 3일 성명을 발표하면서 언론의 자유는 민주화의 기초임을 분명히 하고, 기독교방송의 언론통폐합 이전 상태로의 완전회복과 통폐합에 앞장섰던 인사에 대한 폭로와 규탄운동을 벌일 것을 선언하기도 했다.[135] 이처럼 교회는 민주주의의 요체이며, 선거를 통해 민주주의를 달성하기 위해서 사활적인 관건이 될 수 밖에 없었던 언론의 자유를 위해 범국민운동을 전개하며 전교회적으로 투쟁하였다.

---

132) 『크리스챤신문』(1986. 6. 28). 6월 11일 발족된 KBS-TV시청료거부 기독교범국민운동본부는 한국기독교교회협의회 김윤식회장을 본부장으로 선임하고 다음과 같이 집행위원을 선임하였다. -김소영, 김조원, 표용은, 김사동, 김희원, 엄마리, 김경희, 황인성, 최종진, 이우정, 조승혁, 이미경, 김순진, 이길재, 윤영애, 최영이스안상님. 위원장-금영균, 부위원장-김준영, 오충일, 박종기, 김상근, 서기-김동완, 부서기-박준철, 회계-박영숙, 부회계-김희선

133) 한국기독교사회문제연구원 편, 『'86년 한국교회사정』, 7쪽.

134) 『기독교신문』(1987. 7. 26)

135) 한국기독교사회문제연구원 편, 『'87년 한국교회사정』, 18쪽.

6. 6 · 10 민주화운동과 교회

a. 박종철 고문치사 사건

1986년 아시안게임 이후 전두환 정권은 개헌투쟁의 물줄기를 차단하기 위해 강경한 탄압공세를 취했으며, 민주화운동세력은 건국대 농성투쟁에서 1,300여 명 구속과 개헌서명 서울대회의 무산 등으로 일시적인 침체에 빠져 있었다. 이때 치안본부 대공분실에서 일어난 박종철 군 고문살인사건은 민주화운동진영에 일대 전환기를 마련하였다.

당시 서울대 언어학과 3학년에 재학 중이던 박종철 군이 민주화추진위원회 사건으로 수배 중이던 박종운 군의 소재를 파악하기 위해 경찰에 연행되어 참고인 조사를 받던 중 남영동 대공 분실에서 고문으로 사망하였다. 이 사건이 발생하자, 경찰은 심문을 시작한지 30분 후에 '탁'치니 '억'하고 죽었다고 발표하였고, 문공부 홍보조정실도 각 언론사에 보도지침을 시달하여 '박군이 심장마비로 쇼크사'한 것으로 발표토록 하였다. 그러나 정부의 발표가 거짓임이 곧 드러났다. 다음날 부검결과 박군은 고문에 의한 것으로 판명되었고, 이 사건은 전두환 정권의 본질을 폭로하면서 엄청난 파문을 일으켰다. 학생들은 현 정권을 '살인정권'으로 규정하고 타도를 외쳤다. 다급해진 전두환 정권은 고문사실을 인정하고 고문에 참가한 경관 2명을 희생양으로 삼아 구속하였다.

사건이 발생하자, 한국교회는 정부의 탄압과 저지 속에서도 박종철 군 고문치사 사건을 규탄하는 성명서 발표와 기도회, 항의 농성을 진행하였다. KNCC는 이 사건이 터지자 즉각 성명을 발표하고 반독재민주화운동에 나설 것임을 천명하였다. 1987년 1월 16일 KNCC 고문-폭력대책위원회는 위원장 김상근 목사의 이름으로 성명을 발표하고 박군사망 진상규명과 고문수사근절을 위한 각계 합동위원회 구성을 제의했으며, 김재준 목사와 함석헌 등 원로인사들은 19일 모임을 갖고 "박군의 사망은 인간으로서의 존엄과 도덕적 양심을 깡그리 잃어버린 행위"라는 내용의 호소문을 발표했다.[136]

이어 1월 20일 예장(통합) 소속 목사 20여명은 인권위원회 사무실에서 박군의 죽음을 추모하는 철야예배를 드렸고, 다음날 예장(통합)총회와 인권위원회는 〈하나님의 형상을 모독하는 고문은 즉각 종식되어야 한다〉는 성명을 발표했다. 예장(통합)은 이 성명서에서 "고문은 어떤 목적이든 죄악이며 인간의 존엄성을 파괴하는 행위일 뿐아니라 민주사회의 기초를 붕괴시키는 야만적 행위"라고 주장하고, "하나님과 인간 존엄성을 파괴하는 우리 사회의 수치이기에 즉각 고문은 종식 되어야 함을 선언한다"고 밝혔다.[137]

1월 22일에는 한국기독청년협의회(EYC)와 한국기독학생총연맹(KSCF)은 〈현 정권은 국민 앞에 엎드려 사죄하고 스스로 퇴진함으로써만 고 박종철 군의 살인고문 사건에 진실로 사죄할 수 있다.〉는 제목의 성명서를 발표하여 사건조작과 축소은폐를 경고하면서 이 사건의 책임을 지고 현 정권의 퇴진을 요구했다.[138] 23일에는 감리교회가 5개 연회 감독명의의 성명서를 발표하였다. 이 성명서에서 장기천 감독은 "신앙적 양심과 교회의 예언자적 사명이라는 견지에서 이

---

136) 『기독공보』(1987. 1. 24)

137) 『크리스챤신문』(1987. 1. 31)

138) 한국기독교사회문제연구원, 『87년 한국교회사정』, 292-93쪽.

번 사건의 진상을 철저히 규명하여 그 진상을 공개하고 앞으로 이런 사건이 절대로 발생하지 않도록 모든 방책을 강구하도록 충고하고 경고한다"고 밝혔다.[139] 그리고 1월 20일에는 KNCC 교단장, 총무 연석회의는 박군사건에 대한 목회서신을 전국교회에 보내기로 합의하였고, 2월 3일에는 한신대 교수 54명이 성명을 발표하기도 하였다.

가톨릭교회도 1월 26일 명동성당에서 '박종철군 추도 및 고문근절을 위한 인권회복미사'를 열었다. 이 미사에서 김수환 추기경은 "박군의 참혹한 죽음은 우연한 돌발적 사건이 아니라 지난해 6월에 있었던 천인공노할 부천서 권양성고문사건, 역시 재작년 9월에 일어난 전민청련의장 김근태씨에 대한 경찰의 잔혹한 고문사건, 이밖의 연속적으로 일어난 수많은 고문사례중의 하나라며 이 기회에 정부는 진정으로 회개하고 자체내 양심과 인간성의 회복이 있기를 간곡히 부탁한다"고 말했다. 미사후 가톨교회의 신도 2천여명은 침묵시위를 하기도 하였다.[140]

한편 국민적 분노와 교회의 저항을 결집시키고 조직적인 투쟁을 전개하고자 야당정치권, 재야민주운동세력, 종교계, 학계 인사 등은 1987년 1월 26일 서울 종로 5가의 기독교회관 대강당에서 '고 박종철군 국민추모회 준비위원회'를 발족하였다.[141] 이어 '국민추모준비

---

139) 『크리스챤신문』(1987. 1. 31)

140) 『동아일보』(1987. 1. 27)

141) '고 박종철군 국민추모회준비위원회'의 준비위원 명단은 다음과 같다. 김재준, 함석헌, 윤반웅, 홍남순, 이민우, 문익환, 지학순, 김대중, 김영삼, 계훈제, 김명윤, 김승훈, 박영록, 박형규, 백기완, 서경원, 송건호, 양순직, 이돈명, 이소선, 이우정, 이정숙, 조남기, 최형우, 박용길, 문정현, 그리고 참여단체는 개신교계에서 한국기독교교회협의회, 한국기독청년협의회, 한국기독학생총연맹, 가톨릭계에서는 천주교사회운동협의회, 한국천주교정의평화위원회, 재야운동권에서는 민주통일민중운동연합, 민주화실천가족운동협의회, 여성계에서는 여성평우회, 정치권에서는 신한민주당, 민주화추진협의회 등이다. 6월 민주항쟁 10주년사업범국민추진협의회 엮음, 『6월 항쟁 10주년 기념자료집』, 61-62 이 모임은 80년대 민주화 운동사에서 하나의 전환기를 마련해 준 계기가 되었다. 80년대 초반 5공군사정부에 대항해 오던

위원회'는 '2·7추도대회'와 '3·3고문추방민주화국민대행진'을 전국적인 규모로 거행할 것을 계획하고 추진하였다. 이에 정부는 추도대회를 불법으로 규정하고 원천봉쇄하겠다고 발표하였으며, '국민추모준비위'도 추도대회를 2월 7일 오후 2시 명동성당에서 강행할 것을 천명하였다. 2월 7일이 되자, 정부는 지방에서 경찰들을 차출하여 7만 여명을 서울시내에 배치하였고, 명동성당에는 3만 3천 여명을 배치하였다. 또한 정부는 김대중, 김영삼 민주화추진협의회 공동의장과 주요재야인사들을 가택연금 하였고 명동성당을 완전 봉쇄하였다. 결국 추도회는 무산 되었으나, 명동성당에서는 김승훈 신부의 집전으로 미리와 있던 신도들과 시민들이 추모미사를 드리고, 추모미사가 끝난 후 참석자들은 대부분 성당 안에서 철야농성에 들어갔다.

한편 KNCC도 '2·7 추도대회'에 맞춰 교회들이 타종할 것을 결의하고 이를 전국교회에 전달하였다. 2·7 추도대회가 봉쇄되자, 그 다음날에 성공회가 추모미사를 연 후 횃불순행을 하며 시위하였고, 감리교회도 추모주일로 지켰다.[142] 대회가 끝난 후 경찰은 추도대회를 성공적으로 진압하여 '2·7작전'으로 전국 8개 도시에서 798명을 연행하였고 40명 정도를 구속할 방침이라고 발표하였다. 그러나 정부의 강경진압 방침에도 불구하고 '2·7추도대회'이후 반정부 시위는 그칠 줄 모르고 진행되었다. '국민추모준비위'는 다시 2월 9일부터 3월 3일까지 고문철폐와 민주화를 기원하는 기간으로 정하고 '3·3 고문추방 민주화 국민평화대행진'을 전국적으로 계획하였다.

민주운동세력은 권위주의 군사정권의 정치적 이데올로기에 밀려 야당세력과 사회운동세력들은 제각기 분산되어 구심점을 잃어가고 있었다. 박종철군 고문치사 사건은 쇠진해가던 민주화운동세력을 다시 결집시켜 민주화 이행을 돌이키는 계기를 마련했다. 김주한, '6월 민주항쟁과 기독교', 『한국개신교가 한국근현대의 사회문화적 변동에 끼친 영향 연구』, 194쪽.

142) 한국기독교사회문제연구원, 『87년 한국교회사정』, 134-35쪽.

그러나 이 대회 역시 정부의 탄압으로 원천 봉쇄 되고 말았다.[143]

박종철군 고문치사 사건은 쇠잔해가던 민주화 운동세력을 다시 결집시켜 민주화 이행을 돌이키는 계기가 되었다. 특히 기독교계 인사들이 다수 참여한 '국민추모준비위'는 전국적인 관심을 한데로 모으고 조직적으로 인원을 동원하는데 큰 역할을 했다. 개헌을 둘러싸고 제도권 야당이 노선투쟁으로 내분이 일어나고 재야민주화세력이 정부의 혹독한 탄압으로 구심점을 잃어가고 있을 때 기독교계는 민주화운동의 중심으로 자리잡아갔다. 이같은 기독교계의 지속적인 저항운동은 이후 전개된 개헌정국에도 큰 영향력을 발휘하였다.

b. 4 · 13 호헌 조치

'2 · 7추모대회'와 '3 · 3고문추방민주화대행진'으로 민중의 거센 항의 열기를 확인한 김대중과 김영삼씨는 신민당의 이민우 총재와 결별하고 독자적인 신당인 통일민주당을 창당하기에 이르렀다. 통일민주당의 출범은 양김세력이 전두환 정권과의 타협을 배제하고 정면대결로 나아가는 각오를 표시한 것이었다. 뿐만 아니라 이민우 신민당 총재와 내각제로의 합의개헌을 전제로 추진하던 보수대연합이 쓸모없이 되어 버리자, 전두환 정권은 이제 더 이상 주저할 필요가 없었다.[144] 마침내 전두환 정권은 4 · 13 호헌조치를 단행하기에 이르렀다. 전두환 대통령은 4 · 13 대국민담화를 통해 "현 시기의 중대

---

143) 김주한, "6월 민주항쟁과 기독교," 『한국개신교가 한국근현대의 사회문화적 변동에 끼친 영향 연구』, 196쪽.
144) 박세길, 『다시쓰는 한국현대사』, 178쪽.

성과 당면한 정치일정의 촉박함을 감안할 때 합의개헌의 전망을 절망적이라고 말하면서 평화적인 정부이양과 서울올림픽이라는 양대 국가대사를 성공적으로 치르기 위해서는 소모적인 개헌논의를 중지하고 현행 헌법에 의한 다음 대통령을 선출한 뒤 개헌논의는 그때 가서 하겠다"고 발표하였다.[145]

전두환 정권의 4·13호헌 조치는 즉각 거센 반대 여론을 불러일으켰다. 이는 개헌투쟁 과정에서 나타난 범국민적인 민주화의지를 정면으로 부정하는 것이었기 때문이었다. 특히 4·13조치는 기독교계의 광범위한 개헌운동을 불러 일으켰다. 4·13 호헌이 발표된 다음날 한국기독교교회협의회와 전국목회자 정의평화실천협의회는 즉각 성명을 발표하고 현 정권의 즉각 퇴진하는 길만이 민주화를 성취할 수 있다면서 4·13호헌선언에 대한 기독교성직자의 입장을 천명하였다. 4월 17일에는 기독교대한감리회 선교자유수호대책협의회의 "군부독재정권의 영구집권 음모" 폭로 및 규탄 성명이 발표되었고, 4월 21일부터 KNCC 인권위원회 및 23개 지역 인권위원회는 직선제 개헌을 위한 서명을 전개하였다. 이 성명서에서는 "군부독재 종식과 직선제 민주개헌 쟁취를 위한 기도회 개최", "직선제 민주헌법실현을 위한 서명운동" 등이 결의되었다. 27일에는 전남목회자정의평화실천협의회 주최로 30여명의 목회자가 무기한 단식기도에 들어갔다.[146]

한편 개신교계의 투쟁은 전국적인 단위로 전개되었다. 4월 22일에 한국기독교장로회 전남노회 주도의 가두예배와 농성, 4월 28일 한국기독학생연맹(KSCF)과 기독청년협의회(EYC)의 철야금식기도회

---

145) 한국기독교사회문제연구원, 『기사연리포트』(제1호), 2-3쪽.

146) 한국기독교사회문제연구원, 『87한국교회사정』, 14쪽.

가 있었다. 또한 5월 4일 전국목회자협의회 제 3차 총회는 시국토론회를 가진 뒤 기장선교교육원에서 호헌철폐 및 군부독재정권의 즉각 퇴진을 요구하며 무기한 단식 기도회에 돌입했으며 분명한 의지를 표명하는 뜻으로 35명이 전원 삭발했다. 삭발과 단식은 동시에 교회의 개헌열기를 증폭시켜 울산, 인천, 춘천, 부산, 전주, 대구, 성남, 이리, 부천, 청주 그리고 군산에서 3백여명 이상의 목회자가 금식기도회, 나라를 위한 기도회가 연속 개최되었다.[147]

특히 5월 12일 아현감리교회에서 KNCC의 주최의 〈나라를 위한 철야 기도회〉가 있었다. 이 기도회에서는 KNCC소속의 6개교단(예장(통합),기장, 기감, 구세군, 성공회, 복음교회) 소속의 성직자와 신도 1,500여명이 참석하여 "한국의 민주화에 대한 우리의 제언"이라는 성명서에서 "4 · 13개헌유보조치는 국민과의 약속을 저버린 것"이라 주장하고 "정당간의 대화를 통한 개헌", "양심수 석방", "올림픽의 정치적 이용 중단" 등을 촉구하였다. 경찰은 여기에 참석한 삭발성직자와 취재기자에게 무차별 폭행을 가했다. 이에 KNCC는 기도회 참석자 1,500명의 명의로 현 정권의 폭력만행을 규탄하는 성명을 발표하였고, 다음날 새벽에 정회를 선포하면서 호헌철폐 및 민주개헌이 실현되지 않을 경우 나라를 위한 기도회를 교단별, 지역별로 확산하여 속회할 것을 결의하였다.[148]

---

147) 5월 6일 울산지역 성직자 25명의 시국성명, 5월 7일 충남지역 "나라와 민족을 위한 기도회" 참석자 197명의 시국성명, 한신대 학생 300여명의 삭발식 거행, 5월 8일 인천지역 목회자 185명이 서명한 4 · 13반대성명과 대한예수교 장로회 목회자 협의회 소속 50여명의 시구성명, 5월 10일 예장 목회자, 신도 800여명의 "4 · 13조치 철회 구국기도회", 5월 12일 KNCC의 "나라를 위한 철야기도회(아현감리교회), 5월 15일 순천지역 예장신도 1500여명의 "민주화기도회"등으로 확산되었다. 김주한, "6월 민주항쟁과 기독교," 『한국개신교가 한국근현대의 사회문화적 변동에 끼친 영향 연구』, 199쪽.

148) 『조선일보』(1987. 5. 13), 한국기독교사회문제연구원, 『87한국교회사정』, 14쪽.

이처럼 4·13호헌조치로 종교계를 비롯하여 학생, 노동자, 학계, 민중민주운동세력 등이 반발하자, 정부는 공권력을 동원하여 강경하게 대응하였다. 정부는 4·13 호헌 직후 노신영 국무총리를 비롯하여 법무, 내무, 검찰총장 명의로 개헌을 빙자한 불법집회, 시위선동을 엄단할 것이라는 담화문을 발표하면서 야당을 포함한 민주화세력에 대한 전면적 탄압을 선언하였다. 정부는 이때에도 민주운동세력들을 용공, 좌경 세력과 연계된 불순한 세력으로 간주하여 단호하게 대처하겠다고 선언하였다.[149] 그러나 정부의 강경정책은 야권과 사회운동 세력의 정치적 연합을 실질적으로 촉진시키는 오류를 범하였다. 4·13호헌조치는 그동안 관망 자세를 취하고 있던 시민사회의 중간계층의 참여를 불러일으키면서 권위주의 군사정권에 대해 전면적인 도전으로 나타나게 하였다.[150]

c. 국민운동본부의 발족과 6·10항쟁

4·13 호헌철폐 및 직선제 개헌운동은 5월 18일 광주민주화운동 계승대회에서 박종철군 고문치사사건이 은폐, 조작 되었다는 사실이 폭로되면서 급변하게 되었다. 광주민주항쟁 7주년 추모미사에서 김승훈 신부는 "당국은 철저하게 이 사건을 은폐했고 그 과정 일체도 조작해서 국민을 다시 한번 속였다"며 박종철 군을 고문한 경

---

149) 김주한, "6월 민주항쟁과 기독교," 『한국개신교가 한국근현대의 사회문화적 변동에 끼친 영향 연구』, 200쪽.
150) 윤상철, "6월 민주항쟁의 전개과정," 『6월 민주항쟁과 한국사회 10년』(서울: 당대, 1997), 123-25쪽.

찰관이 모두 다섯명임을 폭로하였다.[151] 이 사실은 전국을 발칵 뒤집어 놓았으며 국민들을 분노케 하였다. 이에 정부는 5월 22일 은폐조작을 시인하고 민심을 수습하기 위하여 26일 개각을 단행하였다.

그러나 분노한 국민들의 마음을 되돌리기에는 역부족이었다. 박군사건이 조작되었다는 사실이 알려지면서 전국은 반정부 시위로 들끓었다. 그리하여 마침내 5월 27일에 민통련과 통일민주당이 주축이 되어 광범위한 민주세력을 묶은 〈민주헌법쟁취 국민운동본부〉가 설립되었고, 6월 10일 민정당 전당대회에 맞추어 〈6·10호헌철폐 및 고문치사규탄범국민대회〉가 준비되었다. 이 과정 속에 여러 기독교운동 단체들은 주체적이고 조직적으로 동참했으며 기독교 대중운동의 기반을 확고히 해 나가기 위해 노력하였다.[152]

〈국민운동본부〉는 5월 27일 서울 향린교회에서 발족식을 갖고 6월 10일을 "박종철군 고문치사조작은폐규탄 및 호헌철폐 국민대회"를 서울 성공회 대성당에서 개최하기로 결정하였다. 이번에도 정부는 어김없이 경찰을 동원하여 성당을 원천봉쇄하였다. 그러나 6·10대회가 열리기 사흘 전부터 들어가 있던 박형규, 계훈제 등 국민운동 간부들에 의해 대회가 강행되어, 오후 5시경 김성수 성공회 주교의 집전으로 미사가 거행되었고, 오후 6시경에는 성공회 신부 25명을

---

151) 박종철군 고문치사사건 은폐조작이 폭로된 것은 처음 구속된 조한경, 강진규 등이 함께 수감되어 있던 민통련 사무처장 이부영씨에게 '고문에 참가한 사람은 여러명인데 자신들만 구속한 것은 억울하다'고 털어 놓음으로써 가능했다. 박세길, 『다시쓰는 한국현대사』, 179쪽.

152) 5월 27일 서울명동의 향린교회에서 〈민주헌법쟁취국민운동본부〉가 결성되었다. 〈국민운동본부〉는 김근태 민주화운동청년연합 의장에 대한 고문사건에 대항하여 1985년 11월에 만들어진 고문 및 용공조작저지 공동대책위원회를 모태로 하였으며 보수야당세력을 포함하여 전두환 정권에 반대하는 모든 민주세력이 결집한 공동투쟁체였다. 〈국민운동본부〉는 2천 2백여명에 이르는 대규모 발기인으로 발족되었다. 여기에는 양심수 가족 308명, 가톨릭 253명, 개신교 270명, 불교 160명, 정치인 213명, 노동자 39명, 농민 171명, 문학, 예술, 교육자 155명, 빈민 18명, 민통련 35명, 기타지역대표로 구성되었다. 고문은 김수환 추기경, 문익환 민통련 의장, 함석헌, 김대중, 김영삼 등 5인이었다.

포함하여 70여명의 대회참석자들이 '규탄대회'를 진행하였다. 6·
10대회는 전국 22개 지역에서 약 40만명이 동시다발로 참가하는 대
규모 투쟁으로 전개되었다[153]. 대체로 학생과 민주단체가 주도하였
지만 시민들의 자발적인 참여가 이루어지고 투쟁양상도 대단히 격
렬했다. 그러나 더욱 중요한 것은 이날의 대회가 하루 만의 단발투쟁
으로 끝나지 않고 약 20여 일에 걸친 전국적 항쟁으로 전개 되었다
는 사실이었다.

　6·10대회가 성공적으로 진행되자, 정부는 6·10대회와 관련하
여 〈국민운동본부〉 박형규 목사를 비롯한 핵심간부 13명을 포함하여
전국에서 220명을 구속하였다. 그러나 6월 10일 민정당 전당대회에
서 차기 대통령 후보로 선출된 노태우 민정당 대표는 6월 12일 기자
회견을 열고 4·13조치에 대한 정치일정을 고수하면서도 부분적인
양보와 대화용의를 밝혔다.[154] 그러나 이미 6·10대회 준비과정에서
일어난 6월 9일의 연세대생 이한열의 최류탄 피격사망으로 인해 증
폭된 국민들의 분노는 6·10대회를 거쳐 명동성당 농성투쟁으로 이
어졌다. 그리고 정부에 대한 압박의 공세를 늦추지 않기 위해 6·18
최류탄 추방대회의 날로 정하고 전국에서 집회를 개최하였다.[155]

　전국적으로 투쟁이 그칠 줄 모르고 계속되자, 〈국민운동본부〉는
6월 20일 "4·13호헌조치철회"를 비롯한 4개항을 정부에 촉구하고
이에 대한 조치를 22일까지 밝히지 않을 경우 6월 26일 국민평화대

153)　김주한, "6월 민주항쟁과 기독교," 『한국개신교가 한국근현대의 사회문화적 변동에 끼친 영
　　　향 연구』, 209쪽.

154)　『동아일보』(1987. 6. 12)

155)　서울의 대회장소는 종로 5가의 연동교회(대한예수교장로회)였으며 이날 전국 16개 지역
　　　247개소에서 150만명(경찰집계 8만 6천)이 참여한 민주화 시위는 전국 주요도시에서 심야
　　　까지 계속되었다. 『국민운동본부』, 자료편, 22쪽.

행진을 강행할 것이라고 밝혔다. '6 · 26 국민평화대행진'은 '6 · 10 대회'와 '6 · 18대회'를 거쳐 전국적으로 확산된 범국민투쟁을 총결산하는 집회였다. 전국 34개 시, 44개 군, 270 읍면에서 총 140 여만 명(국민운동집계)이 참여한 이 시위는 전두환 정권에 사실상 물리적 제압을 포기하기에 이르렀으며, 6 · 29선언을 하지 않을 수 없도록 하였던 것이다.[156]

6월 투쟁을 통해 나타난 엄청난 국민의 힘의 폭발은 교회 내적으로는 이제까지 기구나 명망가, 혹은 극소수의 교회중심의 활동에서 광범위한 교인들의 적극적 동참을 가능케 하였으며 교회의 사회참여 활동에 대해 부정적인 입장을 견지하던 일부보수교단까지도 민주화운동 대열에 참여케 하였다. 6 · 10 국민대회이후 6. 29선언이 있기까지 개신교의 각 교단과 지역협의회, 각 지방과 노회들은 매일같이 〈나라를 위한 기도회〉를 열었고, 기도회의 열기는 가두진출로 이어져 교회의 시위가 두드러졌다.[157]

기독교장로회는 6월 16일 '6 · 10국민대회'에 대한 성명을 발표하면서 정부는 폭력과 최루탄 사용을 즉각 중단하고 국민의 민주화 요구에 순응 할 것을 촉구했으며 7월 5일을 〈나라를 위한 기도주일〉로, 7일을 〈비상시국에 접한 전국교역자 철야기도회〉로 모일 것을 선언했다. 또 6월 21일 감리교는 종교교회에서 1,500여 명의 목회자와 평신도가 참석한 가운데 〈민주화를 위한 구국 기도회〉를 갖고 이 땅의 자주, 민주, 통일을 선언하고 가두로 진출하였으며 이와 같은 기도회를 연회와 지방으로 확산하기로 결정하였다.

---

156) 김주한, "6월 민주항쟁과 기독교," 『한국개신교가 한국근현대의 사회문화적 변동에 끼친 영향 연구』, 210쪽.

157) 한국기독교사회문제연구원, 『87한국교회사정』, 14쪽.

다음날에는 예장(통합)주최로 새문안교회에서 2,500여 명이 참석한 가운데 〈나라를 위한 기도회〉가 열렸다. 이날 부총회장 김형태 목사는 '교회와 국가'란 설교에서 "우리는 오늘 순교할 각오로 이 자리에 모였다"고 전제하고 "교회는 국가의 잘못에 순응할 수 없으며 오직 하나님께 충성할 뿐"이라고 못 박고 "한국교회는 순교의 피로 세운 거룩한 교회로 불의의 세력을 제거하기 위해 기도해야 한다"고 역설했다. 이들은 예배 후 교단 본부가 있는 종로 5가를 향해 촛불평화행진을 벌이기도 했다.[158] 이밖에도 KNCC 가맹교단인 성공회 사제단의 26일의 〈나라를 위한 특별미사〉, 6월 28일 구세군대한본영의 〈나라를 위한 기도회〉등이 열렸다.

뿐만 아니라 6월 민주화운동에는 그동안 시국문제에 무관심하거나 침묵을 지켜오던 보수적 교단들도 참여하였다. 교회의 반민주-반민족-반민중적 과오를 자성하라는 총신대 학생들의 압력과 함께 예장(합동)은 6월 22일-27일을 시국타개를 위한 기도주간으로 설정하고, 지교회별로 담임교역자의 지도아래 금식 또는 작정기도회를 매일 개최하였다. 총회장 안중섭 목사는 교단산하 전국교회에 보낸 서한에서 자유민주주의적 정치발전, 삼권분립의 정상기능, 지방자치제 전국실시, 인권침해 방지, 군부와 경찰의 정치적 중립, 구속자 석방, 고문철폐, 단군신화의 사실화 방지, 음란비디오 억제 등을 기도제목으로 내걸었다. 6월 23일에는 기독교대한성결교의 구국기도회가 성결회관에서 열어 가두시위와 철야농성을 통해 교회의 민주화 대열에 동참하였다.

예장(고신)측도 부산에서 6월 18일과 19일 비상노회를 열고 4·

---

158) 『크리스챤 신문』(1987. 6. 27)

13조치의 철회와 언론자유, 인권탄압중지 등을 결의하여 시국연합집회에 적극 참여키로 결의하였다.[159] 광주지역에서 기독교선교자유수호위원회(회장 예장 개혁측 김채현 목사, 총무 성결교 방철호 목사)가 주관한 기도회는 교인과 시민 2만여명의 참여하여 가두시위로 발전하였는데, 보수교단소속 목회자 298명을 포함하여 14개 교단의 534명이 이날 발표된 성명서에 서명하였다.[160]

이렇듯 고신이나 개혁측에 까지 번진 보수교단의 저항과 동참은 4 · 13호헌조치 이후 제5공화국 정권의 노골적 탄압과 이에 대한 반발, 박종철군 고문치사사건에 대한 도덕적 분노, 그리고 사회 전체의 민주화 열기를 더 이상 무시 할 수 없는 상황에 이르렀기 때문으로 볼 수 있다. 6월 민주항쟁에서 보여준 교회의 역량과 헌신성은 결코 힘들고 먼 민주장정의 도상에서 새로운 이정표를 만든 결정적 계기가 되었다.

d. 민주정부 수립운동

호헌철폐, 독재타도의 구호와 깃발이 전국 방방곡곡에서 울려 퍼졌던 6월 투쟁의 열기는 제5공화국 정권을 코너로 몰아넣었고 마침내 항복을 받아내었다. 그리고 6월의 민주화의 열기는 7-8월 노동자 대중투쟁으로 증폭되다가 한동안의 탄압시기를 거쳐 드디어 민주정부 수립운동을 통해 그 열기가 정점에 달했다.

---

159) 김주한, "6월 민주항쟁과 기독교," 『한국개신교가 한국근현대의 사회문화적 변동에 끼친 영향 연구』, 211쪽.

160) 위의 책, 212쪽.

8월 4일에 기독교운동단체들은 끈질긴 군부독재를 종식시키고 민주주의를 개화시키기 위하여 〈민주쟁취 기독교공동위원회〉를 탄생시켰고, 민주정부수립운동의 선봉에서 교회와 교인들의 참여를 통일적으로 꾸려내고자 하였다.[161] 〈기독교공동위원회〉는 당면과제로서 공정선거와 왜곡된 여론 등 독재정권의 반동화 움직임에 대한 봉쇄활동을 제시했다. 따라서 1차적으로 지역과 서울의 활발한 논의의 틀로 기능하기 위해 10월-11월에는 도 단위와 지역에 도본부와 군지부 등이 잇따라 창설 하였고 2차 단계로 11월 5일의 전국기독청년 공정선거감시단의 창설과 함께 도 단위와 군지부 공정선거감시단의 활동이 본격적으로 전개되었다. 그리고 11월 23일에는 〈민주쟁취기독교공동위원회〉 공정선거감시단의 발대식이 있었다.[162]

　　그러나 민주정부 수립운동의 과정 중 민주세력의 비판적 지지론과 단일후보론으로의 분열은 교회내에서도 통일적 운동을 실천하는 것을 어렵게 만들었다. 이로 인해 교회의 민주화전선은 혼란을 거듭했고 결국 대통령선거투쟁은 공정선거감시단의 참관인 활동을 통해 적발된 엄청난 양의 부정 사례와 구로구청의 부정투표함 등의 확실한 물적 증거가 있음에도 불구하고 허무한 패배로 귀결되었으며 원천적 부정선거 무효화 투쟁은 더 이상 진행 될 수 없었다.

---

161)　민주쟁취 기독교공동위원회는 고문에는 한국기독교교회협의회 회장(KNCC) 및 KNCC가맹 교단장, 그 외 본회의 취지에 찬동하는 교단장을 추대하고, 공동대표는 기독교를 대표하는 목회자와 각 부문운동의 단체 및 지역대표들 24명. 집행위원에는 각 시도에서 2명, 기독교 8 개 부문운동에서 각 1명씩 등 28명으로 구성하고 중앙위원회는 공동대표, 집행위원 및 시도 대표 3-5명으로 하였다. 한국기독교사회문제연구원, 『87한국교회사정』, 248쪽.

162)　위의 책, 15쪽.

반외세 자주화 운동과 교회

　오랫동안 한국국민에게 미국은 자유와 민주주의의 수호자로 여겨왔다. 그러나 광주민주화운동을 겪으면서 미국의 본질에 대한 새로운 인식[163]이 반미자주화운동으로 구체화되기 시작하였다. 더욱이 1980년 8월 주한미군사령관 위컴(Weekom)의 '한국민의 국민성은 들쥐와 같아서 누가 지도자가 되든 추종할 뿐이며 한국인에게 민주주의는 적합한 제도가 아니다'[164]라는 발언과 1982년 2월 주한미국대

---

163)　12 · 12 쿠데타 이후의 정치 변동에 대한 미국의 반응은 표면적으로는 전두환 소장의 쿠데타에 대해 불만을 표시했다. 그러나 12 · 12 쿠데타에 대한 미국의 '배후조종설'도 지속적으로 제기되었다. 즉 신군부의 무단적 활동의 배후에는 미국의 조종, 지원이 있었다는 것이다. 실제 이시기 미국은 전두환 장군 중심의 신군부에 대한 지권과 내정간섭을 적나라하게 드러냈다. 한국역사연구회현대사연구반, 『한국현대사4-1980년대 한국사회와 민족민주운동』(풀빛 1998), 31. 법정에서 문부식은 방황의 동기에 대해 네가지로 요약하였다. 첫째는 자신들의 경제적 이익을 위해 한국의 독재 정권을 지원해 왔던 미국에 대해 경고하기 위함이었고, 둘째로는 광주사태에 일정한 책임이 있는 미국에 한국민족으로서 정당한 응징을 하기 위함이었고 셋째로는 우리 국민에게 민족적 자각을 호소하고 또한 자유와 민주주의를 사랑하는 미국민들에게 한국민의 충정을 알리기 위함이었으며, 넷째로는 또 다른 측면에서 한국지배를 꿈꾸는 일본세력에 대해서도 간접적으로 경고하는 의미로서 한 것이라고 진술하였다. 김정남, 『진실, 광장에 서다』, 436쪽.

164)　『로스앤젤레스 타임즈』(1980. 8. 8)

사 워커(Walker)의 한국 민주인사들에 대하여 '버릇없는 새끼들'(spoiled brats)이라 한 모욕적 발언이 폭로되면서 미국에 대한 '응징'의 성격을 갖는 투쟁들이 잇달았다.

1. 부산 미문화원 방화 사건과 교회

최초의 반미운동은 1980년 12월 미 국방장관 브라운(Brown)의 방한에 즈음하여 광주 미문화원 방화사건으로 나타났다. 1980년 12월 9일 밤 가톨릭 농민회 전남연합회 광주분회장이었던 정순철(당시 27세)씨는 농민회원인 김동혁, 박시영, 윤종형, 임종수 씨 등과 함께 광주 미문화원(United States Information Service) 지붕에 구멍을 뚫고 사무실 바닥에 휘발유를 뿌린 뒤 불을 질렀다. 이 사건은 방화가 아닌 단순한 전기누전으로 추정보도 되어 일반인들의 관심을 끌지 못하였다.[165]

그러나 1982년 3월 18일에 일어난 부산 미문화원 방화사건은 엄청난 파문을 일으켰다.[166] 방화의 주된 동기는 1980년 5월 광주시민

---

165) 한국기독교교회협의회, 『1980년대 민주화운동 VIII』, 851쪽.

166) 이 사건 관련자는 문부식(부산고신), 김은숙(부산고신), 김화식(고신대졸), 이미옥(부산신대), 최충언(부산신대), 박원식(부산신대), 최인순(부산약대) 등 7명이었다. 이들은 광주 미문화원 방화사건의 경우 보도가 되지 않아 한국민의 항의의 뜻이 묵살되었기 때문에 그 항의의 뜻을 세상에 알리기 위해 '살인마 전두환 북침준비완료', '미국은 더 이상 한국을 속국으로 만들지 말고 이 땅에서 물러나라'등의 두 유인물을 뿌리고 방화하였다. 이 방화 사건으로 미국 소유인 문화원 지하 1층 및 지상 1,2층 건물과 집기 등 도합 1억 8753만원 상당의 재산상 손실을 입었으며, 미문화원 도서관에서 공부중이던 동아대학교 상경대학 3학년 재학생인 장덕술이 심호흡정지로 현장에서 사망하고 동아대학교 회화과 4학년 김미숙, 허길숙이 전치 3중의 화상을 입었다. 김정남, 진실, 『광장에 서다』, 433쪽.

들의 평화적인 시위에 대한 폭력적 진압에 미국이 개입했다는 것에 대한 항의였다. 이들은 방화전 살포한 '살인마 전두환 북침준비완료'에서 "민주주의를 원하는 광주시민을 무참하게 학살한 전두환 파쇼 정권 타도하자" 등 9개항의 내용을 주장하고, '미국은 더 이상 한국을 속국으로 만들지 말고 이 땅에서 물러가라'라는 유인물에서 자신들의 반미투쟁의 정당성과 참여호소를 주장하였다.

> 우리의 역사를 돌이켜 보건대, 해방 후 지금까지 한국에 대한 미국의 정책은 수탈을 위한 것으로 일관되어 왔음을 알 수 있다. 소위 우방이라는 명목 하에 국내 독점자본과 결탁하여 매판문화를 형성함으로써 미국으로 하여금 그들의 지배논리에 순응하도록 강요해 왔다. 이제 우리 민족의 장래는 우리 스스로 결단해야 한다는 신념을 가지고 이 땅에 판치는 미국세력의 완전한 배제를 위한 반미투쟁을 끊임 없이 전개하자. 먼저 미국문화의 상징인 부산문화원을 불태움으로써 반미투쟁의 횃불을 들어 부산시민들에게 민족적 자각을 호소하자.[167]

사건이 발생하자, 정부는 3월 20일 서정화 내무장관 이름으로 이 사건 관련하여 현상금 2천만원을 건 체포 〈담화문〉을 발표하였다. 이때 주범인 문부식과 김은숙은 원주교구의 지학순 주교의 도움으로 원주교구 교육원 지하에 피신하여 있었다. 후에 이를 알게 된 원주교구의 최기식 신부와 함세웅 신부는 이들에게 자수를 권유하여 이를 결심하도록 하였다. 그리하여 3월 31일 함세웅 신부가 청와대

---

167) 광주광역시 5·18사료 편찬위원회, 『5·18광주 민주화운동자료총서 제2권』, 278쪽.

수석비서관과 자수문제를 논의하였고, 김수환 추기경은 대통령과 면담하여 "자수할 경우 고문을 받지 않도록 할 것"과 "자수에 따른 법적인 이익을 보장해줄 것", 그리고 "언론에 보도하지 않고 법적인 지원을 보장한다"는 확약을 받았다. 전두환 대통령은 이에 "교회에 감사한다"는 인사까지 하였다.[168]

그러나 정부는 교회가 면담 후 이들을 자수시켰으나, 4월 5일에 문부식, 김은숙, 김화석, 박정미 등 4명을 국가보안법 위반으로 구속하고, 최기식 신부 마저 범인 은익으로 연행하였다. 이어 4월 7일 정부는 교황청대사 루치아노 안젤로니(Luchiano Angelnoni)를 만나 최신부 등 가톨릭 관계자에 대한 수사는 순수한 실정법 저촉부분에 관한 것이며, 종교 활동의 자유문제와는 관련이 없다는 정부의 입장을 전달하고, 8일에 최기식 신부, 김현장, 문길환, 김영애, 오상근 등 5명을 구속하였다.[169]

방화사건 관련자 뿐 아니라 최기식 신부마저 구속되자, 가톨릭 교회는 매우 곤혹스러운 상황에 빠졌다. 한국천주교주교회의 상임위원회는 4월 15일 최신부를 방화의 주동인물로, 의식화의 배후세력으로 용공시하는 언론의 과장보도와 최신부의 행위가 신앙양심에 따라 정당하다는 내용이 담긴 메시지인 〈최기식 신부 구속에 대한 담화문〉을 교우들에게 발표하였다.

모든 언론을 동원한 사건 보도는 국민들로 하여금 가톨릭 교회를 불온 집단의 온상으로 오해하도록 유도하면서 마치 최기식 신부를 방화의 배후인물 또는 좌경의식화 교육의

168) 한국기독교교회협의회 인권위원회, 『1980년대 민주화운동 VIII』, 897-98쪽.
169) 위의 책, 897-98쪽.

주관자로 부각 시켰습니다. 오늘 이 사회의 언론 자유 실상을 잘 알고 있는 우리는 이러한 일방적인 과장보도의 저의를 묻지 않을 수 없으며, 국민들 사이에 불신감과 위화감을 조장해온 일련의 보도 사태를 극히 유감스럽게 생각하는 바입니다.(중략) 가톨릭교회의 사제는 그가 누구든 방화를 교사할 수 없으며 좌경의식화 교육을 통해 우리 젊은이들을 공산주의자로 만들 수는 없습니다. 그러나 도움과 보호를 요청하는 버림받은 사람들에게 증오의 돌을 던지거나 밀고 할 수도 없는 것이 사제의 신원입니다. 이번 방화사건과 관련하여 교회를 찾아와 그 보호를 받고 있던 사람들을 본인의 뜻에 따라 당국에 자수를 주선해 준 최기식 신부의 행위는 사제로서 최선의 길이었음을 우리교회는 확신하는 바입니다.[170]

이어 전국의 각교구 천주교구사제단은 잇달아 최신부의 범인은닉 행위는 정당하다는 〈성명서〉 발표하였고, 4월 26일에는 천주교정의평화위원회가 명동성당에서 최기식신부와 고통 받는 형제를 위한 특별미사를 드리고 부산 미문화원 방화사건이 궁극적으로는 광주사태에 있으며, 광주사태의 진상을 밝힐 것을 요구하고 이 사건으로 교회를 음해하려는 당국을 규탄하는 〈최근 사태에 대한 우리의 견해〉라는 성명서를 발표하였다.[171]

---

170) 광주광역시 5·18사료편찬위원회, 『5·18광주민주화운동자료총서 제2권』, 279쪽.
171) 이 성명서의 내용은 다음과 같다. 1) 정부는 우리의 충정과 아픔을 이해하기 보다는 사건 자체를 확대, 가톨릭을 음해하기 시작했고 언론도 동조. 2) 자수과정에서 우리는 특수한 수사기관을 택하지 않고 수사기관 위에 있는 정부 고위당국에 그들의 자수의사를 전달, 따라서 특정수사기관의 오해와 불식을 사전에 막아줄 것을 요청하였으나 특정한 수사기관이 가톨릭을 음해하기 시작. 특히 가톨릭 농민회를 불온시하는 계기로 삼고 있음. 이에 대한 정부의 해명과 사과요구. 3) 정치적 반대자라는 이유로 정치보복과 투옥의 위협을 받지 않아도 된

한편 교회사회선교협의회도 4월 15일 미문화원 방화사건 관련하여 〈성명서〉를 발표하였다. 이 성명서에 의하면 "부산미문화원 방화사건의 원인은 광주사태로 이에 대한 책임은 미국에 있으며", "1980년 8월 8일의 위컴(Weekom)과 1982년 2월 16일의 워커(Walker) 발언은 한 국민을 모독하는 것"등을 주장하였다. 이 성명서 발표로 권호경 목사(교회사회선교협의회 총무), 허병섭 목사(동 실행위원), 천영호(동 간사), 서남동 목사(동지도위원), 인명진 목사(영등포산업선교회총무), 김용복 박사(교회사회선교협의회 지도위원), 김승훈 신부(동 회장), 박형규 목사(동 고문), 조지송 목사(동부회장), 제정구(동 지도위원), 박홍신부(서강대 교수) 등이 소환되어 조사받았으며, 이 가운데 권호경 목사, 허병섭 목사 등은 성명서 초안 작성으로 구속 지경에 이르렀으나 조사받고 4월 23일 석방되었다.[172]

교회사회선교협의회의 성명서가 발표되자, 정부는 4월 20일 노신영 외무장관 명의로 교회사회선교협의회 성명과 관련하여 "한미관계에 금가는 언동에 유감"표명하였고, 이어 4월 21일 집권 민정당은 "한미관계의 전환이나 제 5공화국 정권에 대해 국민 실망하게끔 유도하려는 것은 잘못"이라고 논평하였다.

정부와 민정당이 교회사회선교협의회를 비난하자, 개신교회의 기독교장로회 전남노회는 4월 22일 교회사회선교협의회 성명과 관련한 〈우리의 입장〉을 발표하고 "교회사회선교협의회 성명은 반미 아닌 진정한 우호를 위한 것"이라고 주장하며 "미국측 실무자의 망언에 대한 해명"을 요구하였다. 또한 4월 26일 KNCC 인권위원회

다는 확실한 보장 촉구. 4) 보도의 은폐로 사제가 무엇을 근거로 누구의 말을 믿고서 교회를 찾아온 사람에게 대해 돌을 던지거나 밀고자가 되어야 하는가? 5) 최기식신부의 석방을 구걸 않음. 당국의 양심회복 촉구. 6) 최기식 신부 재판에 권력의 개입 없기 바람.

172) 한국기독교교회협의회 인권위원회, 『1980년대 민주화운동 Ⅷ』, 902-03쪽.

도 최기식 신부 구속사건과 교회사회선교협의회 성명과 관련하여 〈최근사태에 대한 우리의 견해〉를 발표하였다. 이어 4월 27일에는 KNCC 인권위원회와 교회사회선교협의회는 공동으로 '고난 받는 형제들을 위한 기도회'를 성공회 대성당에서 개최하였다. 이 기도회에서 KNCC가맹 5개 교단 청년연합회와 EYC는 〈최근사태에 대한 우리의 입장〉을 발표하고 반미문제와 최근의 언론 왜곡보도 등에 관한 입장을 표명하였다.[173]

부산 미문화원 방화 사건은 국민들에게 광주사태에서 미국의 책임을 상기시켜 주었으며, 주동자인 문부식과 김은식이 부산 고신대학에서 신학을 공부하는 학생이라는 점과 이들에게 도피처를 제공한 사람이 가톨릭의 원주교구 최기식 신부였다는 사실은 정부와 교회의 갈등을 고조시켰다.

2. 일본 교과서 왜곡 사건과 대통령 방일반대 운동

1982년 7월에는 일본의 한국과 중국 침략을 미화하는 교과서 왜곡 사건이 발생하였다. 이에 우리정부는 일본 교과서 시정을 요구하였고, 국회도 일본교과서 왜곡문제를 다루기 위한 회의 소집을 검토하였다. 그러나 우리정부의 항의에도 불구하고, 일본 국토청 마쓰노 유께야스 장관은 "일본 교과서 시비는 내정간섭이며, 한국 역사책에서 한일합방을 일본의 침략이라고 한 것은 잘못"이라고 발언하였고,

---

173) 한국기독교교회협의회 인권위원회, 『1980년대 민주화운동 Ⅷ』, 903-04쪽.

일본 정부 또한 "일본의 교과서 검정은 공정"했다고 발표하였다.[174]

이에 국사편찬위원회가 1982년 8월 5일 일본 고교 교과서 16종 24항목 가운데 167곳에 왜곡이 있다고 국회에 보고하자, 국회는 일본교과서 왜곡과 관련하여 정부에 강력한 대응을 촉구하였다. 그러나 한국정부와 중국의 시정요구에도 불구하고 일본정부는 교과서를 수정 하지 않고 한국과 중국의 양해를 구하기로 결정하였다. 이에 KNCC는 9월 20일 일본의 교과서 왜곡 시정을 촉구하는 〈성명서〉를 발표하였다. 뿐만 아니라 11월 25일 KNCC는 일본 NCC와 공동으로 일본의 교과서 왜곡사건과 관련하여 '교회의 과제로서의 한일관계'란 주제로 협의회를 개최(장소는 동경 미다까시 YMCA 연구소)하고, 이 협의회 마지막날인 11월 27일 교과서 왜곡에 대한 〈성명서〉를 발표하고 다음과 같이 주장하였다.

> 일본의 교과서 왜곡은 일본의 침략사 미화 및 아시아 민중의 비화이며 일본 군국주의의 부활이며, 일본 군국주의에 대한 반대는 한일 양국은 물론 아시아 민중의 공통된 과제이므로 한일교회협의회는 일본이 아시아 제민족의 침략을 시인하고 반성케 해야 하며 군사침략과 경제침략에 편승하는 정보형적인 점도 비판을 해야 한다.[175]

그러나 이와 같은 교과서 왜곡사건에 대한 한국정부와 교회의 비판과 시정촉구에도 불구하고 일본정부는 계속적으로 교과서 왜곡을 자행하였고, 교회는 정부를 비롯한 사회단체와 더불어 이후 지속적

---

174) 한국기독교교회협의회 인권위원회, 『1980년대 민주화운동 Ⅷ』, 912-13쪽.
175) 위의 책, 925쪽.

인 비판과 시정운동을 전개하게 된다.

한편 1984년에는 전두환 대통령의 방일을 맞이하여 이를 반대하는 목소리가 교회내의 단체들 속에서 퍼져 나왔다. 8월 13일 예장(통합)청년회, 기장청년회, 감리교청년회의 청년대회 개최 행사중 전대통령 방일반대 시위가 발생하여 상당수가 부상당하고 연행되었다. 이어 8월 15일에는 KNCC가맹교파 뿐 아니라 비가맹교단을 망라한 20개 기독교단체[176)]가 〈전두환 대통령의 방일에 즈음한 우리의 입장〉을 발표하였다. 이 20개 기독교단체는 일황과 일본정부의 사과와 한일무역역조 시정, 재일교포 차별대우 철폐가 전제되지 않고는 전두환 대통령의 방일이 무의하다는 내용의 〈성명서〉를 발표하였다.

> 지정학적으로 이웃인 한국과 일본의 관계는 언제나 일본의 팽창주의와 침략성 때문에 불행한 관계를 가져왔다. 특히 구한말 일본제국주의 침략과 식민통치 36년의 역사는 한일양국민족이 영원히 잊지 못할 또 잊어서도 안 될 뼈아픈 역사였다. (중략) 우리의 진정한 양국의 이웃관계가 이루어지기 위해서는 위와 같은 사죄와 시정이 전제되어야 한다고 믿으며, 이러한 전제의 해결안이 없다면 전두환 대통령의 방일은 의미가 없을 뿐만 아니라 다시 한번 한국민족사와 교회에 또 하나의 오욕의 역사를 남기게 되리라고 생각

---

176) 서명단체 : 구세군대한본영, 기독교대한감리회, 기독교대한복음교회, 기독교대한성결교회, 기독교대한하나님의성회, 기독교한국루터교회, 기독교한국침례회, 기독교한국하나님의교회, 대한기독교나사렛성결회, 대한기독교하나님의 교회, 대한성공회, 대한예수교감리회, 대한예수교장로회(고신), 대한예수교장로회(대신), 대한예수교장로회(통합), 대한예수교장로회(합동), 대한예수교장로회(호헌), 예수교대한성결교회, 한국그리스도의교회협의회, 한국기독교장로회광주광역시 5 · 18사료편찬위원회, 『5 · 18광주민주화운동자료총서 제2권』, 441-42쪽.

한다.[177]

이어 전두환 대통령의 방일을 반대하는 성명서가 이어졌다. 8월 27일 KNCC 인권위원회와 호남지역인권선교협의회가 전 대통령의 매국적 방일을 반대하는 시국관련 〈성명서〉 발표하였고,[178] 31일에는 광주 NCC와 EYC가 광주중앙성결교회에서 구국기도회를 개최하여 방일을 반대하는 〈누가 또 다시 이 민족과 이 백성을 팔려 하는가?〉라는 성명서를 발표하였다. 또한 그해 9월 1일에 교회사회선교협의회는 "매국방일구국기도회"를 서울제일교회에서 가질 예정이었으나 1천 3백여명의 정사복형사와 전투경찰이 극력저지로 무산되었다. 9월 2일 민주인사 77명이 주최하는 '일본재침 침략저지 민족운동대회'가 개최되기도 하였다. 9월 3일 EYC가 청주, 인천, 이리, 전주, 등 4지구에서 각각 전 대통령의 매국방일을 반대하는 성명을 발표하였다.

이러한 방일반대운동은 일제침탈에 대한 성의 있는 사과를 거부해온 일본정부에 대한 뿌리깊은 반감과 70년대 이후 계속되어온 대일무역 역조현상, 재일교포 차별대우, 그리고 교과서 왜곡사건 등이 함께 어울어져 반미운동과는 달리 진보와 보수 모두를 포함하는 범교단적이고 전국적인 운동으로 확산되었다.

------

177) 광주광역시 5 · 18사료편찬위원회, 『5 · 18광주민주화운동자료총서 제2권』, 441-442쪽.
178) 이 성명서는 그 내용에서 1)전대통령의 매국적 방일반대. 2) 5 · 18 관련자들에 대한 정부의 선별복권. 복직처사 철회. 3) 해직교수복직(특히 조선대) 4) 기독교방송원상회복 등을 주장하였다.

3. 수입개방반대 운동와 외채갚기 운동

1980년대 한국경제는 유신시대의 중화학공업화가 남겨 놓은 유산을 고스란히 떠안고 출발하였다. 중화학공업의 건설비용은 방대한 규모의 차관과 은행대출로 충당되었고, 기업들은 과중한 채무에 시달렸다. 이러한 상황은 1980년대에 들어와 한국경제를 대내적으로는 기업의 부실화로 이끌었고 대외적으로는 외채의 위기를 초래케 하였다.[179] 뿐만 아니라 그동안 한국과의 무역에서 적자를 본 미국이 한국의 대미흑자를 트집 잡아 시장개방 확대를 강요하자, 한국정부는 미국의 수입개방 압력을 대부분 수용하여갔다. 결국 우리경제는 경쟁력이 우세한 외국자본과 상품에 무방비 상태로 노출되기 시작했다. 특히 외국농축산물의 공세에 노출되어 있던 농업의 경우는 그 피해가 직접적이고도 광범위하였다.

미국의 수입개방요구와 계속되는 외채의 심각한 누증에 대응하여 우리사회는 이에 대한 여론이 비등하기 시작하였다. "개방농정"이라는 이름하에 농축산물 수입개방이 확대되자, 1984년 9월 함평·무안지역의 농민들이 정부의 부당한 정책에 항의하는 '함평·무안 농민대회'를 개최하였다. 1985년에는 정부가 미국으로부터 소와 쇠고기를 대량 수입하여 소값이 폭락하자, 이른바 '소값파동'이 터졌다.

농민들의 불만이 폭발하자, 농민들의 권익을 위해 가장 먼저 나선 것은 기독교계였다. 1985년 3월 9일 '기독교 농민회총연합회'와 '한국가톨릭농민회'는 공동으로 〈최근 미국의 농축산물 수입개방요

---

179) 박세길, 『다시쓰는 한국현대사』, 114쪽. 1978년 148억이었던 외채총액은 1982년 371억 달러, 1985년에는 468억 달러로 가히 폭발적인 증가세를 보였다. 이와같은 외채위기는 결국 개별기업의 수준을 넘어서서 국가 경제 존립 자체를 위협하기에 이르렀다.

구에 대한 우리의 입장〉이라는 성명서를 발표하고 "미국 농축산물 수입반대시위와 소 값 폭락 진상보고 대회 등을 갖고 미국은 한국의 1천만 농민과 민족경제를 더 이상 자국의 이익에 이용하지 말 것"을 주장하였다.[180] 또한 4월 22일에는 두 단체가 〈레이건대통령에게 드리는 1천만 한국농민의 공개서한을 통해 "미국의 한국에 대한 농축산물 수입개방요구의 즉각 철회"를 주장하기도 하였다.[181]

뿐만 아니라 KNCC와 교회와사회선교회, EYC 등도 민족적 경제 정책의 수립을 요구하고 미국의 정책을 비난하는 성명 등을 발표하였다. 즉 KNCC와 교회사회협의회는 외채문제와 관련하여 1985년 5월 30일한국교회 백주년 기념관에서 〈외채현황, 그 분석과 대책〉을 주제로 세미나를 개최하였고,[182] 그해 10월 21일에는 KNCC가 보호무역 강화에 대한 한국교회의 입장을 밝히는 공한을 미 대사관을 통해 미국정부와 의회, 미국 NCC에 발송하기도 하였다.[183]

1986년에도 미국의 시장개방 압력에 대한 대응과 외채위기를 극복하고 민족경제수립을 위한 교회의 활동은 계속 되었다. 한국기독 실업인회(회장 최창근)가 1986년 2월 13일 제 19차 정기총회에서 1백 20여명의 회원이 참석한 가운데 외채 갚기 절제운동을 결의하였고,[184] 이어 기장 남신도 전국연합회도 2월 25일과 26일 정기총회에서 "약소국가로서의 어려움에도 불구하고 교회는 외채 5백억 달러를 탕감하는데 앞장서자"고 강조했다.[185] 크리스챤 신문은 1986년 9월 13

---

180) 한국기독교사회문제연구원 편, 『1985년 한국교회사정』, 178쪽.

181) 위의 책, 179쪽.

182) 『크리스챤신문』(1985. 6. 8)

183) 『기독공보』(1985. 10. 26)

184) 『장로회보』(1986. 3. 5)

185) 『크리스챤신문』(1986. 3. 8)

일 〈국산품애용운동을 생각한다〉라는 사설에서 미국의 시장개방 압력으로 민족자존의 위기상황에 직면했다고 보고 주체성 있는 소비행위야말로 민족주체성 확립과 직결된다고 주장하였다.[186] KNCC도 '86인권선언"에서 반외세와 민족자주성 확립의 필요성을 다음과 같이 언급하기도 하였다.

> 우리국민과 교회는 지금까지 너무나 무비판적으로 지배자들의 냉전 이데올로기에 기만당해 왔으며 무엇이 진정 우리 민족을 위하는 길인가를 정확히 판단하지 못했다고 반성하지 않을 수 없다. 그러나 작금의 미국의 수입개방압력과 자국 수입규제조치 그리고 최근에 방한했던 슐츠 미국 무장관의 언동에서 여실히 드러난 한국민에 대한 미국정부의 모멸적 태도와 현 군사독재정권에 대한 노골적 비호 등은 미국이 결코 우리의 우방만은 아니라는 사실을 여실히 드러내주었다. 그러므로 우리는 미국을 비롯한 외세에의 비굴한 굴종에서 벗어나 내외의 모든 반민족적인 세력을 극복 척결하고 민족의 자주성을 확립해 나가기 위해 우리의 최선을 다해야 할 것이다.[187]

이처럼 외채위기와 미국의 수입개방압력에 대항하여 일어난 교회의 대응은 이데올로기적 성격을 띤 부산 미문화원 방화사건과 서울 미문화방화사건, 그리고 5 · 3인천개헌집회와는 달리 한국교회 전체가 운동에 참여하여 서서히 소수 지도자만이 아니라 교회전체 대

---

186) 『크리스챤신문』(1986. 9. 13)

187) 한국기독교사회문제연구원 편, 『86한국교회사정』, 241쪽.

중운동의 수준으로 고양되기 시작하였다. 이는 이데올로기적 성격을 띤 사건들과는 달리 민족전체의 이익과 관련된 사건들에 있어서 교회는 보수와 진보 모두 의견의 일치를 보여준다는 것을 보여주었다.

4. 서울 미문화원 점거농성 사건과 5 · 3인천 개헌집회

1985년 5월 23일 정오 서울대 함운경 등 73명의 학생들이 서울 을지로 입구에 있는 미문화원 2층 도서관을 점거하고 농성을 시작했다. 이들은 4월 17일에 결성된 전학련의 삼민투 산하 서울대, 고려대, 서강대, 성균관대 학생들이었다. 이들은 점거와 동시에 "광주학살 책임지고 미국은 공개 사과하라", "미국은 전두환 군사독재정권에 대한 지원을 즉각 중단하라", "신민당은 국정조사권을 발동하라" 등의 구호를 외치며 미문화원 벽면에 써 붙였다.[188] 학생들은 '우리는 왜 미문화원에 들어가야만 했나'라는 제목의 성명을 통해 다음과 같은 투쟁의 목적과 요구를 제시했다.

> 첫째, 광주민주화운동 5주년을 맞이하여 전국에서 학살의 책임자를 단죄하라는 소리가 드높아지고, 학살의 원흉인 군사독재정권은 물러나라는 요구가 곳곳에서 터져 나오고 있는 지금 우리는 미국의 광주민주화운동 지원의 책임을 믿고자 한다. 둘째, 참된 민주주의를 위한 민중의 민주화투쟁이 미국의 지원을 철회하도록 요구한다. 광주학살 지원

---

188) 김정남, 『진실, 광장에 서다』, 479쪽.

책임지고 미 행정부는 공개 사과하라. 셋째, 민주주의를 옹호하는 미국국민은 한미관계의 올바른 정립을 위해서 노력할 것을 요구한다.[189]

- -

그러나 미국측은 '선농성 해제 후대화' 입장을 표명하면서 미국 대사와 면담이나 내외신 기자회견을 거절했다. 학생들이 미국에 대해 학살동조인정 및 공개사과를 줄기차게 주장하자, 전두환 정권은 이 학생들을 '일부', '소수', '극력', '게릴라' 등의 용어로 매도하고 '반미는 곧 좌경용공'이라는 논리로 국민들을 향해 선전하였다. 전두환 정권은 학생들을 국민들로부터 분리시키기 위하여 이 사건을 언론에 부각시켰으나 오히려 국민들은 광주학살과 미국의 관련성에 대한 의혹을 갖기 시작하였다.[190]

이 사건에 자극받아 신민당은 5월 30일 103명 국회의원 연명으로 '광주사태 진상조사를 위한 국정조사 결의안'을 제출하기에 이르렀다. 학생들은 5월 26일 새벽 "미국이 우리에게 진정한 우방과 자유세계의 수호자로서 인식되기에는 상당한 거리가 있음을 확인했다. 보다 강고한 투쟁을 위해 농성을 풀기로 했으며, 이는 농성해제가 아닌 보다 효과적인 싸움의 재출발"임을 천명하면서 자진해산했으나 정부는 점거농성에 참가한 25명을 구속하고 43명을 구류조치 하였다.[191] 사건이 발생하자, KNCC를 중심으로 한 기독교회는 점거농성 사건 후 구속학생에 대한 인권보호와 양심수의 석방을 위해 각종 성명서를 발표하였다.

---

189) 박세길, 『다시쓰는 한국현대사』(돌베개, 1992), 164쪽.

190) 김정남, 『진실, 광장에 서다』(창비, 2005), 481쪽.

191) 위의 책, 481쪽.

한편 1985년 민족자주에 대한 각성 운동은 점차 높아진 미국의 시장개방 및 보호무역주의 압력과 더불어 한국사회에 엄청난 반향을 불러 일으켰다. 교회도 예외는 아니었다. 전통적으로 미국에 대해 우호적 인식을 지녀온 한국교회로서는 "미국이란 과연 우리에게 무엇인가"라는 문제와 진지하게 대결하지 않을 수 없었다. 특히 1986년 '5·3인천개헌집회'[192]는 재야와 학생, 그리고 야당이 함께 주최한 범국민적 성격의 민주화운동이었으나 반정부구호 뿐만 아니라, 반미자주화의 주장이 그 어느 때 보다 드높았다. 공안당국은 5·3인천개헌집회를 좌경화용공세력의 반정부 폭력행위로 몰면서 5월 5일 민통련 산하 4개 단체 10여명을, 5월 8일에는 민통련 간부와 학생, 노동자 등 32명을 지명 수배하였다.[193]

개신교계에서는 가장먼저 한국기독청년협의회(EYC) 학생들이 5월 23일 "애국학생들의 분신투쟁정신을 계승하여 민족자주, 민중민주쟁취를 위한 성전에 총궐기하자!"는 제목의 〈성명서〉를 다음과 같이 발표하여 인천개헌집회 이후 반미자주화 입장을 분명히 하였다.

> 미국은 세계 곳곳에서 자신의 이익을 실현하기 위해 제3세계의 독재정권을 지원하기도 하고 무너뜨리기도 하면서 경제적 침탈을 자행하고 있다. 따라서 미국이 민중에 의한 진

---

192) 신민당은 1986년 3월 11일 '개헌추진위원회 서울지부 결성대회'를 시작으로 주요 도시에 '개헌 현판식 대회'로 불리는 대중 집회를 전격 추진하였다. 이 개헌대회는 야당주최의 합법적인 대회로 가는 곳마다 인산인해를 이루어 3월 30일 광주대회에서는 30여만명의 시민들이 참여하였다. 그동안 관망자세를 보이던 재야민족민주세력은 3월 23일 부산대회부터 적극 참여하기 시작하였고, 인천대회에 와서는 극적인 모습을 띠기 시작하였다. 5월 3일 인천집회는 인천시민회관 앞 도로에 3만여명의 인파로 가득찼다. 인파속에는 미국과 군부독재를 반대하며 보수대연합 음모를 규탄하는 플랭카드가 파도처럼 넘실거리고 있었다. 박세길, 『다시쓰는 한국현대사』, 170쪽.

193) 김정남, 『진실, 광장에 서다』, 531쪽.

정한 민주화를 쟁취하는데 장애가 되고 있음은 분명한 사
실이다. 따라서 우리는 이제 애국학생들의 민족자주를 향
한 숭고한 분신투쟁을 계승하여 이 땅에서 모든 외세의 간
섭과 지배를 몰아내고 민족자주를 쟁취하기 위한 투쟁에
총 매진해야 한다.[194]

5. 3 인천개헌집회 이후 반미 자주화 요구가 "용공, 좌경, 극렬"로
매도 당하자, 전국목회자 정의평화실천협의회는 5월 7일 '전국목회
자민주쟁취선언'을 발표하고 "미국이라는 국가는 하나님과 같은 절
대적인 존재가 결코 아니며 인류의 정의와 우리 민족의 이익에 배치
되는 행태는 당연히 비판 극복되어야 한다."고 천명함으로써 '반미
가 용공은 아니다'는 여론을 형성하는 계기를 만들어 주었다.[195]
    더불어 기독교장로회는 5월 22일자 '현 시국에 대한 우리의 입
장'이란 성명을 통해 "미국의 정책을 비판하는 것은 우리의 자주성
의 발로"라고 선언하고 이것을 "이적행위로 낙인찍는 일은 국제사회
에서 부끄러운 일이요, 우리 스스로를 비하 모독 하는 일"이라는 점
을 분명히 했다.[196] 이와 같은 입장은 6월 초 열린 KNCC의 '1986년
도 인원선언,' 예장(통합)인권과 평화협의회(7월 7-8일) 등을 통해 거
듭 천명되었다.
    그러나 KNCC를 중심한 개신교회와는 다른 목소리도 들려왔다.
한국기독교 남북문제대책협의회(회장 박종렬), 한국기독교시국대책협
의회(회장 정진경), 한국기독실업인회(회장 최창근) 등 기독교 5개 단체

---

194) 한국기독교사회문제연구원 편, 『86한국교회사정』, 234-37쪽.

195) 『동아일보』(1986. 5. 8)

196) 한국기독교사회문제연구원 편, 『86한국교회사정』, 232쪽.

는 1986년 11월 19일 〈나라를 위한 연합기도회〉를 열고 전국교회와 UN 등 국제기구에 5개항의 호소문을 발표하였다. 이 호소문은 "불안을 조성하는 어떠한 폭력사태도 허락할 수 없다는 사실을 위해 기도해 줄 것", "북한공산주의자들이 구축하고 있는 금강산댐 공사중지 촉구와 이의 저지를 위한 국제적인 강력한 협력 호소", "주한미군 철수에 반대하며 세계교회는 이 나라 4천만 국민과 천만신도들이 원하는 평화와 안정과 번영을 위해 협력해 줄 것" 등을 주장하였다.[197]

한편 가톨릭교회에서도 천주교정의구현사제단가 5월 6일자 '민주화, 인간화의 복음을 선포한다'는 성명을 발표하였고, 김수환 추기경도 5 · 3인천사태 후 6일인 지난 5월 9일 명동성당에서 미사를 통해 "학생들의 급진적 주장과 혁명이론은 큰 희생과 분열을 초래하며 세계 어느 나라에도 혁명이나 급진적 행동으로 얻은 것이 없기 때문에 동의할 수 없다. 그러나 급진학생들을 좌경, 용공으로 매도해서는 안 되며 이들을 법이나 힘으로만 해결하려는 것은 문제 해결의 첩경이 아니다"고 발언하였다. 이렇듯 KNCC를 중심한 진보적 개신교회와 가톨릭은 반미자주화운동을 주장하는 학생들을 좌경용공세력으로 몰아가는 정부에 대하여 민족자주와 인권보호의 차원에서 접근하여 각종 성명서등을 발표하였다.

---

197) 『기독공보』(1986. 11. 22)

교회 탄압사건과 선교자유 수호운동

1981년 5월 광주민주화운동 1주년을 전후하여 전국 각 대학에서 100회 이상의 시위가 전개되었으며, 1982년 들어서는 이러한 시위가 연합가두투쟁의 양상으로 발전하였다. 대학생들의 시위가 빈발하자, 정부의 학생들에 대한 감시와 연행, 구속 등 일련의 탄압이 계속되었으며, 1983년에는 전국 각 대학에서 구속자만 약 300여 명에 이를 정도로 투쟁이 일상화 되었다.[198] 이러한 시대적 상황 속에서 교회도 예외는 아니었다. 기독학생들의 시국문제에 대한 강연회와 시위가 일어나자, 정부는 이들에 대한 감시와 연행과 구속을 시도하였고, 더 나아가 교회에 대한 폭력과 탄압을 서슴치 않고 자행하였다.

---

198) 고성국, "1980년대의 정치사," 『자주,민주,통일을 향하여 한국사 19』, 146쪽.

1. 송암교회 폭력배 난입사건

교회에 대한 첫 번째 탄압사건은 1983년 6월 3일 일어난 기독교
장로회의 송암교회(담임목사 기원형) 폭력배 난입사건이었다. 기독교
장로회 청년회 서울연합회는 한일협정 19년과 오늘의 한일관계'란
주제로 이영희 전 한양대 교수를 강사로 '6.3 사태 기념강연회'를 주
최하였다. 이 강연을 마친 후 귀가하는 청년, 학생들을 사복경찰과
폭력배들이 구타하여 50여명이 교회로 도피하자, 폭력배들은 교회
의 유리문을 부수고 들어와 교회 기물을 학생들에게 집어던지며 집
단폭행하였다. 이때 송암교회 부목사가 교회난입을 막자 부목사를
구타하였고, 학생들이 제단으로 몸을 피하자 폭력배들은 제단까지
올라가 흙발로 청년 학생들을 짓밟았다.[199]

사건이 발생하자, 기독교장로회 총회는 총회장 명의로 〈송암교
회 경찰난입에 관한 목회서신〉을 전 교우들에게 발송하고, 내무부장
관에게 공식적 사과와 성직자 폭언폭행, 성전난입, 기물파괴 당사자
와 명령자를 문책하여 줄 것을 요구하는 〈진정서〉를 제출하였다.[200]
이어 6월 13일 기독교장로회 청년회 전국연합회는 이 사건에 대한
당국의 공개적인 해명과 명령자와 난입자들에 대한 엄중처벌을 요
구했고, 6월 28일에는 기독교장로회 청년회, 감리교청년회, 예장(통
합)청년회 서울연합회 등이 〈성전수호를 위한 기독 청년 공동결의문〉
을 채택하고, 선교탄압 중지를 촉구하였다.[201]

KNCC 인권위원회도 6월 9일 〈시한부 단식에 즈음하여〉라는 성

---

199) 한국기독교교회협의회 인권위원회, 『1980년대 민주화운동Ⅷ』, 943쪽.

200) 한국기독교장로회 총회, 『정의, 평화, 통일 자료집』(기장총회, 2003), 107쪽.

201) 한국기독교교회협의회 인권위원회, 『1980년대 민주화운동Ⅷ』, 943쪽.

명서를 통하여 이 사건을 현 정권의 폭력만능주의를 보여준 것이라고 규정하였다.

지난 6월 3일 사복경찰 병력이 송암교회 성전에 난입하여 성전기물을 파괴하고 성직자를 구타한 사실은 비공산주의 국가에서는 유례를 볼 수 없는 일로서 현 정권이 예배처소의 신성성 마저도 무시하는 폭력집단임을 자인하는 행위였다. 우리는 12 · 12사건, 광주사태, 의령총기 난동사건, 경찰병력의 학원내 투입 등 일련의 권력의 폭력화 경향을 상기하면서 우리 사회가 온통 폭력만능 내지 폭력숭배의 풍조 속에 휘말려 들어가고 있다는 느낌을 금할 수 없다.[202]

이어 KNCC 실행위원회는 6월 16일 "선교자유수호 대책위원회"를 결성하고, 6월 28일에는 초원교회에서 나라와 인권과 교회의 선교자유를 위한 참회기도회를 개최하였다. 이 기도회의 설교를 맡은 조용술 목사(NCC회장)는 "교회와 국가"라는 제목의 설교에서 다음과 같이 말하였다.

교회는 공의로운 국가가 되기 위해 항상 기도하고 예언자적 비판을 포함한 설교를 하며 교회가 능동적으로 봉사를 해야 한다. 만약 국가가 교회의 신앙의 자유를 위협했을 때 이를 항거, 하나님의 은총이 진정한 국가를 일으킴으로써 크리스챤으로 하여금 모든 사람의 복지를 추구하도록 요구하는 자유가 되어야 한다. 또 언론도 정치인도 입을 다물

---

202) 광주광역시 5 · 18사료 편찬위원회, 『5 · 18광주민주화운동자료총서』, 325쪽.

때 교회만은 입을 열어 말함으로 국가의 양심이 수면상태에 빠져들어 가지 않도록 일깨워 주어야 한다. 이것이 바로 애국하는 일이요, 하나님의 뜻을 받드는 것으로 믿는다.[203]

이어 KNCC는 7월 11일 새문안교회에서 임시총회를 열고 송암교회 사건과 관련하여 〈결의문〉을 채택하였다. 이 결의문에서 "이 사건은 모든 집회를 당국의 통제 하에 둠으로 헌법이 보장한 국민의 집회 및 시위에 관한 자유라는 기본권을 봉쇄한 예"로 규정하고 "집시법 철폐", "언론기본법 개정", "송암교회 사건에 대한 정부의 사과에 대해 앞으로 주시 할 것" 등을 주장하였다. 같은 날 EYC도 선교자유 수호를 위한 전국교회청년회 대표자 대회를 열고 경찰의 송암교회 난입을 비롯한 일련의 종교자유 침해 사태에 대해 그 근본원인이 집시법에 있음을 확인하고 집시법 폐지 운동을 결의하였다.[204]

교회의 항의가 빗발치자, 정부는 6월 26일 서울시 경찰국장 명의로 물의를 빚은데 대한 유감을 표시하는 〈사과문〉을 한국기독교장로회 앞으로 발송하였다. 그러나 내무장관이 국회 답변 중 사건의 발단과 책임을 교회청년들에게 전가하자, 기독교장로회 총회는 11월 4일 송암교회 사건에 대한 내무장관의 국회답변과 관련하여 〈정부의 송암교회 사건 보고에 대한 성명서〉를 발표하고 이 성명서에서 "그동안 당국이 취해온 태도 및 공식, 비공식의 사과와 상반"됨을 지적하고, "언론의 정직보도"와 "전국의 교회는 국회답변과 언론보도를 주시하고 교회의 신성성과 선교의 자유, 언론의 자유와 조국의 민주주

---

203)   『교회연합』(1983. 7. 3)
204)   한국기독교교회협의회 인권위원회, 『1980년대 민주화운동Ⅷ』, 947쪽.

의를 위해 기도해 줄 것"을 당부하였다.[205] 기독교장로회 청년회 서
울연합회(회장 정해동)도 12월 8일 최근 당국의 폭력사태와 관련한 〈폭
력추방을 위한 투쟁선언〉을 발표하였다. 이 선언에서 기장청년회 서
울연합회는 송암교회 사건 및 그 사건에 대한 정부의 왜곡 발표, 6월
10일 신학교체육대회[206]와 8월 13일 전국청년교육대회에서의 경찰
폭력, 민주화운동청년연합 김근태 의장에 대한 폭력 등을 규탄하고,
허위 보고한 내무, 법무장관의 즉각 사퇴, 민주화운동청년연합 김근
태 의장 구타한 성용욱 국장 직위해제, 황정하 추락사건의 진상공개
등을 주장하였다.[207]

2. 기독교사회문제연구원 통일문제 교과서 사건

기독교사회문제연구원은 1983년도 사업 중 하나인 통일문제에
관한 교과서를 분석하였다. 이 사업은 연구원 전문위원인 이영희, 강
만길 교수와 현직교사 9인이 참여하였다.[208] 그런데 연구교사 중 김

---

205) 한국기독교장로회 총회, 『정의, 평화, 통일 자료집』, 117쪽.

206) 정부의 탄압은 송암교회 사건 뿐만이 아니었다. 1983년 6월 10일 5개 교단 9개 신학대학교
연합체육대회에 대한 경찰의 폭력 사건이 발생하였다. 이 사건은 체육공원에서 행사 마친 후
코이노니아 갖는 학생들을 사복을 한 폭력배와 경찰들이 둘러싸고 폭행하여 감신대 3학년 이
광섭이 여학생을 보호하고 피하다 집단구타당하여 오른쪽 대퇴부 복합골절로 뼈가 조각나
입원하였고 한신대 고재식 교수가 구타를 당하였다. 이 사건으로 감신대 학생들이 부상당한
동료들을 치료하고, 폭행가한 책임자 처벌과 당국의 해명 등을 요구하였다. 한국기독교교회
협의회 인권위원회, 『1980년대 민주화운동Ⅷ』, 944쪽.

207) 위의 책, 959쪽.

208) 유상덕(경기고 지리교사), 이순권(서울고 역사교사), 송상헌(강남여중 역사교사), 송영길(경
복고 일반사회교사), 김한조(면목여중 일반사회교사), 안승문(연서중 반공도덕교사), 노응
희(구로고 지리교사), 손명선(양화국교교사), 이상길(수유국교교사)등은 연구원의 전문위원
인 이영희, 강만길 교수 의 '해방 후 남한의 통일정책변화 과정', '분단시대를 어떻게 보아야

한조가 대학생 때의 야학활동에 대한 조사를 받던 중 가택수사를 당함으로써 본 연구자료가 압수당하였다. 이에 치안본부는 이 사실을 시 교육위원회에 통보하여 10월 중순경 서울시 장학관이 각 학교로 교사들을 방문하여 사건 경위를 조사하였고 10월 말경 연구교사들에게 각각 경고 및 주의를 주게 되었다. 그러나 12월 말 사건이 확대되어 수사를 받는 방향으로 급전환 되어 교사 9인과 연구원장 조승혁 목사, 연구 간사 이미경, 연구원에서 강의한 이영희, 강만길 두 교수 등 관련자 전원이 연행되어 조사를 받았다.[209]

이에 교회는 1984년 1월 5일 '통일문제 교과서분석사건 대책위원회'(위원장 김준영 목사)를 결성하고 전 대통령에게 국민의 통일연구를 막는 것은 부당하다는 내용의 서한과 함께 연행된 사람들의 석방을 촉구하였다. 그러나 경찰은 1984년 1월 10일 조승혁 목사, 이영희, 강만길 교수를 국가보안법 위반으로 구속하였다. 이에 1월 12일 기독교사회문제연구원의 '통일문제 교과서분석사건 대책위원회'는 이 사건과 관련하여 〈우리의 입장〉을 발표하고 "구속된 조승혁 목사, 이영희, 강만길 교수는 민주주의의 신봉자이며 그들은 고려연방제 찬양한 적 없고 그 내용을 소개한 것 뿐이며, 미군철수에 대해서는 미군이 영구히 주둔할 수 없다는 원칙적인 입장을 표명한 것이며, 통일문제 논의가 특권층이나 특정인의 전유물이 아님"을 밝혔다.[210]

기독교감리회 선교국 교회와 사회위원회도 1월 14일 〈조승혁 목사 구속사건에 대한 우리의 입장〉에서 "이 연구의 목적이 올바른 교과서 분석으로 정당한 반공교육과 통일방법을 제시하는 데 있다"을

할 것인가' 제하의 강의를 듣기도 하였다.

209) 한국기독교교회협의회 인권위원회, 『1980년대 민주화운동Ⅷ』, 959쪽.

210) 위의 책, 960쪽.

발표하고 조목사의 조속한 석방을 촉구하였다. 이어 1월 25일 천주교정의평화위원회와 KNCC 인권위원회는 "이번 사건이 우리 교회의 민족화해와 통일에 대한 관심과 논의를 봉쇄, 탄압하기 위한 전초"라고 우려하면서 "통일에 대한 논의가 특정정권이나 특정인만의 전유물이 될 수 없다"는 〈공동성명〉을 발표하였다. 2월 9일 감리교청년회 전국연합회는 "조승혁목사 등 3인에 대한 당국의 수사 및 왜곡보도는 당국의 통일논의 저지 기도"라는 내용의 성명서 〈우리의 소원은 통일〉을 발표하고 통일 문제 논의는 국민의 당연한 권리라고 주장하였고, 같은 날 '통일문제교과서분석사건대책위원회'는 법무장관에 구속된 3인에 대한 선처를 청원하여 2월 14일 기소보류로 3명 모두 석방되었다. 2월 21일 '통일문제사건 교회공동대책위원회'는 "당국은 기소되기도 전에 언론에 왜곡보도 시키고 북한을 찬양지지하는 것처럼 발표했으며, 석방조건으로 강제진술내용을 반복하는 인터뷰를 시킨 것은 구속된 3인의 사회적 인격을 매장, 교회전체를 음해하려는 것이며, 통일논의는 결코 당국의 전유물이 아니며 구속된 3인의 정신적 피해를 보상하고 공소보류조치를 철회하라"는 내용의 〈성명서〉를 발표하였다.[211]

3. 박조준 목사 외화밀반출과 박형규 목사 폭행사건

1984년 6월 20일에 영락교회 박조준 목사와 부인이 해외 출국시

---

211) 위의 책, 960쪽.

달러를 밀반출하려다 공항에서 적발되어 연행되는 사건이 발생하였다. 박목사의 세관 검사시 〈경향신문〉기자가 지키고 있다가 적발상황을 촬영하여 당국이 사전에 정보를 입수하여 박목사를 매장할 의도로 언론을 동원한 것이 아닌가하는 의혹을 불러 일으키었다. 이 사건에서 언론은 박목사가 건강악화로 인해 출국하려던 것인데도 불구하고 해외 도피중이었던 것처럼 보도하기도 하였다. 6월 25일 예장(통합)청년회전국연합회는 이 사건이 정부의 기독교 음해임을 밝히는 성명서 〈박조준 목사 사건에 접한 우리의 입장〉을 발표하고, 6월 27일 KNCC 인권위원회는 인권문제전국협의회에서 "언론의 왜곡보도는 박목사를 사회적으로 매장하려는 것"이라는 내용의 성명서 〈박조준 목사 부부 구속 사건에 대한 우리의 견해〉를 발표하였다. 그러나 당국은 7월 16일 박목사를 구속 기소하고 부인은 불구속 기소하였다.[212)]

한편 1984년 9월에는 보안사요원이 서울제일교회에 난입하여 담임목사인 박형규 목사를 폭행한 사건이 일어났다. 이 사건의 발단은 1983년 8월 28일 제일교회 장로 정성국이 당회에서 교인들 심방을 문제 삼아 박준옥 전도사에게 폭언하자 이를 말리던 박형규 목사를 구타, 어금니 1대를 부러뜨린 데서 출발하였다. 이후 1983년 10월 8일부터 정성국 장로 및 일부교인들이 예배 방해 시작하여, 1984년 1월 31일 서울노회는 정장로에 1년 정직을 선고하였고, 총회는 이를 확정하였다. 그러나 1984년 9월 7일 예배방해가 11개월 계속되던 중 서빙고 보안사요원으로 알려진 조동화가 정체를 알 수 없는 자들과 교회에 난입 교회사찰 백덕운을 구타하고 이를 말리던 정광

212) 위의 책, 981쪽.

선 전도사를 구타하여 경찰에 신고했으나 경찰은 폭력배들을 곧 석방시켰다.[213]

뿐만 아니라 9월 9일에는 낯 모르는 폭력배들이 예배 후 당회실로 가는 박목사를 따라가 포위한 뒤 사표를 강요하고 박목사가 불응하자, 박목사를 구타하였다. 이어 폭력배들은 교인들을 모두 몰아내고 전화와 전기를 차단하면서 박목사와 청년신도들을 감금하였고, 몽둥이 등으로 바리케이트를 서서히 부수면서 "항복하라"고 위협하였다. 이들은 일체의 음식공급도 막은 채 12일까지 계속 감금하였으나 출동한 경찰은 감금된 사람들을 구출하기 위해 접근하는 사람들만 막으면서 폭력배들의 불법적인 행위를 수수방관하였다. 경찰은 12일 새벽 2시에야 폭력배를 연행하여 2명(남궁철, 정인서)만 불구속 입건하고 전원 훈방하였다. 9월 11일 경향신문은 이 사건을 단순히 신도들의 주도권 싸움이라고 보도하였다. 이 보도에 대해 박목사는 언론중재 위원회에 언론중재를 신청하였으나, 경미한 정정만이 있었다.[214]

사건이 발생하자, '일본 NCC'와 '한국 인권을 위한 북미연합체', '한국 민주화를 위한 와싱톤 청년연맹', '서독개신교연합회' 등 외국단체들은 9월 11일 이 사건에 대해 당국에 항의하는 전문을 보냈고, 다음날 아시아기독교교회협의회(CCA)도 항의 전문을 보냈다. 9월 12일 교회사회선교협의회는 이 사건이 현 정부의 교회음해임을 주장하는 성명서 〈서울제일교회 불법점거와 집단테러사태에 대한 우리의 입장〉을 발표하였다. 제일교회 교인들도 전 대통령에게 이 사건의 진상규명(특히 보안사요원관련)을 요청하고 보안사사령관에 관련

---

213) 위의 책, 988-81쪽.
214) 위의 책, 988쪽.

자 처벌을 청원하였으며, 기장청년회전국연합회는 이 사건에 대해 중부경찰서장 최재삼과 정보과장 김정환, 정보과 김봉인 등의 처벌과 정부의 교회음해 중지를 촉구하는 성명서 〈제일교회 예배방해 사건에 대한 진상 및 우리의 견해〉 발표하였다. 기장목회자들도 9월 16일부터 22일까지 이 사건에 항의하여 농성하였다.[215]

그러나 폭력배들이 9월 23일 다시 교회에 난입하여 교인들과 박목사를 무수히 구타하였는데 경찰은 여전히 수수방관하였다. 이 사태로 박목사는 입원하였고, 이 사건에 대한 진상을 밝힌 유인물을 만든 박세현 집사만이 연행되어 구류 15일을 받았다. 박목사는 입원 중 순교를 각오하며 교회를 지키겠다는 〈메시지〉를 각 교회들에게 보냈다. 9월 28일 이 사건으로 '기장전국교역자 대회'가 열리고 이 사건이 정부의 조직적인 교회 음해사건임을 밝히는 〈성명서〉를 발표하였다. 10월 4일 기장청년회전국연합회는 보안사의 폭력적 교회 공작을 중지하라는 내용의 성명서를 발표하고 10월 10일 서울대총기독학생회는 현 정권의 교회폭력을 규탄하는 〈성명서〉를 발표했으며, 카나다 한인목회자들도 현 정권의 교회폭력을 비난하는 〈결의문〉을 채택하였다.[216]

4. 단군전 건립운동과 기독교 사상 정간사건

서울시는 1985년 2월 자라나는 세대들에게 민족혼을 일깨워주

---

215) 위의 책, 988쪽.
216) 한국기독교회협의회 인권위원회, 『1980년대 민주화운동Ⅷ』, 988쪽.

기 위해 사직단이 있는 사직공원 내에 단군성전 건립을 추진한다는 계획을 세우고 단군성전건립운영위원회(염보현 서울시장)와 단군성전 추진위원회(김진원 서울시부시장)를 구성하였다.[217] 이 사실이 알려지자, 교계에서는 그것이 특정종교를 정부가 후원하는 행위라고 규정하고 20여개 교단장들이 모여 '단군전 건립기독교 대책협의회'를 구성하였다. 이어 각교단과 기독교단체, 그리고 전국의 교회들에서 단군성전 건립반대운동이 범교단적으로 일어났다.

예장(통합)측은 1985년 9월 19일부터 24일까지 열린 70회 총회에서 정부주관의 단군신전 건립계획 중지건의안을 논의하였고, 논의 결과 총대전원의 기립, 만장일치로 건립반대 결의하여 향후 임원회가 특별위원회를 설치하여 이 문제에 대처하고 각 노회주관으로 전국교회에 반대서명운동을 벌여나가도록 했다.[218] 12월 10일에는 전남영광군 기독교 대책위원회가 조직되어 단군전 건립반대를 결의하였고, 12월 22일에는 광주시에서 단군전 건립반대 추진위원회의 주최로 단군성전 반대연합예배를 드렸다.[219] 서울을 비롯한 각 지역에서 개교단, 개교회 별로 단군전 건립반대집회, 서명운동이 일어나자 이원홍 문공부 장관이 정식으로 건립추진사실이 없음을 확인하기에 이르렀다.[220]

그러나 1986년에도 단군전 건립추진운동이 계속 추진되자, 교회의 반대운동은 계속되었다. 86년 3월 3일에 '한국복음주의협의회'는 영락교회 선교관에서 〈단군전 건립운동에 대한 역사적 고찰〉이라는

---

217) 『조선일보』(1985. 6. 5)
218) 『교회연합』(1985. 9. 29)
219) 『크리스챤신문』(1986. 1. 4)
220) 『교회연합』(1985. 11. 15)

제목으로 공개 세미나를 열었다. 이 세미나에서 "역사적으로 우상을 숭배하거나 황제를 신격화하는 등 국민의례라는 미명하에 우상숭배를 강요해온 사례를 열거하고 단군전 건립의 결사반대"를 주장하였다.[221] 예장(고신) 북부시찰협의회(회장 김창년 목사)도 86년 6월 21일도 북부시찰 산하지도자와 대표성도 2천여명이 모여 단군동상 건립 규탄 기도회를 가졌다.[222] 이와 같이 단군전 건립반대운동은 보수와 진보교회가 모두 참여한 범교단적 운동으로 진행되었으며 기독교신앙의 진리의 수호를 위한 교회의 노력은 신앙과 신학적입장의 차이를 넘어서는 것이었다.

이밖에 기독교 신앙의 정립과 선교를 위해 많은 기여를 했던 '기독교사상'이 10월호의 르포기사 내용이 문제되어 기자와 관련인이 입건되면서 6개월 자진 정간하는 사태도 있었다. 이 사건은 교회연합신문의 이종애기자가 『기독교사상』의 〈깨어 일어나 노래할 지어다〉란 제목의 기독교1백주년기념 여성대회참관 르포기사 중 북한을 살기 좋은 곳으로 표현했다는 이유로 이종애 기자와 기념대회 연사 강명순씨 등 2명을 국가보안법위반 혐의로 불구속 입건한 사건이었다. 이 사건과 관련 『기독교사상』은 발행인 성갑식 목사의 권한으로 11월호부터 6개월간 자진 휴간을 결정하고 관계당국에 신고했다.[223] 또한 1985년에는 김동완 목사가 설교내용이 문제되어 구류를 언도받고 단식에 돌입하기도 했고, 전주교구 문정현 신부가 피납 되어 이에 항의하는 신부, 교구민들의 항의농성과 단식투쟁도 발생하였다.[224]

---

221) 『크리스챤신문』(1986. 3. 8)

222) 『크리스챤신문』(1986. 6. 21)

223) 『크리스챤신문』(1985. 11. 2)

224) 『가톨릭신문』(1985. 5. 26)

국가조찬기도회와 민주복음화 운동

1. 국가조찬기도회

광주민주화운동이후 일부 기독교계의 중진 지도자들은 조찬기
도회를 통해 전두환 장군을 광주시민을 보호한 용사로 미화시키고,
그를 하나님의 이름으로 축복해 주었다. 8월 6일 한경직 목사를 포
함한 20여 명의 교회 지도자들은 서울 롯데 호텔에서 전두환 일행이
참석한 가운데 '전두환 상임위원장을 위한 조찬기도회'를 가졌다. 이
날 한경직 목사는 "하나님이 구하시는 것"이란 제목으로 "공의와 공
평, 인자와 사랑을 강조하면서 하나님이 기뻐하시는 일을 하라"는
요지의 설교를 하였다. 이날 조향록 목사는 "국가와 민족을 위한 기
도", 김지길 목사는 "한국교회를 위한 기도", 김인득 장로는 "국군장
병을 위한 기도"를 드렸다" 특히 성결교 정진경 목사는 "전두환 상
임위원장을 위한 기도"에서 "일찍이 군문에 헌신해서 훌륭한 지휘관
으로 나라를 방위하는 데 충성을 다하게 하신"것에 대해, 그리고 "최

근에 이렇게 어려운 시국에 또한 국보위 상임위원장의 막중한 직책을 맡아서 여러 해 동안 사회 구석구석에 만연돼 있는 모든 사회악을 제거하고 정화하는 운동에 앞장설 수 있게 해주신 것"에 대해 하나님께 감사하는 기도를 드렸다.[225]

조찬기도회에 참석한 교회 지도자들 중 다수는 박정희 대통령의 집권 시기에도 조찬기도회에 참석하면서 그의 독재정치에 대해서 침묵을 지키거나 그의 치적에 감사해 한 사람들이었다. 전두환은 인사말을 통해 "광주사태는 불순분자의 배후 조종으로 발생하여 6 · 25이후 최대 위기"였다는 것, 그리고 "국민이 혼연일체가 되어 힘을 모아 노력한다면 우리에게 주어진 책무는 달성될 수 있으리라고 확신하며 이 자리를 빌어 교계 지도자들과 함께 이러한 결의를 새롭게 하고자 한다"고 말했다.[226] 신군부는 이날 70분간 계속된 이 기도회를 한국방송공사(KBS)와 문화방송(MBC)을 통해 생중계하는 것은 물론 평일임에도 불구하고 점심과 저녁 두차례 더 녹화 중계하는 '정성'을 들였다.

8월 27일 전두환이 통일주체국민회의에서 대통령에 당선되자, 교회지도자들은 다시 한번 전 대통령 취임 축하 조찬기도회를 가졌다. 이 기도회는 9월 30일 아침 신라호텔에서 1,300여명의 각계 지도자들이 참석한 가운데 열렸는데 기도와 설교 그리고 축복찬양에 힘을 얻은 전두환은 인사말을 통해 "오늘의 기도회는 당면한 난국을 슬기롭게 극복하고 민주복지국가를 건설하여 교도소와 불량배가 없어져

---

225) 김흥수, 위의 책, 167쪽.

226) 『교회연합신보』 1980년 8월 17일자. 이 기도회에 참석한 교계 인사는 한경직, 강신명, 박치순, 김윤식, 신현균, 장성칠, 김준곤, 조향록, 조덕현, 김지길, 이경재, 최태섭, 김해득, 민영완, 정진경, 이봉성, 지원상, 유홍묵, 김창인, 박정근, 김용도, 유호준 등이다. 이 조찬기도회에서의 기도 및 설교 내용에 대해서는 "전두환 사령관을 위해 기도합니다", 『새누리 신문』 1996년 6월 15일자 참조하라.

모든 사람이 명랑한 가운데 잘 살 수 있는 나라를 건설하는 막중한 임무를 성원해 주기 위한 것으로 안다"고 말했다.[227]

전두환에 대한 성원은 이것으로 끝난 것이 아니었다. 성원은 조찬기도회가 끝난 후 그 기도회 준비 위원장을 맡은 유호준 목사와 순서를 맡은 몇 사람이 청와대에 초청되었을 때에도 다시 반복되었다. 유목사의 회고에 의하면, 그가 "전 대통령에게 우리 민족을 하나님이 사랑하시어 어떠한 위난 속에서도 반드시 지켜주실 것"이라고 말하자, 전두환은 "유 목사님 말씀 들으니까 용기가 배가되는 느낌입니다."라는 말을 했다고 회상한다.[228]

한편 광주민주화운동 다음 해인 1981년 5월 14일에 제 13차 연례국가조찬기도회가 3부요인, 국회의원, 군 대표, 정부관료, 외교사절 등 1천 2백여명의 열렸다. 전두환 대통령은 이 자리에서 "오늘 이 뜻 깊은 자리에 교황께서 총격을 당하셨다는 충격적인 소식을 접하고 온 국민과 더불어 가슴 아프게 생각한다면서 이러한 폭력적인 행위가 범인류적인 차원에서 하루속히 근절되어야 한다고 생각하며, 아울러 교황의 쾌유를 온 국민과 함께 기원 한다'고 언급하였다. 이날 조찬기도회에서는 곽선희 목사가 "소망에 사는 사람"이라는 설교를 통해 "하나님의 크신 축복과 다함이 없는 은총과 영광이 전 대통령과 이 나라위에 함께 하기를 기원한다고" 설교하였다. 한편 이봉성 목사와 오경린 목사가 "인권이 존중되는 세계 속의 복지국가가 이룩되고 전 대통령에게 지혜와 건강이 함께 하기를 기원 한다."고 기도했다.[229] 1982년에도 5월 4일 신라호텔에서 열린 연례국가조찬

---

227) 『교회연합신보』(1980. 10. 5)

228) 유호준, 『역사와 교회』(서울: 대한기독교서회, 1993), 367쪽.

229) 『조선일보』(1981. 5. 14)

기도회가 3부요인과 차관급이상 관료, 군 대표, 주한외교사절 등 1천 여명이 참석한 가운데 열렸다. 이 기도회에서는 임옥 목사가 설교하였다.[230] 이런 식의 결의와 성원을 통해서 전두환 정부와 일부 교회 지도자들은 협력해 나갔고, 따라서 광주는 기억 속에서 배제되거나 왜곡된 형태로 기억되어 나갔다.[231]

국가조찬기도회는 5공화국은 물론 제6공화국, 문민정부, 국민의 정부를 거쳐 현재 참여정부까지 계속 이어져 오고 있다. 더욱이 지방자치제가 실시된 이후에는 기초단체는 물론 광역단체까지도 지역별로 조찬기도회의 형식으로 권력자들과 교계의 지도자들이 만남을 갖고 있다. 특히 문민정부가 들어선 1993년 이후 권위주의가 점차 사라지고 사회적 분위기가 바뀌면서 국가조찬기도회의 모습도 바뀌었다. 음악회와 같은 문화행사가 식전이나 식후에 열려 과거의 경직되고 엄숙한 분위기가 사라졌다. 또한 내용에 있어서도 '대통령 예찬 일변도의 기도'와 '지극히 원론적인 설교'에서 벗어났다는 평가를 받는다.[232] 그러나 군사독재시절인 유신체제와 제5공화국시절 국가 조찬기도회는 군사독재정권에 의해 기독교회가 정치적으로 이용되거나, 협력하는 모습을 연출했던 것은 부인할 수 없는 분명한 사실임

---

230) 『조선일보』(1982. 5. 5)

231) 김흥수, 위의 책, 168쪽.

232) 이병왕, 인터넷기독신문 구굿닷컴 (2006. 4. 19). 2000년대 들어서면서 규모가 커져 2002년 엔 2,000명이 참석하는 성황을 이뤘다. 이에 2003년 국가조찬기도회가 '사단법인 대한민국 국가조찬기도회'로 등록돼, 집회명이 단체명으로 불리게 됐다. 또한 이 해에 참석자가 3,000 명으로 늘었다. 하지만 이렇게 대형화되어가는 이벤트성 국가조찬기도회에 대한 우려의 목소리가 여기저기서 들린다. 광주대학교 한규무 교수는 "교계로서는 그 위세를 과시할 수 있는 기회였다"며 "대통령으로서는 기독교계를 의식해 기독교에 관심을 갖고 있다는 것을 보여주지 않을 수 없게 됐다"고 평가했다. 하지만 그는 "엄청난 비용을 쏟아 부으며 열리는 이 행사가 무슨 의미와 효과가 있는가"라고 반문했다. 장로회신학대학교 박동현 교수도 "기독 교인이 나라와 위정자를 위해 기도하는 것은 당연하다"면서도 "하지만 이렇게 많은 사람들을 불러 모으고 소문을 내면서까지 기도하는 것은 생각해볼 일"이라고 밝혔다.

에는 틀림없었다.

2. 민주복음화 운동

1977년 오관석 목사를 중심으로 한 부흥사들은 '77년 민족복음
화성회' 기간중 '80세계복음화대회' 개최를 계획하고 18개월간 준비
작업에 들어간다. 이후 이들은 김준곤 목사를 준비위원장으로 추대
하고 그에게 모든 준비를 위임하였다. 이 준비위원회는 교단의 공적
인 대표들로 구성된 것이 아니라 초교파적인 교회의 지도적 인물들
로 구성된 것이었다. 김준곤 목사는 취임사에서 "지금이야말로 한국
교회가 비상사태를 선포하고 총력전도에 힘을 기울일 때이며 하나
님은 한국 민족을 들어 세계 선교의 새장을 열기를 기뻐 하신다"라
고 말했다.[233]

김준곤 목사는 1979년 9월 2일 세계 곳곳에 "사상 전례 없는 기
독교 민족 하나가 태어나는 출산의 현장을 와서 보라"는 내용으로 '80
년 세계복음화대회 초청장을 보냈다. 곧이어 김목사가 한국 CCC의
역할을 세계복음화로 연결한다. 다음은 김준곤 목사가 1979년 11월
13일 설교에서 한국 CCC의 역할을 강조한 내용이다.

- -

지금 한국 교회의 비젼은 CCC의 비젼이라고도 할 수 있다.
민족 전체의 방향도 그렇다. 오늘의 한국의 캠퍼스 복음화

---

233) 조병호, 『한국기독청년학생운동100년사 산책』, 151쪽.

는 내일의 세계 복음화의 기초가 될 것이다. 이 나라가 세

계복음화를 위해 쓰여질 것이다. 한국에는 세계복음화의

사명이 있다는 것을 확신하고 있다.[234]

　이와같은 준비를 거쳐 1980년 8월 서울 여의도광장에서 '80세계
복음화대회'가 열렸다. 집회는 8월 11일 전야기도회로 시작하여 15
일까지 열렸는데, 한경직, 김준곤, 빌 브라이트 등 14명의 강사들이
집회를 인도하였다. 이들은 한국이 세계 선교의 중추적 역할을 담당
할 것을 강조하는 한편, 한국민족이 복음화 될 때 정의로운 사회가
건설되고 나아가 민족의 숙원인 통일이 달성 될 것이라고 역설하였다.
대회 결과 주최측의 추산에 의하면 전야기도회에 100만명이 참석하
였으며, 12일 개막일에 250만명, 13일에는 200만명, 14일에는 270
만명, 15일에는 230만명이 참석하였고, 매일밤 철야 기도회에 100
만명씩 참석하였다. 한마디로 '80세계복음화대회는 기독교 역사상
미증유의 대집회였으며, 한국기독교의 교세를 세계에 과시한 집회
였다.[235]

　그러나 이와같은 '80세계복음화대회에 대한 긍정적인 평가에도
불구하고 비판적 평가가 대두되었다. 이것은 첫째로 80세계복음화
로 십만명이 선교사로 헌신했다는 주장이 사실은 백명도 안된다는
것이다. 이것은 이 대회가 주최측이 강조했던 세계 선교와 얼마나 관
련이 있었는지 여부를 생각케 한다. 또한 8월에 열린 '80세계복음화
대회가 있기 바로 3개월 전에 5·18 광주민주화 운동이 있었다는 사
실이다. 이것은 계엄하에서 집회를 좀처럼 허락지 않던 신군부가 대

------

234)　위의 책, 151쪽에서 재인용.

235)　위의 책, 154쪽.

형집회를 열수 있도록 한 것은 주최측에 대한 신군부의 협력이 있었다는 점을 미루어 짐작할 수 있다는 것이다.[236] 이는 '80세계복음화대회가 국가조찬기도회와 마찬가지로 암묵적으로 친정부적 성격을 띠고 있었음을 보여준다.

---

236) 위의 책, 155쪽.

복음주의 진영의 사회참여

복음주의 진영의 사회참여는 1980년대 중반에 들어서면서 시작되었다. 1970년대까지 복음주의자들은 '복음전도' 혹은 '개인구원'에 관심을 기울인 나머지 '사회구원' 또는 '구조악의 문제'에 무관심하거나 외면하였다. 오히려 1970년대 복음화 운동을 주도했던 CCC의 김준곤 목사를 비롯한 대부분의 복음주의자들은 정교분리를 내세우며 '국가조찬기도회'를 만들어 정부에 협력하는 모습을 보여주기도 하였다. 그러나 1970년 '프랑크푸르트선언'과 1974년의 '로잔선언'의 영향을 받은 한국의 복음주의 지도자들은 1981년 복음주의협의회와 복음주의신학회를 결성한 후, 비록 에큐메니칼 진영의 목소리와는 다른 것이었지만, 사회참여의 목소리를 내기 시작하였다.[237]

---

237) 이 새로운 복음주의자들을 신복음주라고 부르기도 한다.

1. 복음주의 협의회와 복음주의 신학회의 결성

미국에서 전개되고 있는 복음주의 운동에 자극을 받은 젊은 신진 학자들 가운데 서울신학대학의 조종남, 아세아연합신학대학교의 한 철하, 고신대학의 오병세, 총신대학의 김의환 등 네 사람이 1972년 한국복음주의신학회(Korea Evangelical Theological Society)를 결성하였다. 그러나 당시 국내교단의 분위기는 교파를 초월한 복음주의 연합운 동을 수용할 만큼 성숙되지 않았다.[238] 1972년에 조직되었다가 교단 의 반대와 여건의 미성숙으로 인해 중단된 한국복음주의신학회(KETS) 가 10년간의 공백을 깨고 1981년 재조직되면서 한국복음주의 운동 을 대변하는 신학회로 발전하였다. 그런데 한국복음주의신학회가 표 방하는 신앙고백에 따르면 한국의 복음주의자들은 미국의 복음주의 자들처럼 "성경의 절대권위"를 받아들이고 "삼위일체," "그리스도 의 양성," "대속적 죽음," "육체적 부활," "역사적 재림"과 같은 근본 교리는 물론, "인간의 전적 타락"과 "그리스도를 통한 구원," "성령 의 중생," "내주," "성화 사역"도 역사적 정통신앙을 따르고 있다.[239]

그러나 마지막 여덟 번째 항목에서 복음주의 신학협의회는 교회 의 사회적 책임과 관련하여 "우리는 성경의 교훈에 따라 하나님 나 라를 실현하려는 하나님의 명령에 순종하여 사람과 문화를 변혁시 키는 것이 교회의 책임임을 믿는다"고 언급하였다. 이 신앙고백은 지금까지 한국교회, 특별히 보수적인 교단에서 거의 다루지 않았거 나 소홀히 다루었던 부분이었다. 사회적 문화적 책임을 천명한 이 복 음주의 선언은 한국의 복음주의 지도자들의 신학이 미국의 복음주

---

238) 위의 책, 96쪽.
239) 박용규, 『한국교회를 일깨운 복음주의 운동』(서울: 두란노, 1998), 99쪽.

의자들의 신학과 본질적으로 차이가 없음을 보여주는 것이다.[240]

한편 한국복음주의 신학회(Korea Evangelical Theological Society)보다 6개월 앞서 1981년 5월에 결성된 한국복음주의협의회(Korea Evangelical Fellowship)는 아세아연합신학교와 밀접한 연계성을 가지면서 KNCC가 지향하는 방향과 다른 차원에서 복음주의 연합전선을 구축하고 사회에 대한 관심을 끊임없이 표명하는 노력을 기울였다.[241]

'한국복음주의협의회'가 처음으로 사회참여를 적극적으로 시작한 것은 1986년 5월이었다. 1986년 3월 17일 KNCC시국대책위 산하에 '민주헌법 실현 범기독교 추진위원회'가 결성되고 직선제 개헌을 위한 서명운동에 돌입하자, 복음주의 협의회(당시회장 정진경 목사)는 5월 12일 〈현시국에 대한 복음주의자들의 제언〉을 발표하였다. 이들은 이 성명서에서 정부에 대해서는 "신뢰받는 정부가 되기 위해서는 입법, 행정과정의 잘못을 솔직히 시인하고 헌법과 노동관계법 등 특정단체에 유리하도록 돼있는 법률은 하루 빨리 고칠 것", "언론 자유의 억제와 편파적 보도의 조속한 시정" 등을 강조하였다. 또한 민주화운동세력에 대해서는 "민주화와 사회정의를 위한 야당의 고통과 노력은 인정하나 사회를 불안케 하지 말 것", "노동자의 경제개발에 대한 공헌과 학생들의 정치적 민주화와 사회정의 실현을 위한 노력은 이해하고 계속돼야하나 불순 이데올로기에 이용당할 수 있다는 사실을 잊지 말라"고 주장하였다.[242] 이어 '한국복음주의협의회'는 1986년 12월 15일 정기총회를 열고 적극적인 사회참여를 선언하였다. 손봉호는 주제 강연을 통해 다음과 같이 정치사회현실을 비판

---

240) 위의 책, 100쪽.
240) 위의 책, 100쪽.
241) 위의 책, 99쪽.
242) 『동아일보』(1986. 5. 15)

하였다.

소수 정치인들의 집권욕 때문에 정치 합리화가 이루어지
지 않고 있으며, 가진 자들은 치부를 위해 청소년들의 도덕
적 타락까지도 아랑곳하지 않고 있으며, 국민들은 이기주
의적인 지도자들의 욕심을 잘 알고 있기 때문에 냉소주의
에 빠져 있다.[243]

또한 그는 "노동자들의 비참한 현실을 진단하고 참된 민주주의
실현만이 공산주의를 막을 수 있다."고 강조했다. 이와 같은 복음주
의의자들의 태도는 정부의 협력 하에 '복음화 운동'을 주도했던 이
전의 복음주의자들의 태도와는 현저히 다른 것이었다. 이들은 "개인
구원"과 "사회구원"을 동시에 추구하는 신학적 입장을 견지하면서
이전의 복음주의자들이 취하지 않았던 군사독재정권에 대한 비판을
가하기 시작한 것이었다. 뿐만 아니라, 과격한 폭력을 통해 사회를
불안케 하는 세력에 대해서도 비판의 입장을 견지한 것이었다. 이러
한 복음주의협의회의 정치적 입장은 그해 12월 복음주의자들의 구
체적인 사회참여로 나타났다. 즉 '복음주의협의회'의 사회위원장인
손봉호는 1987년 12월 기독교 사회참여를 위하여 '기독교윤리실천
운동본부'를 만들어 KNCC를 중심으로 한 진보 진영의 에큐메니칼
적 사회참여와 구별되는 새로운 유형의 사회참여 모델을 한국교회
에 제시하기 시작한 것이 바로 그것이었다.

---

243) 『중앙일보』(1986. 12. 29)

2. 기독교윤리실천운동본부의 결성

기독교윤리실천운동(이하 기윤실이라 명명)은 1980년대 후반의 역사적 상황 아래에서 일어났다. 이 운동은 1987년 봄 서울대에서 같이 성경공부를 하던 교수 몇 사람이 처음으로 구상하고, 『빛과 소금』의 편집인과 투고자들을 중심으로 복음적 평신도 지도자 38명이 발기인이 되어 그해 11월 2일 발기총회를 가지고 12월 중순에 창립되었고, 후에 목회자들이 참여하였다.[244] 발기인들은 주로 대학교수들이었으며, 의사, 법조인들도 포함된 복음적 평신도 지성인들의 단체라는 성격을 가지고 있었다. 1987년 당시 한국교회 내에 존재했던 국가에 대한 교회의 사회참여 입장인 진보측의 과격한 반독재투쟁, 보수측의 독재협조 사이에서 갈등하던 복음적 기독지성인들이 사회참여 차원에서 기독교윤리실천운동을 시작한 것이다. 손봉호는 기윤실의 설립의 배경을 다음과 같이 말하였다.[245]

보수적 신앙인들은 혁명적, 나아가서 폭력적 방법으로 민주화와 평등을 성취한다는 데 대해서는 매우 비판적이었다. 이들은 급진적인 주장을 펴는 사람들에 의하여 불의와 타협하고 심지어 불의의 소산에 참여하는 비도덕적인 사람

---

244) 손봉호, 『기독교윤리실천운동 10주년활동 자료집』(서울: 도서출판 기윤실, 1997). 20. 기윤실은 장기려, 이명수, 이만열, 최창근, 이세중, 김인수, 원호택 등 38명의 복음적 평신도 지성인들이 발기인이 되어 1987년 12월에 발족하였다. 1997년 현재 강연안, 김경래, 김구, 원호택, 이장규, 손봉호, 김인수, 김정한, 홍정길, 박종석, 박행도, 임성빈, 이의용, 김일수, 조득정, 이국주 등이 본부실행으로 위촉되어 중요 정책을 결정하고 있으며, 강릉, 광주, 대구, 대전, 부산, 수원, 안동, 울산, 익산, 인천, 전주, 진주, 천안, 청주, 춘천 등 16개 국내지부와 L.A, 샌프란시스코, 디트로이트, 워싱톤 등 4개 지부가 결성되어 있다. 전국에 1만여명의 그리스도인들이 회원으로 가입되어 있고 매월 〈월간 기독교윤리실천운동〉지가 발간되고 있다. 재정은 주로 여러 교회의 후원금과 회원들의 회비로 충당되고 있다.

245) 이정석, "기윤실10년 평가와 21세기 전망," 『기독교윤리실천운동10주년활동자료집』, 29쪽.

들로 낙인 찍히기까지 했다. 이에 대하여 보수주의자들은
급진적인 기독교인들을 혁명적이고 폭력을 용인하며 심지
어는 용공적이라고 맞섰다.…성경을 공부하고 기도하면서
기독교수들은 이 문제에 대해서 같이 고민하며 토론했으
며 몇몇은 좀 더 적극적으로 민주화 운동에 가담하기도 했
다.…그러나 한가지 분명한 것은 민주주의와 사회평등 등
사회 이상을 달성하는데 있어서 그리스도인이 반드시 갖
추어야 할 것은 개개인의 도덕적인 삶과 윤리적 모범이라
고 생각했다. 아무리 구조가 훌륭하더라도 그 구조 아래 있
는 사람들이 도덕적 이지 못하면 좋은 구조는 아무 소용 없
고, 만약 그리스도인들이 도덕적 모범을 보이지 못한다면
사회의 도덕적 타락에 대해서 아무 비판도 할 자격이 없음
을 자각했다. 구조 개혁의 중요성을 무시하지 않으면서도
그리스도인은 마땅히 자신들의 삶을 도덕적으로 만드는 것
이 필요하다고 생각하여 시작된 것이 기독교윤리실천운동
이다.[246)]

- -

이처럼 기윤실의 설립은 복음적 평신도 지도자들이 한국교회와
사회의 도덕적 무력과 타락을 부끄럽게 생각하고, 기독 지성인으로
서 강한 비판의식을 가지고 계몽운동에 나선 것이었다. 그러나 이들
이 사회참여에 나선 것은 한국교회와 사회의 도덕적 타락 때문만은
아니었다. 민주화가 실현되는 시점에서 그동안 군사독재상황에서 선
지자적 사명을 충분히 감당하지 못한데 대한 자책감이 어느 정도 작
용하였다. 민주화되는 상황에서 과거의 무기력을 벗어버리고 적극

246)   손봉호, "기독교윤리실천운동의 시작", 『기독교윤리실천운동 10주년활동자료집』, 21쪽. 그
리고 손봉호, 『기독교사상』, (1990.11), 86-87쪽을 참조하라.

적으로 교회와 사회를 위해 공헌하고자 하는 마음이 작용하였던 것이다.[247)]

한편 이들이 작성한 『행동 지침』은 개인과 교회, 그리고 사회와 국가의 3영역에서 기독교 윤리를 적용하고 실천하자는 14개 조항으로 구성되어 있다. 이 지침에는 국가에 대하여 "시민불복종운동"까지 전개 할 수 있음을 선언하였다. 손봉호는 기윤실의 성격과 목적을 다음과 같이 말하였다.

> 무엇보다도 그리스도인 자신들의 행동과 삶이 윤리적이
> 되고, 교회가 윤리적이 되도록 하며, 나아가서 국가와 사회
> 가 윤리적이 되도록 만들어야 한다'는 목적을 가지고 활동
> 하고 있다. 따라서 기윤실 운동은 그동안 한국교회 일각에
> 서 제창해온 바, 〈사회 구조로부터 개혁해야 한다〉는 생각
> 과는 정반대의 행동순서를 설정하고 있으며 대체적으로는
> 개량주의적 입장을 취한다. 기윤실 운동은 결코 구조의 중
> 요성을 무시하지 않으며, 공해문제, 핵무기 문제 등을 심각
> 하게 취급하고 극단적인 경우에는 시민불복종운동까지 전
> 개할 수 있음을 행동강령에서 밝히고 있다.[248)]

이와같은 기윤실 운동은 신학적으로 74년의 『로잔언약』을 배경으로 하고 있다. 거기에 참여한 한국대표들이 돌아와 '한국복음주의협의회'를 구성하여, 교회의 사회적 책임을 강조하기 시작하였고, 기윤실의 대표적 인물 가운데 한 사람인 손봉호가 오랫동안 복음주의

---

247) 이정석, "기윤실10년평가와 21세기 전망," 『기독교윤리실천운동10주년활동자료집』, 30쪽.
248) 손봉호, "기독교윤리실천운동의 시작", 『기독교윤리실천운동 10주년활동자료집』, 20쪽.

협의회의 사회위원장을 맡아왔다는 사실에서 잘 드러난다. 기윤실의 발기인 가운데 한사람인 이만열도 다음과 같이 언급하였다.

> 로잔언약을 봤을 때 느낀 충격이랄까, 기쁨은 굉장했다. 그래서 로잔언약에 근거를 두자고 합의했다. 우리는 이 세상의 활동의 정확한 의미를 반영하는, 그래서 결국 복음으로서 상황을 이해하고 그 다음 상황 속에서 복음이 해야 할 일이 무엇이냐에 대해 궁금증을 가진 것이었다.[249]

그는 또한 복음의 개인구원과 사회구원을 강조한 로잔언약이 사회문제와 민족문제에 깊은 관심을 갖게 하였고, 기윤실을 비롯한 선거감시운동, 경제정의운동 및 통일운동에 나서게 하였다고 강조한다.[250] 그러므로 『로잔언약』의 개인구원과 사회구원을 동시에 강조하는 사회참여신학이 한국에서 복음주의협의회를 결성케 하였고, 기윤실 운동과 이후에 공선협, 경실련 등으로 구체화되었다.

3. 복음주의 기독학생과 공정선거감시단 운동

복음주의 기독학생들도 마찬가지였다. 1974년 이후 로잔운동이 불러일으킨 복음전도와 사회책임의 통합적 시각과 기독교세계관운동을 기반으로 하여 한국적 대학 및 사회풍토 위에서 생겨난 복음주

---

249) 조병호, 『한국기독교청년학생운동100년사산책』, 174쪽에서 재인용.
250) 이만열, "해방 50년, 한국교회사 어떻게 볼 것인가?" 『한국기독교와 역사 제4호』(한국기독교역사연구소, 1995). 17쪽.

의 학생운동은 점차 이전의 보수적 기독학생 운동 흐름과 구별되는 운동으로 나아가게 된다. 복음주의 학생들은 1984년 8월에 '기독교 학문연구회'를 출범시켜 기독교문화 창달과 기독교적 학문정립을 목표로 기독교세계관운동을 활성화시켜 간다. 이어 1986년 '기독교 학문연구회'를 기반으로 '기독교문화연구회'(이하 기문연)을 탄생하게 된다.[251] 기문연은 한국사회에서 그리스도인들에게 제기되는 문제를 가지고, 사회변혁을 위한 복음주의적 실천대안을 모색해온 대표적 기관이다.[252]

한편 80년대 중반이후 사회참여에 관심을 가진 기독학생들 가운데 대표적인 선교단체는 한국기독학생총회(IVF)였다. IVF는 학생들의 자율성과 자발성을 강조하였다.[253] 1987년 9월 복음주의 학생운동 선교단체인 IVF 간사회는 "오늘을 사는 기독대학생의 신앙고백과 결의'를 선언하였다. 이 선언은 일부 선교단체와 신학생들의 사회참여 분위기를 고조시켰다. 결국 IVF총무 고직한과 기문연의 유옥, 『대학기독신문』의 이종철 등의 주도로 1987년 11월 20일 공정선거감시와 민주정부수립을 위한 '복음주의 청년학생협의회'가 발족된다. 이들은 1987년 12월의 대통령 선거 부정투표를 막기 위한 공정선거감

---

251) 조병호, 『한국기독청년학생운동사 100년사 산책』, 177쪽. 몇 년후 안기부는 기문연을 국가 보안법상 이적단체로 규정하며 "기문연이 노동자, 농민 등에게 의식화 교육을 시켜 체제를 전복하고 사회주의 건설을 획책하려 했다"라는 소위 "기문연 사건'을 조작한다. 기문연은 항소이유서에서 다음과 같이 그들의 진정한 설립취지를 설명한다. "기문연은 1980년대 제 5공화국의 고도성장의 그늘에서 점점 더 빈부격차로 인한 상대적 빈곤을 뼈저리게 느껴야 했던 노동자, 농민, 도시빈민 등 이 땅의 민중들의 절박한 삶과 이들의 생존권적 요구를 안정이라는 이름 아래 철저히 압살을 자행했던 정치적, 경제적 억압상황 하에서 탄생하였다.…진정한 보수적 복음영성과 민족사적 지평에서 이웃사랑의 실천, 즉 위로는 하나님을 사랑하고 이 땅에서는 이웃을 내몸과 같이 사랑하는 참 그리스도인의 공동체의 형성이 우리의 꿈이었고, 한국교회의 한 부분으로서 교회를 쇄신하고 민족의 현실 가운데서 민중의 아픔을 함께 나누고 복음의 전면적인 의미를 드러내고자 했다."
252) 박승룡, "복음주의 학생운동의 상황," 『복음과 상황』(1991. 창간호), 98쪽.
253) 편집부, "대학생 복음운동의 위기를 생각한다," 『복음과 상황』(1991.11), 152쪽.

시단 활동을 전개하는데, 공정선거캠페인에는 복음주의 학생들 2천 여명 이상이 참여했다.[254]

이 운동은 서울 경지지역에서만 2천 1백여 명의 복음주의계열 선 교단체와 교회의 청년들이 참가한 대규모운동이었다. 이들은 고대, 연대, 이대, 건대 등 수십개 대학에서 강연회 및 기도회를 개최하였고, 서울역, 명동, 신촌 등 시내 중심지역에서 공정선거실시 서명운동을 펼쳤다. 정동감리교회에서는 약 백여명의 청년학생들이 참가한 공 정선거촉구 촛불평화행진, 공정선거 배지 달아주기, 매주 4회 1만부 에 달하는 타블로이드판 신문제작 배포하였다. 선거당일에는 서울, 옹진, 연천, 포천 등지에서 투표참관인과 개표참관인으로 활동하기 도 하였다. '복음주의 청년학생협의회'는 목사나 교수 등 교계 명망 가 중심의 운동이 아닌 순전히 청년학생들의 자발적 운동이였으며, 당시 '국민운동본부'와의 효과적 연대 속에서 독자적인 다양한 운동 을 전개했다.[255]

선거후 공정선거감시단이 해산되고, 1988년 3월 1일 복음주의 학생운동을 재정비한 '복음주의 청년연합'이 창립된다. 이 복음주의 청년연합은 과거 민족사의 격동기에 탈 역사적 신앙의 모습을 보인 것에 대해 하나님과 역사 앞에 참회한다고 고백한다.[256]

---

254) 조병호, 『한국기독청년학생운동사 100년사 산책』, 179쪽.

255) 편집부, "공정선거운동의 현주소와 전망," 『복음과 상황』(1993.3/4), 139쪽.

256) 조병호, 『한국기독청년학생운동사 100년사 산책』, 179쪽

小結論

　　1980년대에 전개된 개신교 사회참여 운동들은 6,70년대 민주화 운동과 별개로 전개된 것이 아니고 오히려 이들 운동들과의 긴밀한 관계 속에서 연대활동을 벌여 나갔다. 뿐만 아니라 개신교의 사회참 여는 한국사회 전체의 민족민주운동에서 중요한 의미를 가졌던 운동들을 독자적으로 전개하면서 선도적인 역할을 해 나가기도 하였다. 기독교 특히 개신교 인사들이나 단체들은 이시기의 일반 민주화 운동들에 다른 종교와 비교해 볼 때 거의 빠짐없이 참여하여 투쟁 하였으며 그 참여 범위도 다양하였다. 군사정권 퇴진운동은 물론 개헌 운동, 재소자 인권보호운동, 강제징집 철폐운동, 도시산업선교, 도시 빈민운동, 농민운동, 주요 시국성명서 발표, 언론 자유화운동 등등에 이르기까지 한국개신교회는 실로 이 시기에 일어났던 민주화 운동 들에 거의 빠짐없이 참여하였다.

　　1980년대 한국 개신교사회참여 운동은 전체 민주화운동과 더불 어 광주민주화운동에서 그 출발점을 갖는다. 그러나 광주민주화운동은 사실상 개신교보다 윤공회 대주교를 중심으로 한 가톨릭이 그 수습에 주도적 역할을 담당하였다. 다만 개신교회와 교계인사들의 참여는 미미했고, 광주민주화운동 직후 항쟁의 진상을 알리기 위해 전개된 EYC를 비롯한 기독청년학생들의 활동정도였다. 그러나 제5공화국과 제6공화국 군사정권 아래에서 전개된 광주민주화운동 진상조사 및 반독재 투쟁에서 개신교회는 70년대보다는 그 참여 숫자 면에서 훨씬 증가하였고 활동 범위도 다양하였다.[257]

제 5공화국 초기에는 KNCC를 중심으로 한 인권보호운동이 활발하였다. 광주민주화운동으로 구속된 사람들과 민주화 선도투쟁을 하던 학생들의 구속이 잇따르자, 교회는 이들의 인권수호를 위해 적극적인 활동을 펼치게 되었다. 특히 고문과 용공조작, 재소자들의 처우문제, 강제징집 등의 인권유린이 발생하자, 기독교회(개신교와 가톨릭)는 군사독재정부에 인권유린의 중지를 요구하고 활발한 인권수호운동을 펼친다. 한편 1980년대는 반독재민주화운동이 반외세자주화운동으로 발전한 시기이다. 1982년에 고신대 신학생 문부식이 주동이 되어 일어나 부산미문화원방화사건은 광주민주화운동 과정에서의 미국의 역할에 대한 불신이 반미운동으로 점화된 것이었다. 이 사건은 최기식 신부의 구속으로 가톨릭 교회와 국가의 갈등을 고조시켰고, 80년대 민주화운동의 전선이 반외세 자주화로 외연이 넓혀지는 중요한 계기가 되었다.

제 5공화국 정권의 공포정치가 계속되자, 개신교와 가톨릭의 반독재투쟁은 점점 열기를 더해가고 있었다. 1985년 2. 12 총선을 계기로 불붙기 시작한 '군부통치종식'과 '대통령 직선제'를 내세운 국

---

257) 한국기독교교회협의회, 『1980년대 민주화운동 Ⅵ.Ⅶ.Ⅷ.』참조.

민 대중의 민주화 열기는 전국적으로 확산되고 있었다. 이때 재야 민주화운동의 총집결체인 '민주 · 통일 · 민중운동연합'(민통련)은 문익환 목사가 의장으로 있으면서 80년대 중반 개헌정국에서의 한국 민주화운동의 구심체 역할을 하였다. 민통련은 개헌투쟁의 주체를 당시 야당인 신민당이 아니라 민중민주세력으로 보면서 개헌운동을 대중화 시키는데 일익을 담당하였다.

한편 전국목회자정의평화실천협의회 소속 27명의 중앙위원들의 개헌 서명을 시발로 하여 기장, 예장(통합), 감리교 3개 교단을 중심으로 시국성명서 발표가 잇달았다. 85년 3월 17일 KNCC는 그간의 개헌서명 운동의 성과를 수렴하여 1,050명의 목회자 서명 명단을 공개했다.[258] 개헌 열기를 타고 한국기독교교회협의회(KNCC), 한국기독청년협의회(EYC), 한국기독학생총연맹(KSCF) 등 기독교 연합기관들은 민주헌법쟁취운동, 개헌서명운동, KBS-TV 시청료 납부 거부운동, CBS기능정상화 운동 등 민주화운동을 적극적으로 전개해 나갔다. 특히 KNCC가 주도적으로 전개한 'KBS-TV 시청료납부 거부운동'은 개헌운동의 열기를 다른 측면에서 고양시킨 일종의 '대중적 항거운동'이자 '자유언론 쟁취투쟁'이었다.[259]

70년대 개신교 민주화운동이 진보적인 일부 소수의 목회자와 신학자, 기독학생, 그리고 몇몇 교회 중심의 신앙고백 차원의 운동이었다고 한다면, 1980년대의 개신교회의 민주화 운동은 점차 다수의 교회와 교단, 그리고 지도자들의 참여하는 운동으로 발전해 갔다. 이것은 한국 개신교회가 민주화 운동에 참여하면서 점점 성숙해 갔다는

---

258) 한국기독교사회문제연구원 편, 『개헌과 민주화운동』, 39쪽.
259) 김주한 "6월 민주항쟁과 기독교," 『한국개신교가 한국근현대의 사회, 문화적 변동에 끼친 영향연구』, 207쪽.

점을 의미하기도 한다.[260]

기독교회(개신교와 가톨릭)는 1986년 4·13 호헌 조치 이후, 호헌
반대 성명서 발표 및 구국 단식 기도회 등을 계속해서 개최함으로써
6월 민주항쟁의 서막을 열었다. 특히 기독교회는 국민운동본부의 전
국적인 투쟁지도 및 확산기능을 보완하고 또 투쟁의 거점 역할을 하
였다. 6월 항쟁 기간 동안 성직자들과 성도들은 집회에 직접 참여하
여 투쟁 열기를 고양시켰으며, 특히 기독교회의 역할은 투쟁이 소강
상태에 빠졌을 때 두드러지게 나타났다. 또한 시위 참여자들이 투쟁
을 지속하거나 다음날 투쟁을 준비하기 위한 농성 장소로 사용된 곳
이 거의 모두 성당이나 교회당이었다는 사실을 반드시 기억해야 한다.
이러한 사실은 국민운동본부의 결성식이 열린 장소가 서울 기장의
향린교회였고 국민운동본부가 조직된 후 최초로 주도한 6·10 국민
대회의 공식 장소가 서울 성공회 대성당이었으며 또 6월 18일 최류
탄 추방의 날 행사 대회장소도 종로 5가에 위치한 서울 예장(통합)의
연동교회였다는 사실만 보아도 당시 개신교계가 6월 항쟁에서 차지
한 비중을 어느 정도 가늠할 수 있다.[261]

6월 항쟁 기간 중 개신교회는 전국적인 연락망과 조직망이 큰 역
할을 하였다.[262] 6·10대회이후 6·29 선언이 있기까지 개신교의 각
교단과 지역 협의회, 각 노회들은 잇따라 '나라를 위한 기도회'를 열
거나 시국성명을 발표하였다. 특히 주목할 수 있는 것은 6·10대회
를 계기로 그동안 시국문제에 무관심하거나 침묵을 지켜오던 보수

---

260) 위의 책, 207쪽.

261) 위의 책, 208쪽.

262) 『기사연 리포트 2』. 93쪽. 6월 항쟁 기간 동안 각 지역별 투쟁의 지도부는 기독교 성직자들
이 주류를 형성하였고, 교회나 성당들은 집회장소나 투쟁의 거점역할을 했다.

교단들도 참여하기 시작하였다는 점이다. 대한예수교장로회(합동)의 경우 6월 22-27일을 시국타개를 위한 기도주간으로 설정하고 지교회별로 담임교역자의 지도 아래 금식 또는 작정 기도회를 매일 개최하였다. 6월 23일에는 기독교대한성결교회가 성결회관에서 호헌철폐를 위한 구국 기도회를 열고 가두 시위를 벌였으며, 대한예수교장로회(고신)도 부산에서 6월 18일과 19일 비상노회를 열고 4·13 호헌 조치의 철회와 언론자유, 인권탄압중지 등을 결의하고 시국연합 집회에 적극 참여하기로 결의하였다. 이처럼 시국문제에 무관심하거나 친정부적인 태도를 보여 온 개신교 보수교단들도 6월 항쟁시에는 사회참여 운동에 동참한 것이었다.[263]

마침내 6월 29일 민정당 노태우 대표는 기자회견을 열어 이른바 6·29 선언을 발표하였다. 이선언의 주요 골자는 대통령 직선제 개헌안에 연내 대통령 선거를 통해 내년(88년) 2월 정부를 이양하겠다는 것이다.[264] 이 선언은 한마디로 6·10 대회 이후 보여준 한국 민주역량의 결정적인 승리로 평가할 수 있다. 6·10항쟁 시 개신교회 민주화 운동은 그동안 극소수의 교회중심의 활동에서 교인들의 적극적인 참여와 또 교회의 사회참여 활동에 부정적인 입장을 보인 일부 교수교단들까지도 합세함으로써 광범위한 대중운동을 전개할 수 있었다. 이와 같은 현상은 박종철, 이한열군의 죽음 등 민주화운동 세력에 대한 군사독재정권의 살인적인 탄압에 기인한 것이었다. 국민운동본부가 급히 조직되어 전국적인 대중운동을 전개할 만큼 충분한 역량을 갖추지 못한 상태에서 진행된 6·10대회나 그 이후 전개된 대중운동에서 개신교계의 조직적이고 자발적인 참여는 6월 항

---

263)   『기독교신문』(1987. 6. 28)

264)   『기사연 리포트 2』, 13-14쪽.

쟁의 열기를 고양시키고 또 항쟁에 참여한 제 주체 세력들을 결집시키는데 중요한 역할을 감당하였다.[265]

한편 진보진영의 사회참여가 폭력을 수반한 과격한 양상으로 흐르자, 개신교회의 일부 세력들은 교회의 사회참여 방식에 대한 진지한 고민을 하게 되었다. 복음주의협의회에 소속된 일부 소수의 목회자들과 평신도 지도자들은 1986년 5월 〈현시국에 대한 복음주의자들의 제언〉이라는 시국선언문을 통하여 군사독재정부와 진보진영의 과격한 민주화 운동을 함께 비판하였다. 이어 이들은 1987년 말 민주정부를 수립을 위한 공정선거 감시단과 기윤실을 결성하고, 복음주의 신학에 입각한 사회참여를 선언하여 진보진영의 사회참여와 구별되는 새로운 모델의 사회참여를 추구하게 된다.

그러나 이 시기에 모든 개신교회가 사회참여와 민주화 운동에 나선 것은 아니었다. 80년대에도 여전히 보수적인 다수의 교회들은 교회의 사회참여운동에 무관심하거나 외면하였다. 뿐만 아니라 70년대와 마찬가지로 군사독재정권에 협력하거나 이끌려 가는 태도를 취하였다. 보수적인 교계지도자들은 여전히 '국가조찬기도회'에 참석하여 독재자를 위한 기도를 하였다. 특히 87년 교회의 사회참여가 절정에 달한 시기에도 대부분의 보수교단은 낡은 껍질을 벗지 못한 채 불의한 정치권력에 침묵하거나 은밀히 협조하였다. 4·13호헌 조치 선언 때에는 한국기독교보수교단협의회(회장 한영철)의 이름으로 이를 지지하고 권력의 편에 서서 민주화 운동세력을 용공으로 몰아붙이는 모습을 연출했다. 87년 5월 19일 국가조찬기도회에서는 일부 성직자의 정치개입을 삼가를 촉구하기도 하였고, 개신교단협

---

265) 김주한 "6월 민주항쟁과 기독교," 『한국개신교가 한국근현대의 사회, 문화적 변동에 끼친 영향연구』, 212쪽.

의회 주최의 노태우 후보옹립기도회, 12월 5일의 교회 원로목사와 장로 40여명의 교회의 정치적 중립촉구와 12월 7일의 한국교회수호 범교단대책협의회 등이 바로 그것이었다.[266] 이처럼 한국개신교회는 80년대에 와서도 교회의 사회참여를 놓고 여전히 입장과 실천의 차이를 보이고 있었다.

---

266) 한국기독교사회문제연구원, 『87년 교회사정』, 17쪽.

한국개신교 사회 참여에 나타난
교회와 국가의 관계

Ⅰ. 진보진영의 에큐메니칼적 사회참여에 나타난 교회와 국가의 관계

1. 에큐메니칼 사회참여의 정의
2. 에큐메니칼 사회참여 진영의 구성
3. 에큐메니칼 사회참여의 역사 · 신학적 배경
   a. 하나님의 선교(Missio Dei)신학
   b. 토착화 신학
   c. 세속화 신학
   d. 민중 신학
4. 에큐메니칼 사회참여에 나타난 교회와 국가의 관계
   a. 개혁교회 전통의 그리스도 주권론
   b. 토마스 뮌쳐적 저항권

Ⅱ. 중도진영의 복음주의적 사회참여에 나타난 교회와 국가의 관계

1. 복음주의 사회참여의 정의
2. 복음주의 사회참여 진영의 구성
3. 복음주의 사회참여의 역사 · 신학적 배경 : 로잔 선언(1974)
4. 복음주의 사회참여에 나타난 교회와 국가의 관계
   a. 개혁교회 전통의 그리스도 주권론
   b. 칼뱅적 저항권

Ⅲ. 보수진영의 친정부적 사회참여에 나타난 교회와 국가의 관계

1. 친정부적 사회참여에 대한 정의
2. 친정부적 사회참여 진영의 구성
3. 친정부적 사회참여의 역사 · 신학적 배경
   a. 근본주의 신학
   b. 반공주의
4. 친정부적 사회참여에 나타난 교회와 국가의 관계
   a. 정교분리론
   b. 루터적 두왕국론의 오용의 답습

1960년 4 · 19 혁명으로부터 1987년까지 한국개신교회와 그 지도자들의 사회와 역사 참여의 방식은 크게 세 가지 유형으로 나뉘어질 수 있다. 첫째 유형은 사회와 역사참여는 기독교인의 당연한 의무라고 생각하여 민주화와 인권운동에 헌신한 진보그룹 진영이다. 이들은 진보적 신학에 입각한 사회참여를 실천하려는 목회자와 신학자, 평신도지도자, 청년학생들로 70년대와 80년대 한국사회민주화 운동을 견인해 내었고 정부의 갖은 억압과 핍박에도 굴하지 않고 인권과 민주화를 위해 투쟁하였다. 이들은 주로 한국기독교교회협의회 (KNCC)를 중심으로 한 교단과 교계 지도자들로 필자는 이들을 '진보진영의 에큐메니칼형 사회참여'라 부르고자 한다.

두 번째 그룹은 1980년대 이후에 나타나기 시작한 소수의 지도자들로 복음주의 신학에 입각한 '복음주의협의회'와 '복음주의 신학회'를 결성하여 복음전도와 사회참여를 동시에 추구하는 중도그룹 진영이다. 신학적으로 진보진영의 에큐메니칼 사회참여 유형이 민주화와 인권운동의 산실이었다면, 이들은 90년대 이후 활발하게 활동하는 기윤실이나 경실련, 공선협 등 새로운 시민운동을 탄생시키는 모체가 되었다. 전자가 당시의 정부에 대해 폭력을 포함한 정치적 항거로 반대를 표명했다면, 후자는 시민적 압력을 통한 점진적 변화를 모색하였다. 필자는 이들을 '중도진영의 복음주의형 사회참여'라 부르고자 한다.

셋째 유형은 정교분리를 내세워 교회의 사회참여 혹은 정치참여를 거부하지만 권력자들의 요청하는 자리에는 응하는 보수그룹 진영이다. 이들은 민주화 · 인권운동과 같은 반정부적 사회참여운동은 정교분리에 입각하여 거부하였지만, '국가조찬기도회'와 같은 종교적 외형를 띠는 친정부적 정치행동에는 적극적으로 참여하였다. 필자는 이러한 형태의 사회참여를 '보수진영의 친정부적 사회참여'라 부르고자 한다. 그러므로 본 장은 60년 4 · 19 혁명으로부터 87년 말 민주정부수립운동까지 나타난 한국 개신교회와 지도자들의 사회참여 유형을 위의 세 가지로 나누어 정리하고, 이 세 유형의 사회참여에 나타난 교회와 국가의 관계를 살펴보고자 한다.

진보진영의 에큐메니칼적 사회참여에 나타난 교회와 국가의 관계

1. 에큐메니칼 사회참여의 정의

진보진영의 에큐메니칼형 사회참여는 세계교회 차원에서는 '세계교회협의회'(WCC)를 중심으로 하고, 한국교회 차원에서는 '한국기독교교회협의회'(KNCC)를 중심으로 한 개신교회의 사회참여를 말한다. 종교개혁 이후 분열을 거듭하던 개신교의 각 교파는 해외선교를 진행하면서 기독교와는 그 문화적 토양이 다른 선교지에서 기독교 각 교파가 연대해야할 필요성에 직면하게 되었다. 이러한 교파 연대의 필요성은 초교파적 협력운동을 낳았다. 동시에 한분이신 같은 그리스도를 믿는 하나라는 일치의식이 기독교 각 교파 내에 성숙해 갔다.[1] 그리고 점차적으로 모든 교회들의 연합과 상호협력을 위한 항

---

1) 한국복음주의선교학회 편역위원회, 『에큐메닉스』(서울: 성광문화사, 1988), 42-139. 19세기 복음주의의 선교활동에 따른 기독교의 확장은 교회들의 사귐과 일치, 선교와 사회참여로 이어

구적인 조직의 결성을 촉구하는 소리들이 높아졌다. 이러한 노력과 바람이 열매를 맺어 1921년 '국제선교협의회'(IMC), 1925년 '삶과 봉사'(Life and Work), 그리고 1927년 '신앙과 직제'(Faith and Order)가 만들어졌고, 1948년 8월 '삶과 봉사'(Life and Work)와 '신앙과 직제'(Faith and Order)가 합류하여 세계교회협의회(The World Council of Churches:이하에서는 WCC로 명명함, IMC는 1961년 합류하였다)를 결성하였다.[2] 이후 WCC는 로마 가톨릭 교회를 제외한 세계의 다수의 교파와 교회들이 가입하였고, 세계교회들의 일치와 연합운동인 에큐메니칼 운동의 중심이 되었다. 특히 WCC 산하 기구인 '삶과 봉사'(Life and Work)는 교회의 사회참여를 강조하여 세계교회에 에큐메니칼 차원의 사회참여 신학을 제공하고 그 실천을 주도해왔다.

한국교회가 에큐메니칼 운동의 구심체인 세계교회협의회(WCC)에 대표단을 파송한 것은 1948년 암스텔담에서 제 1차 창립총회에 김관식 목사를 대표로 보낸 때부터 시작되었다.[3] 제 2차 총회가 미국 시카고 북쪽 에반스톤에서 모였을 때는 김현정, 명신홍, 유호준 목사를 대표로 보냈다.[4] 이후 한국기독교교회협의회(KNCC)는 세계교회협의회와의 유기적 관계 속에서 교회일치와 연합운동에 나서게

져 왔다. 그리하여 1921년 국제선교협의회(IMC)가 등장하여 WMC와 함께 에큐메니칼 운동에 있어서 주도적 역할을 담당하였다. IMC는 세계선교 세력들을 한데 묶는 역할을 했고, 신생 피선교 교회들을 성장시켜 서양교회들의 동역자가 되게 함으로써 기독교 연합운동에 크게 기여하였다. 한편 1925년엔 죄더블룸(Soderblom)의 주도아래 스톡홀름에서 "삶과 봉사(Life and Work)"가 교회, 공동체 및 국가에 관한 대회로 열렸는데, 이 대회는 교회가 교리나 신학을 초월하여 사회에 참여해야 한다고 하는 사회윤리를 강조하였다. 하지만 이상의 WMC, IMC 및 "삶과 봉사"가 교리와 신학을 소홀히 하는 방향으로 기울어지자 "신앙과 직제(Faith and Order)"대회가 1927년 로잔과 1937년 에든버러에서 열렸다. 이형기, 『21세기를 향한 새로운 신학적 패러다임의 모색』(서울: 장로회신학대학교 출판부, 1997), 574-75쪽.

2) 양현혜, "한경직 목사의 신앙적 유산과 그 현대적 의의," 『제 10회 한경직 목사 기념강좌』, 미간행 논문, 숭실대, 2006, 35쪽.

3) 『대한예수교장로회총회 제 33회 회의록』, 9쪽.

4) 김인수, 『한국기독교회사』, 354쪽.

되었고, 1960년대 이래 1980년대에 이르기까지 한국사회에서 교회의 사회참여 차원에서 민주화와 인권운동, 반외세·자주화 운동에 참여하게 된다. 이와 같은 WCC(세계교회 차원에서) 또는 KNCC(한국교회 차원에서)중심으로 한 교회의 사회참여를 복음주의 진영의 사회참여와 대비하여 에큐메니칼형 사회참여라 부르고자 한다.

2. 에큐메니칼 사회참여 진영의 구성

에큐메니칼형 사회참여에 참여한 교단으로는 기본적으로 한국기독교교회협의회(KNCC)에 가맹한 7개 교단을 들 수 있다. 기독교장로회, 기독교감리회, 예수교장로회(통합), 복음교회, 대한구세군본영, 대한성공회, 루터교 등이 여기에 속한다. KNCC는 이들 교단들을 대표하여 각종 〈성명서〉, 〈기도회〉, 〈집회〉와 〈시위〉 등의 방식으로 민주화와 인권운동을 활발히 전개하였다. 또한 각 교단도 사안에 따라 교단의 지도자, 교회, 청년학생을 중심으로 독자적으로 혹은 타교단과 공동으로 연대하여 민주화운동을 전개하였다. 특히 이들 교단 가운데 기독교장로회의 활동이 가장 두드러졌다.

교회들 가운데에는 60년대 한일회담 반대운동과 3선개헌 반대운동국면에서 예장(통합)측의 활동이 돋보였다. 이때에 영락교회와 새문안교회는 〈기도회〉를 개최하는 중요한 장소로 이용 되었다. 한편 7, 80년대 민주화운동이 본격적으로 전개되면서 KNCC의 활동을 주도한 기장측 교회들의 활동이 두드러졌다. 서울제일교회, 수도교회, 향린교회, 초동교회, 경동교회, 남문교회, 중앙교회, 양광교회, 광주 한빛교회, 광주 양림교회 등이고, 감리교는 종교교회, 대한성공회는 성공회 서울 대성당, 예장(통합)측에서도 새문안교회와 연동교회가 집회의 장소로 사용되었다.

기독학생 운동 단체로는 60년대의 한국기독학생회(KSCM), 한국학생기독교운동협의회(KSCC), 대학 YMCA와 대학 YWCA등이 활발히 활동하였다. 그러나 60년대 말인 1969년 기독학생운동단체에 변화가 일어났다. 한국기독학생회(KSCM)가 한국기독학생총연맹(KSCF)으로 바뀌었고, KSCF에 의해 학생사회개발단이 결성되어 학생운동을 전개하였다. 70년대에 들어와서는 KSCF와 기청, 장청, 감청 등 각 교단의 청년연합회, 신학대 학생들의 연합단체인 신학대학생연합회를 중심으로 활동하였다. 특히 70년대 후반에는 한국기독청년연합회(EYC)가 결성되어 민청학련 등 구속 사건으로 활동력을 상실한 KSCF의 공백을 메우기도 하였다. 또한 이시기에 일부 교회의 대학생부의 활동도 두드러졌다. 예장(통합)의 새문안교회 대학생부는 전태일 사건이후 적극적으로 사회참여활동에 가담하였고, 기장의 서울제일교회 소속의 대학부의 활동은 이시기에 가장 대표적 이었다. 80년대에 들어와서도 한국기독청년협의회(EYC)와 한국기독학생총연맹(KSCF), 그리고 각교단의 청년연합회의 활동을 중심으로 지속되었다.

한편 노동운동, 농민운동, 도시빈민운동을 위한 단체들의 활동도 활발했다. 60년대 연세대 내 '도시문제연구소'와 '도시선교 위원회'의 발족을 시작으로 '수도권도시선교위원회'(한국특수지역선교회로 개칭), '한국산업문제협의회', '영등포 도시산업선교회', '기독교 도시산업선교회'(인천), '크리스챤 아카데미', '기독농민회', '크리스챤 사회행동협의체' 등의 활동이 활발하였다. 이밖에도 80년대 민주화국면에서 특히 '전국목회자 정의평화실천협의회'의 활동이 두드러졌다.

교회의 사회참여에 가장 활발히 참여한 교계의 지도자들은 역시 기독교장로회측의 지도자들이 두드러졌다. 김재준 목사는 개신교회와 기장측의 대표적 민주화 운동 인사로 '3선개헌반대 범국민투쟁위원회'위원장과 '민주수호국민회'의 대표위원을 맡아 1974년까지 국내에서 활동하였다. 이후 도미하여 북미주에서 민주화운동을 지도하여 민주화운동의 아버지로 존경을 받았다. 이외 개신교계 대표적 민주화 운동 인사들로는 박형규, 은명기, 정하은, 안병무, 서남동, 강원룡, 문익환, 문동환, 조지송, 조남기, 조화순, 조승혁, 김관석, 조용술, 인명진, 김진홍, 권호경, 이해학, 김동완, 이우정, 김찬국, 김상근, 김용복, 서경석, 조승혁, 윤반웅, 오충일, 김경락, 이규상, 박원수, 신익호, 홍성현 등을 들 수 있다. 이들 가운데 박형규 목사는 70년대 민주화 운동 국면에서 김재준 목사와 더불어 개신교계의 민주화운동의 대부로서의 역할을 감당하였다.

한편 80년대에 들어서는 '민통련' 의장을 맡았던 문익환 목사가 개신교계의 민주화운동의 대표적 인물로 부각되었다. 그러나 80년대에도 여전히 70년대 민주화운동에 헌신했던 교계지도자들이 활동했으며, 이들 이외에 민주화 운동 과정에서 적극 활동하거나 각종 서명한 사람들은 다음과 같다. 1973년 12월 '민주회복을 위한 협의회'에 황예식, 김인호, 허송, 이해동, 홍종택, 김종범, 안광수, 최건호, 조석오, 백천기 조규향, 유경제, 김종희, 김선배, 임인봉, 이종형 등이 서명하였다.[5] 이외에도 박봉랑, 장성룡, 고영근, 금영균, 이근복, 김규태, 박영모, 박준철, 박종기, 김소영, 김윤식, 김형태 등이 민주화

---

5) 이때 70년대 민주화 운동에 헌신했던 조승혁, 윤반웅, 오충일 등도 서명하였다.

운동에 헌신하였다. 이밖에도 기독청년운동가들로는 70년대에 대표적인 인사들로는 나병식, 정문화, 강연원, 황인성, 고재식, 이직형, 안재웅, 정상복, 서창석, 80년대에는 황인성, 유태선, 이민우, 김철기 등을 들 수 있다.

3. 에큐메니칼 사회참여의 역사 · 신학적 배경

a. 하나님의 선교(Missio Dei)신학

에큐메니칼 사회참여에 나타난 역사신학적 배경의 하나는 WCC의 '하나님의 선교'(Missio Dei)신학이다. 1948년 암스텔담의 WCC가 결성된 후 WCC를 중심으로 한 에큐메니칼 진영은 1952년 빌링겐에서 열린 IMC의 '하나님의 선교' 개념을 발전시킴으로써 교회의 사회참여문제에 있어서 복음주의 진영과는 전혀 상반된 전통을 형성해 나갔다.[6] 빌링겐 IMC는 선교가 교파를 확장시키고, 교회를 성장시키고, 교회를 장(場)으로 하는 데서 벗어나 '이 세상을 선교의 장으로 하는 하나님의 선교'로 보아, 선교의 주체는 교회가 아니라 하나님이시고, 선교의 범위도 정치, 사회, 경제, 문화의 세계로까지 확장되어야 한다'고 주장했다. 이것은 '탈(脫) 교회중심적 선교'라 할 수 있다.[7]

---

6) 정성환, 『한국기독교 통일운동사』(서울: 그리심, 2003), 29쪽.
7) 이형기, 『21세기를 향한 새로운 신학적 패러다임의 모색』(서울: 장로회신학대학교 출판부, 1997), 576쪽.

그래서 호켄다이크는 '하나님-교회-세상'에서 '하나님-세상-교회'라고 하는 새로운 패러다임으로 바꾸어 놓았다.

특히 빌링겐 IMC는 보고서 가운데 하나인 "교회와 이 세상의 연대의식"(Solidarity)에서 교회는 "이 세상 속에서 하나님의 주권적 행동들에 대한 확실한 징표들을 분별해야 한다"[8]고 말하고, 교회의 전도적 사명은 반드시 사회참여를 동반해야 함을 역설하였다.

> 이와 같이 세계를 향하여 기독교적 증언의 과제에 직면한 우리 기독교인들은 '너희는 가서' 공산주의와 세속주의의 여러 문제에 직면하고 사회적, 경제적, 인종적, 부정의에 대하여 예언자의 소리를 말하기 위하여 교회를 하나님의 손안에 있는 도구로 사용하라고 하시는 우리 주님의 대 선교 위탁명령을 새롭게 듣고 다시 한번 들도록 부름 받은 것이다.[9]

이러한 1952년 빌링겐의 '하나님의 선교(Missio Dei)'는 1961년 WCC 뉴델리 총회에서 IMC가 WCC와 통합함으로 꽃을 피우게 된다. 이와 같은 통합은 '하나님의 선교'가 함축하는 교회의 사회참여를 한층 더 강조하였다. 뉴델리 WCC 보고서는 현대를 혁명의 시대라 칭하면서 사회적, 정치적, 경제적, 과학적 기술에 있어서의 혁명이 그리스도인들과 교회를 향하여 도전해 오고 있으며, 핵무기 경쟁, 문화들의 갈등 대립은 교회의 역사참여를 촉구하고 있다고 보았다.[10] 이

---

8) Norman Goodall, ed., "Missions Under the Cross", *Willingen in Germany*, 1952(London: IMC, 1953), 209쪽,

9) 위의 책, 216쪽.

10) 이형기, 『WCC, Vatican II , WARC 해방신학 및 민중신학이 지향하는 교회의 사회참여』(서울:

어 보고서는 기독교인의 국가참여는 적극적이어야 하고, 이는 하나님에 대한 순종의 표현이며,[11] 국가는 하나님의 주권 하에 있으며 경우에 따라서는 교회는 국가에 대립해야 한다[12]고 언급하였다.

한편 1963년 멕시코 CWME는 "개교회의 선교적 구조"에서 급변하는 사회참여 구조에 적응하는 개교회의 구조변경과 평신도의 사회참여를 혁명적으로 내세웠다.[13] 또한 1966년 제네바대회는 교회가 삼위일체 하나님의 세계와 역사참여의 행동에 참여할 것을 촉구하면서, 정치적, 사회적 투쟁을 위해서는 불신자와 연대적 행동을 감행할 것을 강조하였다. 제네바 대회가 사실상 적절한 폭력사용을 거의 허락한 것이나 다름 없었다.[14] 또한 1968년 WCC와 로마 가톨릭이 공동개최한 베이루트 대회는 SODEPAX(Committee on Society, Development and Peace)를 결성하여 정치, 경제, 사회문제를 범 에큐메니칼한 차원에서 논의하였다.

그리하여 1968년 WCC의 웁살라 대회는 1973년 방콕대회와 더불어 교회의 사회참여의 절정이었다. 웁살라 대회는 235회원 교회들로부터 704명의 대표들이 모여 "볼지어다! 내가 만물을 새롭게 하겠노라"고 하는 주제로 열렸으며, 로마 가톨릭 측에서도 15명의 옵저버가 참석하였다. 웁살라는 60년대의 비인간화의 상황을 다음과 같

성지출판사, 1990), 29쪽.

11) Visser' T Hooft, ed., *The New Delhi Report*(N.Y.: Association Press, 1961), 99쪽.

12) 위의 책, 101쪽.

13) 이형기, 『WCC, Vatican II, WARC 해방신학 및 민중신학이 지향하는 교회의 사회참여』, 32쪽.

14) W. Walker, *A History of the Christian Church* (N.Y. : Charles Scribner's, 1970), 554. 워커는 다음과 같이 언급하였다. "본 대회는 혁명을 위해서 폭력의 적절한 사용에 대하여는 의견이 갈라졌으나 대체로 교회가 부정의를 없애기 위한 사회적 혁명에 가담해야 한다는 사실에 대하여는 의견의 일치를 보았다" 이어 그는 "성경적 자료"이외에 "사회과학적 분석에서 얻은 최선의 통찰"을 교회가 사용할 것을 본 대회가 촉구했다고 본다. 이형기, 『WCC, Vatican II, WARC 해방신학 및 민중신학이 지향하는 교회의 사회참여』, 35쪽에서 재인용.

이 언급하였다.

<blockquote>
교회는 산업의 독점으로 소외되고 비인간화되는 위협을 받는다. 인간의 이성과 양심과 의지의 자유는 대중전달의 매체의 폭단세례에 눌려있다. 의사들과 생물학자들의 도덕적 결단의 고민-유산, 안락사, 생명의 연장, 기관이식, 특히 뇌의 이식수술 등은 과연 인간이 무엇인가? 하는 질문을 일으킨다.[15]
</blockquote>

웁살라 보고서는 비인간화의 상황에 대응하여 예수 그리스도를 '새 인간', '하나님의 형상', 그리고 '새 인간의 회복자요', '새 인간의 원형'으로 제시하였다.[16] 이 '새 인간'은 복음주의적 회심과 중생을 통한 '새 인간'으로 교회의 사회참여의 기초가 된다. 그리고 "선교하는 교회는 타자를 위한 교회"로써 자기성장과 자기보존에만 힘쓰는 것이 아니라, 이 세상 속으로 파송 받은 사명을 감당해야 한다고 주장하였다.[17] 이와 같은 원리에 입각하여 웁살라 보고서는 "정부, 기업체, 노동계, 군대 같은 힘들의 중심들," "정의사회를 추구하는 혁명들," "정의사회와 의미 있는 삶을 추구하는 대학가의 항거들," "급격한 산업화와 도시화," "교육에 갈급한 교외와 시골지역," "선진국과 발전도상국들 사이의 관계," "선교의 전투장으로서의 교회"등을 선교를 위한 우선 상황으로 열거하였다.[18]

또한 웁살라는 "세계의 경제적-사회적 발전"이라는 분과보고서

---

15) Norman Goodall, ed., The Uppsal Report(Geneva, W.C.C.,1968), 22쪽.

16) 이형기, 『21세기를 향한 새로운 신학적 패러다임의 모색』, 350쪽.

17) 이형기, 『WCC, Vatican II, WARC 해방신학 및 민중신학이 지향하는 교회의 사회참여』, 41쪽.

18) 이형기, 『21세기를 향한 새로운 신학적 패러다임의 모색』, 577쪽.

에서 저개발국가와 개발도상국가의 "발전"(dvelopment)를 위해서 교회가 힘써 참여할 것을 촉구한다. 즉 신제국주의로부터의 해방과 경제대국에의 경제적, 사회적, 문화적 노예로부터의 "해방"(Liberation)보다는 아직 국가와 민족을 강대국들의 힘을 빌려서 발전시켜야 할 것을 말하고 있다.[19]

그러나 웁살라 이후 1969년에 열린 몬트리올 대회는 구조악을 직시하고 이 구조악에 대한 혁명을 더욱 과격하게 주장했는데, 특히 제 3세계가 더욱 혁명적 해방을 촉구하기 시작하였다. 그리하여 SODEPAX와 WCC의 후원 하에 계속대회들이 거듭된 결과 1969년 "신학과 발전에 대한 SODEPAX 협의회"는 구조악을 그대로 안고 있는 "발전"을 포기하고 "해방"을 지향하는 중대계기였다. 이 협의회에서 구티에레즈(Gutierrez)는 "발전의 의미"라는 논문을 발표했는데, 이것이 바로 해방신학의 최초의 대표작인 "해방신학"(A Theology of Liberation)으로 나왔다.[20] 이 해방신학은 맑시즘의 사회분석방법을 적극적으로 수용하여 종속관계에서 배불리 먹고사는 것 보다는 인간다움이 보장되는 "해방"을 추구하였다.[21] 그리하여 웁살라 이후

---

19) 이형기, 『WCC, Vatican II, WARC 해방신학 및 민중신학이 지향하는 교회의 사회참여』, 42쪽.

20) Robert McAffe Brown, *Theology in a New Key*(Phil: The Westminster Press, 1978), 45쪽. 해방신학이란 역사적 실천에 대해서 비판적으로 반성하는 신학이요, 인류역사와 이 인류역사의 한 부분인 그리스도를 공적으로 고백하는 사람들의 역사를 해방시키는 신학이다. 이 신학은 세상에 대해 반성적 숙고에 그치는 신학이 아니라 세상을 변혁시키는 신학이다. 이 신학은 짓밟힌 인간의 존엄성을 회복시키기 위해서, 수많은 사람들의 수탈에 항거하기 위해서 자유케 하는 사랑을 실천하기 위해서, 그리고 새롭게 정의롭고 형제애 넘치는 사회건설을 위해서 하나님 나라의 선물에 대하여 개방하는 신학이다. Gustavo Gutienez, *A Theology of Liberation* tr, from the Spanish(1971) by sister Carida⁴ India and John Eagleson(Orbis Books, 1973), 15쪽. 그리고 이형기, 위의 책, 42쪽.

21) 해방신학은 라틴 아메리카의 사회경제적 상황을 분석하는 도구로 마르크스주의를 사용하였다. 보니노와 세군도는 마르크스주의의 이데올로기를 관념적 절대불변의 교조적 신조가 아니라 효과적으로 사회, 역사를 보는 과학적 분석 도구로 보았다. 그리하여 마르크스주의에 대한 무조건적 거부반응이나 그것을 절대화하는 극단적 수용태도의 양자를 단호히 배격하고 기독교적 관점에서 위험을 감수하며 마르크스주의의 사회분석방법론을 수용하는 태도를 보

WCC는 맑시즘(Marxism)등 사회학적 통찰을 기독교 신학에 적극적으로 수용하기 시작하였고, 적절한 폭력까지 정당화 되었다. 1968년 웁살라 WCC가 남미의 '해방신학'의 단초를 제공하였던 것이다.[22]

1968년 웁살라 WCC에 이어 "오늘의 구원"(Salvation Today)이라는 주제로 모인 1973년의 방콕 CWME는 몰트만의 주장에 의하여 교회의 사회참여를 절정으로 치닫게 했다. 웁살라의 '인간화'에 이어 방콕 CWME는 구원을 사회적 정의실현과 경제사회적 해방으로 이해한다.

- -

구원이란 사람들에 의한 사람들의 착취에 항거하여 경제적 정의를 위해서 투쟁하는 것이다. 구원이란 인권에 대한 정치적 억압에 항거하여 인간의 존엄성을 위해서 투쟁하는 것이다. 구원이란 인간 소외에 항거하여 소외 된 무리와 연대감을 갖기 위해서 투쟁하는 것이다. 구원이란 개인의 삶

였던 것이다. 고재식, 『해방신학의 재조명』(서울: 사계절, 1986), 213-14. 남미의 해방신학은 기독교인들이 불의한 사회구조와 모순을 해결하는데 어떤 이론보다도 마르크스의 이론이 타당한 분석과 해답을 주기 때문에, 마르크스주의자들과 연대하게 된 것이며, 마르크스주의자들은 기독교인들과 같은 목적과 일에 참여하고 희생적으로 투신하기 때문에 함께 일하게 되었다고 한다. 기독교인들은 현실의 변화를 위해 필요해서 마르크스주의를 받아들였기 때문에 마르크스주의를 도그마로서 수용한 것이 아니라, 유연성을 가지고 상황에 따라 변형시키고 있으며, 따라서 마르크스주의적 분석과 마르크스주의 존재론을 구별해서 전자만을 수용한다고 한다. 이삼열, "마르크주의와 기독교의 비판적 관계," 『마르크스주의와 기독교 사상』(서울: 숭실대 기독교사회연구소, 1988), 16쪽. 그리고 이형기, 위의 책, 42쪽.

22) 이형기, 『복음주의와 에큐메니칼 운동의 세 흐름에 나타난 신학』(서울: 한국장로회출판사,1999), 135-36쪽. 1968년 메델린(Medellin)에서 열린 제2차 남미교회연합총회(General Conference of the Latin American Episcopacy)에서 남미교회는 교황의 입장을 받아들여 비폭력적으로 정의 추구를 시도해야 한다고 시인하면서도, 그리고 폭력은 새로운 불의를 초래할 수 있다고 경고하면서도, 경우에 따라서는 폭력이 정당화 될 수 있다는 입장을 취했다. 김명혁, "교회와 국가의 관계에 대한 사적 고찰" 『교회와 국가』(한국기독교문화진흥원, 1988), 108쪽. "분명한 장기독재가 인간의 기본권과 국가의 유익을 심각하게 침해할 겨우 혁명적 폭동이 정당화 될 수도 있으나, 폭력이나 무장혁명이 일반적으로 새로운 불의를 초래하고 새로운 불균형을 조성하고 새로운 재난을 낳는 것이 또한 확실하다. *Medellin Document*, "The Problem of violence," in Charles Villa-Vicencio, 140쪽.

속에 도사리고 있는 절망에 항거하여 희망을 불러 일으키기 위해서 투쟁하는 것이다.…교회가 먼저 지배계층들, 지배적 인종들, 지배적 민족들로부터 해방되지 못한다면 이 교회는 구원받은 교회가 될 수 없다. 교회들과 그리스도인들이 먼저 구조적 부정의와 구조적 폭력에의 공법의 위치로부터 해방 받지 못한다면 교회는 인류를 해방시키는 교회가 될 수 없다.[23]

그러나 방콕 CWME는 '사회구원'만을 강조한 것이 아니었다. CWME내의 복음주의 계열은 '복음과 교회의 정체성'과 '개인구원'에 대하여 함께 강조하는 긴장관계를 보여주었다.

구원이란 주 예수 그리스도께서 개인들을 죄와 죄의 모든 결과로부터 해방시켜 주는 것이다. 그리고 또한 구원이란 예수 그리스도께서 그의 교회를 통하여 이 세상을, 이 세상의 모든 억압으로부터 자유케 하시는 작업이다. 그러나 이것이 일어나기 위하여는 교회가 먼저 갱신되어 하고 성장해야 한다.[24]

방콕 대회는 지역사회의 변혁이나 사회의 구조악에 대한 변혁에 앞서 복음으로 말미암은 죄악으로부터의 구원을 선언한 것이었다. 방콕의 이런 통전적인 선교는 1975년 나이로비 WCC로 이어지는데, 나이로비는 삼위일체 하나님과 신앙과 사회·정치적 참여는 불

---

23) Peter Bayehaus, *Bangkok 73* (Zondervan, 1973), 163쪽.

24) *Bangkok Assembly*, 1973 (Geneva: WCC, 1973), 102쪽.

가분리한 것으로 주장하면서 창조세계에 대한 관심을 다시 회복하여 JPSS(A Just, Participatory, Sustainable Society)의 기원을 이루었다. 여기에서 '정의'란 1948년 암스텔담 WCC 이래로 문제되어 온 '평화'문제와 맞물려 있는 문제요, '참여'란 제 3세계의 제 1세계에 대한 것이요, '지탱'이란 환경 파괴에 관한 것이다.[25] 이러한 WCC의 사회참여신학은 한국기독교교회협의회(KNCC)와 그에 속한 신학자와 목회자들에게 영향을 주었고, 70,80년대 한국사회 민주화와 인권운동의 신학적 기반으로 작용하여 그 동력을 제공하여 주었다.

b. 토착화 신학

1960년대 초반 진보 신학계에서는 감신대와 한신대를 중심으로 한국교회의 주체적인 신학을 형성하기 위한 일환으로서 토착화 신학 논쟁이 진행되고 있었다. 토착화란 기독교의 복음이 어떻게 비기독교권 문화 속에서 뿌리를 내리고 그 문화 속에서 성장하느냐 하는 문제이다. 한국에서 토착화 문제가 처음으로 제기된 것은 60년대 초 한신대의 전경연에 의해서였다. 그는 '그리스도교 문화는 토착화 할 수 있는가?'라는 글에서 그리스도의 신앙과 문화라는 양면을 얘기하면서, 그리스도 신앙은 토착화 할 수 없으나 문화는 토착화할 수 있다고 말했다.[26] 그러나 그의 이론에 반기를 들고 나온 이가 감신대의 유동식 이였다. 그는 "토착화는 초월적인 진리가 일정한 역사적 정

---

25) 정성한, 『한국기독교통일운동사』, 34쪽.
26) 김인수, 『한국 교회사』, 363쪽.

황 속에 적응하도록 자기를 변화하는 것이다."[27]라고 주장하였다. 이 것은 기독교의 토착화를 문화적인 영역에 국한시켰던 분류와는 달리 복음자체의 토착화를 주장한 견해였다.[28]

토착화 문제가 서서히 그 방면에 관심이 쏠린 학자들 간에 거론되기 시작했을 때 감신대의 윤성범이 이에 가담함으로써 새로운 국면의 전환이 이루어졌다. 그는 1963년 5월호 『사상계』에 "환인, 환웅, 환검은 하나님이다"라고 선언함으로써, 소위 단군신화를 기독교의 삼위일체 신앙에 적용하려는 과감한 시도를 하였다. 윤성범의 단군신화 토착화 이론은 한국교회에 충격을 주기에 충분하였다. 윤성범의 토착화론을 둘러싸고 한신대의 박봉랑, 전경연, 감신대의 홍현설 등 여러 학자들 간의 설전이 계속되었고, 긍정적으로 보려는 견해와 부정적인 견해가 대두되었다.[29]

이러한 토착화 논쟁은 박정희 군사정권이 주창한 민족문화 부흥정책이 그 배경으로 작용하고 있었고, 1970년대 역사학계의 민족사관의 수립과 대학사회에서의 민중문화 발굴에 참여 할 수 있는 개방적 기틀을 마련하였다. 특히 한국 신학계는 한국전통문화와 종교를 논의하면서 한국인에 대한 심층적 이해와 함께 한국의 현실 문제를 기독교 신학의 과제로 삼기 시작하는 획기적 계기를 제공하였다.[30] 또한 민주화 운동에 주도적 역할을 했던 기장측은 토착화 논쟁을 통하여 칼뱅 전통의 하나님 중심주의를 고수하면서도 칼뱅의 신학사

---

27) 유동식, "그리스도교의 토착화에 대한 이해," 『기독교사상 강좌』 제3권 (서울: 대한기독교서회, 1973), 215쪽.
28) 전경연, "그리스도교 문화는 토착화 할 수 있는가?," 『기독교사상 강좌』 제3권 (대한기독교서회, 1973), 129쪽.
29) 김인수, 『한국교회사』, 363-64쪽.
30) 한국기독교교회협의회 인권위원회, 『1970년대 민주화 운동 (Ⅰ)』, 47쪽.

상이 어떠한 형태로든 한국교회의 실정에 맞게 토착화되어야 한다는 필요를 절감하게 되는 전환점이 되었던 것이다.[31] 그리하여 토착화 신학의 문화적 주체성, 민족적 자기 정체성 추구는 민중 신학을 형성하는 데에 공헌했다.[32]

c. 세속화 신학

토착화 신학 논쟁과 더불어 한국적 신학 수립의 밑거름이 된 또 하나의 신학논쟁으로는 1960년대 후반에 일어난 세속화 신학 논쟁을 들 수 있다. 한국 교회에 전래된 세속적 신학은 크게 본 회퍼, 존 로빈슨, 하비 콕스로 이어지는 세속화 신학 알타이저, 반 뷰렌, 해밀톤으로 대표되는 미국의 사신신학으로 구분 할 수 있다. 그러나 1970년대 한국교회의 민주화 투쟁과 사회참여의 원동력이 된 점에 있어서는 토착화 신학과 마찬가지로 세속화 신학도 그 조력을 담당하였다.[33]

세속화 신학논쟁은 1965년 기독교 사상 2월호에 4개의 세속화 신학논문이 동시에 발표되면서 일기 시작했다.[34] 서남동은 세속화를 기독교 신앙의 자연스러운 결과로 받아들이고 우리가 종교를 상실해 가는 꽁트의 제3단계 시대에 살고 있다고 주장하였다. 세속화와

---

31) 연규홍, "1970년대 한국 민주화운동의 교회사적 근거," 『한국개신교가 한국 근현대의 사회, 문화적 변동에 끼친 영향 연구』, 158쪽.
32) 이형기, 『WCC, Vatican II, WARC 해방신학 및 민중신학이 지향하는 교회의 사회참여』, 213쪽.
33) 연규홍, 위의 책, 159쪽.
34) 『기독교 사상』(1965. 2), 강문규, "세속화주의와 세속화," 서남동, "복음전달과 세속적 해석," 유동식, "한국교회가 지닌 비종교화의 과제," 최신덕, "사회적 편견과 전달"등을 참고하라.

종교의 역할의 감소가 필연적인 것이기에 이러한 상황을 현실로 직시하고 거기에서 기독교의 과제를 찾고, 또 실천해야 한다고 보았던 것이다. 유동식도 같은 맥락에서 본회퍼가 말한 종교 없는 기독교를 중요한 사상으로 삼고서 한국교회가 개인 구원, 피안적 신앙, 율법주의를 타개하지 않으면 복음의 본질과는 유리된 종교로 타락할 것이라고 경고했다.[35]

이러한 세속화 신학은 토착화 신학과 함께 비기독교인들과의 사회적 연대의식을 불러일으켜 에큐메니칼 운동을 이끌어 내는데 주도적 역할을 하였다. 특히 세속화 신학은 1962년 경제개발 5개년 계획의 산업화 정책에 의해 발생된 경제적 소외의 문제를 정치 신학적 입장에서 해석하고 대응하는 진보진영의 신학적 기반이 되었다.[36] 자본주의로 치닫고 있던 한국 사회의 문제를 산업선교를 통해 교회의 문제로 받아들이고 또 사회를 거부하는 것이 아니라 교회가 그 안으로 들어가 선교활동을 전개해야 한다는 이론적 토대를 제공했다는 것이다.[37]

d. 민중 신학

"민중신학"은 1970년대 한국사회의 권위적인 군사 통치 아래에서 민주화와 인권운동에 참여한 한국교회가 민중에 대한 발견으로

---

35) 유동식, 『한국종교와 기독교』(서울: 대한기독교서회, 1965), 37쪽.
36) 연규홍, "1970년대 한국 민주화운동의 교회사적 근거," 『한국개신교가 한국 근현대의 사회, 문화적 변동에 끼친 영향 연구』, 156쪽.
37) 위의 책, 160쪽.

부터 시작되었다. 특히 1972년 박정희 군사정권이 유신헌법을 통과시키고 1973년 10월부터 학원사태가 크게 일어나고 많은 학생들이 제적, 구속되자, 인권문제와 사회정의를 향한 갈망이 높아졌다. 또한 1973년 12월 24일에는 각계인사로 구성된 〈개헌청원본부〉가 발족되어 이른바 〈개헌청원서명운동〉이 전개되었다. 이같은 사태가 발생하자, 정부는 대통령 긴급조치를 선포하여 민주화와 인권운동을 탄압하기 시작하였고, 이 과정에서 목회자와 교수, 학생들이 구속되었다.

이에 한국기독교장로회 소속의 목회자들은 한국기독교 유지, 교역자 일동의 이름으로 1973년 5월 20일 『한국 그리스도인의 신앙선언』을 발표하였다. 서남동이 주도한 1973년 『한국 그리스도인의 신앙선언』은 민중신학을 태동시키는데 직접적인 동기였다.[38] 유동식은 『한국 그리스도인의 신앙 선언』을 "유신체제하에서의 한국교회의 신앙고백"이요, "한국적 민중 신학의 선언"이었다고 평가하였고, 이형기도 『한국 그리스도인의 신앙 선언』을 "민중신학의 마니페스토"와도 같다고 평가하였다.[39] 그러므로 민중신학은 정치적으로 유신체제라는 한국적 독재정치의 인권 탄압 아래서 맞서 싸운 경험 속에서 탄생하였다.

또한 민중신학은 한국 교회가 경제적 고도성장과 이에 따른 산업화와 도시화, 그리고 빈부의 격차 속에서 탄생하였다. 1960년대 정부가 주도하는 경제개발 5개년 계획은 세 차례 거듭되는 과정에서 한국경제는 고도의 성장을 이루었다. 그러나 한국사회는 자본주의의 발전단계에서 빚어지는 경제, 사회적 소외현상이 심화되어갔다. 1960년대 산업화는 다수의 노동자 계층과 대도시에 도시빈민계층을

---

38) 이형기, 『WCC, Vatican II, WARC 해방신학 및 민중신학이 지향하는 교회의 사회참여』, 210쪽.
39) 유동식, 『한국신학의 광맥』(서울: 전망사, 1986), 258-59쪽.

양산하였고, 동시에 그들의 궁핍화를 야기하였다. 그리하여 1960년 대 후반 경제위기가 발생하자, 잠재된 계층간의 갈등이 일어나기 시작하였다. 1970년대 초 전태일의 분신 사건으로 일어나기 시작한 한국 민중의 생존권 투쟁은 한국교회의 목회자와 신학자들에게 커다란 자극과 반성의 계기를 가져왔다. 이 과정에서 신학자들은 '가난한 자,' '억압받는 자들의 고통'을 직접 체험함으로써 이것을 성서적 근거와 연결하여 우리 역사 속에서 억압받고, 억눌리고, 소외되고, 수탈당하여 온 소위 '민중'들의 고난에 동참한다는 논리에서 민중신학을 창출하였다.[40]

한편 민중신학은 기독교와 맑시즘의 대화에 영향을 받았다. 1972년 11월호 『기독교사상』은 "맑스주의와 기독교"라는 제목의 특집에서 "맑스주의와 종교비판"(이규호), "크리스챤과 맑시스트의 대화"(박형규)를 다루었다. 그 후 1975년에 『신학사상』은 "그리스도교와 맑시즘의 대결"(HeingHorst Schrey), "그리스도교와 맑시즘의 종말론 윤리의 비교연구"(홍현설)을 발표하였다. 『기독교사상』도 1976년 11월호에서 "한국기독교와 공산주의"를 특집으로 다루었다. 그 주요논문으로는 "한국기독교와 공산주의"(장일조), "기독교인과 공산주의"(강문규)등이 있었다. 이와 같은 맑시즘과의 대화는 진보적 신학자들로 하여금 해방신학과 마찬가지로 맑시즘의 사회분석 방법론을 수용하도록 하였다.[41]

이상과 같은 역사적 배경 속에서 "민중신학"은 1975년 『기독교사상』에 실린 서남동의 3편의 논문에 의해서 세상에 처음으로 알려지기 시작하였다. 그것은 『예수, 교회사, 한국교회』(2월호), 『민중의

---

40) 김인수, 『한국교회사』, 366쪽.
41) 유동식, 『한국신학의 광맥』, 254-55쪽.

신학』(4월호), 『성경의 제 3시대』(10월호) 등이었다.[42] 한편 안병무는 1975년 3월 1일 민주인사들의 출옥을 기념하는 모임에서 "민족, 민중, 교회"라는 강연을 통하여 자신의 신학의 주제를 '민중'으로 굳히기 시작해서 민중해방에 대한 신학적 기틀을 놓았고 그 자신 민중운동에 몸소 참여하기 시작하였다.[43] 결론적으로 민중신학은 소위 '한국적 신학'의 한 모습으로 군사독재정권하에서 민주화와 인권을 위해 노력했던 이들에게 정치적 항거의 신학적 근거와 적극적 수단으로 봉사하였다.

4. 에큐메니칼 사회참여에 나타난 교회와 국가의 관계

a. 개혁교회 전통의 '그리스도 주권론'

그리스도의 주권이 이미 모든 삶의 영역에 임재해 있으며 따라서 어디서든지 그리스도인을 순종의 제자에로 부르신다는 '그리스도 주권설'은 개혁교회의 전통으로 전해 내려오고 있다. 이런 개혁교회의 전통은 칼뱅의 교회와 국가에 대한 사고로부터 기원한다. 칼뱅은 아우구스티누스에서 루터에 이르는 두 왕국론의 맥락에서 교회

---

42) 이형기, 『WCC, Vatican II, WARC 해방신학 및 민중신학이 지향하는 교회의 사회참여』, 211쪽.
43) 송기득, "민중신학의 정체," 『1980년대 한국민중신학의 전개』(서울: 한국신학연구소, 1990), 63쪽.

와 국가의 관계를 이해했다.[44] 그는 『기독교 강요』 제3권 19.15에서 인간은 "이중 정부론"(duplex in homine regimen)아래 산다고 하였다. 그는 두 정부를 이렇게 묘사한다.

> 인간에게는 이중적 정부가 있는데 하나는 영적인 정부로서 양심에게 경건과 하나님 경외를 명령하는 것이며, 다른 하나는 정치적인 정부로서 사람들 사이에서 반드시 유지되어야 할 인간으로서와 시민으로서의 의무들을 수행하도록 교육하는 것이다. 이 둘은 대개 '영적 관할권'과 '현세적 관할권'으로 불린다. 전자의 형태의 통치는 영혼의 삶을 대상으로 삼는 반면에 후자의 형태의 통치는 현세의 관심사들에 관련된다.…전자는 내적인 정신을 규제하며 후자는 외적인 행동을 규제한다. 그래서 우리는 전자를 영적인 왕국이라 부르고 후자를 정치적 왕국이라 부른다.[45]

이러한 칼뱅의 '이중 정부론'은 로마 가톨릭과 급진주의적 재세례파의 교회와 국가의 관계를 비판하면서 자신의 이론을 정립한 것이다. 칼뱅은 로마 가톨릭 교회가 교회와 국가를 혼합하여 국가를 단지 교회에 종속되는 기구로만 취급하는데 반대하였다. 그는 로마 가톨릭이 교회와 국가를 혼합시킴으로서 교회도 국가도 모두 망치는 장본인으로 보았다. 칼뱅은 또한 로마 가톨릭보다 국가 자체를 아예 거부하려는 무정부적인 성향을 지닌 급진주의자들을 더 경계하고 반대하였다. 칼뱅이 볼 때 급진주의적 재세례파들은 그리스도만을

---

44) 윤철호, "그리스도인의 정치적 실존," 『예수 그리스도와 사회』(서울: 한국장로회출판사, 1993), 128쪽, Jürgen Moltmann, *On Human Dignity : Political Theology and Ethics*, 81쪽.

45) *Institutes*, Ⅲ, 19. 15.

바라본다는 평계로 왕이나 통치자를 인정하지 않으며, 세상의 통치자들이란 복음이 약속하는 자유를 억압하는 존재에 불과하다고 주장하면서 아무런 구속도 받지 않는 방종상태를 즐기려는 광신자들이었다.[46]

이러한 칼뱅의 입장은 그가 로마 가톨릭과 재세례파라는 양 극단을 피하고 균형을 유지하면서도 중도의 길을 가고자 했다는 것을 보여준다. 칼뱅에게 두 왕국(정부)은 한 왕국(정부)으로 혼합되거나 분리될 수 없다. 따라서 로마 가톨릭 교회처럼 국가를 교회화해서도 안 되고 재세례파처럼 분리할 수 없다. 이러한 칼뱅의 두 왕국 사상은 루터의 견해와 크게 다르지 않았다.[47]

한편 칼뱅은 '이중 정부'(duplex in homine regimen) 가운데 하나인 "세속 정부"에 대하여 『기독교 강요』 제4권 20장에서 다음과 같이 말한다.

세속정부는 우리가 사람들 틈에 섞여 사는 한 하나님께 대한 외적 예배를 촉진 및 보호하고, 경건에 대한 건실한 교리와 교회의 지위를 변호하고, 우리의 삶을 사람들의 사회에 맞추고 우리가 사회에서 의롭게 행동하도록 선도하고 서로를 화해케 하며, 일반적인 평화와 평정을 증진하는 지정된 목적을 갖고 있다.[48]

칼뱅에 의하면 하나님이 세우신 세속 정부는 두 가지 목적과 기능을 가지고 있다. 첫째는 참된 종교를 보호하고 하나님의 의를 증진

---

46) *Institutes*, IV, 20, 1-2.
47) 윤철호, "그리스도인의 정치적 실존," 『예수 그리스도와 사회』, 129쪽.
48) *Institutes*, IV, 20. 2.

시키는 일이요, 둘째는 백성의 안전과 평화, 그리고 사회복지를 도모하고 증진시키는 것이다. 칼뱅은 국가는 공평과 정의를 행하여 사회의 안전과 평화를 확보하는 정치적 임무 외에도 건전한 종교의 발전을 도모하는 종교적 임무를 지닌다고 주장한 것이다. 때문에 칼뱅은 국가의 통치자들은 인간 사회의 규범을 담고 있는 십계명의 두 번째 돌판에 대해서 뿐만 아니라 하나님과 경건에 대한 규범을 담고 있는 십계명의 첫 번째 돌판에 대해서도 책임과 의무가 있다고 주장한다. 통치자들은 시민들의 세속생활 뿐만 아니라 영적 생활도 돌볼 신성한 의무를 부여받았다. 그러므로 칼뱅은 루터에 비해 국가에 더 많은 긍정적 가치와 적극적 역할을 부여했다.[49] 이것이 루터와 다른 칼뱅의 국가관이다.[50]

이렇게 칼뱅은 국가의 존재 근거와 이유를 적극적으로 주장하면서 국가의 공직자를 '하나님의 대리자', '하나님의 위탁 명령과 권위를 부여 받은 자', '하나님의 봉사자', '신적인 진리의 도구'라 부른다.[51] 이들은 하나님을 대신하여 심판하며 세상을 통치한다. 칼뱅은 로마서 13:1-2, 디도서 3:1, 베드로전서 2: 13-14, 디모데 전서 2:1-2 등의 말씀에 의거하여 국가의 법을 따라야 하고 공직자에게 순응해야 한다고 가르친다. 악한 공직자 까지도 하나님으로부터 권세를 받았다.[52]

이러한 칼뱅의 국가관의 신학적 원리는 '하나님의 주권'이었다.[53]

---

49) 박경수, "칼뱅의 국가론," 『제 4회 종교개혁기념 학술강좌 주제 개혁교회의 국가론』, 미간행 논문, 장로회 신학대학교, 2006, 5쪽.
50) 미야타 미쓰오, 양현혜 역, 『국가와 종교』(서울: 삼인, 2003), 91쪽.
51) *Institutes*, IV, 20. 4.
52) 윤철호, "그리스도인의 정치적 실존," 『예수 그리스도와 사회』, 129쪽.
53) 칼뱅의 '하나님 주권론'은 '그리스도 주권론'으로도 이해된다.

하나님은 창조자, 유지자, 통치자, 구속자로서 당신의 모든 피조물과 그들의 모든 행위에 대해 주권을 행사하신다. 이 교리가 그의 다른 모든 교리의 기초와 토대를 이루었다. 따라서 칼뱅은 세속 국가의 영역까지 그리스도의 적극적인 통치 영역으로 보았다. 국가 영역에 군림하는 하나님의 주권과 국가의 존재 근거와 이유에 대한 보다 적극적인 신학적 의미를 강조하였다. 따라서 그는 이 세상 역사 안에서 그리스도의 제자로서 성화의 삶을 살아감으로써 하나님의 영광을 위하여 그리스도의 뜻을 이 세상에 실현할 것을 주장한다.[54] 그러므로 칼뱅은 하나님의 전 포괄적인 주권사상에 근거하여 하나님의 주권과 통치가 신자와 교회 안에 뿐 아니라, 사회와 정치의 모든 영역에 구체적으로 반영되고 실현되기를 소원하며 이를 적극적으로 추구했다.

칼뱅의 '그리스도 주권론'은 20C의 대표적인 개혁교회 신학자 칼 바르트의 『바르멘 선언』[55]을 통하여 다시한번 재천명되었다. 바르트는 그리스도 주권 사상을 세가지 관점에서 파악한다.[56] 첫째는 그리스도론적 종말론이다. 전 세계는 이미 객관적으로 그리스도 안에,

---

54) 윤철호, "그리스도인의 정치적 실존," 『예수 그리스도와 사회』, 130쪽.

55) '그리스도 왕적 주권론'은 『바르멘 선언』의 제1.2명제에 잘 나타나있다. 명제 1. 성서 안에서 우리에게 증거 되어진 예수 그리스도는 우리가 들어야 하고 우리가 죽든지 살든지 신뢰하고 순종해야 할 하나님의 말씀(One Word of God)이다. 우리는 교회가 선포의 원천으로써 이 하나님의 말씀외의 다른 사건, 능력, 형상, 진리들을 하나님의 계시로서 인정 할 수 있으며 인정해야 한다는 거짓 가르침을 배격한다. 명제 2. 예수 그리스도는 우리의 모든 죄에 대한 하나님의 용성의 확증인 것과 같이, 마찬가지로 또한 우리의 전 삶에 대한 하나님의 강력한 요구이시다. 그를 통하여 이 세상의 속박으로부터 그의 피조물에 대한 자유롭고 감사에 넘친 봉사에로의 즐거운 구원이 주어진다. 우리는 우리의 삶의 영역 속에 우리가 예수 그리스도에 속하지 아니하고 다른 주에게 속하여 있는 영역, 즉 우리가 그리스도를 통한 칭의와 성화를 필요로 하지 않는 영역이 있다는 거짓된 가르침을 배격한다. The Constitution of the Presbyterian Church(U.S.A) Part Ⅰ, *Book of Confessions*(New York, Atlanta: The Office of the General Assembly, 1983) 8. 11, 8.12, 8.14, 8.15.

56) Jürgen. Moltmann, *On Human Dignity*, 196-98. 그리고 윤철호, "그리스도인의 정치적 실존," 『예수 그리스도와 사회』, 133-34쪽에서 재인용.

그리고 그의 통치 아래 있다. 더 이상 하나님 나라와 사탄 나라 사이의 묵시적 투쟁은 없다. 투쟁은 그리스도의 십자가에서 단번에 영원히 결정되었으며 그리스도의 부활 속에서 승리가 계시되었다. 둘째로 보편적 그리스도론이다. 그리스도가 주시라면 하늘과 땅의 모든 권세가 이미 그에게 주어졌다. 그리스도는 우주 통치자(Pantocreator)이다. 그러므로 국가는 본래적으로 그리고 최종적으로 예수 그리스도에 속한다. 셋째로 그리스도론적 정치윤리이다. 그리스도인은 세상이 더 이상 악마의 힘에 종속되어 있지 않다고 고백한다. 이러한 신앙고백으로부터 국가, 법, 경제적 체계를 포함하는 모든 삶의 영역을 형성해야 하는 그리스도인과 교회의 책임성이 따른다. 그리스도의 주권이 온 세상을 뒤덮고 있으므로 그리스도인은 예수를 뒤따르는 제자로서 모든 삶의 영역에서의 자신의 책임성을 인식한다.

이러한 개혁교회 전통의 '그리스도 주권론'은 "문화변혁과 역사 책임적 신학"의 특징을 지닌다. 그러므로 세계와 역사와 문화를 변혁시키려는 의지가 가장 강렬하게 역사 속에서 나타난 흐름이 칼뱅의 정신을 이어받은 사람들이다.[57] 1970, 80년대 한국사회의 민주화 운동 과정에서도 개혁교회 전통의 '그리스도 주권론'에 입각한 문화변혁적이고 역사 책임적 신학의 영향은 지대하였다. 한국사회 민주화운동 과정에서 가장 주도적 역할을 했던 기독교장로회의 역사참여는 장공 김재준(1901-1987)의 활동에 의해 시작되었고, 그의 영향을 받은 신학자와 목회자들에 의해 계승되었다.[58] 그런데 한국사회

---

[57] 김명룡은 20C의 개혁교회의 신학의 전통은 결코 메이첸이나 밴틸과 같은 근본주의 성향의 신학자들이 이어가고 있지 않는다고 주장한다. 그는 이들은 20C개혁신학의 본류가 아니라 지류이며, 메이첸이나 밴틸의 영향을 받은 근본주의 성향의 박형룡은 결코 개혁신학의 본류가 아니라고 주장한다. 김명룡, 『열린신학, 바른 교회론』, 172쪽.

[58] 이덕주, "김재준 목사의 편지," 『세계의 신학』(2003, 가을호), 148쪽. 1936년 만주 용정에서

민주화와 인권운동의 거목인 김재준은 사실상 칼뱅의 '그리스도 주권론'에 기초한 개혁교회 전통의 정치신학과 역사참여라는 신학노선을 간직하고 있었다.

김재준의 '그리스도 주권'에 기초한 역사참여 신학은 그가 1945년 8월 해방정국에서 한 기독자 지성인으로 발표한 『기독교의 건국이념』이라는 논문에 잘 나타나 있다. 이 논문의 첫 문단에서 이미 김재준은 그의 역사참여적인 정치신학의 기조를 드러내고 있다.

> 모든 권위의 근원과 최종적 소재는 하나님이시다. 기독자의 입장에서 볼 때, 관료주의 정당, 민주주의 국가 전체로서의 인민, 전 국민의 총의의 이름으로 무소불위의 무제약적 권위를 주장함은 잘못인데, 그것들도 인간의 유한성과 집단적 죄악성에 물들여져 있음으로 하나님의 주권과 동등시 될 수 없다.[59]

그러므로 김경재는 김재준의 정치신학이 칼뱅적 개혁파 전통의 '하나님 주권론'에 있음을 다음과 같이 말한다.

> 장공의 정치신학은 개혁파 교회전통의 '하나님의 주권과 영광'이라는 기본 축을 골간으로 하고, 사회적 책임윤리를 강조하면서 우상 타파적인 예언자적 비판정신을 강하게 담지 한다. '하나님의 주권과 영광만'을 강조하는 칼뱅적 개

『십자군』이란 개인잡지를 통해 자기 신학을 표출하기 시작했고, 그곳에서 강원룡, 안병무, 안희국, 문익환 같은 걸출한 제자들을 얻었다.

59) 김재준, 『김재준 전집』 제1권 (서울: 한신대출판부, 1992), 161. 그리고 김경재, "장공 김재준의 정치신학: 신학적 원리와 사회, 정치적 변혁론," 『한국개신교가 한국 근현대의 사회, 문화적 변동에 끼친 영향 연구』, 279쪽에서 재인용.

혁파 전통은 역사 속에 나타난 일체의 정치이념이나 권력
구조나 체제를 절대화하는 '정치권력'의 우상화를 예언자
정신으로 타파함으로써, 인간의 자유를 확보하려고 한다.
신구약성경 전체를 꿰뚫고 흐르는 유토피아적 희망은 자유,
정의, 평화가 입 맞추는 '우주적 사랑의 공동체' 실현이라
는 것이다.[60]

한편 김재준의 역사참여 신학은 칼뱅 뿐만 아니라, 칼뱅의 개혁
주의 신학을 계승한 20C 칼 바르트 신학에 정초하고 있다. 이덕주는
김재준이 자신의 신학을 신정통주의라 분명하게 규명하지는 않았지
만, 신정통주의 신학에 대해 "그들이 금후에 어떻게 건설해가는 가
에 대하여 촉망을 가지고 기대한다"고 밝혀 굳이 취하라면 신정통주
의 신학을 택할 수 있음을 숨기지 않았다고 언급한다.[61] 김명룡도 김
재준이 신정통주의 신학에 기초하고 있음을 다음과 같이 말한다.

김재준 신학은 바르트의 신학적 영향을 많이 읽을 수 있는
신학으로 이 신학의 큰 장점은 역사책임적인 신학이라는
데 있다. 바르트가 히틀러(A. Hitler)에 저항한 바르멘 신학
선언으로 예수 그리스도를 따른다는 것이 이 역사 속에서
무엇을 의미하는가를 가르친 바로 그 역사책임적인 신학
정신을 이어받아 김재준은 한국의 역사 책임적 신학의 아
버지가 되었다. 유신시대의 혹독한 탄압 속에서도 저항한
한국의 개혁교회의 저항은 그 배후에 바로 이 김재준의 가
르침이 있었다는 것을 부인할 수 없다. 기장을 중심으로 탄

---

60) 김경재, 위의 책, 294쪽.

61) 이덕주, "김재준 목사의 편지," 『세계의 신학』(2003, 가을호), 147쪽.

생한 한국의 민중신학의 역사책임적인 정신은 김재준에게 이미 시작되었다고 볼 수 있다. 그러나 김재준은 민중신학의 기독론이나 기타 몇몇 중요한 교리적인 측면에서 발견되는 자유주의 신학적 요소와는 별 관계가 없다. 왜냐하면 김재준은 바르트의 신학에 영향을 받은 사람으로 신정통주의 신학에 친밀한 신학자이기 때문이다.[62]

이상에서 보듯이 장공 김재준의 역사참여 신학은 칼뱅과 그를 계승한 칼 바르트를 비롯한 개혁교회 전통의 '하나님 주권론'에 기초하고 있다. 그러므로 개혁교회 전통에 뿌리를 둔 김재준의 정치신학 노선은 이론상으로 역사현실참여라는 진보적 신학노선을 간직하고 있었고, 그의 역사 현실참여 신학은 현실을 규정하는 가장 실질적인 정치권력의 역학관계와 그 힘의 왜곡된 사용에 대하여 적극적 발언과 저항운동을 할 수 밖에 없는 것이었다.[63]

한편 한국기독교 민주화운동의 나아갈 방향을 제시한 중요한 문서의 하나로 평가되고 있는 1973년 5월 20일 발표된 〈한국 그리스도인의 신앙선언〉은 '하나님의 주권'에 대하여 다음과 같이 신앙고백 하였다.

1. 우리는 역사의 주인이시며 심판자이신 하나님 앞에서 이웃을 대신하여 고난을 겪고 있는 눌린 자들이 자유를 얻도록 기도하라는 명령을 받고 있다고 믿는다.
2. 우리는 우리의 주님 예수그리스도가 유대 땅에서 눌린 자들, 가난한자들, 멸시받는 자들과 함께 사신 것처럼,

---

62) 김명룡, 『열린신학, 바른 교회론』, 179쪽.
63) 위의 책, 280쪽.

우리도 그들과 함께 하면서 살아가야 한다고 믿는다. 또한 예수가 로마 제국의 본디오 빌라도 앞에서 「위에 있는 권세들」에 향하여 진리를 말씀하신 것처럼 우리도 담대히 진리를 선포하도록 부르신 것이라 믿는다.

3. 우리는 성령이 우리 성품을 변화시키며 새로운 사회와 역사를 창조하시는데 우리가 참여할 것을 요구하신다고 믿는다. 이 영은 메시야의 나라를 위한 영으로서 우리가 이 세상에서 사회적, 정치적 개조를 위하여 싸울 것을 명령한다.[64]

이 선언은 하나님을 역사의 주인이시며 심판자로 고백하면서, 하나님이 새로운 사회와 역사 창조에 우리를 부르시며 사회, 정치적 개조를 위하여 싸울 것을 명령한다고 고백하고 있다. 이러한 신앙의 고백은 철저히 역사와 사회, 그리고 국가에 대한 하나님 주권을 강조하는 개혁교회 전통의 "하나님 주권론"이라 이해 할 수 있다. 그러므로 서구의 교회들은 이 〈한국 그리스도인의 신앙선언〉을 "제2의 바르멘 선언'으로 부르기를 주저하지 않았다.

결론적으로 김재준에 의해 시작된 한국개신교회의 민주화와 인권운동도 기본적으로 개혁교회 전통의 '하나님 주권론'에 기초하고 있다. 7, 80년대 민주화운동을 이끌었던 박형규, 문익환, 강원룡, 안병무, 서남동, 문동환 등이 그의 제자였다는 것은 KNCC를 중심한 에큐메니칼 진영의 사회참여에 나타난 교회와 국가가 모두 개혁교회 전통의 '하나님 주권론'에 기초하고 있음을 보여준다. 또한 진보진영의 민주화와 인권운동 과정에서 나타난 선언문이나 성명서 등은 〈한

----

64) 한국기독교교회협의회 인권위원회, 『1970년대 민주화 운동 (Ⅰ)』, 252.

국 그리스도인의 신앙선언〉에서 본 바와 같이 '하나님 주권론'에 기초하고 있다. 그러므로 필자는 에큐메니칼 진영의 사회참여에 나타난 교회와 국가의 관계는 개혁교회 전통의 교회와 국가의 관계인 '하나님 주권론'이라 부르고자 한다.

b. 토마스 뮌쳐적 저항권

에큐메니칼 진영의 사회참여는 저항권 문제와 관련하여 칼뱅의 교회와 국가의 관계에 나타난 저항권 개념을 넘어 16C 급진적 종교개혁가[65]인 토마스 뮌쳐(Thomas Müntzer)의 저항권 개념에 서 있다. 칼뱅은 『기독교 강요』제 4장 29절에서 통치자가 폭정을 일삼을 때 하나님께 기도하면서 하나님의 도우심을 기다리며 인내하라고 권고한다. 칼뱅은 비록 하급관리(Magistratus popularis)의 저항과 통치자가 하나님의 뜻에 반하는 명령을 할 경우 저항의 가능성을 언급한다. 그러

---

65) 종교개혁 당시 발생했던 재세례파와 기타 분파들의 역사적 성격을 어떻게 부각시키느냐에 관한 최초의 종합적인 시도는 예일대학교 교수인 베인톤(R.H. Bainton)에 의해 시도되었다. 베인톤은 종교개혁운동 당시의 모든 분파를 좌익운동(Left-wing movement)로 규정하고 이 운동을 시기적으로 세 조류로 분류하였다. 첫째는 "쯔뷔카우의 예언자들"(Zwickau Prophets)로서 고차적, 개인적, 개인주의적 권위를 표방한 무리들이었다. 즉 뮌쳐가 전형적인 존재로 알려져 있다. 그는 중세 신비주의와 분파주의, 그리고 사회혁명적 요소를 숙명적으로 결합시킨 인물이었다. 둘째는 스위스 재세례파(Swiss Anabaptist)로서 그들의 목적은 원시 기독교회의 신앙생활을 하나의 이상적 표상으로 삼고, 공동체에 속해 있는 신도전원이 동일한 차원에서 도덕적 평균을 지향하였다. 셋째로는 소위 메노나이트파(The Mennonites)로서 스위스의 재세례파들로부터 이탈해 나간 일부 과격파들의 탈선을 비판하고 반성함으로써, 재세례파의 본래적인 사명과 위치로 복귀한 자들이었다. R. H. Bainton, *Studies on the Reformation* (Boston, 1963), 119-29쪽. 한편 하바드 대학의 사회학부 교수였던 윌리암스(G. Williams)는 재세례파 운동을 가르켜 "제4종교개혁"(Forth Reformation) 또는 "급진적 종교개혁"(Redical Reformation)이라 부르고 있다. 이를 도표로 도식화 하면 다음과 같다. Radical Reformation 1) Evangelical Rationalist(Servetus to Socinus) 2) Anabaptist(MelchiorHoffmann, John Denck, Conrad Grebel, Menno Simons) 3) Spiritualist(Thomas Müntzer, Sebastian Frank, Caspar Schawenckfeld) George Williams, *Spiritual and Anabaptist Writers in Library of Christian Classics*, XXV (Philadephia, 1957), 19-40쪽.

나 이 경우에도 수동적 불복종을 말하고 있다. 그러므로 칼뱅은 매우 소극적 저항이론에 머물러 있다.

반면 급진적 종교 개혁가의 한사람인 토마스 뮌쳐는 세속정부는 당국에 의해 착취되는 죄로 가득한 나라요, 성령을 받지 못한 불신앙의 나라임으로 성령을 받은 하나님의 선민들에 의해 폭력, 즉 혁명을 통해 하나님의 나라로 바뀌어야 한다고 생각하였다. 1524년 7월 13일 뮌쳐는 알슈타트 도시에 있는 관리들과 요한 공작, 그리고 그의 아들이 지켜 보는 가운데 "다니엘서 설교"를 통하여 다음과 같이 폭력의 사용 가능성을 말한다.

그러나 여호수아는 가나안인들에게 날카로운 칼을 아끼지 아니하였습니다. 시 44:5,88과 역대하 14:11을 보십시오. 그곳에서 여러분은 이 길의 결론을 발견할 것입니다. 그들은 칼로 그 땅을 정복한 것이 아니라 하나님의 능력으로 정복했습니다. 그러나 먹고 마시는 것이 삶의 수단인 것처럼 칼은 그 정복의 수단이었습니다. 바로 이런 식으로 칼은 불경한 자들을 소탕하는데 필요합니다.(롬13:4) 이일이 질서 있고 바르게 진행되기 위해 우리와 함께 그리스도를 믿는 신앙을 고백하는 우리의 소중한 보호자인 영주들이 이 일을 해야 합니다. 그러나 만일 그들이 이 일을 하지 않는다면 그들은 칼을 빼앗길 것입니다(단7:26 이하). 왜냐하면 그들은 말로는 그리스도를 믿는다고 고백하고 행위로는 그리스도를 부인하기 때문입니다.(딛 1:16) [66]

---

66) Edited by George Huntsto Williams Angel M. Mergal. *Spiritual and Anabaptist writers in Library of Christian Classics* (Philadelphaia: The Westminster Press), 68쪽. 박건택 편역, 『종교개혁사상 선집』(서울: 개혁주의신행협회, 2000), 125쪽.

즉 뮌쳐는 올바른 통치자(제후)라면 그리스도가 명령한대로 행동해 "그리스도의 적들을 선택된 사람들로부터 분리해 제거해야 한다"고 말한다.[67] 뿐만 아니라 뮌쳐는 이러한 신적 임무를 다루지 않는 제후를 '복음의 최대의 적'으로 규정하고, 이 세상의 제후가 로마서 13장의 '하나님께 봉사하는 자'가 아니라 '악마를 우두머리로 하는 무리'라고 한다면, 더 이상 수난당하며 복종함으로써 "인내할 것이 아니라 가차 없이 면직당해야 할 것"이라고 말한다.[68] 이처럼 뮌쳐의 저항권은 '선택된 백성'으로서 하나님의 심판을 집행하는 묵시록의 긴박감이 압도적이었다.[69] 그러므로 뮌쳐는 적극적인 저항 즉, 과격한 폭력의 사용을 통하여 교회와 국가를 종말론적 천년왕국으로 일원화 시키고자 하였다. 결국 뮌쳐와 그 추종자들은 세속권력에 의해 무자비하게 살육 되었고, 재세례파는 세속권력에 의해 탄압을 받고 순교하였다.[70]

급진적 종교개혁가인 뮌쳐에게 나타나는 이러한 폭력에 의한 항거는 맑시즘[71]과 해방신학[72], 그리고 민중신학 등의 재해석을 거쳐

---

67) Edited by George Huntsto Williams Angel M. Mergal. *Spiritual and Anabaptist writers in Library of Christian Classics*, 68. 박건택 편역, 『종교개혁사상 선집』, 126쪽.

68) 미야타 미쓰오, 양현혜 역, 『국가와 종교』(서울: 삼인, 2004), 79쪽.

69) 위의 책, 80쪽.

70) 김명배, "루터의 두왕국론," 80쪽.

71) 프리드리히 엥겔스는 『독일 농민전쟁』(Der deutsche Bauernkrieg, 1850)에서 뮌쳐의 정치 강령은 종교적 표현을 차용한 공산주의였다고 정의한다. 그리고 뮌쳐가 표현한 신의 왕국이란 바로 계급차이, 사유재산, 국가 강제력이 폐지된 사회라고 말한다. 엥겔스는 뮌쳐가 당시 빈민들 사이에 심화되기 시작한 프롤레타리아적 제요소의 해방을 위한 제조건을 천재적 영감으로서 예견했다는 것이다. 그래서 뮌쳐는 자신의 사상에 대한 실천수단으로 무장투쟁을 선택하였다. 그러므로 엥겔스는 튀링겐 지역에서의 뮌쳐의 투쟁은 농민전쟁 전체의 최정점으로 간주하였고, 마르크스주의 역사가들은 뮌쳐파는 바로 독일혁명의 급진전을 추진하였던 혁명의 전위대였다고 평가한다. 프리드리히 엥겔스, 이종훈, 김용우 역, 『독일혁명사 2부작: 독일 농민전쟁, 혁명과 반혁명』(서울: 소나무, 1988), 11-15쪽.

72) 해방신학은 마르크스주의의 이론을 사용한다. 그러나 이것은 마르크스주의의 사회분석방법을 선택적으로 수용한 것이다. 보니노는 해방신학에 도움이 되는 마르크스주의의 핵심적인

진보적 개신교회와 신학자들에 의해 민주화 운동과정에서 실천되었다. 필자는 뮌쳐의 이러한 사상은 농민전쟁을 지도하면서 그 자신이 실천에 옮겼고, 19C에 맑시즘을 거쳐, 20C 해방신학과 한국의 민중신학[73]으로 그 전통이 흐르고 있다고 본다.

더욱이 에큐메니칼 진영을 대표하는 WCC는 이미 1968년 웁살라 총회 때에 맑시즘적 폭력의 사용을 적극적으로 수용하였다. 이 맑시즘은 해방신학에 영향을 주어 적절한 폭력의 사용을 허용하였고, 해방신학의 영향을 받은 민중신학은 한국사회 민주화운동 과정에서 칼뱅의 저항권 개념을 넘어 보다 더 적극적으로 독재에 항거할 수 있는 신학적 근거로 작용하였다. 즉 70, 80년대 민주화 투쟁 국면에서

요소들을 네 가지로 말하였다. 첫째, 인간의 역사에 대한 이해인데, 이는 역사에 대하여 자신의 기본적인 욕구의 충족을 위해 물품을 생산해 내는 과정 자체를 인간이 관장하는 것이라고 보는 견해이다. 둘째, '인간'이란 단일한 개인적 단위가 아니라 구조, 관계, 자의식(이데올로기)과 관련된 구체적인 사회적 형태를 띤 공동체적 통일체라는 인식이다. 셋째, 계급투쟁과 프롤레타리아의 혁명적 역할에 대한 이해이다. 넷째, 프락시스라는 명제이다. 이상에서 언급한 네 가지 혁명적 요소에 대하여 해방신학과 마르크스주의는 그 의견을 같이하는 면이 있다. 이러한 공통적 사유를 통하여 기독교와 마르크스주의는 새롭게 만날 수 있었다. 특히 이 양자는 남미의 혁명적 상황 속에서 인간의 자유와 해방을 쟁취하기 위하여 연대성을 갖게 되었던 것이다. J.M. Bonino, *Christians and Marxists*(Grand Rapids, Michigan: William B. Eerdmans Publishing Company, 1976), 91-94쪽. 그리고 고재식, 『해방신학의 재조명』, 134-36쪽.

73) 민중신학자 서남동은 『두이야기의 합류』에서 16세기 독일에서 뮌쳐의 출현으로 민중의 신학, 혁명의 신학이 뚜렷해 졌다고 주장한다. 그에 의하면 루터는 수도원의 밀실에서 종교개혁 추진의 영감을 받았지만, 뮌쳐는 사회운동에의 참여에서 혁명의 요청을 체득했다. 그래서 루터의 중도적 종교개혁이 결과에 있어서 사회개혁과는 상관없이 사회의 중산층 시민을 위한 교회를 출현시킨데 대하여 뮌쳐는 도시빈민과 농민의 이권이 보장되는 사회개혁과 교회개혁을 동시적으로 추진했다는 것이다. 서남동은 이 글에서 뮌쳐의 급진적 개혁운동이 성공하지 못한 것은 민중의 자각이 이루어지지 않았기 때문이며, 뮌쳐가 민중스스로의 힘으로 이룩하는 민중구원을 가르킨 점은 민중신학에 대한 그의 최대의 공헌이라고 평가한다. 서남동, 『민중신학의 탐구』(서울: 오늘의 사상 신서, 1983), 60-61쪽. 이형기는 서남동과 김용복의 민중신학을 소개하면서 이들의 민중 개념은 다같이 "갈등 구조"에서 나온 것으로서 억압하고 착취하는 상부구조로부터 어떻게 "민중"이 해방을 성취하고 정의와 평화의 나라를 역사 속에 실현 할 수 있는가에 관심을 모은다고 한다. 그래서 이 해방의 과정에서 끊임없는 민중의 투쟁이 있어야 하고 이 같은 해방의 구도와 그 논리는 경제, 사회적 갈등과 소외의 극복을 문제삼는 맑스의 변증법적 유물사관에 상당히 근접하고 있다고 평가한다. 이형기, 『WCC, Vatican II, WARC 해방신학 및 민중신학이 지향하는 교회의 사회참여』, 225쪽.

교회가 정부의 제도화된 폭력에 적극적으로 저항할 수 있었던 것은 폭력의 사용을 허용했던 민중신학에 힘입은 바 크다 하겠다. 그러므로 필자는 한국사회의 민주화 과정에서 나타난 이 저항권 개념은 급진적 종교개혁가 토마스 뮌쳐적 저항권이라 부르고자 한다.

Ⅱ

중도진영의 복음주의적 사회참여에 나타난 교회와 국가의 관계

1. 복음주의 사회참여의 정의

1968년 WCC는 웁살라 대회와 1973년의 방콕대회를 거치면서 그 신학적 갈등은 더욱 구체화되고 첨예화되었다. WCC는 1968년 웁살라대회에서 하나님의 선교(Missio Dei) 개념을 천명하고 1973년의 방콕대회에서는 사회구원 개념을 본격화시켰다. 바로 이 WCC의 웁살라대회와 방콕대회에 저항해서 생겨난 신학운동이 복음주의 신학운동이다.[74] 복음주의 신학운동은 1947년 미국의 풀러(Fuller)신학교

---

74) '복음주의'(evangelicalism)란 종교개혁 당시 가톨릭 교회와 구분하기 위해서 독일의 경우는 루터파와 개혁파의 입장을 총칭하는 표현이었다. 그리고 30년전쟁(1618-1648)이 웨스트팔리아(Westphalia) 강화조약에 의해 종식된 후에 복음주의자는 루터교인과 개혁교회교인을 전부 포함하게 되었다. 그러나 영국에서는 1750년경부터 휘트필드(George Whitefield)와 웨슬레 형제들의 부흥운동을 복음주의 부흥운동이라 부르게 됐다. 이와 같이 18세기부터 발전한 복음주의 운동은 구체적 영혼구원의 체험과 간단하게 정리한 강조점을 수용하는데 역점을 두었고, 20세기 와서는 선교운동을 통해서 복음주의 사상이 국제화 되었다. 그런데 복음주의

를 개교하면서 초대학장인 오켕가(H. J. Ockenga)박사가 이 학교의 신학 방향을 복음주의라 했고(당시에는 신복음주의라 칭함), 이 운동에 칼 헨리(C. Henry), 버나드 램(B. Ramm)같은 학자가 가담하여 발전하였다. 그러나 이 운동이 세계적인 신학운동으로 발전하게 된 것은 1968년의 웁살라 대회의 하나님의 선교개념에 크게 분노한 독일의 바이어하우스(P. Bayerhaus)가 일군의 신학자들과 함께 발표한 1970년의 프랑크푸르트(Frankfurt) 성명이었다. 그리고 빌리 그래함(Billy Graham)을 비롯한 많은 복음주의자들이 1973년의 방콕대회에 저항해서 선언한 1974년의 로잔(Lausanne) 언약을 통해 구체화 되었다.[75]

이 복음주의 운동은 1970년 '프랑크푸르트 선언'을 기점으로 이전과는 달리 '복음전도'와 '교회의 사회참여'를 동시에 추구하는 신학적 입장을 취하기 시작하여 1974년 '로잔 선언'을 통해 그 꽃을 피

안에 분파가 생기기 시작하였다. 감리교는 19세기 말에 사회활동과 신학적 현대성을 강조하는 자유주의파, 성화운동을 강조하는 남북전쟁이전의 복음주의자들인 보수파, 그리고 개인적 신앙을 강조하는 웨슬레주의자들이었다. 이들은 서로 자기들이 복음주의적 입장을 대변한다고 하였다. 개혁교회도 1910년대에 들어와 세가지 흐름으로 구별되었다. 하나는 복음주의적 용어를 구사하면서도 결국 현대과학과 신앙의 접촉점을 찾으려한 자유주의적 전통이었고, 다른 하나는 프린스톤 신학교를 중심으로 한 미국식 복음주의, 그리고 셋째로는 웨스트민스터신학교를 중심한 근본주의파였다. 박상증, "신복음주의와 에큐메니즘," 『기독교사상』(1984, 5), 17-18쪽. 한편 근본주의와 복음주의는 세 가지 점에서 구별될 수 있다. 1. 근본주의는 성서 비평을 절대적으로 받아들이지 않으며, 성서의 문자적 해석을 받아들인다. 복음주의는 성서 비평의 원리를 받아들이며, 성서 안에서의 다양한 문학형식을 인정한다. 2. 근본주의는 일련의 교리를 표방하지만, 복음주의는 그중 그 교리 중 일부(천년왕국에서의 그리스도의 통치와 같은)를 주변적인 요소로 취급하며, 최악의 경우에는 완전히 부적절한 것으로 받아들인다. 3. 근본주의는 반문화적인 운동으로 구성원에 엄격한 기준을 적용하며, '노동자층'과 특별한 관련이 있다. 복음주의는 전문직이나 사무적 계층과 관련이 있으며, 기준도 상당히 느슨한 편이다. 근본주의와 관련이 있는 감성주의적 요소도 복음주의에서는 별로 나타나지 않으며, 주로 종교철학이나 변증철학분야에서 중요한 글들이 출판되었다. Alister E. McGrath, *Christian Theology: An Introduction*, 김홍기, 이형기, 임승안, 이양호 옮김, 『역사속의 신학: 그리스도신학 개론』(서울: 대한기독교서회, 1998), 170-71쪽.

75) 김명용, 『열린신학, 바른 교회론』, 210-11쪽. 튀빙겐의 바이어하우스는 웁살라의 "인간화 선교"의 개념을 "하나님 중심의 선교를 인간중심의 선교"로 대치한 것이라 단정하면서 하나님에 대한 관심을 인간에 대한 관심으로 전향함은 필연적으로 반기독교적(Anti-Christ)내지 반-하나님적(Against God)운동으로 발전할 수 밖에 없음을 지적하고 있다. 김명혁, "하나님의 선교와 복음주의 선교," 『신학지남』, 64쪽.

우게 되었다. 이후 복음주의자들은 제2의 로잔대회라 불리는 선교대회를 필리핀의 마닐라에서 개최하여 다시 한번 '개인구원'과 '사회구원'을 동시에 추구할 것을 천명하였다. 그런데 이 복음주의 운동에는 WCC를 반대하는 장로교회의 다수의 신학자들이 가담하였고, 한국의 장로교회의 신학적 흐름도 에큐메니칼 신학에 협력하는 흐름과 이에 반대하는 복음주의적 신학 흐름으로 양분되었다.

한국의 경우에는 1972년 소수의 젊은 신학자들에 의해 '복음주의신학회'가 처음으로 조직되었으나, 한국교회의 여건이 성숙되지 않아 활발한 활동을 하지 못하였다. 그러다 1981년 '복음주의협의회'와 '복음주의신학회'가 다시 결성되어 복음전도와 더불어 교회의 사회참여를 동시에 추구하는 신학적 입장과 실천을 견지하기 시작하였다.[76] 특히 '복음주의형 사회참여'는 80년대 한국사회 민주화운동 국면에서 진보진영의 민주화운동과는 다른 차원에서 정부에 대한 비판의 목소리를 내다, 90년대 이후 기윤실, 공선협, 경실련 등 새로운 시민운동단체를 탄생시키는 모체의 역할을 하였다.

2. 복음주의 사회참여 진영의 구성

'에큐메니칼 사회참여 진영의 구성'이 KNCC가맹 교단과 교계의 진보적 지도자들을 중심으로 한데 반해, '복음주의형 사회참여'는 교단보다는 복음주의협의회와 복음주의신학회에 소속된 교회, 목회자

---

76) 박용규, 『한국교회를 깨운 복음주의 운동』, 99쪽.

와 신학자, 그리고 복음주의 계열의 평신도 지도자와 청년학생들로 구성되었다. 대표적인 복음주의 교회와 목회자로는 할렐루야 교회의 이종윤 목사, 강변교회의 김명혁 목사, 남서울교회의 홍정길 목사, 온누리 교회의 하용조 목사, 지구촌교회의 이동원 목사, 사랑의 교회의 옥한흠 목사, 그리고 영동교회를 설립한 손봉호 교수를 들 수 있다.[77] 이들은 복음주의 운동의 이상을 목회현장에서 실현 가능한 신앙운동으로 정착할 수 있도록 만들고자 했다. 그리고 대표적 평신도 지도자들로는 기윤실 운동에 발기인으로 참여한 손봉호, 이만열, 김인수,[78] 김정욱, 장기려, 이명수, 최창근, 이세중, 원호택, 김세열, 이태건, 고왕인, 황영철 등을 들 수 있다. 90년대 이후에는 복음주의 진영의 목회자와 신학자들이 가담하였다. 그 대표적인 인물로 홍정길 목사와 김명혁 목사, 그리고 임성빈 교수를 들 수 있다.

한편 '복음주의 사회참여'진영의 대표적인 단체로는 1987년 창립한 '기독교윤리실천운동본부'를 들 수 있다. 이 단체는 초기에 복음주의적 평신도 지도자들을 중심으로 구성되었으나 점차 목회자들도 참여하여 명실상부한 복음주의 사회참여 진영의 대표적인 단체로 자리매김하였다. 그리고 청년학생단체로는 초교파선교단체인 '한국기독학생회'(IVF)와 1984년 결성된 '기독교학문연구회', 1986년 '기독교학문연구회'를 기반으로 결성된 '기독교문화연구회, 그리고 1987년 공정선거감시운동을 실천하기 위해 결성된 '복음주의 청년학생협의회' 등을 들 수 있다.

이외에도 복음주의 신앙과 사회참여 자의식을 깨쳐 준 단체로는 복음주의 진영의 출판사들을 들 수 있다. 그 대표적인 출판사로는 "생

---

77) 박용규, 위의 책, 100쪽.
78) 김인수는 전 고려대 교수이다.

명의 말씀사", "엠마오", "두란노 서원", "기독교문서선교회", "개혁
주의신행협회", "성광문화사", "총신대학 출판부", "한국기독학생회
출판부"(IVP) 등이 대표적이었다. 1970년대에 들어와 이들 출판사
들은 복음주의 신앙을 담은 수많은 책들을 출판했는데, 『개혁신앙』,
『그 말씀』, 『빛과 소금』, 『목회와 신학』, 『월간목회』, 『현대종교』와
같은 정기간행물과 『승리의 생활』, 『생명의 삶』, 『말씀묵상』같은 경
건훈련교재, 그리고 경건서적이나 신학서적 단행본의 출판을 통해
복음주의가 교단과 교파를 넘어 한국교회에 확산되었다. 특히 "생명
의 말씀사", "엠마오", "두란노 서원"은 복음주의 자의식을 가지고
수많은 책들을 출판하려고 노력했던 대표적인 출판사들이다.[79]

3. 복음주의 사회참여의 역사 신학적 배경 : 로잔 선언(1974)

WCC와 에큐메니칼 역사를 통한 교회의 사회참여의 강조는 복
음주의 계열의 교회들에게 교회의 사회참여을 일깨워 주었다.[80]

---

79) 박용규, 위의 책, 133쪽.

80) 1961년 뉴델리 이후 1966년 제네바 대회(The Genevan Confernce on Church and Society)
에 대한 복음주의자들의 반응은 이미 1966년 휘튼 선언(The Wheaton Declaration)에 나타났
다. 이때 복음주의자들은 사회참여로의 각성을 통감하기 시작하였다. "우리는 통탄할 죄를
범했다.⋯⋯우리는 세상으로부터 격리되는 통탄할 죄를 범했다. 이 격리는 비성경적이다. 이
로 인하여 우리는 흔히 이 세상의 문제에 정직하게 대면하거나 대응하지 못했다". Lindsell,
Church's Worldwide Mission (Waco: Word, 1966), 219-20쪽, quoted by Coleman in his *Issues
of Theological Conflict* (Eerdmas, 1972), 16. 1969년 시카고 선언도 WCC의 사회참여의 영향
을 받았다. 시카고 선언은 "우리는 하나님께서 정의를 요구한다는 사실을 인정하며⋯주님
께서는 빈곤한 자와 억압받는 자의 사회적 권익과 경제적 권익을 방어하도록 우리를 부르시
고 계시나 우리는 이에 대체로 침묵을 지켜왔다"고 고백하였다. 위의 책, 17. 이형기, "복음주
의와 에큐메니컬의 비교," 『21세기를 향한 새로운 패러다임의 모색』(장로회출판사, 1997),
579-81쪽. 한편 프랑크푸르트 선언(1970)은 "선교의 첫째가는 지상명령은 한 하나님을 영화

CWME의 1973년 방콕대회 이후 복음주의자들에 의한 가장 큰 규모의 국제선교대회가 1974년 7월 16일에서 25일까지 148개국 2,473명의 개인대표들이 모인 가운데 스위스의 로잔에서 열렸다. 로잔대회가 개최되도록 이끌었던 빌리 그래함(BIlly Graham) 목사는 이 대회의 목적을 복음주의 그리스도인들로 하여금 "예수 그리스도의 마지막 명령을 가능한 빨리 그리고 근본적으로 완성"할 수 있는 "길을 찾기 위함"이라고 하였다.[81]

로잔대회는 방콕 CWME 대회의 복음에 대한 사회적인 성격이 포함된 구원이해에 도전하기 위한 것으로 구원은 단지 예수 그리스도의 피를 통한 용서와 성령을 통한 거듭남이며, 따라서 영혼 구원이 가장 우선되며 사회정의와 억압과 속박으로부터의 해방은 그 이후에 자연적으로 따라와야 한다고 보았다. 이러한 견지에서 빌리 그래함은 로잔대회의 목적중의 하나가 방콕대회에 대한 도전임을 분명히 하였다. 그러나 그의 의도와는 다르게 대회가 진행될수록 방콕대회가 도리어 로잔대회에 큰 도전이 되어 방콕대회에서 강조된 복음의 사회적 성격과 그리스도인의 사회적 책임이 대폭 반영되는 방향으로 흘러가고 있었다. 이러한 흐름은 이 대회의 문서를 작성한 존 스토트(J. stot)에게서 나타났다.[82]

존 스토트는 "복음의 성서적 기초"라는 주제 강연에서 선교는 더

롭게 하는 것이다. 선교는 예수 그리스도의 이름을 통해 이루어진 구원을 증거하고 제시하는 것이다. 선교적 복음선포는 예수 그리스도의 교회를 설립해야 한다"고 하며 고전적 선교개념을 주장하면서도, 구원의 열매로서의 사회적 봉사도 아울러 강조하고 있다. "우리는 모든 교회가 정의와 평화를 주창할 것을 주장한다.···우리는 또한 개종이 인간화의 결과를 가져옴을 인정한다.···그러나 모든 사회적 성취와 부분적으로 정치적인 성공은 아직도 완성되지 못한 하나님 나라와 아직도 완전히 파멸되지 않은 죄와 죽음과 마귀의 세력 때문에 제한을 당하고 있는 것이다."

81) 김은수, "에큐메니칼 선교와 복음주의 선교," 『신학사상』 제 98집 (1997. 가을), 60쪽.
82) 박용규, 『한국교회를 깨운 복음주의 운동』, 161쪽.

이상 전도만을 의미하지 않고 세상 속으로 아들의 파송으로부터의 내용 즉, 봉사가 포함되어야 한다고 하였다. 그러므로 우리의 선교도 그리스도의 모범을 따라 "섬김의 선교"가 되어야 하며, 세상 속으로 보냄을 받은 모든 교회의 선교는 복음전파와 함께 사회적 행위가 포함된 사랑의 봉사임을 분명히 하여야 한다고 주장하였다.[83] 그리하여 '로잔 세계복음화 국제대회"에서 존 스토트가 작성한 "로잔언약"은 방콕대회의 영향을 받아 교회의 사회참여를 새롭게 인식하였다. 로잔언약은(1974)은 15개 항목 가운데 제 5항목인 "기독교의 사회적 책임"에서 방콕대회의 "오늘날의 구원(Salvation Today)"에 대응하는 교회의 사회책임을 다음과 같이 제시하였다.

우리는 하나님이 모든 인간의 창조주요 심판자이심을 믿는다. 그래서 우리는 하나님께서 인간 사회 속에 일으키시는 정의와 화해의 역사에 대한 하나님의 관심에 동참하며 남성과 여성들을 온갖 억압으로부터 자유케 하시는 하나님의 관심에 참여해야 한다. 남성과 여성들은 모두 하나님의 형상대로 지음을 받았다. 각 개인은 인종, 종교, 피부색, 문화, 계층, 성 및 연령에 관계없이 본래적인 존엄성을 지니고 있기 때문에 누구나 존경을 받아야 하고 섬김을 받아야 하고 결코 착취를 당해선 안 되는 것이다. 또한 우리는 여기에서 복음전도와 사회적 관심을 서로 배타적인 것으로 여겨 사회참여를 소홀히 해온 사실을 참회한다. 비록 인간들 상호 간의 화해가 하나님과의 화해가 아니고, 사회적 행동이 복음전도는 아니며, 정치적 해방이 구원은 아니지만 우리는 복음전도와 정치사회적 참여가 모든 우리 기독

---

83) 위의 책, 161쪽.

교인들의 의무임을 믿는다.[84]

이는 전도와 사회적 책임을 따로 보거나 사회적 책임은 개인의 변화에 자연적으로 뒤따르는 결과로서만 보아오던 그 동안의 태도와는 전혀 다른 큰 진전이었다. 이것은 로잔대회가 사회적 책임을 위한 복음주의자들의 한 전환점이 되었음을 의미한다. 결국 복음주의자들이 방콕 CWME에 도전하기 위해 로잔대회를 개최하였으나, 도리어 방콕대회로부터 큰 도전을 받고, 복음주의 선교에 있어서 복음전도와 더불어 사회적 책임과 봉사가 한층 더 강화되는 복음주의 선교대회가 되었다.

4. 복음주의 사회참여에 나타난 교회와 국가의 관계

a. 개혁교회 전통의 '그리스도 주권론'

아브라함 카이퍼(A. Kuyper)는 과학혁명, 계몽주의, 산업혁명, 그리고 자유주의 신학의 융성으로 옛 프로테스탄트 정통주의가 위기에 처한 19C에 가장 눈에 띄는 대표적인 개혁주의 신학자이다. 그는 칼뱅이래로 최대의 칼뱅주의 신학자로 호칭되며,[85] 위기에 처한 칼뱅

---

84) *The Manila Manifesto: an Elaboration of the Lausanne Covenant fifteen years later.* ed. by Lausanne Commitee for World Evangelization (Pasadena, California: The Castle Press, 1989), 47쪽.

85) Bernard Ramm, *The Evangelical Heritage* (Grand Rapids: Baker Book House, 1973). 권혁봉

주의의 정신을 복구하고 계승하면서 정치와 역사와 문화의 문제에 답변하려고 노력했다. 그는 그리스도는 모든 정사와 권세의 머리(골 2: 10)시므로 모든 영역에서 그리스도가 왕이 되어야 할 것을 외쳤다. 그는 하나님의 왕권 아래 모든 정치와 경제, 과학, 교육, 문화를 두었고, 그리스도인의 소명을 정치, 경제, 과학, 교육, 문화의 전 영역에서 파악하고 이를 가르쳤다.[86] 칼뱅주의에 관한 그의 저술에서 그는 칼뱅주의가 구원론이 아니라, 정치와 국가, 과학, 그리고 문화와 예술을 포함한 생활 전반에 걸친 조직이라고 다음과 같이 지적한다.

> 그리하여 칼뱅주의를 이해하고 보면 그것은 그 자체의 특유한 종교의 형태에 뿌리를 박고 있다. 이와 같은 특수한 종교의식으로부터 제일 먼저 발전한 것이 특별한 신학이요, 그 다음이 특수한 교회 질서요, 그 다음이 하나의 주어진 양식이다. 이 양식은 정치 및 사회 생활을 위한 것이며, 도덕 및 세계 질서의 해석을 위한 것이며, 자연과 은총, 기독교와 세상교회와 국가간의 관계를 위한 것이며, 끝으로 예술과 과학을 위한 것이다.[87]

그러므로 아브라함 카이퍼는 대학을 세워 학문의 영역에서 그리스도의 왕국을 세우려고 하였다. 그는 1880년 개혁자유대학교를 암스텔담에 설립하여 정부와 교단의 간섭 없이 신학전문인들이 신학교육을 하기 위하여 자유대학이라고 하였다. 자유대학 설립시 행한

역, 『복음주의 신학의 흐름』(서울: 생명의 말씀사, 1985), 185쪽.

86) 김명룡, 『열린신학, 바른 교회론』, 175쪽.

87) Abraham Kuyper, *Lectures on Calvinism*(Grand Rapids, Mich: Eerdmans, 1931), 10쪽.

그의 유명한 연설은 "영역주권"사상이었다.[88] 카이퍼는 영역주권을 다음과 같이 말한다.

> 두 영역에 있어서 다스리는 이는 하나님이시지 사람이 아니다. 그러나 이 두 영역에 있어서도 주권자이신 하나님께서는 양 영역에게 그들 자신의 기구와 그리고 개인들에게는 그들 자신의 책임을 주셨고, 이 모든 것들이 다시 한번 말하거니와 상호 관계되어 지상적인 나라가 복음을 자유롭게 전할 수 있는 길을 제공함으로써 하늘의 나라에 이바지하는 데 비하여 교회는 세상적인 조국에 존경과 복종을 하지 않으면 안된다.[89]

그리스도가 왕이시기 때문에 인간 사회 모든 영역에서 그리스도의 왕권이 세워져야 한다는 것이 카이퍼의 확신이었다. 뿐만 아니라 그는 정치에 참여하여 마침내 네덜란드의 수상의 자리에 오른 개혁신학자였다. 그가 수상이 된 것은 정치 권력욕의 실현을 위한 것이라기 보다 정치가 그리스도의 법과 정신에 의해 지배 받아야 한다는 그리스도의 왕권에 대한 신념 때문이었다.[90] 그는 기독교 정당을 몸소 조직하였고, 지도하였는데, 그 정당은 기독교적 원칙에 의해서 창당되었고, 기독교인들의 정치참여를 위해서 투쟁하였다. 그는 "정치를 두려워하는 것은 칼뱅주의적이 아니며, 그것은 비기독교적이며, 비

---

88) 서철원, "카이퍼의 개혁사상과 한국신학," 『개혁사상』(서울: 한국기독교사상 연구소, 1989), 66쪽.

89) Wilhelm Kolfhaus. Dr. Abraham Kuyper(Elberfeld), 181쪽.

90) 김명룡, 『열린신학, 바른교회론』, 175쪽.

윤리적인 것"이라고 말하기 까지 했다.[91]

그런데 카이퍼는 교회와 국가의 관계를 설정함에 있어서 기구적 (insitution)이기 보다 개인적(individual)으로 생각하였다. 카이퍼에 의하면 기구로서의 교회는 독특하고 엄격하게 국가로부터 분리되어 있다. 그러나 유기체(organism)로서는 다시 말해서 그것에 소속된 사람들(개인들)의 관점으로부터는 교회는 국가와 직접적으로 연관되어 있는데 그 이유는 그것의 구성원들이 시민이면서 동시에 그 통치자도 되기 때문이다. 그러므로 카이퍼는 기구적인 의미에서 기독교 국가에 대해서 이야기하지 않고, 대신에 '하나님의 백성'이나 '기독교 국민'에 대하여 언급하고 그런 관점에서 개인적인 범주에 대해 우선권을 주었다.[92]

복음주의 사회참여 운동의 대표적 인물이며, 기윤실을 설립한 손봉호[93]는 신칼뱅주의의 본산인 네덜란드의 자유대학교에서 8년 동안 머물며 그의 사상을 형성하였다. 그는 거기에서 삶의 모든 영역에 그리스도의 주권이 통치하게 하자는 설립자 아브라함 카이퍼 (A. Kuyper)와 그의 실천적 철학을 정립한 헤르만 도예베르트(Herman Dooyeweerd)의 기독교철학에 커다란 영향을 받아 기독교신앙이 내면적이며 영적인데 그치지 않고 모든 영역에 적용되어 그 분야를 개혁해야 된다는 적극적인 신칼뱅주의 문화관을 확립하였다.[94] 손봉호는

---

91) 간하배, "서평, 아브라함 카이퍼," 『신학지남』 제31권 2호 (서울 : 신학지남사, 1964), 67쪽.

92) 헬무트 틸리케, "교회와 국가에 대한 신학적 논쟁," 고범서, 『교회와 국가』(서울: 범화사, 1984), 195쪽.

93) 필자는 복음주의 사회참여 신학에 나타난 교회와 국가의 관계를 복음주의 평신도 지도자인 손봉호의 사상을 통하여 조명해 보고자 한다. 이러한 시도는 손봉호가 첫째로는 대표적인 복음주의 사회참여 운동가라는 점 때문이요, 둘째로는 복음주의 사회참여의 대표적 운동인 기윤실을 주도적으로 이끌어 왔다는 점 때문이다.

94) 이정석, "기윤실 10년 평가와 21세기 전망," 『기독교윤리실천운동 10주년 활동 자료집』, 35쪽.

왜 그리스도인들이 시민운동에 참여해야 되는가에 대하여 설명하면서, 그 궁극적 이유로 기독교문화의 건설을 들었다.

> 이러한 도덕적 우위를 바탕으로 사회전체를 선한 방향으로 이끌어야 할 책임이 우리 그리스도인들에게 있다. 특별히 오늘날과 같이 급변하는 세상 속에서 우리 그리스도인들이 변화와 개혁의 주도권을 장악해야 한다고 생각한다. 그래야 우리문화가 기독교적인 문화가 될 수 있다. 만약 우리가 이 기회를 놓쳐 버려 모든 것들이 안정되어 버리면, 그 때는 뚫고 들어갈 틈이 없어지게 된다. 지금이 적기라는 사실을 깊이 명심하고 변화와 개혁의 주체가 되어서 우리의 문화를 성경적으로 이끌어야 한다.[95]

또한 그는 "대중문화에 대한 기독교인의 태도"라는 글에서, 기독교인들이 대중문화에 대해 해야 할 일은 대중과 대중문화 사이에 존재하는 악순환의 고리를 끊고 "그런 세속적인 대중문화를 적극적으로 순화 시키고 성화 시키려고 노력하는 것'이라고 주장한다.[96] 이와 같은 손봉호의 사상은 기본적으로 인간의 모든 삶 속에 하나님의 왕권이 세워져야 한다는 개혁교회 전통의 '하나님 주권론'에 기반하고 있다. 그는 '하나님의 절대 주권'을 다음과 같이 언급한다.

> 성경은 우리가 모든 영역에서 우리의 신앙에 입각하여 행동하고 생각하는 것을 요구한다. 그것은 정치영역이라 하

---

95) 위의 책, 35-36쪽.
96) 위의 책, 36쪽.

여 예외가 될 수 없고, 특히 정치처럼 중요한 영역만 예외로 한다는 것은 하나님의 절대주권 사상이나 삶의 전 영역에서의 순종이라는 원칙과도 모순된다.[97]

또한 손봉호는 『현대적 상황에서 본 교회와 국가』에서 아브라함 카이퍼의 '영역주권론'에 입각한 '하나님의 주권'을 말한다.

> 국가와 교회는 둘 다 하나님의 주권 아래에 있는 것입니다. 이것은 화란의 유명한 신학자요 정치가였던 카이퍼의 주장으로서 국가가 교회 위에 있거나 교회가 국가 위에 있는 것이 아니라 하나님의 주권 밑에 국가가 있고 교회가 있다는 것입니다. 이 인간 세계에는 세 가지의 기본적인 독립된 기구가 있는데 그것은 '국가'와 '교회'와 '가정'이란 것입니다. 이것의 각 영역은 각각 영역적인 주권을 가지고 있다고 했습니다. 그래서 교회에는 국가가 침노하지 못할 어떤 부분이 있고 또 국가에도 교회가 간섭하지 못할 부분이 있으며 가정도 국가나 교회가 간섭하지 못할 어떤 부분이 있습니다. 이것들은 각각 독립된 어떤 핵을 가지고 있고 그 핵을 제외한 영역에서는 서로서로 교류를 가질 수 있지만 근본적인 핵에 있어서는 셋 다 독립된 영역 주권이 있고 또 이 셋은 하나님의 통치하에 있다는 것입니다.[98]

이처럼 그에 의하면 '가정'은 가정대로의 독립된 영역이 있고 '교

---

97) 손봉호, "서문," 『교회와 국가』(서울: 도서출판 엠마오, 1988), 13쪽.
98) 손봉호, "현대적 상황에서 본 교회와 국가," 『현대교회와 국가』(서울: 도서출판 엠마오, 1988), 97-98쪽.

회'는 그 나름대로의 영역이 있으며 '국가'도 국가대로의 독립된 영역이 있다. 즉 국가와 교회는 하나님 밑에서 동등한 입장에 있다는 것이다. 그리고 이 동등이란 하나가 다른 것을 지배 할 수 없다는 것을 의미한다. 그는 '국가'와 '교회'의 분리는 가능하지만, 종교인이 정치를 할 수 있기 때문에 '정치'와 '종교'의 분리는 있을 수 없다고 한다.[99] 이와 같은 손봉호의 교회와 국가의 관계에 대한 이해는 교회와 국가를 기구적 차원이 아닌 개인적 차원에서 이해하는 카이퍼의 그리스도의 영역주권론에 기초하여 있다. 그러므로 필자는 복음주의형 사회참여에 나타난 교회와 국가의 관계는 에큐메니칼 진영의 사회참여와 마찬가지로 개혁교회 전통의 '그리스도 주권론'에 기초하고 있다고 본다.

b. 칼뱅적 저항권

복음주의 사회참여 진영의 대표적 인물인 손봉호는 저항권 문제와 관련하여 칼뱅의 불복종, 즉 '수동적 저항'과 유사한 사상을 전개한다. 캘뱅은 통치자가 폭정을 일삼을 때에는 어떻게 해야 하는가? 에 대해 그런 때 일수록 자기 자신을 돌아보고 하나님께 기도하면서 하나님의 도우심을 기다리며 인내하라고 말한다.

─────────────────────────────

잔인한 군주에게 혹독하게 고통을 당하거나, 탐욕스럽거나 방자한 군주에게 착취를 당하거나, 태만한 군주에게 방치

---

99) 위의 책, 99쪽.

를 당하거나, 불경하고 모독을 일삼는 군주에게 경건의 일
로 큰 어려움을 당하거나 우리는 먼저 자신의 잘못을 생각
하여야 할 것이다.…그런 악을 치유하는 것이 우리의 할 일
이 아니라 주님의 도우심을 간구하는 것이 우리의 할 일 이
라는 것을 명심해야 할 것이다.[100]

_ _

　그러면 통치자에게 저항할 수 있는 가능성은 전혀 없는 것인가?
칼뱅은 두 가지를 조심스럽게 제시한다. 먼저 칼뱅은 "만일 왕들의
횡포를 억제하라고 임명된 백성들의 관리들(magistratus popularis)이 있
다면 그들이 자기들의 의무에 따라서 왕들의 맹렬한 방종에 저항하
는 것은 결코 반대하지 않는다"고 밝힌다.[101] 부처는 독일도시의 하
급관리들(magistratus inferiores)이 영주나 선제후들의 독재적 경향을 견
제하는 역할을 해야 한다며 저항의 가능성을 언급하였다. 칼뱅은 이
런 "백성의 관리들의 예로서 고대 스파르타의 감독관들, 로마의 호
민관들, 아테네의 장관들을 언급하고 있다.[102]

　또 다른 저항의 가능성은 통치자가 하나님의 뜻에 반하는 일을
명할 경우이다. 칼뱅은 "통치자들에게 복종하여야 하지만 그렇다고
해서 하나님을 향한 순종에서 벗어나는 일이 있어서는 절대로 안된
다"고 단언한다.[103] 우리의 순종은 어디까지나 첫째는 하나님에게 바
쳐야 하고 통치자에 대한 복종은 그 다음의 문제이다. 통치자의 권세
는 전적으로 하나님에게서 유래하기 때문이다. 만일 통치자가 하나
님의 뜻에 거스리는 명령을 한다면 "사람보다 하나님께 순종하는 것

---

100)　*Institutes*, VI, 20. 29

101)　*Institutes*, VI, 20. 31.

102)　박경수, "칼뱅의 국가론," 『제 4회 종교개혁기념 학술강좌 주제 개혁교회의 국가론』, 13쪽.

103)　*Institutes*, VI, 20. 32.

이 마땅하다"(사도행전 5:29)는 말씀을 따라야 할 것이다. 그는 불복종으로 인한 박해 받거나 추방 당하거나 죽는 것을 두려워 하지 말고 각오하라고 요구한다.

그렇지만 칼뱅은 어디까지나 수동적인 불복종을 말하는 것이지 무력으로 대항하라고 말하지는 않았다. 하지만 이런 칼뱅의 사상은 이후 프랑스에서의 상황 악화로 인해 칼뱅주의자들에 의해 보다 적극적인 저항이론으로 발전되어 갔다. 프랑스에서의 위그노 전쟁(1562-98), 특히 성 바르톨로뮤 축일 학살사건(1572년 8월 23-24일)[104]은 저항이론을 당연한 것으로 받아들이게 하였다. 그러나 칼뱅이 항상 질서 잡힌 정부를 열망했고 무책임한 혁명을 혐오했다는 사실을 기억해야 한다. 그는 사회질서를 송두리째 뒤엎은 과격한 혁명은 있어서는 안된다고 보았다. 예를 들면 프랑스에서 폭정을 일삼던 기즈(Duke of Guise) 가문을 무너뜨리기 위해 레나우디(Renaudie)가 앙부아즈 음모(Conspiracy of Amboise)를 꾸미고 칼뱅에게 승인을 요청했을 때, 칼뱅은 단호하게 거절하였다.[105] 국가에 대한 적극적이며 능동적인 저항권은 칼뱅의 유산이라기 보다는 칼뱅 이후 칼뱅주의의 소산이다.[106]

손봉호는 저항권 문제와 관련하여 위와 같은 칼뱅의 불복종, 즉 '수동적 저항'과 유사한 사상을 전개한다. 그는 자신이 78년에 소개한 리차드 니버(Reinhold Niebuhr)의 『도덕적 인간과 비도덕적 사회』의 서평에서 "국가란 가장 위선적이고 부정직한 단체이며, 특별히 국가의 특권계급이 그러하다"는 니버의 견해에 동의하였다. 또한 손봉호

---

104) Robert M. Kingdon, "*Calvin's Socio-Political Legacy,*" 119-20. 프랑스에서 구교도와 신교도인 위그노 사이에 벌어진 종교전쟁으로 위그노들이 학살된 처참한 사건.

105) *Institutes*, IV, 20. 6.

106) 박경수, "칼뱅의 국가론," 『제 4회 종교개혁기념 학술강좌 주제 개혁교회의 국가론』, 15쪽.

는 88년에 출간한 『교회와 국가』 서문에서도 다음과 같이 말한다.

> 국가란 그 자체가 비도덕적이고, 그 비도덕성은 자연히 그
> 경제적 힘의 강도에 비례하고 있다"고 언급하였다. 그러므
> 로 그는 "국가와 교회를 엄격하게 구별하여 교회가 국가의
> 모든 문제로부터 초연한 입장을 취하는 것은 바로 국가의
> 불의에 참여하여 그 불의의 이득을 보면서도 그것을 모르
> 는 척하는 위선으로 간주될 수 밖에 없게 된다.[107]

즉 국가는 항상 불의 하기 마련이기 때문에, 교회는 항상 비판적
일 수 밖에 없다고 주장한다. 그러나 그는 "사회정의란 절대 투쟁 없
이는 성취되거나 개선될 수 없으나, 교회는 '비폭력저항' 운동을 펼
쳐야 한다"고 주장한다. 즉 교회는 국가가 도덕적이 되도록 노력할
의무가 있으며, 이는 국가를 감시하고 부도덕성이 발견되면, 그 개선
을 설득, 권고, 경고하고, '평화적인 시민불복종운동'을 전개하는 압
력을 가함으로 수행한다는 것이다.

이러한 손봉호의 관점은 기윤실의 『행동지침』에도 반영되어 "시
민불복종운동"을 채택하도록 하였다.[108] 이와같은 손봉호의 저항개
념은 기본적으로 칼뱅의 저항권 개념과 유사하다고 할 수 있다. 칼뱅
이 비록 저항의 두 가지 예외적 가능성[109]을 주장하지만, 칼뱅은 어

---

107) 손봉호, "서문," 『교회와 국가』(서울: 도서출판 엠마오, 1988), 16쪽.

108) 이정석, "기윤실 10년 평가와 21세기 전망," 『기독교윤리실천운동 10주년 활동 자료집』, 34쪽.

109) 박경수, "칼뱅의 국가관" 『제4회 종교개혁기념 강좌』, 13. 첫째로 "만일 왕들의 횡포를 억
제하라고 임명된 백성들의 관리들(magistratus populares)이 있다면, 그들이 자기들의 의무
에 따라서 왕들의 맹렬한 방종에 저항하는 것을 결코 반대하지 않는다." *Institutes*, IV. 20.
31. 둘째로 통치자가 하나님의 뜻에 반하는 일을 명하는 경우이다. "통치자들에게 복종하여
야 하지만, 그렇다고 해서 하나님을 향한 순종에서 벗어나는 일이 있어서는 절대로 안 된다"
Institutes, IV. 20. 32.

디까지나 무력으로 대항하기 보다는 수동적 불복종을 주장하였기 때문이다.[110] 그러므로 손봉호의 '시민불복종'이라는 소극적 저항개념은 칼뱅의 '불복종' 개념과 동일하다고 볼 수 있다.

결론적으로 필자는 복음주의 평신도 지도자인 손봉호의 교회와 국가관은 16C 종교개혁가 칼뱅의 교회와 국가관을 그대로 계승한 신학적 입장을 취하고 있다고 본다. 즉 칼뱅의 '하나님 주권론'을 19C 네덜란드의 개혁신학자 아브라함 카이퍼가 '그리스도의 영역 주권론'으로 이어 받았고, 이 '그리스도의 영역 주권론'을 복음주의 진영의 사회참여의 대표적 인물인 손봉호가 계승하였다고 본다. 또한 저항권 개념에 있어서도 에큐메니칼 진영이 칼뱅을 넘어 보다 적극적인 저항권을 주장했지만, 손봉호는 칼뱅의 소극적 저항권을 그대로 유지하고 있다고 보여진다. 결국 복음주의 진영의 사회참여에 나타난 교회와 국가의 관계는 칼뱅의 교회와 국가의 관계에 철저히 정초되어 있다.

---

110) 박경수, "칼뱅의 국가관," 『제4회 종교개혁기념 강좌』, 14쪽.

보수진영의 친정부적 사회참여에 나타난
교회와 국가의 관계

1. 친정부적 사회참여에 대한 정의

보수진영의 사회참여는 교회와 국가의 관계에 있어서 정교분리를 주장하면서, '국가조찬기도회'와 같은 국가주도의 행사에 참가하는 일부 교계 지도자들의 '친정부적 사회참여' 방식을 말한다. 원래 정교분리론은 일제시대 선교사들이 일본 제국주의로부터 교회를 보호하기 위한 정책으로 시행되었다.[111] 그러나 정교분리론은 해방 후

---

111) 초기 미국 선교사들은 카츠라 · 테프트 밀약으로 인해 일본의 조선에 대한 권익에 대해 암묵의 이해를 가지고 있었다. 그들은 초대 통감인 이토 히로부미(伊藤博文)가 제시한 매우 독특한 내용의 '정교역할분담론'에 동조했다. 이토는 당시의 한일 감리교회의 감독이었던 해리스(C.M. Harris)와 다음과 같은 의견을 교환했다. 즉 "정치상의 일체의 사건은 제가 그것을 담당하지만 금후 조선에서 정신적인 방면의 계몽, 교화에 관한 것은 바라건대 당신이 그 책임을 담당해 주시오. 그리하여 야만 조선 인민을 유도하는 사업은 비로소 완성 될 수 있습니다". 즉 이토는 종교의 영역은 기독교가 그리고 정치, 사회적인 영역은 조선 통감부가 각각 분담하자는 역할 분담론을 선교사들에게 제시하면서 이러한 입장에서 조선통치에 있어서 양자가 상호 협력할 것을 제안한 것이었다. 정치, 사회적인 영역을 복음의 사회적 응답의 영역으로

에 근본주의적인 신학적 입장을 가지고 있던 한국교회의 보수적 교회와 그 지도자들에 의해 그대로 수용되었고, 그 과정에서 원래의 모습보다 더욱더 왜곡된 형태로 나타나게 된다. 이 왜곡의 현상이 정교분리를 주장하면서도 '국가조찬기도회'와 같이 권력자들이 요청하는 자리에는 응하는 '친정부적 태도'이다. 해방 후에 일부 개신교회의 지도자들은 개신교인이었던 이승만 정권에 친정부적 태도를 보였고, 박정희, 전두환 등 군사독재 정권 시대에도 정교분리를 주장하면서 '국가조찬기도회'에 참여하여 위정자들을 위하여 기도하였다.

또한 보수진영의 친정부적 사회참여는 에큐메니칼 진영의 사회참여를 '용공', '좌경'으로 비난하며 각종 〈성명서〉와 정치적 행위를 통해 정부의 입장을 옹호하는 단체와 교회, 그리고 교계지도자들의 사회참여 방식을 말한다. 이들은 60년대에는 에큐메니칼 진영을 '용공'으로 몰아 비난하였고, 7, 80년대에 에큐메니칼 진영의 민주화와 인권 운동을 '용공'으로 몰아 정부의 입장에 동조하는 입장을 취하였다.[112] 그러므로 필자는 정교분리를 주장하며 '국가조찬기도회'에

서 파악하고 신앙적 양심을 가지고 대응해 가려는 조선 기독교인들의 시도를 비신앙적, 정치적인 것으로 정죄했던 것이다. 이후 선교사들은 이것을 대조선총독부 대응방침으로 하고 조선 개신교회에 대해 정치에 대한 불간섭을 강요하였다. 1910년 일본의 식민지로 전락하고 이후 1919년의 3·1독립운동 마저 실패하자 '역할분담론'이 조선 기독교의 대정치, 사회적 원칙으로서 확고히 자리를 잡아간 것이다. 양현혜, "한경직 목사의 신앙적 유산과 그 현대적 의의," 『제10회 한경직 목사 기념강좌』, 43쪽.

112) 대한기독교연합회(DCC)소속의 조용기, 김준곤, 김장환 등은 김재준을 "성도들의 양심을 혼란시키는 선동자"라 비난하고, "정교분리," "양심의 자유"를 표방하며 종교는 개헌문제에 중립을 지켜야 한다고 주장하였다. 한국기독교교회협의회 인권위원회, 『1970년대 민주화운동(Ⅰ)』, 81. 한편 국제기독교연합회(ICCC)의 맥킨 타이어와 관계를 가지면서 1974년 WCC를 용공단체라 비난하고 이들이 사회참여를 빙자한 정치참여를 하고 있다 비판하였다. 이들은 1974년 11월 25일 〈기독교 반공 시국 선언문〉을 발표하여 1. 반정부적 선전 및 데모선동은 비성경적이다. 2. 진정한 기독교인들의 모든 행동은 오직 성경에 근거를 두어야 한다. 1) 성경은 권세자들을 위해 기도할 것을 가르친다. 2) 성경은 다스리는 자들에 복종 할 것을 가르치고 있다는 등 무조건 권세자들에게 복종할 것을 가르치고, 간힌자를 위해서는 기도만 하는 것으로 족하다고 주장하였다. 한국기독교교회협의회 인권위원회, 『1970년대 민주화운동(Ⅱ)』, 509-10쪽. 그리고 87년 6월 민주화운동 당시에도 '한국보수교단협의회'는 민주화

참가하고, 에큐메니칼 진영의 사회참여를 '용공'으로 비판하며 정부의 입장을 옹호하는 단체와 교회, 그리고 교계인사들의 사회참여 방식을 보수진영의 '친정부적 사회참여'라 부르고자 한다.

2. 친정부적 사회참여 진영의 구성

보수진영의 사회참여 유형으로 분류되는 단체로는 KNCC와 구별되는 보수적 교회연합단체들이다. 그 대표적인 단체로는 60년대와 70년대에 대한기독교연합회(DCC), 한국예수교협의회(KCCC)를 들 수 있다. 특히 이들 단체 가운데 한국예수교협의회는 직간접적으로 매킨타이어의 반WCC노선에 영향을 받아 WCC를 '용공'으로 비난하고, 교회와 국가의 관계에 있어서 정교분리론을 주장하였다. 한편 80년대 대표적인 친정부적 사회참여 단체로는 한국기독교교역자협의회, 개신교단협의회와 한국교회수호범교단대책협의회를 들 수 있다. 이들 단체들도 한국기독교교회협의회(KNCC)를 중심한 과격한 사회참여를 반대하며 정치와 종교의 분리를 주장하였다. 그러나 이들 역시 결과적으로 친정부적 성격을 띠었다. 초교파선교단체로는 김준곤 목사가 이끄는 대학생선교회(CCC)를 들 수 있다. 대학생선교회(CCC)는 민족복음화 운동에 헌신하였으나, 이 운동이 정치권력에 비호아래 진행되었다는 비판과 김준곤 목사의 친정부적 성향으로 보수진영의 사회참여 유형에 분류될 수 있을 것이다.[113]

운동세력을 '용공'으로 비난하였다. 한국기독교사회문제연구원, 『87년 교회사정』, 17쪽.

113) 예장(통합)의 한경직, 강신명, 기장의 조향록 목사는 60년대 한일국교정상화 반대운동, 3선

정교분리론을 주장했던 교계지도자들은 한국개신교회의 전 교단을 망라한다. 60년대에는 한일회담 반대운동에서 예장(통합)의 교회의 정치간섭을 반대했던 김석찬 목사, 박치순 목사, 김동협 목사 등을 우선적으로 들 수 있을 것이다. 이어 교회가 박정희 정권의 3선개헌 반대운동을 전개할 때 이를 지지한 대한기독교연합회(DCC)소속의 김윤찬, 박형룡, 조용기, 김준곤, 김장환를 들 수 있다. 그리고 68년에 결성되어 국가조찬기도회에 참석한 개신교회의 지도자들을 들 수 있다. 이들은 기장측과 예장(통합)측을 포함한 개신교회의 거의 모든 교단의 인사들이 망라되었다. 그 중 대표적인 인사들은 국가조찬기도회를 주도적으로 만든 CCC의 김준곤 목사, 예장(통합)측의 한경직, 강신명, 기장측에도 조향록 목사 등이 참석하였다.

80년에는 전두환 대통령이 취임한 후 이루어진 국가조찬기도회에는 한경직, 조향록, 김지길, 정진경, 강신명, 박치순, 김윤식, 신현균, 장성칠, 김준곤, 조덕현, 이경재, 최태섭, 김해득, 민영완, 이봉상, 지원상, 유흥묵, 김창인, 박정근, 김용도, 유호준, 이상로, 곽선희 등이 참석하여 개신교단의 주요한 중진인사들이 대거 참석하기도 하였다. 이처럼 80년대까지 국가조찬기도회형의 사회참여는 신학적으로 보수적 입장을 취하던 일부 교계 중진 인사들, 그리고 KNCC 가맹 교단

개헌 반대 운동 뿐만 아니라, 1968년 국가조찬기도회가 발족된 이후 80년대까지 지속적으로 참석하였다. 특히 1980년 광주민중항쟁이후 구성된 '입법회의'에는 개신교계를 대표하여 예장(통합)의 강신명 목사, 기장의 조향록 목사가 참여하였다. 이처럼 이들 목회자들이 정치적 사안에 대하여 일관되지 않은 행보를 보인데 대해 양현혜는 '반공주의'가 그 원인이라고 주장한다. 특히 한경직 목사의 경우 그가 정치적 태도를 결정하는데 있어서 최우선시 하는 것은 공산주의를 이롭게 하는 사회 불안을 경계하는 것이었다고 주장한다. 한경직은 유신헌법에 반대서명에 참여할 것인가 여부를 두고도 그 운동이 사회불안을 가중 시킬 것이라는 점을 염려해 결국 참여하지 않은 쪽을 선택했다는 것이다. 정진영, 『한경직 목사와 선교』, 24쪽. 한경직에게 나타나는 이와 같은 사회윤리의 부재는 비단 그만의 문제가 아니라 사실 한국개신교회의 공통된 하나의 특징이었다는 것이다. 양현혜, "한경직 목사의 신앙적 유산과 그 현대적 의의," 『제10회 한경직 목사 기념강좌』, 41쪽을 참조하라.

에 소속된 목회자들 가운데 일부 인사들이 참석하는 형태를 띠기도
하였다.

3. 보수진영의 친정부적 사회참여의 역사 · 신학적 배경

a. 근본주의 신학

근본주의 운동은 1929년 미국에서 프린스톤신학교를 떠나 웨스
터민스터(Westminster) 신학교를 만든 메이첸(G. Machen)과 밴틸(Van Til)
에 의해 시작되었다. 이들은 칼 바르트(K. Barth)를 자유주의를 추종하
는 신신학자로 매도하고, 자신들이 신봉했던 근본주의 신학[114]을 정
통신학으로 주장하였다. 그러나 미국 장로교회내에서는 그들을 추
종하는 사람들은 매우 소수에 불과했다.[115] 세계의 다수의 개혁교회

---

114) 가브리엘 팩커(Gabriel Facker)는 미국의 복음주의 운동을 다음과 같이 다섯 가지로 분류하
고 있다. 1. 근본주의. 2. 전통적 복음주의. 3. 신복음주의. 4. 사회 개혁적 복음주의. 5. 카리
스마적 복음주의 등이다. 팩커에 따르면 근본주의자들은 세가지 특색을 가지고 있다. 즉 1.
성경축자영감설을 주장하고. 2. 분리주의적 교회관을 가지며. 3. 교회적 정통을 위한 전투
적 보수주의 운동을 전개한다. Gabriel Facker, *The Religious Right and Christian Faith* (Grand
Rapids: Eerdmans, 1982), 5-7쪽.

115) 박형룡은 이에 대하여 다름과 같이 증언한다. "미국 북장로교회 총회는 1923년에 보수주의
자들의 주창에 의하여 '본질적 교리'(Escentials) 다섯가지(Five Points)(성경의 무오, 동정녀
탄생, 대속적 속죄, 신체적 부활, 이적들의 초자연성)을 선정하엿다. 자유주의 목사 1293명
은 이에 반대하여 소위 『오번확인서』(Auburn Affirmation)라는 성명서를 내었다. 1925년
총회는 평화파와 자유파가 합하여 보수파를 제압한다는 것을 평화파의 찰스 알 어드만 박사
의 회장 당선으로 표시하였다. 동 교회의 자유주의 세력은 날로 자라난 결과, 1929년에 프린
스톤 신학교가 개편되어 자유화하는 동시에 메첸, 웰손, 알리쓰, 밴틸 제 교수와 일부 학생
들이 나가서 필라델피아에 웨스트민스터 신학교를 세웠다. 1936년에 메첸 직계의 정통 장
로교파가 서고 후에 그 교파에서 분리한 성경 장로교회파, 페이트(Faith)신학교가 설립을 보

는 칼 바르트를 20C에 개혁신학의 전통을 계승하는 자로 꼽는데 주저하지 않았고, 미국 내에서도 바르트의 신학적 영향은 프린스톤을 비롯한 여러 장로교회에 깊은 영향을 미치고 있었다. 그러므로 20C의 개혁교회의 신학의 전통은 결코 메이첸이나 밴틸과 같은 근본주의 성향의 신학자들이 이어가고 있지 않았다. 이들은 20C개혁신학자들 가운데 매우 편협하고 극단적으로 보수적인 신학자들로 20C의 개혁신학의 본류라기 보다는 지류에 해당하였다.[116]

그런데 바로 이와 같은 20C의 개혁신학의 지류가 한국에서는 박형룡에 의해 본류로 바뀌게 된다. 그것은 박형룡이 미국 프린스톤 신학교에서 공부할 때, 프린스턴이 자유주의 신학에 물들었다고 통박하면서 보수신학을 표방하여 웨스트민스터 신학교를 설립해 나간 메이첸(G. Machen)에게서 강한 영향을 받고 한국에 돌아와 메이첸의 신학을 강변하여 나타난 현상이었다. 그는 근본주의 신학이야말로 정통파 기독교라고 주장하였다.

> 근본주의는 별다른 것이 아니라 정통주의요 정통파 기독교다. 한걸음 더 나아가서 근본주의는 기독교의 역사적 전통적 정통적 신앙을 그대로 믿고 지키는 것, 즉 정통신앙과 동일한 것이니만치 이것은 곧 기독교 자체라고 단언하는 것이 가장 적당한 정의 일 것이다. 근본주의는 기독교 자체다.…메이첸 박사의 명저 기독교와 자유주의("Christianity and Liberalism")는 기독교와 자유주의는 근거에서 서로 다른 두 가지 사상체계라는 것, 자유주의는 기독교가 아니라는

왔다. 그리고 근년에 후자로부터 분리한 복음 장로교파와 카버낸트(Covenant) 신학교가 섰다." 박형룡, 『朴亨龍博士著作全集』VIII (서울: 한국기독교교육연구원, 1978), 300쪽.

116) 김명룡, 『열린신학 바른 교회론』, 171쪽.

것을 주장하였다. 이러므로 나는 근본주의야말로 유일한
기독교 자체라고 정의한 것이다.[117]

― ―

그는 신학이라는 것은 시대에 따라 변화, 변천하는 것이 아니고,
사도시대로부터 전승해 내려오는 '사도적 정통의 정신학'을 그대로
보수하는 것이라고 굳게 믿고 있었다. 따라서 성서는 절대 오류가 있
을 수 없다는 '성서무오설'을 확신하였으며, 성경은 성령의 감동을
받아 쓴 책으로 일점일획도 틀림없다는 '축자영감설'을 굳게 믿는
근본주의신학의 입장에 서서, 한국교회가 자유주의 신학으로 흐르
는 것을 막는 첨병으로서의 사명에 충실하였다.[118] 메이첸의 근본주
의 신학의 영향을 받은 박형룡의 신학적 영향력이 한국 장로교회 내
에서 증대되면서 근본주의 성향의 신학이 정통 개혁신학으로 한국
교회 내에서 인식되게 되었다.[119]

그런데 이 근본주의 신학은 분리주의, 반지성주의, 종말론의 강조,
반사회적인 움직임, 정교분리 등의 부정적인 요소들을 가지고 있었
다. 메이첸은 그의 저서 『기독교와 자유주의』(Christianity and Liberalism)
에서 근본주의 신학의 반사회적 성격을 다음과 같이 드러내었다.

― ―

인적(人的) 선(善)은 타락된 영혼들에게 아무 유익도 없으
리니 너희는 중생하여야 한다. 그러므로 복음 설교가의 주

---

117) 박형룡, 『朴亨龍博士著作全集』Ⅷ (서울: 한국기독교교육연구원, 1978), 280-81쪽. 그리고
　　『신학지남』 제 25권 제 1호 (서울: 신학 지남사, 1960), 9쪽.

118) 김인수, 『한국기독교회사』, 263쪽. 이에 대하여 박형룡은 다음과 같이 말한다. "우리는 물론
　　성경의 기계적 영감을 주장하지 않으나 완전영감 축자영감과 무오성을 주장함은 이것이 그
　　리스도와 사도들의 성경관이요 성경의 자증하는 바이며 신앙의 조상들, 신경과 요리의 가르
　　치는 바이기 때문이다." 박형룡, 위의 책, 288쪽.

119) 김명룡, 『열린신학, 바른교회론』, 171-72쪽.

요한 직무는 영혼을 구원함이오 영혼은 예수의 도적적 원
리로만 구원되는 것이 아니라 그의 구속적 사역으로 되는
것이다.[120]

- -

이에 영향을 받은 박형룡은 "사회복음"(Social Gospel)은 피상적(皮
相的)이고 근시적(近視的)인 것이라고 비판하면서, "종교적 욕구는 영
원과 절대를 동경(憧憬)하는 것이며," "실증적 세계, 즉 단순한 지상
연극은 가치가 없고 의미도 없는 것"이라 주장한다.[121] 그는 복음주
의(신복음주의)의 '사회복음'에 대해서도 다음과 같이 비판한다.

- -

> 신복음주의 운동은 3거두 Harold John Ockenga, Carl
> Henry, Billy Graham의 지도아래 사회복음을 주장하여
> WCC의 사회적 활동을 따르며 교회합동을 역설하여 WCC
> 와 로마 교회에 아첨을 자행하면서 재래의 정통주의 복음
> 주의는 교회의 사회적 의무에 등한하다느니, 교의 문제로
> 교회를 분리하는 분리주의자들이라느니, 과학을 무시하는
> 몽매주의자들이라느니 하여 정통주의에 비난을 퍼붓는다.
> 신복음주의는 사회복음을 전하되 구령복음을 전하기에 태
> 만 하지 않으니 WCC와 다르다고 그들은 스스로 변명한다.
> 그러나 그것은 사회적 활동의 방식에서 WCC를 따라가니
> 결국 WCC가 하듯이 무신론 유물론에 기초한 공산주의와
> 악수하게 될 때 있을 것이다. 또 그들은 교회 합동운동에
> 찬동하되 성경을 믿으면서 그리하는 점에서 WCC와 다르

---

120) G. Machen, *Christianity and Liberalism*, 156. 박형룡, 『朴亨龍博士著作全集』XIV, 190쪽에
서 재인용.

121) 박형룡, "사회복음의 신학." 『신학지남』 제 17권 4집, (서울: 신학 지남사, 1935.7), 그리고
위의 책, 192쪽.

다고 변명한다. 그러나 그들은 성경을 과학에 맞도록 해석한다 하여 진화론과 성경 고등 비평에게 문을 열어 주니 큰 일이다.[122]

뿐만 아니라 박형룡은 〈조선교계 사상의 추세〉에서 "그리스도교의 사회화 뿐 아니라 소위 조선화, 민족화를 반대한다."[123] 이러한 근본주의 신학의 반사회적 움직임은 결국 한국 개신교회 보수진영으로 하여금 사회적 책임의 결여로 나타나게 하였다.[124]

b. 반공주의

해방 후 김일성 세력에게 감시와 탄압을 받던 이북의 기독교인들이 대거 남하하게 되자, 기독교는 반공의 종교 공동체로 변화하기 시작하였다. 특히 한국교회는 6 · 25를 겪으면서 수많은 인적 피해를 입었다. 예배당의 파괴도 심각했다.[125] 그리하여 한국기독교회는 6. 25 전쟁을 겪으면서 더욱더 철저한 반공주의 사상의 세례를 받게 되었다. 기독교 윤리학자 정하은 이것을 다음과 같이 말하였다.

---

122) 박형룡, 『신학지남』 제 43권 3집 (1976. 가을). 그리고 『朴亨龍博士著作全集』ⅩⅣ, 401쪽을 보라.

123) 박형룡, 『朴亨龍博士著作全集』ⅩⅣ, 372쪽.

124) 박용규, 『한국교회를 일깨운 복음주의 운동』, 76쪽.

125) 장로교회 소속 예배당 소실이 152동, 파손 467동, 감리교 소실 84, 파괴 155, 성결교 소실 27, 파괴 79, 구세군 소실 4, 파괴 4등이었는데 이것은 통계에 나온 것의 일부일분 실제는 이보다 훨씬 많은 피해가 있었음을 미루어 짐작하기 어렵지 않다. 김인수, 『한국기독교회사』, 263쪽.

> 6 · 25동란으로 우리의 마음속에 반공세력은 정치적 전통
> 세력으로 받아들이게 되었고, 반공, 그것이 바로 국민의 정
> 치의식과 가치관에 부합되는 정통적 사고방식임과 동시에
> 행동방식이라고 믿게 되었다.···그리하여 반공이라는 것이
> 민주주의를 수호하기 위한 방편이라기 보다도 민주주의의
> 상위에 놓여지게 되었다.···민주주의를 반사적 요건으로 하
> 고 반공을 본질적 요건으로 하여 한국 정치사의 정통성이
> 구축되어 간 것은 6 · 25를 기점으로 해서 였다.[126]

정하은이 말한 것처럼, 6 · 25전쟁으로 북쪽에서 엄청난 사람들
이 남으로 피난하였는데 이들이 반공의 맨 앞줄에 서게 되고 반공을
최고의 가치로 여긴 이승만 정권과 이념적으로, 정치적으로 연대하
게 되었다. 이때 교회에는 '공산주의=반기독교,' '기독교=반공'의 등
식이 깊이 뿌리 내리게 되었다.[127] 또한 한국교회는 6 · 25전쟁을 "악
마와 천사와의 대결"로 인식하였고, 공산당 퇴치전쟁은 십자군 전쟁
과 비유하였다. 그래서 이승만의 북진통일을 교회가 지지하게 되었
으며, 6 · 25전쟁을 거치면서 한국기독교가 "우익의 탁월한 상징"으
로 떠오르게 되었다.[128]

한국 개신교 보수신학의 대부 박형룡은 교회에 "붉은 세력"이 침
투하고 있다고 세계교회협의회(WCC)를 겨냥하면서 기독교와 공산

---

126) 정하은, "6 · 25에서 본 한국정치의 정통성", 『新像』 4권 제 2호 (1971년 여름호), 9-14쪽.

127) 박정신, "6 · 25전쟁과 한국 기독교," 『한국 기독교사 인식』(서울: 혜안, 2004), 211-12쪽.

128) 강인철, 『한국기독교회와 국가 · 시민사회, 1945-1960』(서울: 한국기독교역사연구소, 996),
270-72쪽.

주의는 함께 자리할 수 없다고 전파하였다.[129] 그는 고려신학교, 장로회신학교 그리고 총회신학교의 신학적 토대를 닦고 수많은 목회자들을 배출하였다. 그의 제자들이 한국의 최대 교파인 장로회 교회에 다니는 이들에게 이러한 전투적 반공주의를 주입시켜 온 것이다. 그의 제자들은 전국 방방곡곡에 있는 교회에서 공산주의자들은 적그리스도라고 가르치게 되었다.[130] 한경직도 철저한 반공주의를 주장하였다. 그는 공산주의야 말로 일대 괴물이요, 이 괴물이 지금은 삼천리 강산에 횡횡하며 삼킬 자를 찾고 있으며, 그가 남한 사회의 최대의 죄악이라고 보는 거짓말, 도적질, 테러는 유물론적 공산주의의 반도덕 사상의 영향에 의한 것이라고 규정했다.[131] 한경직이 유신헌법 반대서명에 참여하지 않은 것이나, 국가조찬기도회와 같은 친정부적 행사에 참여한 배경에는 이와같은 반공주의의 영향이었다.[132]

그러므로 반공적인 한국 기독교는 반공을 '국시'로 삼은 남한 정부와 친화적 관계를 가지게 된다. 이승만의 권위주의적 정권, 박정희, 전두환으로 이어지는 군사정권은 반공주의적인 보수교회와 그 지도자들의 활동을 적극적으로 돕고, 보수적 교회들은 공산주의자들이 그리스도의 진정한 적이고 공산주의와 싸우는 정권은 하나님의 뜻에 따라 세워졌다고 적극적으로 지지하고 나섰다.[133] 이러한 반공주의 사상은 결과적으로 한국의 개신교회들로 하여금 교회와 국가의 관계에 있어서 친정부적 성향을 띠게 하였다.

---

129) 박형룡, 『朴亨龍博士著作全集』 제 IX 권, (서울: 한국기독교교육연구원, 1981), 87-90쪽.

130) 채기은, 『한국교회사』, (서울: 예수교문서선교회, 1977), 225쪽.

131) 한경직 전집 1, 『정치와 기독교』, 86쪽. 『기독교와 공산주의』, 148쪽.

132) 양현혜, "한경직 목사의 신앙적 유산과 그 현대적 의의," 『제10회 한경직 목사 기념강좌』, 41쪽.

133) 박정신, "6 · 25전쟁과 한국 기독교", 『한국 기독교사 인식』, 214쪽.

4. 친정부적 사회참여에 나타난 교회와 국가의 관계

a. 정교 분리론

한국교회 선교초기에 선교사들은 일찍부터 독특한 방식의 '정교 분리론'을 한국교회에 주입시키려고 했다. '정교분리'란 원래 신교의 자유에 대한 국가의 간섭을 방지하기 위한 논리였다. 그것은 인간의 삶의 방식을 결정하는 내면의 신앙, 신념의 문제에 국가권력이 개입해서는 안 된다는 것으로 그 배후에는 국가는 인간의 삶 전체에서 단지 일부분에 관여하는 것이 허락될 뿐이라는 근대국가의 자기한계에 대한 이해가 있었다. 따라서 이것은 개인의 신앙, 신념의 귀중함이 존중되어 인권의 기본을 확립하는 것이 근대 국가의 전제조건이라는 것으로 근대 시민사회의 중요한 원칙의 하나가 되었던 것이다.[134]

이러한 정교분리의 원칙이 최초로 헌법에 규정된 것은 종교박해를 경험한 청교도의 후예가 건국한 미국의 헌법에서였다.[135] 미국헌

---

134) 양현혜, "한경직 목사의 신앙적 유산과 그 현대적 의의,"『제10회 한경직 목사 기념강좌』, 41쪽.

135) 미국헌법 본문에 정교분리가 표현되어 있는 것은 아니다. 다만 분리라는 정신이 수정헌법(amendments)제 1조에 반영되고, 이에 대한 해석이 제 14조에서 확대되면서 정교분리의 정신이 확립되어 간 것이다. 종교와 정치 사이에 있어야 할 '분리의 벽'(a wall of separation)이라는 정신을 당시의 대통령인 제퍼슨(Thomas Jefferson)이 제 1조에서 암시적으로 반영시킨 것이다. 주의 해야 할 점은 이러한 분리의 개념이 기독교를 불리하게 만들거나 기독교에 대한 반감을 토대로 한 결정의 표현이 아니라, 기독교의 어느 한 교파를 공인함을 피하면서 중립을 지키는 것이 오히려 종교를 돕는 방법이라고 판단했던 것이다. 나학진, "정교분리에 대한 신학적 고찰,"『교회와 국가』, 200-01쪽. 미국식 정교분리의 장점에 대하여 존 베네트(John C. Bennet)는 다음과 같이 지적하고 있다. 첫째 공인된 국교에서는 실현되기 어려운 종교의 완전한 자유를 정교분리로써 보장하게 되었다는 것이요, 둘째로 민주적 절차가 아닌 방법으로 국가에 대해 통제하려는 교회의 그릇됨을 제거 할 수가 있다는 것이다. 특히 공

법의 종교조항은 흔히 "교회와 국가의 분리"로서 묘사된다. 미국의 수정헌법에 규정된 "분리"는 교회와 국가가 서로 격리되어 있어야 한다는 것을 뜻하는 것이 아니라, 국가의 종교 간섭과 종교 활동을 금지시키는 원칙을 말하는 것으로 종교의 자유로운 행사와 세속국가의 유지를 보장해 주는 것을 뜻해 왔다.[136] 그러나 한국에 온 미국선교사들은 미국헌법에 규정된 '정교분리'의 원칙의 충실한 신봉자들이었으나 그들은 한국개신교에 대해서는 독특한 '정교분리'의 원칙을 제시했다.[137] 초기 한국 기독교인들의 활발한 민족운동에의 참여를 제어하기 위해서 그들은 1901년에 '정부와 교회 사이에 교제할 몇 가지 조건'이라는 공문을 만들어 각 교회에 회람시켰다.

> 1. 우리 목사들을 대한 나라 일과 정부 일과 관헌 일에 대하여 모두 그 일에 간섭 아니 하기를 작정한 것이오. 2. 대한국과 우리 나라들과 서로 약조가 있는 데 그 약조대로 정사를 다 받으되 교회 일과 나라 일은 같은 것이 아니라 또 우리가 교우를 가르치기를 교회가 나라 일 보는 데가 아니오 또한 나라 일은 간섭할 것이 아니오 (중략) 5. 교회는 성신이 붙인 교회요 나라 일 보는 교회 아닌 데 예배당이나 회당 사랑이나 교회 학당이나 교회 일을 위하여 쓸 집이요 나라 일 의논하는 집이 아니요 그 집에서 나라 일 공론하여

인된 종교가 신앙에 관한 문제를 놓고 정부의 힘을 빌어 다른 교파를 불리하게 만들거나 종교적 자유를 방해할 구가 없게 만든다고 설명하는 것이다. 셋째로, 교회의 자립이 보장되는 장점을 그는 지적하고 있다. John C. Bennet, *Christian and the State*(New York: Scribner's, 1958), 210-21쪽.

136) James E. Wood, Jr., *Nationhood and the Kingdom*(Nashville, Tenessee: Broadman Press, 1977), 79쪽. 그리고 김홍수, "교회와 국가 관계의 역사적 유형", 832쪽에서 재인용.

137) 위의 책, 42쪽. 양현혜는 미국선교사들에 의해 제시된 초기 한국개신교회의 정교분리를 '조선형 정교분리'라 명명하였다.

모일 성도 아니오 또한 누구든지 교인이 되어서 다른 데서
공론하지 못 할 나라 일을 목사의 사랑에서 더욱 못할 것이
오.[138]

국가권력의 신앙에 대한 불간섭이라는 '정교분리'의 원칙을 교회
의 정치에 대한 불간섭이라는 독특한 내용으로 변형시킨 '정교분리'
의 원칙이 한국개신교 신자들에게 강요되었던 것이다. 이러한 내용
의 '정교분리'의 원칙은 아직 신학적으로 미숙한 조선 기독교인들로
하여금 기독교 신앙을 사회 정치적인 영역을 포함한 인간의 총체적
인 삶의 원리로서가 아니라 좁은 의미의 종교적 영역인 교회 생활로
축소시키게 하는 것이었다. 이러한 '정교분리'의 원칙은 '정교분리
론'의 특수한 변형으로서 그 내실은 '정치 불간섭주의적 교회중심주
의'라고 부를 수 있는 것이었다.[139]

이러한 '정교분리' 원칙은 해방 후에도 한국 개신교회의 보수적
교회의 교회와 국가관계에 적용되었다. 한국개신교회의 보수계열인
합동측의 신학자인 김의환은 엄격한 '정교분리'를 주장하였다. 그는
교회와 국가는 함께 신적인 기관이지만 그 기능과 영역에 있어서 독
립성을 갖고 있다고 주장한다. 그는 한국교회는 3·1운동에 참여함
으로써 영역 이탈의 과오를 범했고, 오늘날에는 민권운동 참여에서
영역을 넘어서고 있다고 본다.[140] 그는 『교회와 국가』에서 "교회는
민족주의 운동의 온상도 될 수 없고 민권운동의 참모실도 될 수 없다

---

138) 『그리스도 신문』(1901. 10. 3)
139) 양현혜, "한경직 목사의 신앙적 유산과 그 현대적 의의," 『제10회 한경직 목사 기념강좌』,
    43쪽.
140) 김흥수, "교회와 국가 관계의 역사적 유형", 833쪽.

고 주장한다."[141] 또한 『한국 교회의 정치참여문제』라는 글을 통해 "교회가 종교적 문제에 대해서만 정부를 향해 발언할 수 있지 그 외의 모든 정치적 행동은 잘못된 것"[142]이라고 주장한다. 이는 1901년 장로회 선교사들의 공의회에서 결의된 '정부와 교회 사이에 교제할 몇 가지 조건' 즉, '정교분리'의 원칙을 다시 한번 재천명한 것이다. 이러한 정교분리론은 선교사들의 사회적 배경과 신앙유형이 결합되어 나타난 "한국교회의 사회론"[143]으로서 '침묵의 신학'(silent theology)이 되었다.[144]

1960년대 한일국교정상화반대운동을 반대했던 김석찬 목사, 박치순 목사, 김동협 목사 등은 이러한 정교분리론에 기초하여 교회의 사회참여를 반대하였다. 뿐만 아니라 3선개헌 반대운동과 7,80년대 민주화 인권운동세력의 사회참여에 대한 보수진영의 교계지도자의 비난과 비판은 모두가 이와 같은 '정교분리론'에 근거한 것이었다. 그러나 '정교분리'를 주장하는 보수진영의 지도자들은 그들의 주장과는 달리 사실 엄격한 정교분리를 실천하지도 않았다. 이들은 정교분리를 주장하면서도 오히려 적극적으로 친정부적 입장을 표명하였다. 이미 1969년 3선 개헌시에 대한기독교연합회 소속의 김윤찬, 박형룡, 조용기, 김준곤, 김장환 목사는 진보진영의 정치참여가 정교분리에 위배된다고 비판하면서도, '개헌에 대한 우리의 입장'이라는 성명서를 통해 "박대통령의 용단을 환영한다"는 지지의사를 표명한 사

---

141) 김의환, 『교회와 국가』, 7쪽.

142) 김의환, "한국교회의 정치참여 문제," 『신학지남』 (1973. 3), 25-28쪽.

143) 노길명, "개화기 및 일제시대 한국 천주교회의 성격과 사회활동," 『교회와 역사』(1987, 8), 23쪽.

144) Jose Comblin, *The Church and the National Security State*(Maryknoll, New York: Orbis Books, 1979), 14-17쪽. 김흥수, "교회와 국가 관계의 역사적 유형", 833쪽에서 재인용.

실에서 이같은 사실은 극명하게 드러난다.

또한 이들은 진보진영의 사회참여를 비판하는 각종 〈성명서〉를 발표하여 친정부적 성향을 드러냄은 물론, '국가조찬기도회'와 같은 '친정부적' 행사를 만들어 정권에 협조하였다. 1965년 김준곤 목사의 주도로 만들어진 '국가조찬기도회'는 보수진영의 대표적인 친정부적 사회참여로 70년대를 유신체제를 거쳐 80년대 제5공화국 군사독재시절까지 계속되었다.[145] 그러므로 필자는 이러한 한국 개신교 보수진영의 사회참여는 신학적으로 '정교분리' 또는 정교분리의 변형인 '조선형 정교분리'[146]라 정의하고자 한다.

b. 루터적 두 왕국론의 오용의 답습

한국 개신교 보수진영의 친정부적 사회참여는 루터적 '두 왕국론'에 나타날 수 있는 오용을 답습하였다. 몰트만은 루터의 두 왕국론을 "이중적 두 왕국론"(The Dual Doctrine of the Two Kingdoms)으로 표현한다.[147] 그에 의하면, 루터의 '두 왕국론'은 첫째로 '어거스틴적 두 왕국론'의 특징을 지닌다. 루터는 그의 초기저작에서 하나님의 도성(Civitas Dei)과 악마의 도성(Civitas Diaboli)과의 투쟁과 갈등의 관계를 보

---

145) 국가조찬기도회는 2006년 현재까지도 계속되고 있다.

146) 필자는 본 논문에서 양현혜의 개념을 차용하고자 한다.

147) Jürgen Moltman, *On Human Dignity : Political Theology and Ethics*, Trans and with an introduction by M. Douglas Meeks (Philadephia: Fortress Press), 64쪽. 루터에 의하면 "영적 정부"와 "세속 정부"는 함께 악마의 왕국과 대항하나 서로 구분 되면서도 차이성을 가진다. 또한 이 두 정부는 각각 고유한 의를 가진다. 그것은 하나님의 의와 세상의 의를 말하는 것으로서 영적 정부에서는 오직 은혜, 의인 그리고 믿음이 유효하며, 세속 정부에서는 법, 선행, 이성, 처벌하는 검 등이 통용된다. 영적 정부에서는 말씀이 지배하나 세속 정부에서는 칼이 지배한다.

여주는 묵시문학적 종말론의 성격을 지닌 어거스틴적 두 왕국론을 그대로 받아들였다. 둘째로 '두 정부론'이다. 루터는 1523년 『세속권세에 관하여』에서 하나님은 악마의 세력의 제한과 와해를 위해 하나님의 두 통치 질서, 즉 세상을 구원하는 그리스도의 왕국(영적정부)과 삶을 보존하는 세상왕국(세속정부)인 "두 정부"를 세우셨다.[148] 그러므로 루터의 두 왕국론은 교회와 국가의 두 정부를 구분하고, 두 정부의 출처와 권위가 하나님께로부터 왔으며, 이 두 정부는 악마의 왕국에 대항하기 위하여 세워진 것으로 이해된다.[149]

한편 루터에 의하면, 세속 정부의 모든 권위는 부모의 권위에 근거를 두고 있다. 그러므로 기독교인은 부모님에게 순종하고, 공경하는 것과 같이 정부에게 순종하고 복종함으로서 정부의 권위를 존중하여야 한다.[150] 그러나 만약 정부당국이 교회와 기독교인에 대하여 그들의 권한을 남용할 경우에 교회와 기독교인은 어떻게 반응해야 하는가? 즉 기독교인에게 국가에 대한 저항권이 있는가? 루터는 이 문제에 대하여 『군인들도 구원받을 수 있는가?(1526)』에서 불의한 정부일지라도 복종할 것을 말한다.[151] 왜냐하면 비록 어떤 정부가 옳지 않은 행동을 하고 또 불의를 보호할지라도 그 정부는 하나님께서 세워주신 정부로서의 성격과 권위를 완전히 상실한 것이 아니기 때문이다.

그러므로 정부에 불순종하고 반항하는 것은 하나님께 불순종하고 반항하는 것이다. 관리들이 가끔 직권을 남용하고 멋대로 행동하

---

148) M. Luther, *Temporal Authority: To What Extent it Should be obeyed*, 91쪽.

149) 김명배, "루터의 두 왕국론," 미간행논문, 장로회신학대학교, 1996, 57쪽.

150) *LW*, Vol 13, 58.

151) *Hugh. Kerr, A Compend of Luther's Theology* (Philadephia: The Westminster Press, 1966), 230쪽. 김영한 편역, 『루터신학개요』(서울: 대한예수교장로회 출판국, 1991), 27쪽.

고 그리고 불의를 행하는 무뢰한일 경우에도 마찬가지이다. 정부당국은 오직 하나님에 의해서만 심판을 받는다. 혁명과 반항은 하나님의 재판상의 기능을 침해하는 것이다. 결국 루터는 저항권을 인정하지 않고, 순종과 참고 견디는 것만을 말한다. 루터는 국가를 하나님의 섭리와 은혜가 매개되는 기관으로 보았고, 폭군의 경우 역시 하나님의 진노를 대변하는 인물로 받아들였기 때문이다.[152]

그러나 하나의 예외가 있다. 루터는 그 예외를 다음과 같이 말한다. "일시적인 권력과 당국이 백성으로 하여금 하나님 계명들에 위배되도록 행하기를 요구하거나 또는 그것들을 행하기를 방해하는 일이 일어나야 한다면 거기서는 순종은 끝이며 의무도 무효화된다."[153] 여기에서 루터는 정부가 그의 권위의 한계를 벗어나 하나님과 그의 말씀에 반대하는 행동을 하도록 우리에게 강요할 때에- 예를 들면, 복음의 진리를 부인하거나 반대하는 일- 루터는 사도행전 5장 29절에 근거하여 복종해야 할 우리들의 의무가 끝났다는 것을 주장한다. 정부가 하나님의 말씀과 신앙의 문제에 관여하지 않고 다만 이 세상의 물질적 삶을 돌보는 일을 한다는 조건에서만 기독교인은 정부에게 복종할 의무가 있다.[154] 결국 루터에게 있어서 다만 저항할 수 있는 경우는 정부가 하나님의 계명에 위반되는 행동을 하게 할 때만 인정 되었다.

이러한 루터의 두 왕국론과 저항권 개념은 틸리케(H. Thielicke)에 의하면, 세 가지 오용의 위험성을 가지고 있다. 이중윤리, 세속화의

---

152) 이형기, 『종교개혁신학사상』, 169쪽.

153) Hugh. Kerr, 위의 책, 231쪽. 그리고 김영한 편역, 『루터신학개요』, 297쪽.

154) John Dillenberger, *Martin Luther Selections From His Writing*, edited and with an Introduction by John Dillenberger (New York: Doubleday & Company, 1961) 이형기역, 『루터저작선』(서울: 크리스챤 다이제스트, 1994), 457-60쪽.

위험성, 세속권세에 대한 묵종주의의 경향성이 그것이다. 이중윤리 (double morality)의 위험성은 윤리를 개인적 윤리와 공적윤리로 구분하는 것을 말한다.[155] 루터의 초기작품에 나타난 후기중세기의 신비주의의 영향은 루터로 하여금 인간을 내적인간과 외적인간으로 나누게 하였다. 그리고 이 구분을 기독교인과 세상의 일들과의 관계에 적용하여 내적인 사람으로서의 기독교인은 하나님의 왕국 안에서 신적인 선의 성취를 위하여 행동하는데 비해, 외적인간으로서는 그의 공직을 따라 힘과 권력의 윤리를 추구하는 세속적 원리를 따라 행동한다. 다시 말하면, 내면적인 인간의 심성에서는 산상설교가 실현될 수 있지만, 직능의 수행에 있어서는 힘의 사용과 같은 다른 종류의 윤리가 적용된다는 것이다.[156]

둘째로 세속화의 위험성이다.[157] 이 세속화의 위험성은 삶의 다양한 영역들의 자율성을 인정하는데서 오는 위험성이다. 이것은 경제적 영역을 통째로 무자비한 경제제도나 전제주의적 통치에게 넘겨주며, 교육을 포기하고 실용주의자나 인본주의자에게 넘겨주는 것을 말한다. 즉 그리스도의 복음이 세상의 왕국과는 무관한 것으로서 그리스도의 영적 왕국에만 관계 되는 것이 되고, 세상은 세속적 법에

---

155) Helmut Thielicke, *Theological Ethics*, Vol. Ⅰ, ed. by William H. Lazaeth (Philadelphia: Fortress Press, 1966), 364-65쪽.

156) 나학진, "정교분리에 대한 신학적 고찰," 『교회와 국가』(서울: 한국기독교문화진흥원, 1988), 192쪽. 이러한 생각은 특별히 나치 정권하에서 독일인들이 많이 가지고 있었다. 그들은 이에 따라 두 가지 기독교인의 태도를 가졌다. 하나는 국가의 자율에 관대함으로써 정적주의적 태도를 취하여 세상에 능동적으로 참가하여 변화시키겠다는 태도를 허용하지 않는 것이다. 다른 하나는 현존해 있는 것들을 도덕적으로 중립되어 있는 것으로 받아들이는 것이다. 다시 말하면 창조주가 있게 한 그대로 받아들이려고 하면서 그의 명령에 기초하여 전혀 문제 삼으려고 하지 않는 것이다. 이렇게 해서 전혀 문제가 안되는 개인영역에만 관심을 가지고 정치세계에는 정적주의적 태도를 취함으로써 원리는 전자(개인영역)에만 타당한 것으로 될 가능성이 있다.

157) Hulmut Thielicke, *Theological Ethics*, Vol. Ⅰ. ed by William H. Lazaeth , 367쪽.

의해서만 통치되는 것으로 이해되므로 세상은 그의 모든 삶의 영역에서 자율성을 획득하게 되며 더 이상 복음에 복종할 필요를 느끼지 않게 된다.[158] 이것은 결국 세계에 절대적인 자율성을 부여함으로써 비극을 초래할 가능성을 가지고 있다.

셋째로 세속권세에 대한 묵종주의 경향성이다. 틸리케에 의하면 두 왕국론은 상호배타적인 두 개의 원리규범을 동시에 제시한다. 개인적인 기독교인에게는 산상수훈에 입각한 철저한 윤리적 표준을 요구하였으나 사회 속에서는 타협된 표준을 요구하였다. 그는 기존 질서와 구조의 변화 보다는 지속을 저항보다는 복종을 강조하였다. 루터는 통치자에 대한 모든 징벌은 하나님께 맡기라고 하면서 기독교인이 직접 보복에 나서지 말라고 한다. 이러한 루터의 주장은 사회구조악에 대해 기독자의 적극적인 대응을 약화 시키거나 무관심을 초래 할 수 있다.

이러한 루터의 두 왕국론은 결과적으로 루터교회로 하여금 제 3세계의 국가들 안에서 정치적 상황이나 자유를 위한 혁명적 운동들에 대한 "보수적" 태도를 취하도록 만들었다.[159] 히틀러의 국가권력의 악용이나 국가사회주의라는 정치적 종교(the political religion of National Socialism)에 대하여 종교적이고 정치적 저항을 할 아무런 근거도 제공할 수 없었다.[160] 더 나아가 정치가들과 정부가 루터의 두 왕국론에 기초하여 일체의 '정치적 설교'를 금하도록 강요하였고, 독재국들인 필리핀, 한국, 남아프리카공화국, 아르헨티나 등지에서는 교

---

158) Heinrich Bornkam, *Luther's Word of Thought*, tr. by. M. h. Bertram (Saint Louse : Concordia Publishing House, 1958), 272쪽.

159) Bernhard Lohse, *Martin Luther : An Introdution to His Life and Work* (Edinburgh: T&T. Clark), 186-87쪽. 이형기 역, 『루터신학입문』(서울 : 크리스챤 다이제스트, 1993), 254쪽.

160) Jürgen Moltmann, *On Human Dignity : Political Theology and Ethics*, 75쪽.

회를 상대로 그들 고유의 두 왕국론을 적용하여 비국교도적 양상을 띠면, 곧 교회를 국가의 적으로 규정하였다.[161]

우리는 한국 개신교 보수진영의 친정부적 사회참여에서 불의한 세속권세에 묵종하는 루터적 두 왕국론의 오용을 발견하게 된다. 세상에 대한 교회의 정치신학적 전통에서 이탈한 한국의 대부분의 보수 개신교회들은 그동안 루터의 '두 왕국론'의 왜곡된 해석이라 할 수 있는 '정교분리' 원칙에 섬으로써 교회의 예언자적 사명에서 일탈하였다. 이러한 정치윤리에서의 탈세상화의 경향은 정치적 영역을 세상정권 담당자에게 내어 맡김으로써 하나님의 세계 통치의 영역을 제한했을 뿐만 아니라 세상의 불의를 방조하는 결과를 낳았던 것이다.[162] 뿐만 아니라, 해방이후 정교분리를 내세우면서도 보수적 근본주의자들의 정치화(국가조찬기도회)는 반공이라는 이름으로 60년대 이후 군사정권에 대한 묵시적 내지 열성적 동조로 나타났다.[163] 독일 루터교회가 제 3제국치하에서 경험했던 나치즘에 대한 침묵과 묵종이 유신체제와 전두환 군사독재 시대에 다수의 보수적 교회와 교단, 그리고 교계지도자들에게 나타났던 것이다.

그러므로 필자는 한국 개신교 보수진영의 친정부적 사회참여에 나타난 교회와 국가의 관계는 '정교분리'를 그 신학적 기반으로 하고, 루터적 두 왕국론의 오용인 이중윤리의 위험성, 세속화의 위험성, 세속권세에 대한 묵종주의 경향성이 나타났다고 본다.

---

161) 위의 책, 63쪽.

162) 손규태, "종교신학과 정치신학의 갈등과 접맥," 『한국종교와 한국신학』(서울:한국신학연구소, 1993), 192.

163) 위의 책, 193.

결론

Ⅰ. 요약 정리
Ⅱ. 제 언

I

요약정리

1 1960년대는 교회와 국가의 문제에 관한 입장이 보수와 진보 양 진영으로 나뉘어져 현격한 차이를 보이기 시작한 시기였다. 4 · 19혁명과 5 · 16 쿠데타가 일어나자, 일부 소수의 진보적 개신교계 인사들을 제외하고는 한국개신교계의 대다수 교단들과 단체들은 군사정부에 대한 환영이나 반대를 공식적으로 표명하지 못하였다. 그러나 박정희 군사정권이 1965년 한 · 일 국교 정상화를 추진하자, 김재준, 강원용, 한경직 등 목회자와 신학자 215여명이 한 · 일 국교 정상화 반대성명을 발표하였고, 보수 진영인 장로교 합동 측도 반대 운동에 동조하고 나섰다. 그러나 이때에도 교회의 정치참여를 비난하고 나선 일부 교계인사들도 있었다. 그럼에도 불구하고 한국개신교회의 한 · 일 회담 비준반대운동은 4 · 19이후 서서히 대두되기 시작한 기독교의 사회, 정치 참여론이 급성장하는 중요한 계기가 되었다.

그러나 한 · 일 회담 반대운동에서 나타난 진보와 일부 보수 개신교인들의 정부정책에 대한 행동의 통일성은 1968년 삼선 개헌을 기점으로 사라지고 보수와 진보의 대립이 극명하게 드러나기 시작하였다. 박정희 정권이 영구집권을 위한 헌법개정을 시도하자, 김재준 목사를 위원장으로 '3선 개헌반대 범국민투쟁위원회'를 결성하고 삼선개헌 저지운동을 적극적으로 전개하였다. 그러나 이때에도 박형룡, 조용기, 김준곤, 김장환 등 '대한기독교연합회'(DCC)에 속한 보수계열의 목사 242명은 "개헌문제와 양심의 자유"이라는 성명을 통해 김재준 목사를 "성도들의 양심을 혼란시키는 선동자"라고 비난하고, '정교분리', '양심의 자유'를 표방하며 종교는 개헌문제에 대하여 중립을 지켜야 한다고 주장하였다. 그러나 보수계열의 목사들은 곧이어 "우리들 기독교인은 개헌문제에 대한 박대통령의 용단을 환영한다"고 개헌지지를 표명하여 '정교분리'에 위배되는 '친정부적 입장'임을 보여 주었다. 이는 1960년대 말 국가와의 관계에 있어서 한국개신교회 내 보수와 진보진영이 그 입장의 차이를 가장 극명하게 드러난 사건이었다.

한편 1965년에는 김활란 박사를 중심으로 보수계 계열의 개신교인들이 민족복음화 운동의 기치를 내걸었다. 이 운동은 가톨릭을 포함한 17개 교파의 대표들과 강원룡, 한경직, 김활란, 지원룡 등 진보와 보수계 인사들이 함께 참가하여 '한·일국교정상화 비준반대운동'과 더불어 갈라졌던 교회들이 하나로 결집시켜 한국개신교회가 나아갈 방향을 제시해주기도 하였다. 그러나 이 운동은 1970년대에 들어와 진보진영이 빠지고 보수 진영 중심으로 운영되는 아쉬움을 남기게 되었다. 또한 1965년에는 한국대학생 선교회(CCC)의 김준곤 목사의 제안으로 국가조찬기도회가 발족하였다. 이 기도회는 70년대와 80년대에 걸쳐 개신교 진보진영의 민주화 인권운동과 대비되어 보수적 개신교인들의 사회참여의 중요한 방식으로 작용하였다.

결론적으로 1960년대 한국개신교계는 4·19의 충격에서 오는 반성에서 시작하여 5·16군사혁명, 한·일회담 반대운동, 6·8부정 선거 규탄, 3선 개헌 반대운동 등 일련의 정치적 사건을 거치면서 다양한 사회, 정치참여의 경험을 가지게 되었다. 이 과정에서 한국개신교회는 수많은 내부적 갈등을 경험하면서 교파와 교회, 개인의 신학적 입장에 따라 반대와 찬성으로 양분되었다. 특히 1960년대 말 3선 개헌 반대운동을 통하여 진보와 보수의 구분과 갈등이 극명하게 노출되었다. 결국 정치적 현안과 국가의 정책에 대한 이러한 입장의 차이는 70년대에 들어와 진보진영은 KNCC를 중심으로 사회 민주화, 인권운동으로 나아가 정부에 의해 극심한 탄압을 받게 되었고, 보수진영은 정부의 협력 하에 민족복음화운동과 국가조찬기도회를 통하여 한국개신교회의 양적성장을 도모하게 된다. 그러므로 1960년대는 한국개신교의 사회참여가 시작된 시기로 보수와 진보의 구분과 갈등이 표면화 되기 시작한 시기라 할 수 있다.

2 1970년대는 한국개신교회가 역사참여를 통해 정치, 경제, 사회의 민주화를 위해 구체적으로 헌신하기 시작한 시기이며 교회의 예언자적 정신을 널리 알리는 시기였다. 유신헌법이 통과되자, 보수 계열인 합동 측 김의환은 "종교적 문제에 대해서만 정부를 향해 발언할 수 있지, 그 외의 모든 정치적 행동은 잘못된 것"이라고 주장함으로써 정교분리를 주장하였다. 그러나 개신교 진보진영은 유신체제 반대운동에 적극적으로 나섰다. 보수교단이 말하는 정교분리론을 정면으로 부정하는 기독교장로회의 "1973년 한국 그리스도인 선언"은 정치적 압박에 대한 저항과 역사참여를 이 땅에 메시야의 나

라를 선포하는 길이라고 천명함으로써 사회참여가 신학적으로 정당하다는 것을 주장하였다.

1974년에는 민청학련 사건과 김종필 국무총리의 교회의 정치참여에 관한 논쟁으로 개신교회내에 교회와 국가관 논쟁이 뜨거웠던 해였다. '자생적 공산주의자'라 규정하고 〈민청학련사건〉이라 명명된 이 사건은 학생 뿐 아니라, 윤보선 전 대통령, 지학순 주교, 박형규 목사, 김찬국 교수 등 가톨릭과 개신교회의 지도급 인사들이 함께 투옥되었고, KSCF의 간부들이 다수가 구속되어 기독학생운동이 최대의 시련을 맞기도 하였다. 또한 1974년 11월 9일 김종필 국무총리가 로마서 13장을 인용하면서 "교회는 정부에 순종해야 하며, 정부는 하나님이 인정하는 것이다"라는 발언을 하였다. 이것은 기독교 사회 참여운동에 대한 탄압을 정당화하고, 교회와 국가간의 관계에 대한 심각한 논쟁을 야기하였다.

이에 11월 18일 한국기독교교회협의회(KNCC)는 "정부가 하나님의 뜻을 거슬러 자신의 권력을 영구화 하려 할 때 교회는 그러한 정부에의 협력을 거부 할 뿐 아니라 그것에 대항해야 한다"고 성명을 발표하였다. 이 성명이 발표되자, 보수교단 연합체인 한국예수교협의회(ICCC)는 곧 바로 "국가가 신앙의 자유를 말살 하려하지 않는 한 권력에 순종해야 한다"고 비난하면서 정부에 대해 비판적인 자들이 사회의 혼란을 야기 시키고 있다고 주장하였다. 그리고 대한기독교협의회(DCC)도 11월 27일에 성명을 발표하면서 로마서 13장에 수록된 국가관의 명령은 무조건적이며 예수와 바울도 로마 정부에 대항 한 적이 없기에 반정부적 입장을 취하는 것은 곧 공산 침략자들에 대한 이적행위라고 단언하였다. 이 교회와 국가관 논쟁은 이후 한국 장로교회 내에는 진보와 보수의 일치점을 찾을 수 있는 기회가 거의 없었다.

한편 70년대에도 보수진영의 한국 개신교회는 이시기 '국가조찬기도회'와 '복음화 운동'을 전개하였다. '국가조찬 기도회'는 1968년 5월 1일 '제 1회 대통령 조찬 기도회'로 시작된 이래, 매년 5월 초에 정기적 행사로서 1974년까지 계속되다가 1976년부터 '국가조찬기도회'로 명칭을 바꾸었다. 김준곤 목사의 주도로 이루어진 이 기도회는 대통령 예찬 일변도의 기도와 지극히 원론적인 설교를 통하여 강력한 일인 독재를 구축해 가던 박정희 정권에 정당성을 부여해 주는 역할을 하였다. 특히 군사정부는 민주화운동에 대한 탄압을 반공안보 논리로 정당화하는 등 '국가조찬기도회'를 통하여 유신체제와 군사독재의 정당성을 내외에 과시하기도 하였다. 또한 1970년대에 한국개신교회는 급성장하였다. 이런 교회의 성장과 발전의 원동력은 교파를 초월한 대형집회로 이루어진 '민족복음화 운동'이었다. 한경직 목사의 주도로 이루어진 1973년 빌리 그래함 초청 부흥집회, 한국대학생선교회(CCC) 주최의 '엑스폴로 74', '77 민족복음화 대성회'를 개최하였다. 70년대의 이같은 대규모 전도집회의 결과 한국교회는 양적으로 크게 성장하였다.

그러나 보수진영의 '국가조찬기도회'와 '민족복음화운동'은 종종 진보진영의 비판의 대상이 되어왔다. '복음화 운동'은 복음의 본질을 인간 내면의 영적구원에 초점을 두었기 때문에, 자연히 현실 역사의 부조리와 부정의, 눌린 자와 가난한자의 인권문제나 민주주의 확립에 관심이 없거나 이를 외면했다는 것이요. '국가조찬기도회'는 '정교분리' 입장을 견지하면서 집권세력에 대해서는 '체제유지 및 지지노선'을 취하면서 '반공 안보논리'적 신앙노선을 더욱 강화하고 군사정권의 정치적 지지세력으로 작동하였다는 것이다.

결론적으로 1970년대는 개신교회내에 보수진영과 진보진영 양자는 각각의 영역에서 하나님 나라의 확장을 위한 선교적 사명을 감당한 시대였다. KNCC를 중심한 진보진영은 반독재·민주화와 인권운동 등 강력한 사회참여에 헌신하여 한국사회의 민주화를 견인해내었다. 또한 보수진영은 진보진영의 비판에도 불구하고 대전도집회와 같은 복음주의 성령운동을 통하려 교회의 성장을 도모하고, 개인의 영혼을 구원하는 열매와 결실을 맺었던 것이다.

3 1980년대 한국 개신교사회참여 운동은 전체 민주화운동과 더불어 광주항쟁에서 그 출발점을 갖는다. 제 5공화국 초기에는 KNCC를 중심으로 한 인권보호운동이 활발하였다. 광주민주화운동으로 구속된 사람들과 민주화 선도투쟁을 하던 학생들의 구속이 잇따르자, 교회는 이들의 인권수호를 위해 적극적인 활동을 펼쳤다. 특히 고문과 용공조작, 재소자들의 처우문제, 강제징집 등의 인권유린이 발생하자, 기독교회(개신교와 가톨릭)는 군사독재정부에 인권유린의 중지를 요구하고 활발한 인권수호운동을 펼친다. 한편 1980년대는 반독재민주화운동이 반외세자주화운동으로 발전한 시기이다. 1982년에 고신대 신학생 문부식이 주동이 되어 일어나 부산미문화원방화사건은 광주민주화운동 과정에서의 미국의 역할에 대한 불신이 반미운동으로 점화되었다. 이 사건은 최기식 신부의 구속으로 가톨릭 교회와 국가의 갈등을 고조시켰고, 80년대 민주화운동의 전선이 반외세자주화로 외연이 넓혀지는 중요한 계기가 되었다.

제 5공화국 정권의 공포정치가 계속되자, 개신교와 가톨릭의 반독재투쟁은 점점 열기를 더해갔다. 1985년 2. 12 총선을 계기로 불붙기 시작한 '군부통치종식'과 '대통령 직선제'를 내세운 국민 대중의 민주화 열기는 전국적으로 확산되었다. 이때 재야 민주화운동의 총집결체인 '민주·통일·민중운동연합'(민통련)은 문익환 목사가 의장으로 있으면서 80년대 중반 개헌정국에서의 한국 민주화운동의 구심체 역할을 하였다. 민통련은 개헌투쟁의 주체를 당시 야당인 신민당이 아니라 민중민주세력으로 보면서 개헌운동을 대중화 시키는 데 일익을 담당하였다. 이때부터 개신교계에서는 전국목회자정의평화실천협의회 소속 27명의 중앙위원들의 개헌 서명을 시발로 하여 기장, 예장(통합), 감리교 3개 교단을 중심으로 시국성명서 발표가 잇달았다. 85년 3월 17일 KNCC는 그간의 개헌서명 운동의 성과를 수렴하여 1,050명의 목회자 서명 명단을 공개했다. 개헌 열기를 타고 한국기독교교회협의회(KNCC), 한국기독청년협의회(EYC), 한국기독학생총연맹(KSCF) 등 기독교 연합기관들은 민주헌법쟁취운동, 개헌서명운동, KBS-TV 시청료 납부 거부운동, CBS기능정상화 운동 등 민주화운동을 적극적으로 전개해 나갔다. 특히 KNCC가 주도적으로 전개한 'KBS-TV 시청료납부 거부운동'은 개헌운동의 열기를 다른 측면에서 고양시킨 일종의 '대중적 항거운동'이자 '자유언론 쟁취투쟁'이었다.

6월 항쟁 기간 중 개신교회는 전국적인 연락망과 조직망이 큰 역할을 하였다. 6·10대회이후 6·29 선언이 있기까지 개신교의 각 교단과 지역 협의회, 각 노회들은 잇따라 '나라를 위한 기도회'를 열거나 시국성명을 발표하였다. 특히 주목할 수 있는 것은 6·10대회를 계기로 그동안 시국문제에 무관심하거나 침묵을 지켜오던 보수교단들도 참여하기 시작하였다는 점이다. 대한예수교장로회(합동), 기독교대한성결교회, 대한예수교장로회(고신)도 4·13 호헌 조치의 철회와 언론자유, 인권탄압중지 등을 결의하고 시국연합집회에 적극 참여하기로 결의하였다. 이처럼 시국문제에 무관심하거나 친정부적인 태도를 보여 온 개신교 보수교단들도 6월 항쟁시에는 사회참여 운동에 동참한 것이었다.

한편 진보진영의 사회참여가 폭력을 수반한 과격한 양상으로 흐르자, 개신교회의 일부 세력들은 교회의 사회참여 방식에 대한 진지한 고민을 하게 되었다. 복음주의협의회에 소속된 일부 소수의 목회자들과 평신도 지도자들은 1986년 5월 〈현시국에 대한 복음주의자들의 제언〉이라는 시국선언문을 통하여 군사독재정부와 진보진영의 과격한 민주화 운동을 함께 비판하였다. 이어 이들은 1987년 말 민주정부를 수립을 위한 공정선거 감시단과 기윤실을 결성하고, 복음주의 신학에 입각한 사회참여를 선언하여 진보진영의 사회참여와 구별되는 새로운 모델의 사회참여를 추구하게 된다.

그러나 이 시기에 모든 개신교회가 사회참여와 민주화 운동에 나선 것은 아니었다. 80년대에도 여전히 보수적인 다수의 교회들은 교회의 사회참여운동에 무관심하거나 외면하였다. 뿐만 아니라 70년대와 마찬가지로 군사독재정권에 협력하거나 이끌려 가는 태도를 취하였다. 보수적인 교계지도자들은 여전히 '국가조찬기도회'에 참석하여 독재자를 위한 기도를 하였다. 특히 87년 교회의 사회참여가 절정에 달한 시기에도 대부분의 보수교단은 낡은 껍질을 벗지 못한 채 불의한 정치권력에 침묵하거나 은밀히 협조하였다. 4·13호헌 조치 선언 때에는 한국기독교보수교단협의회(회장 한영철)의 이름으로 이를 지지하고 권력의 편에 서서 민주화 운동세력을 용공으로 몰아붙이는 모습을 연출했다. 87년 5월 19일 국가조찬기도회에서는 일부 성직자의 정치개입을 삼가를 촉구하기도 하였고, 개신교단협의회 주최의 노태우 후보옹립기도회, 12월 5일의 교회 원로목사와 장로 40여명의 교회의 정치적 중립촉구와 12월 7일의 한국교회수호 범교단대책협의회 등이 바로 그것이었다. 이처럼 한국개신교회는 80년대에 와서도 교회의 사회참여를 놓고 여전히 입장과 실천의 차이를 보이고 있었다.

교회의 사회참여에 있어서 진보와 보수진영의 대립이 있었지만, 80년대의 개신교회의 민주화 운동은 진보적인 일부 소수의 목회자와 신학자, 기독학생, 그리고 몇몇 교회 중심의 신앙고백 차원의 운동이었던 70년대와 비교하여, 점차 다수의 교회와 교단, 그리고 지도자들의 참여하는 운동으로 발전해 갔다. 이것은 한국 개신교회가 민주화 운동에 참여하면서 점점 성숙해 갔다는 점을 의미하기도 한다.

4 1960년 4 · 19 혁명으로부터 1987년까지 한국개신교회와 그 지도자들의 사회와 역사 참여의 방식은 크게 세 가지 유형으로 나뉘어 진다.

첫째 유형은 사회와 역사참여는 기독교인의 당연한 의무라고 생각하여 민주화와 인권운동에 헌신한 진보그룹 진영이다. 이들은 진보적 신학에 입각한 사회참여를 실천하려는 목회자와 신학자, 평신도지도자, 청년학생들로 70년대와 80년대 한국사회민주화 운동을 견인해 내었고 정부의 갖은 억압과 핍박에도 굴하지 않고 인권과 민주화를 위해 투쟁하였다. 이들은 주로 한국기독교교회협의회(KNCC)를 중심으로 한 교단과 교계 지도자들로 이들은 '진보진영의 에큐메니칼형 사회참여'라 부를 수 있다.

두 번째 그룹은 1980년대 이후에 나타나기 시작한 소수의 지도자들로 복음주의 신학에 입각한 '복음주의협의회'와 '복음주의 신학회'를 결성하여 복음전도와 사회참여를 동시에 추구하는 중도그룹 진영이다. 신학적으로 진보진영의 에큐메니칼 사회참여 유형이 민주화와 인권운동의 산실이었다면, 이들은 90년대 이후 활발하게 활동하는 기윤실이나 경실련, 공선협 등 새로운 시민운동을 탄생시키는 모체가 되었다. 전자가 당시의 정부에 대해 폭력을 포함한 정치적 항거로 반대를 표명했다면, 후자는 시민적 압력을 통한 점진적 변화를 모색하였다. 이들은 '중도진영의 복음주의형 사회참여'이다.

셋째 유형은 정교분리를 내세워 교회의 사회참여 혹은 정치참여를 거부하지만 권력자들의 요청하는 자리에는 응하는 보수그룹 진영이다. 이들은 민주화·인권운동과 같은 반정부적 사회참여운동은 정교분리에 입각하여 거부하였지만, '국가조찬기도회'와 같은 종교적 외피를 띠는 친정부적 정치행동에는 적극적으로 참여하였다. 이러한 형태의 사회참여를 '보수진영의 친정부형 사회참여'라 부를 수 있다.

한편 이들 세 유형의 사회참여에 나타난 교회와 국가의 관계를 살펴보면 다음과 같다. 첫째로 진보진영의 에큐메니칼 유형의 사회참여에 나타난 교회와 국가의 관계는 개혁교회 전통의 '하나님 주권론'에 기초하고 있다. '하나님 주권론'은 한국개신교 진보진영의 민주화와 인권운동을 대표하는 장공 김재준과 그가 속한 기장측, 그리고 KNCC를 비롯한 에큐메니칼 진영의 사회참여의 신학적 근거였다. 그러나 저항권 문제와 관련하여 에큐메니칼형 사회참여는 칼뱅의 저항권 개념을 넘어서 토마스 뮌쳐적 저항권 개념에 더 가까이 나아갔다. 1968년 WCC 웁살라 총회의 맑시즘적 폭력의 수용은 해방신학과 민중신학에 영향을 주었고, 이 영향을 받은 민중신학은 한국사회 민주화운동 과정에서 칼뱅의 저항권 개념을 넘어 보다 더 적극적으로 독재에 항거할 수 있는 신학적 근거로 작용하였다. 그러므로 한국사회의 민주화 과정에서 나타난 이 저항권 개념은 종교개혁기에 급진적 종교개혁가 토마스 뮌쳐적 저항권 개념에 가깝다.

둘째로 중도진영의 복음주의형 사회참여에 나타난 교회와 국가의 관계는 에큐메니칼 진영과 마찬가지로 개혁교회 전통의 '그리스도 주권론'에 기초하고 있다. 이것은 복음주의 사회참여의 대표적 인물인 손봉호의 사상이 개혁교회의 대표적 신학자인 네덜란드의 아브라함 카이퍼의 '그리스도의 영역주권'에 의해 강하게 영향을 받고 있다는 사실에서 잘 드러난다. 그러나 적절한 폭력을 포함한 적극적 저항을 주장한 에큐메니칼 진영과는 달리, 복음주의 진영의 저항권 개념은 철저히 종교개혁가 칼뱅의 불복종, 즉 '수동적 저항'에 정초되어 있다. 이러한 관점은 기윤실의 『행동지침』의 하나인 "시민불복종운동"에 잘 나타나 있다. 그러므로 복음주의 진영의 사회참여에 나타난 교회와 국가의 관계는 칼뱅의 '하나님 주권론'에 기초하고 있으며, 저항권 개념 또한 철저히 칼뱅에 정초하고 있다.

셋째로 보수진영의 친정부형 사회참여에 나타난 교회와 국가의 관계는 '정교분리론'의 형태를 띠고 있다. 이러한 보수진영의 사회참여는 신학적으로는 근본주의 신학과 역사적으로는 한국적 특수상황인 반공주의 사상을 그 배경으로 하고 있다. 특히 보수진영의 사회참여 진영은 교단이나 교파를 초월하여 광범위한 교계 중진 인사나 지도자들로 구성되어 있었다. 또한 보수진영의 사회참여에 나타난 저항권 개념은 친정부적 성격을 지님으로 루터적 두 왕국론의 오용인 이중윤리의 위험성, 세속화의 위험성, 세속권세에 대한 묵종주의 경향성을 띠었다.

Ⅱ

제언

교회란 무엇인가? 국가란 무엇인가? 교회는 국가에 대하여 어떤 입장을 취해야 하는가? 또는 국가는 교회에 대하여 어떤 입장을 취해야 하는가? 이러한 교회와 국가의 관계에 대한 질문은 신약성서를 비롯하여 초대교회로부터 현대교회에 이르는 교회사 전통 속에서 당대의 역사적 상황과 더불어 신학적으로 끊임없이 논의되어온 문제이다. 특별히 제 2차 세계대전이 끝난 후, 교회와 국가의 관계, 좁은 의미로 교회의 사회참여문제는 1961년 W.C.C(뉴델리)와 1962년 로마 가톨릭의 제 2차 바티칸 공의회로부터 강조되기 시작하여 1968년 W.C.C 웁살라 총회와 같은 해 로마 가톨릭의 중남미의 주교회의였던 메델린(Medelin)회의에서 교회 역사상 그 어느 때 보다도 가장 첨예화 된 문제이다.

그리하여 한국개신교회에서도 이러한 세계 기독교회의 영향으로 1970년대 이후, 교회의 사회참여는 사회민주화 운동과 더불어 젊은 기독청년대학생들과 신학생, 그리고 KNCC를 중심한 일부 기독 지

식인, 신학자, 목회자들에 의하여 그 열기가 분출되었고, 신학적으로
는 극단적으로 민중신학의 형태로 나타나기도 하였다. 그러나 대부
분의 한국개신교회와 교회의 지도자들은 이 기간중 교회의 사회참
여보다 개교회의 성장에만 몰두하였고, 기독교의 본질을 복음전도
와 더불어 사회참여의 역동적 관계로 이해하는 단계에 이르지 못하
였다. 특히 대부분의 보수적 성향의 교회 지도자들은 왜곡된 형태의
정교분리주의를 주장하면서, 기독교 신앙을 역사와 사회에 무관한
타계적인 것으로 설교하였고, 부도덕한 세속권세에 묵종하기도 하
였다. 그리하여 한국교회 특히 개신교회는 극히 일부를 제외하고, 루
터의 두 왕국론에서 나타날 수 있는 사회, 정치윤리의 오용을 답습하
게 되었다. 즉 루터의 두 왕국론에 나타난 이중윤리의 위험성, 세속
화의 위험성, 세속권세에 대한 묵종주의 경향성 등에 처하게 되었다.
그리고 그 결과는 현재 종교적이고 사회적인 신뢰도의 상실과 이로
인한 교회 교회 성장의 정체 혹은 둔화로 나타나게 되었다.

　　이러한 결과의 근원적 이유는 적어도 필자가 보기에 한국교회
의 사회, 정치신학의 부재와 교파분열에서 온다는 사실이다. 즉, 사
회, 정치신학의 부재는 수많은 교회 지도자들로 하여금 교회의 본질
이 무엇인지?, 교회의 사명이 무엇인지?, 그리고 기독교의 사회윤리
가 무엇인지?, 정치윤리가 무엇인지? 에 대한 성찰을 가지지 못하도
록 하였고, 단지 개교회의 성장에만 몰두하도록 하였다. 그리고 이들
의 설교는 교인들로 하여금 신앙과 행위가 분리되는 이원론적 신앙
의 형태를 가지게 만들었고, 그 결과 사회적 문제에 있어서는 무관한
기독교인으로 살아가게 하였다. 또한 교회와 교파간의 분열은 사회
적인 문제가 발생하여도 일치된 대사회적 발언과 사회참여를 적절
히 수행하지 못하도록 하여 교회의 영향력을 미미하게 만들었다. 그

러므로 이러한 한국개신교회의 현실을 극복하기 위하여 필자는 다음과 같은 제안을 하고자 한다.

첫째로 한국교회의 일치와 연합을 위한 에큐메니칼 운동의 활성화다. 과거 한국교회는 보수주의 계열과 진보주의 계열 간에 교회의 사회참여를 놓고 신학적 입장의 차이로 서로 싸워 상처를 입히는 우를 범하였다. 그리고 그 결과 사회적 문제에 있어서 영향력을 발휘할 수 없었다. 그러나 적어도 대사회적 문제에 있어서 교회의 영향력을 나타내기 위해서는 일치된 교회의 목소리가 필요하다. 일치된 목소리가 사회로 울려 퍼질 때, 사회와 국가는 교회의 목소리에 귀를 기울일 것이고, 잘못된 부분을 겸손하게 고쳐 나갈 것이다. 그러나 만약 교회가 분열하여 서로 충돌하는 각각의 목소리를 낸다면, 사회와 국가는 전혀 교회의 메시지에 신뢰를 보내지 않을 것이다. 그러므로 교회의 일치와 연합을 위한 에큐메니칼 운동은 필수적이라 할 수 있다. 이러한 의미에서 지난 1995년 제 45차 KNCC총회 때 한국정교회와 기독교 하나님의 성회가 가입한 것은 매우 고무적인 일이라 할 수 있다. 앞으로도 보수적 교단들이 KNCC에 참여하여 기독교의 이름으로 한 목소리를 낸다면 기독교의 대 사회적 영향력은 지금 보다 훨씬 더 제고 될 것이다.

둘째로, 에큐메니칼 차원에서 사회, 정치윤리에 대한 각 교파별 신학자들 간의 신학적 협의를 통한 상호 이해의 필요성이다. 교파마다 신학자마다 각기 상이한 개신교 사회윤리 혹은 정치윤리에 대한 에큐메니칼 차원의 신학협의가 필요하다. 특히 21세기 통일 한국을 앞둔 한국교회로서는 전체 한국교회 차원에서 교회가 통일한국에서 어떠한 역할을 감당하여야 하고, 할 수 있는가를 면밀히 분석하고 준비하는 자세가 필요하다. 지금과 같이 교파주의적 혹은 미숙한 사회,

정치윤리로 통일한국을 맞는다면, 교회의 사회적 입지는 더욱 어려운 상황에 놓이게 될 것이다. 그러므로 이런 의미에서 교파차원을 뛰어넘는 에큐메니칼 차원의 사회, 정치윤리가 필요하다.

셋째로, 에큐메니칼 차원에서 사회, 정치윤리를 협의할 때, 개혁교회 전통의 교회와 국가의 관계를 보다 적극적으로 연구하고 수용해야 할 것이다. 필자의 연구에 의하면 루터교의 두 왕국론은 역사상 많은 오용을 가져왔다. 한국교회에 있어서도 이러한 오용이 교회지도자들과 정치지도자들에 의하여 이용 된 것이 사실이다. 그러나 개혁교회의 하나님 주권론은 삶의 총체적 영역 속에서 하나님이 절대 주권자요, 왕으로서 통치하신다는 것을 믿는 신앙에서 출발한다. 그러므로 개혁교회 신학의 반성은 단지 종교적 영역에 국한되지 않는다. 정치적 영역, 사회적 문화적 영역도 그리스도가 왕으로서 통치하시는 영역이다. 개혁교회는 교회나 국가의 영역에서 야기되는 제도나 기구의 절대화, 우상숭배에 대해 십자가 신학적 비판을 수행한다. 그러므로 필자는 한국 개신교회의 사회참여의 신학적 근거로서 사회와 문화, 그리고 세상을 복음으로 변혁시키고자 하는 개혁교회 전통의 사회윤리, 혹은 정치윤리의 보다 적극적 수용을 제언하는 바이다.

참고문헌

1. 동양서적

강만길.「한국현대사」. 서울: 창작과 비평사, 1984.

_____.「20세기 우리역사」. 서울: 창작과 비평, 1999.

강준만.「한국현대사산책 Ⅰ.Ⅱ.Ⅲ Ⅳ」. 서울: 인물과 사상사, 2000.

기독교윤리실천운동본부편.「기독교윤리실천운동본부 10주년 활동 자료집 」. 서울: 도서출판 기윤실, 1997.

기독교사상 편집부.「한국의 신학사상」. 서울:대한기독교서회,1983.

김명용.「열린신학, 바른교회론」. 서울:장로회신학대학출판부.1997.

김명혁 외 3인.「현대교회와 국가」. 서울:도서출판 엠마오. 1988.

김삼웅.「서울의 봄 민주선언」. 서울: 한국학술정보, 2003.

김인걸 외 8인.「한국현대사 강의」. 서울: 도서출판 돌베개, 1998.

김인수.「한국기독교회사」. 서울: 한국장로회출판사, 1994.

_____.「한국교회의 역사」. 서울:장로회신학대학교 출판부,1997.

_____.「간추린 한국교회의 역사」. 서울:한국장로회출판사,1998.

_____.「일제의 교회 박해사」. 서울: 대한기독교서회, 2006.

김영일.「한국기독교의 사회참여−유신체제와 민주화운동」. 1986

김영철.「한국기독청년운동사」.서울:한국기독학생회출판부, 2001.

김용복.「한국민중과 기독교」. 서울: 민중사, 1981.

김정남.「진실, 광장에 서다」. 서울: 창작과 비평사, 2005.

김진배.「1970년대 민주화운동: 기독교인권운동을 중심으로」제Ⅰ.Ⅱ.Ⅲ권. 서울: 한국기독교 교회협의회 인권위원회, 1987

김준곤.「CCC와 민족복음화운동」. 서울: 순출판사, 2005.

김행선.「4·19와 민주당(선인한국학연구총서14)」.서울:선인,2005.

고범서.「교회와 국가」. 서울: 범화사, 1984.

광주광역시 5·18사료편찬위원회편「5·18광주민주화운동자료총서」제Ⅰ.Ⅱ권. 광주: 광주광 역시 5·18사료편찬위원회, 1997.

교과서포럼편.「한국현대사의 허구와 진실」. 서울:두레시대,2005.

노재성.「교회, 민주주의, 윤리」. 서울: 도서출판 나눔사, 1989.

노영기.「1960년대 한국의 근대화와 지식인」. 서울: 선인, 2004.

대한예수교장로회.「대한예수교장로회 총회 제 33회 회의록」

문장식. 「한국민주화와 인권운동: 염광회를 중심으로」. 서울: 쿰란출판사, 2001.

민경배. 「한국기독교회사」. 서울: 대한 기독교 출판사, 1990.

민주화운동기념사업회. 「한국기독교 사회참여운동관련 문헌해제」. 서울:민주화운동기념사업회, 2003.

박건택. 「칼뱅의 자유론」. 서울: 솔로몬, 2003.

박건택 편역. 「종교개혁사상 선집」. 서울:개혁주의신행협회,2000.

박세길. 「다시쓰는 한국현대사 Ⅰ.Ⅱ.Ⅲ」. 서울: 돌베개, 1988.

박용길. 「한국교회를 일깨운 복음주의 운동」. 서울:두란노, 1998.

박지향 외 . 「해방전후사의 재인식」. 서울: 책세상, 2006.

박정신. 「한국기독교사 인식」. 서울: 혜안, 2004.

_____. 「근대 한국과 기독교」. 서울: 민영사, 1990.

_____. 「한국기독교사의 새로운 이해」. 서울: 도서출판 새길, 2008.

_____. 「역사학에 기댄 우리 지성사회 인식」. 서울: 북코리아, 2008.

박형룡. 「박형룡박사저작전집」제9권. 제13권. 제14권. 서울: 한국기독교교육연구원, 1981.

서영일. 「교회와 국가」. 서울:1984.

선우학원「한국의 민주화운동과 통일운동」. 서울:일월서각, 2004.

송건호 외. 「해방전후사의 인식」. 서울: 한길사, 1980.

이기백. 「한국사신론 개정판」. 서울: 일조각, 1984.

이동현. 「이슈로 본 한국현대사. 서울: 2002.

이병천. 「개발독재와 박정희시대」. 서울: 창작과 비평, 2003.

이삼열. 「기독교와 사회이념」. 서울: 한국신학연구소. 1990.

이삼열 외 3인. 「한국사회발전과 기독교의 역할」. 서울: 한울출판사, 2003.

이완봄. 「1980년대 한국사연구」. 서울: 백산서당, 2005.

이장식. 「기독교와 국가」. 서울: 대한기독교출판사, 1981.

이형기. 「종교개혁신학사상」. 서울: 장로회신학대학출판부, 1987.

_____. 「본회퍼의 신학사상」. 서울:장로회신학대학출판부. 1987.

_____. 「21세기를 향한 새로운 신학적 패러다임의 모색」. 서울:장로회신학대학교 출판부, 1997.

_____. 「복음주의와 에큐메니칼 운동의 세 흐름에 나타난 신학」.서울: 한국장로회출판사, 1999.

유동식. 「한국종교와 기독교」. 서울: 대한기독교서회, 1965.

_____. 「한국종교와 한국신학」. 서울: 한국신학연구소, 1993.

유호준. 「역사와 교회」. 서울: 대한기독교서회, 1993.

역사학연구소편. 「함께 보는 한국 근현대사」.서울:서해문집,2004.

영등포산업선교회 40년사. 「영등포산업선교회 40년사 기획위원회」. 서울: 영등포산선, 1998.

정성한. 「한국기독교 통일운동사」. 서울: 그리심, 2003.

조동휴. 「한국 근대사의 시련과 반성」. 서울: 지식 산업사, 1989.

조병호. 「한국기독교청년학생운동100년사산책」. 서울:땅에 쓰신 글씨, 2005.

조승혁. 「도시산업선교의 인식」. 서울: 민중사, 1981.

중앙일보편. 「아 대한민국」. 서울: 중앙일보, 2005.

한길사. 「자주, 민주, 통일을 향하여」한국사 제19,20권. 서울: 한길사, 1995.

한경직 전집 Ⅰ. 「정치와 기독교」.「기독교와 공산주의」

한국기독교교회협의회. 「기독교연감」. 서울: 한국기독교교회협의회, 1972.

한국기독교교회협의회 신학연구위원회편. 「민중과 한국신학」. 서울: 한국신학연구소, 1982.

한국기독교교회협의회 인권위원회편. 「1970년대 민주화운동」 I . II . III . IV . V . 서울:한국기독교 교회협의회 인권위원회, 1986.

_____. 「1980년대 민주화운동」 VI . VII . VIII . 서울:한국기독교교회협의회 인권위원회, 1986.

한국기독교교회협의회 70년사편찬위원회. 「하나되는 교회 그리고세계」. 서울: 대한기독교서회, 1994.

한국기독교문화진흥원편. 「교회와 국가」. 서울: 도서출판엠마오, 1988.

한국기독교사회문제연구원. 「기사연 리포트」제 I 권. 서울: 민중사, 1987.

_____. 「기사연 리포트」 VII −민중의 진출과 민족민주운동. 서울: 민중사, 1988.

_____. 「노동자운동과 산업민주주의」. 서울: 민중사,1983.

_____. 「1970년대 민주화운동 조사연구자료」. 19. 서울: 기사연, 1984.

_____. 「개헌과 민주화 운동」.

_____. 「정의, 평화, 창조질서의 보전 세계대회자료집」. 서울: 민중사, 1990.

_____. 「83한국교회사정」. 서울: 민중사, 1984.

_____. 「84한국교회사정」. 서울: 민중사, 1985.

_____. 「85한국교회사정」. 서울: 민중사, 1986.

_____. 「86한국교회사정」. 서울: 민중사, 1987.

_____. 「87한국교회사정」. 서울: 민중사, 1988.

한국기독교장로회 총회. 「정의, 평화, 통일 자료집」서울: 한국기독교장로회총회출판부, 2003.

_____. 「기독교장로회총회 제 58회 총회 회의록」. 1978.9

한국기독학생총연맹 50주년기념사업회. 「한국기독학생총연맹 50년사」. 서울: 한국기독학생총 연맹, 1998.

한국복음주의선교학회 편역위원회. 「에큐메닉스」. 서울: 성광문화사, 1988.

한국사연구회편. 「한국사 연구입문」. 서울: 지식 산업사, 1987.

한국신학연구소편, 「한국민중론」. 서울: 한국신학연구소, 1984.

한국정신문화연구원편. 「1960년대 정치사회변동: 한국현대사의 재인식」. 서울: 백산서당, 1999.

한용 외. 「80년대 한국사회와 학생운동」. 서울: 청년사, 1989.

채기은. 「한국교회사」. 서울: 예수교문서선교회, 1977.

2. 서양서적

Jung Shin. Park, Protestantism and Politics in Korea, University of washington, 2003.

Kuyper, Abram . Lectures on Calvinism. Grand Rapids, Mich: Eerdmans, 1931.

Huegli, Albert. St. Lous, Spitz, Lewis, The Impact of the Reformation on Church-state Issues, in Church and State under God. ed. Albert Huegli. St. Lous, Spitz, Lewis, 1964.

McGrath, Alister E. Christian Theology: An Introduction. 1994.

Bangkok Asembly, 1973. Geneva: WCC, 1973.

Ramm, Bernard. The Evangelical Heritage. Grand Rapids: Baker Book House, 1973.

Loshe, Bernhard. Martin Luther: An Introduction to His Life and Work. Edinburgh: T&T.

CLark,

Cumings, Bruce. Korea's Place in the sun. New York: W. W. Norton & Company, 1997.

Facker, Gabriel. The Religious Right and Christian Faith. Grand Rapids: Eerdmans, 1982.

Williams, George. Redical Reformation. Phildelphia, 1946.

Spiritual and Anabaptist Writers in Library of Christian Classics. Phildelphia, 1957.

Meeter, H. Henry. The Basic Ideas of Calvinism, A division of Baker Book House Company Grand Rapids, Michigan 49516, U.S.A

Kerr, Hugh. A Compend of Luther's Theology, Philadelphia: The Westmainster Press, 1966.

Bornkam, Heinrich. Luther's Word of Thought, tr. by M. h. Bertram. Saint Louse: Concordia Publishing House, 1958.

Thielicke, Helmut. Theological Ethics. Vol. 1, ed by William H. Lazaeth. Phildelphia: Fortress Press, 1966.

Calvin, John. Institutes. III. IV

Dillenberger, John. Martin Luther Selections From His Writing, edited and with an introduction by John Dillenberger. New York: Doubleday & Company, 1961.

Leith, John H. Creeds of the Churches. Atlanta: John Knox Press, 1963.

Moltman, Jürgen. On Human dignity,: Political Theology and Ethics, Trans, by M. Douglas Meeks. Philadelphia: Fortress Press

Barth, Karl. Community, State, and Church, Student Christian Movement . Press in London, 1939.

Lindsell. Church's Worldwide Mission. Waco: Word, 1966.

Meldellin Document. The Problem of violence. in Charles Villa-Vicencio.

Luther, M. Temporal Authority: To What Extent it Should be obeyed.

LW, Vol 13.

Porter, M. Luther, Selected Political Writings, edited and with an intro. by J. M. Porter.

Bayhaus, Peter. Bangkok 73. Zondervan, 1973.

Bainton. Roland H. Christian Attitudes Toward War and Peace -A Historical Survey and Critical Re-evaluation by Roland H. Bainton tr. by Chai Sooil, 1981.

_____. A Church and State in Luther and Calvin: A Comparative Study. Nashville: Broadman Press, 1954.

_____. Studies on the Reformation. Boston, 1963.

Kingdom, Robert M. Calvin's Socio-Political Legacy.

The Manila Manifesto: an elaboration of the Lausanne Covenant fifteen years later. ed by Lausanne Commitee for World Evanglization, Pasadena, California: The Castle Press, 1989.

Troeltsch, Ernst. The Social Teaching of the Christian Churches Vols I . II , New York. 1931.

The Oration in Praise of the mperor Constantine Prounced on the 30th Anniursary of his Reign, 2 in Nicene and Post-Nicene Fathers, 2nd series, Vol. 1. Grand Rapids: Eerdmans, 1982.

Dannemann, Ulrich . Theologie und Politik im Denken Karl Barths, chr. Kaiser Verlag München 1977.

Lazareth, William H. Theological Ethics, Volume II : Poitics, Philadelphia: Fortress Press, 1969.

3. 번역서적

권혁봉역. 버나드 램저. 「복음주의 신학의 흐름」 서울: 생명의 말씀사, 1973.

김동노 외 3인역. 「부르스 커밍스의 한국현대사」. 서울: 창작과 비평사, 2001.

김인수역. Well. Kenneth저. 「새하나님, 새민족」. 서울: 한국장로회출판사, 1997.

_____. Smylie James저. 「간추린 미국 장로교회사」 서울: 대한기독교서회, 1998.

_____. 「마포삼열 목사의 선교편지」. 서울: 장로회신학대학교출판부, 2000.

김영한편역. 「루터신학개요」. 서울: 대한예수교장로회출판국, 1991.

김재성역. 프랑수아 방델저. 「칼빈, 그의 신학사상의 근원과 발전」. 서울: 크리스챤다이제스트, 1999.

김현희역. 존 스토트저. 「복음주의의 기본진리」. 서울: 한국기독학생회출판부, 2002.

김쾌상역, 제임스 벤틀리. 「기독교와 마르크시즘」. 서울: 일월서각, 1986.

김흥기외 3인역. 「역사속의 신학: 그리스도신학개론」. 서울: 대한기독교서회, 1998.

이신건역. 「칼 바르트의 정치신학」. 서울: 한국신학연구소, 1991.

이종훈 외1인역, 프리드리히 엥겔스저. 「독일혁명사 2부작」 서울:소나무, 1988.

이형기역. 존, 딜렌버거편. 「루터저작선」. 서울: 크리스챤다이제스트, 1994.

존, 칼빈저. 「기독교 강요」. 서울: 크리스챤다이제스트, 1991.

안영혁역. 「공동체, 국가와 교회」. 서울: 도서출판 엠마오, 1992.

양현혜역. 미야타 미쓰오저. 「국가와 종교」. 서울: 삼인, 2004.

조성노역. 「정치신학, 정치윤리」. 서울: 대한기독교서회, 1992.

홍치모역. 「루터정치신학」. 서울: 컨콜디아사, 1985.

4. 논문(논문집, 잡지)

간하배. "서평, 아브라함 카이퍼." 「신학지남」제31권 2호. 서울: 신학지남 사, 1964.

강인철. "한국기독교회와 국가, 시민사회. 1945-1960" 「한국기독교와 역 사」. 서울: 한국기독교역사연구소, 1996.

강문규. "세속화주의와 세속화." 「기독교사상」. 1965.2

고성국. "1980년대 정치사." 「자주, 민주, 통일을 향하여」 한국사 19. 서울: 한길사, 1995.

김경재. "분단시대에 한국교회의 보수적 반공주의와 진보적 민족주의 간의 대 립에 대한 비판적 성찰." 「한국개신교가 한국근현대의 사회문화적 변동에 끼친 영향」 서울: 한국신학연구소, 2005.

_____. "장공 김재준의 정치신학:신학적원리와 사회,정치적 변혁론." 「한국 개신교회가 한국근현대의 사회,문화적 변동에 끼친 영향」, 서울: 한국신학연구소, 2005.

김동춘. "1960, 70년대 사회운동." 「자주, 민주, 통일을 향하여」 한국사 19. 서울: 한길사, 1995.

김명혁. "어거스틴의 두 도성에 관한 개념." 「신학정론」 제 1집, 1983.

김병서. "한국사회의 민주화와 기독교." 「한국사회발전과 기독교의 역할」. 서울: 숭실대 기독교 사회연구소, 2000.

김상근. "1970년대의 한국 기독교운동." 「기독교사상」. 서울: 대한기독교서 회, 1984. 11.

김은수. "에큐메니칼 선교와 복음주의 선교." 「신학사상」 제98집, 1997. 가을.

김의환. "한국교회의 정치참여 문제." 신학지남. 서울: 신학지남사, 1973. 3.

김영순. "유신체제의 수립원인에 관한 연구." 「오늘의 한국자본주의와 국가」. 서울: 한길사,

1998.

김용복. "해방 후 교회와 국가." 「국가권력과 기독교」. 서울: 민중사, 1982.

_____. "민중신학과 토착화신학." 「기독교사상」. 서울: 대한기독교서회, 1991.6

김주한. "6월 항쟁과 기독교." 「한국개신교가 한국근현대의 사회문화적 변동 에 끼친 영향」 서울: 한국신학연구소, 2005.

김재성. "4 · 19혁명과 기독교." 「한국개신교가 한국근현대의 사회,문화적 변동 에 끼친 영향」. 서울: 한국신학연구소, 2005.

김재준. "4 · 19 이후의 한국교회." 「기독교사상」. 1961. 4

김흥수. "한국기독교현실참여의 유형과 역사." 「신학사상」 1992. 가을호.

_____. "5월 광주항쟁에 대한 기독교인들의 반응연구." 「한국기독교와 역사」 서울: 한국기독교 회사연구소, 1995.

나학진. "정교분리에 대한 신학적 고찰." 「교회와 국가」. 서울: 한국기독교문 화진흥원, 1988.

노명식. "4 · 19혁명과 기독교." 「기독교사상」. 1975.4.

박경수. "칼뱅의 국가론." 「제 4회 종교개혁기념학술강좌」. 미간행논문, 장 로회신학대학교, 2006.

박상증. "신복음주의와 에큐메니즘." 「기독교사상」. 1984. 5.

박승룡. "복음주의 학생운동의 상황." 「복음과 상황」. 1991. 창간호.

박정신. "6 · 25전쟁과 한국기독교." 「한국기독교사인식」. 서울: 혜안, 2004.

박재순. "민중신학이란 무엇인가." 「기독교사상」. 1990. 1.

복음과 상황. "대학생 복음운동의 위기를 생각한다." 「복음과 상황」. 1991. 1.

_____. "공정선거운동의현주소와 전망." 「복음과 상황」. 1993. 3/4.

브라이덴슈타인. "학생사회개발단을 위한 전략." 「호남지역학사단 평가회 강 연」. KSCF, 1969.

서남동. "복음전달과 세속적 해석." 「기독교사상」. 1965.2.

서철원. "카이퍼의 개혁사상과 한국신학." 「개혁사상」. 서울: 한국기독교사 상연구소, 1989.

손봉호. "기독교윤리실천운동의 시작." 「기독교윤리실천운동10주년활동자료 집」. 서울 :도서출 판기윤실, 1997.

송건호. "기독교의 사회참여−70년대를 중심으로." 「기독교사상」. 서울: 대한 기독교서회. 1984. 11.

유동식. "그리스도교의 토착화에 대한 이해." 「기독교사상강좌」 제3권. 서 울: 대한기독교서회. 1973.

_____. "한국교회가 지닌 비종교화의 과제." 「기독교 사상」. 1965.2.

이만열. "해방 50년, 한국교회사 어떻게 볼 것인가?." 「한국기독교와 역사」 제 4호. 서울: 기독교 역사연구소, 1995.

이상규. "해방 후 한국교회의 민주화운동과 통일운동." 「한국기독교와 역사」 제 4권. 서울: 한국 기독교회사연구소. 1994.

이승균. "기독교오욕과 굴종의 역사를 본다." 「뉴스앤조이」. 서울: 복음과 상황. 2000.

이영숙. "한국진보적 개신교 지도자들의 사회변동 추진에 대한 연구 −1957−1984년을 중심으 로." 「기독교사상」, 대한기독교서회, 1991. 3−5.

이원규. "한국개신교회의 정치참여(1970년대 기독교진보주의 종교이념의 발전 과 그 수용 문제 를 중심으로)." 「한국교회와 사회」. 한국신학연구 소, 1989.

_____. "도시산업선교회와 교회." 「한국교회와 사회」.서울: 한국신학연구소, 1989.

이정석. "기윤실10년 평가와 21세기전망." 「기독교윤리실천운동10주년활동 자료집」. 서울 :도 서출판기윤실, 1997.

이형기. "역사적 맥락에서 본 루터의 두 왕국사상과 그의 직업관." 「교회와 신 학」 제 14권. 서울: 장로회신학대학교, 1981.

유기홍. "1980년대의 민족민주운동." 「자주, 민주, 통일을 향하여」 한국사 20. 서울: 한길사, 1995.

윤철호. "그리스도인의 정치적 실존." 「예수 그리스도와 사회」, 서울: 한국 장로회출판사, 1993.

양현혜. "한경직 목사의 신앙적 유산과 그 현대적 의의." 제 10회 한경직 기 념강좌. 미간행 논문, 숭실대, 2006.

윤상철. "6월 민주항쟁의 전개과정." 「6월 민주항쟁과 한국사회 10년」 서울: 당대, 1997.

연규홍. "1970년대 한국민주화운동의 교회사적 근거." 「한국개신교가 한국근 현대의 사회,문화적 변동에 끼친 영향」. 서울: 한국신학연구소, 2005.

장명기. "도시빈민선교의 이해." 「한국역사속의 기독교」. 서울: 한국기독교교 회협의회, 1985.

장준하. "민족주의자의 길." 「사상계」. 1961.

전경연. "그리스도교 문화는 토착화 할 수 있는가?." 「기독교사상 강좌」 제 3권. 서울: 대한기독교서회, 1973.

정관용. "1960, 70년대의 정치구조와 유신체제." 「자주, 민주, 통일을 향하 여」 한국사 19. 서울: 한길사, 1995.

정근식. "5ㆍ18광주항쟁."

정일용. "1960, 70년대의 경제발전과 그 성격." 「자주, 민주, 통일을 향하 여」 한국사 19. 서울: 한길사, 1995.

정하은. "6ㆍ25에서 본 한국정치의 정통성." 「新像」 제 4권 제2호. 1971. 여 름호.

지명관. "구국과 혁명의 언론." 「민족혼, 민주혼, 자유혼」, 서울: 나남출판, 1995.

조승혁. "민주화와 한국교회의 역할." 「한국사회발전과 민주화운동」 서울: 한국기독교산업개발원, 1986.

한국기독청년협의회편. "기독청년운동의 전개과정-70년대 이후." 「한국역사속 의 기독교」. 서울: 한국기독교교회협의회, 1985.

한국기독청년협의회편. "기독학생운동의 역사와 과제." 「한국역사속의 기독 교」. 서울: 한국기독교회협의회, 1985.

한규무. "한국기독교민족운동사 연구의 현황과 과제." 「한국기독교와 역사」 제 12호. 서울: 한국기독교역사연구소, 2000.

함석헌. "썩어지는 씨얼이라야 한다." 「생각하는 백성이라야 산다」

최종철. "한국기독교 교회들의 정치적 태도 1972-1990." 「경제와 사회」. 1992년 가을호

최신덕. "사회적 편견과 전달." 「기독교사상」. 1965.2

채수일. "해방 후 한국교회의 민주화운동과 통일운동에 대한 논찬." 「한국기 독교 와 역사」 제 4호 서울: 한국기독교역사연구소, 1995.

5. 학술논문

강인철. "한국개신교회의 정치사회적 성격에 대한 연구 1945-69." 미간행박 사학위논문, 서울대학교, 1994.

김일주. "한국의 민중적 기독교세력 등장에 관한 국가론적 연구." 미간행박사 학위논문, 고려대학교, 1991.

김명배. "루터의 두왕국론." 미간행석사학위논문, 장로회신학대학교, 1996.

김명술. "한국기독교 도시산업선교의 계보." 미간행석사학위논문, 연세대연합 신학대학원, 1995.

김명혁. "교회와 국가의 관계에 대한 사적 고찰." 「교회와 국가」. 서울: 한국기독교문화진흥원, 1988.

김상우. "한국개신교에 있어서의 반공이데올로기 형성과 변화." 미간행석사학 위논문, 부산대, 1992.

김재준. "한국교회의 민주참여와 사명." 「김재준 전집」 제 5권.

김흥수. "도나티스트 논쟁에서의 교회와 국가의 관계." 미간행석사학위논문, 한국신학대학교, 1980.

문유경. "1970년대 기독교민주화운동-발생배경과 특성을 중심으로." 미간행석 사학위논문, 연세대학교, 1984.

박동식. "1970-80년대 개신교 지도자들의 사회운동 사상에 관한 연구." 미간 행석사학위논문, 감리교신학대학교, 2000.

박문수. "칼바르트의 교회와 국가." 미간행석사학위논문, 고신대, 1984.

백영민. "한국농민현실과 농민선교에 관한 연구." 미간행석사학위논문, 한신대학교, 1987.

서영섭. "70년대 이후 진보적 기독교 사회운동에 대한 고찰." 미간행석사학위 논문, 감리교신학대학교.

이준걸. "사회적 성화사상에서 본 한국교회의 민주화운동과 통일운동." 미간행 석사학위논문, 감리교신학대학교, 1999.

이호대. "한국민주화운동에서 교회의 정치적 역할에 대한 연구." 미간행석사학 위논문, 서강대학교, 1999.

유기문. "국가와 교회의 관계에 대한 연구." 미간행석사학위논문, 연세대연합 신학대학원, 1972.

유동수. "초기 기독교의 교회와 국가의 관계에 대한 연구." 미간행석사학위논 문, 감리교신학대학교, 1990.

윤승용. "사회변동에 대한 종교의 반응형태연구: 산업화 이후 한국사회를 중 심으로." 미간행박사학위논문, 서울대학교, 1992.

정연순. "1970년대 노동교육 사례연구: 크리스챤 아카데미 산업사회 중간집단 교육." 미간행석사학위논문, 서울대학교, 1998.

허원배. "한국농촌현실진단과 농민선교의 방향." 미간행석사학위논문, 감리교 신학대학교, 1988.

홍현영. "1970년대 개신교의 도시산업선교회 활동." 미간행석사학위논문, 한 양대학교, 2002.

최형묵. "사회변혁운동이념과 기독교신학-1980년대 한국상황을 중심으로." 미 간행석사학위논문, 한신대학교, 1987.

6. 백과사전 · 신문

「동아백과사전」. 서울: 동서문화사, 1992.

「기독공보」, 「기독교신문」, 「기독교연합신문」, 「교회연합」, 「교회연합 신보」, 「동아일보」, 「복음신보」, 「연합연감」, 「장로회보」, 「조선일보」, 「중앙일보」, 「카톨릭 신문」, 「크리스챤 신문」, 「한겨레신문」, 「한국일보」, 「Losangeles Times」

색인

ㄱ

가톨릭 노동청년회 173
강만길 296
강신명 83, 85, 386
강연원 155
강원룡 83, 90, 360
강원용 97
강제징집 237
경제근대화론 76
계훈제 137, 267
고왕인 368
고은 148, 168
공정선거감시단 272, 319
곽선희 306, 386
광주민주화운동 204
교회사회선교협의회 278
교회와사회선교회 284
교회청년협의회 153, 156
구티에레츠 341
국가보위비상대책위원회 220
국가보위입법회의 222, 223
국가재건최고회의 68, 72
국가조찬 기도회 97, 182, 304, 307, 384
국사편찬위원회 280
국제교회사협의회 46
국제선교협의회 333
권호경 131, 137, 141, 278
그리스도 주권론 351
근본주의 신학 387
금강회 230
기독교문화연구회 318
기독교사상 302

기독교사회문제연구원 188, 295
기독교사회민주당 54
기독교윤리실천운동 314
기독교학문연구회 318
기독학생총연맹 154
기독학생총연맹(KSCF) 155
기사연 188
기윤실 381
긴급조치 9호 142
긴급조치권 121
길선주 55
김경남 160
김경락 137
김경숙 168
김경재 101
김관석 141, 176
김관식 333
김근태 295
김대중 92, 142, 243, 245, 261
김동길 137, 145, 159
김동완 137
김동협 85, 386, 397
김명혁 368
김병걸 139
김상근 161, 259
김상돈 92
김석찬 85, 386, 397
김성수 267
김세열 368
김수환 176, 182, 214, 242, 260, 276
김숭경 137
김승훈 142, 261, 266, 278
김양선 38
김영삼 168, 222, 241, 242, 243, 245, 261

김영재 40, 45
김옥길 97
김용복 278
김윤수 137
김윤식 386
김윤찬 93, 386, 397
김은숙 275
김의기 216
김의환 128, 311, 396
김인수 43, 97, 189, 368
김일성 56
김장환 93, 386, 397
김재준 65, 83, 85, 92, 93, 125, 356, 358
김정욱 368
김정일 101
김종태 217
김종필 69, 74
김주열 61
김준곤 93, 98, 182, 308, 385, 386, 397
김지길 304, 386
김지하 159
김진수 170
김진홍 137
김찬국 159
김택암 142
김형태 269
김화식 55
김활란 71, 96, 97
김흥수 40

ㄴ

나병식 155, 160
남산 부활절 연합예배 사건 129
노기남 98
노동 174
노정현 90, 106
노창섭 90
노태우 203, 268
노홍섭 99
농민운동 174
닉슨독트린 114

ㄷ

단군전 건립운동 301
대통령 조찬 기도회 183
대학교수단 시국선언문 62
대한기독교연합회 94, 129, 385, 386
대한기독교협의회 194
도시빈민선교 172
도시빈민운동 106
도시산업선교회 104
도요한 130
동남아 기독교협의회 89
두 왕국론 398

ㄹ

라벤다 179
로잔 선언 366
로잔언약 316
루치아노 안젤로니 276
루터적 398
리차드 니버 380

ㅁ

마셜 그린 67
메이첸 387
몰트만 398
무림사건 228
문동환 137, 139, 142, 148, 168, 178, 360
문부식 275
문익환 142, 146, 239, 242, 360
문정현 142
뮌처 362
민경배 39
민족교회 사관 39
민족 복음화 운동 96, 189
민주공화당 69
민주수호국민협의회 125, 153
민주정부수립운동 271
민주정의당 224
민주주의와 민족통일을 위한 국민연합 147
민주청년인권협의회 147

민주헌법쟁취 국민운동본부 266
민주회복 구속자 협의회 139
민주회복 국민회의 138
민중교회사관 41
민중신학 348
민청학련 사건 158

ㅂ

바르트 355
바이어하우스 366
박관현 232
박봉랑 139, 345
박용규 40, 41, 44
박윤수 137, 213
박정신 39, 43
박정희 67, 71, 73, 87, 122
박조준 298
박종렬 101
박종철 258
박치순 85, 386, 397
박형규 90, 92, 130, 141, 145, 159, 176,
　　　242, 267, 278, 298, 360
박형룡 93, 386, 390, 391, 397
박홍 278
반공주의 63, 391
백기완 137
백낙준 37
백낙청 139, 145
밴틸 387
버나드 램 366
버틀러 162
법정 137
복음주의 390
복음주의 청년연합 319
복음주의 청년학생협의회 318
부림사건 229
북미기독학자회 242
북조선기독교도연맹 56
빌리 그래함 186, 366, 370
빌 브라이트 187

ㅅ

4 · 13 호헌 조치 263
삶과 봉사 333
3선 개헌 87
3선 개헌반대 범국민투쟁위원회 88, 92
3선 개헌 저지운동 89
3 · 1 민주구국선언 146
새문안교회 84, 86, 156, 167, 269
서경석 148, 168
서남동 90, 139, 142, 278, 350, 360
서울 미문화원 점거농성 사건 286
서은선 218
서창석 160
선교사관 37
세속화 신학 346
손봉호 312, 313, 314, 316, 368, 375, 376,
　　　378
송암교회 292
수도교회 156, 167
수도권도시선교위원회 173
숭실대학 37
신앙과 직제 333
신풍회 125
신현균 386
신현봉 142
실증주의 사관 42
10 · 26사건 200

ㅇ

아람회 사건 229
아브라함 카이퍼 372, 375
안병무 125, 137, 139, 142, 350, 360
안재웅 101, 160
안중섭 270
안충석 142
알렉산더 율 163
알린스키 106
양심범 가족협의회 147
양일동 145
어커트 104
에큐메니칼적인 통합교회사 서술방법론 46

엑스폴로 대회 187
연동교회 135, 169
염광회 92
영락교회 84
영역주권 374
오경린 306
오관석 308
오글 104
5도연합회 55
오병세 311
5·3인천개헌집회 288
5·16 쿠데타 67
오재식 101
오충일 161
오켕가 366
옥한흠 368
원호택 368
위컴 273
유동식 348
유동운 216
유신체제 119, 120
유진산 92
유호준 386
6·10항쟁 266
6·8 부정선거 87, 89
윤경로 42
윤공희 211
윤반웅 142
윤보선 67, 87, 142, 145, 146, 176, 242
윤성범 345
윤하영 54
윤형중 145
은명기 128, 142
이경배 215
이규상 137
이기혁 97
이덕주 45
이동원 368
이만열 42, 317, 368
이명수 368
이문 168

이문영 142, 148, 234
이미경 296
이병린 92
이병희 160
이봉성 306
이상근 97, 184
이상순 137
이세중 368
이승만 58, 60
이영희 296
이우재 179
이우정 139, 142
이정규 137
이종윤 368
이중 정부론 351
이직형 101, 160
이태건 368
이태복 228
이한택 130
이해동 161
이형기 46, 348
이희성 206
인명진 137, 148, 168, 178, 180, 278
임성빈 368
임희국 46

ㅈ

자유실천문인협의회 147
장기려 368
장대현 교회 55
장덕필 142
장도영 68
장면 67
장이욱 90
장익한 130
장준하 92, 136, 137
장하구 63
전경연 345
전국목회자 정의평화실천협의회 254, 263
전국복음화 운동위원회 96
전두환 201, 203, 225, 263, 281, 305

전용환 101
전태일 117, 150, 151
정교분리 66
정교분리론 383, 394
정구영 145
정문화 155
정상복 160
정승화 201
정일권 71
정일형 142, 145
정진경 304, 386
정하은 125, 392
제일교회 155, 156, 167, 300
제임스 오포리아 에크 163
제정구 278
젤러 46
조남기 145, 215
조동진 97
조만식 54
조선민주당 54
조세광 97
조승혁 141, 161, 296
조용기 93, 386, 397
조용술 293
조종남 311
조지송 179, 278
조찬기도회 98
조향록 125, 304, 386
조화순 142, 145, 178
존 스토트 371
종교교회 269
주서택 99
주재용 41
주체적 수용사관 38
지명관 90
지원용 97
지학순 145, 159, 161, 242

ㅊ

창현교회 156, 167
천관우 137, 145

천영호 278
천주교정의구현사제단 257
천주교정의평화위원회 252
최기식 275
최두선 71
최창근 368

ㅋ

칼 바르트 387
칼뱅 351, 352, 353, 354
칼 헨리 366
캘뱅 378
크리스챤사회행동협의체 127, 172
크리스챤아카데미 173

ㅌ

토마스 뮌쳐 360
토착교회사관 45
토착화 신학 344
틸리케 400, 402

ㅍ

80세계복음화대회 308
프랑크푸르트 366
피셔 46

ㅎ

하나님의 선교 164, 165, 337
하나님의 주권 359
하나님 주권론 376
하용조 368
학생사회개발단 102
학원안정법 249
한ㆍ일 국교 정상화 79
한ㆍ일회담 비준반대 운동 81, 86
한경직 54, 71, 83, 85, 182, 186, 304, 386, 393
한국교회사회선교협의회 240

한국 그리스도인 선언 132
한국 그리스도인의 신앙 선언 348, 359
한국기독교교회협의회 71, 100, 194
한국기독교박물관 38, 44
한국기독교사연구회 42
한국 기독교선거대책위 58
한국기독교역사문화연구소 44
한국기독교연합회 64, 70, 82, 85, 89, 91, 94
한국기독실업인회 284
한국기독청년협의회 164
한국기독학생총회 318
한국기독학생회(KSCM) 82, 90, 91
한국대학생선교회 187
한국복음주의신학회 311
한국복음주의협의회 254, 312
한국예수교협의회 194, 385
한국인권운동협의회 145
한국학생기독교운동협의회 100
한완상 145
한희철 235
함석헌 83, 92, 137, 142, 145, 176, 242
함세웅 142, 275
함태영 58
해방신학 341
허병섭 278
허정 62
헌법개정청원운동본부 136
헤르만 도예베르트 375
현영학 90
홍남순 242
홍정길 368
홍지영 180
홍현설 96, 345
화이트 106
황영철 368
황인성 155
히틀러 402

C

CBS 기능정상화 서명운동 255
CCC 187, 308, 385

CWME 339, 342, 343

E

EYC 166, 168, 260, 264, 279, 282, 284

J

JPSS 344

K

KBS-TV 시청료거부 기독교범국민운동본부 257
KNCC 125, 129, 133, 134, 143, 157, 160, 162, 180, 181, 194, 202, 215, 236, 246, 251, 259, 262, 280, 284, 287, 332, 385
KNCC 인권위 144, 145, 229, 230, 233, 238, 239, 249, 278, 292, 297
KSCF 151, 157, 158, 160, 164, 168, 260, 264
KSCM 101

S

SODEPAX 339

W

WCC 163, 180, 332, 333, 338
WSCF 163

Y

YH 사건 148, 167
YMCA 101
YWCA 101